主办单位：东莞理工学院城市文化研究中心

地址：中国广东省东莞市松山湖大学路 1 号

邮政编码：523808

电话：0769—22861903　0769—22861888

网址：http://www.dgcrdc.cn

邮箱：104790864@qq.com　dgwh2006@163.com　yanj@dgut.edu.cn

城市文化评论

第 18 卷
Urban culture review

田根胜 叶永胜 主编

上海三联书店

目 录

晚清才子、报刊与十九世纪海上中西文脉流变①

吕文翠

前言

"海上"一词从明末三百多年来被人们用作俗语指称上海地域，笔者长期以来的研究中借它构建繁复的文化回廊，结构关联多个脉络。清中叶乾嘉时期海上中心是松江府（嘉庆年间下辖七县：华亭、上海、青浦、娄、奉贤、金山、南汇），乾、嘉、道时期松江（别名茸城、云间、泖东）文人群体于近代江南地区的文化形塑过程扮演了重要角色。晚清以来，"海上"也是上海文化圈中对本地之别称，从明清《松江府志》《上海县志》的水系叙述来看，"海上"命意不离水：九峰三泖、黄歇浦、吴淞江和海塘潮汐。我用"海上"乃循清中叶以来文化特征，溯明末徐光启（1562—1633）之端绪，试图呈现深层次的内涵，非图标示区域地名或行政单位划分，意旨侧重于交通，既有舟楫交际，更有意识观念遥通泰西、东亚之意涵。对外，它是通往异域、异族文化乃至欧西器物文明之"门户"；对内，空间上它的地域边缘呈模糊扩张，不断地吸纳周边（特别是苏南、浙江，也有安徽、江西、湖北沿江地区）之官绅仕商、中下阶层布衣平民，文化上它呈现其融合文明、擢拔人之识见的同化力，呈巨大吸纳融涵之能量。本文对十九世纪海上三个

① 本文为台湾"科技部"补助研究计划"艺文、新知、华洋杂糅：十九世纪海上才子的三重文化空间"部分研究成果，计划编号：MOST 110-2410-H-008-063-MY3。

文化阶段的处理策略为：简略讨论江南才子的《红楼梦》流脉，重点在探析开埠后租界的墨海书馆、晚清海上"琐纪"的文脉流变，由讨论十九世纪中期才子们的墨海书馆新知识开始入手，此前的江南才子作为夹叙夹议的对照。讨论才子、文脉并不因"江南""多闻""洋场"作阶段性分割，而是以文化主体贯穿，侧重点有三：一是重新审视江南才子文化生态的蜕变与转异，二是关注通商设教语境中华人才子在西人书馆、报馆中"秉笔"而与传教士互动显示的主体能动性，三是梳理华洋杂糅文化中多种艺文、新知元素的呈现及其源流。

一、墨海书馆译西学，才子秉笔述新知

墨海书馆（The London Missionary Society Press）是英国伦敦会所办的传教文化机构，1843 年由英传教士麦都思（Watter Henry Medhurst）在上海创立，印刷华文《圣经》及多种知识书籍。1815—1858 年间的上海，一系列的传教士主办的文化期刊是西学进入中国的重要管道，兹举"记／纪传"三种："多闻择其善者而从之"[①] "亦各言其志也已矣"[②] "人无远虑必有近忧"[③] 的子曰儒训，与充分表达善意的基督教 "博爱者"（《察世俗每月统纪传》）、"尚德者"（《特选撮要每月纪传》）、"爱汉者"（《东西洋考每月统记传》[④]）之间的沟通，既确定要将十九世纪上半叶的中西时空关联的精神源头建立在汉学典籍的基础上，[⑤] 传教者也不忘记自明身份立场：有博爱襟怀，胸中藏有虑及中国人民未来的热情，和华人同样崇尚德行，传教是一种精神上的君子之交。这三种刊物的封面，不外是与中国士人切磋交流而后的产物，也"入国问禁"，表达对宣讲对象的尊敬。

亦即是说，与改琦（1773—1828）[⑥] 所绘《红楼梦》图征集题咏并行，有迂回进入中国文化的泰西传教士的南洋华文报刊。嘉庆乙亥年（1815）英国伦敦会基督教传教士马礼逊（Robert Morrison，1782—1834）、米怜（William Milne，

---

① 《察世俗每月统记传》全卷封面语句。
② 《特选撮要每月纪传》全卷封面语句。
③ 《东西洋考每月统记传》创刊号封面语句，逐期不定时更换。
④ 编者郭实腊汉学修养非凡，身边也有博识华士，刊物各期封面圣人语录更换频数，大致不出经传，有取自《左传》，也有出自后世诗文大家如李白者，即使有如治家格言者也是脱胎圣贤语录。
⑤ 相关论述参见李佩师：《借鉴与转化：论三部清代入华传教士汉文报刊的中国文学书写特征》，《东吴中文学报》第 29 期（2015 年 5 月），第 197—227 页。
⑥ 改琦字伯韫，号香白，又号七芗，玉壶外史。幼通敏，诗画皆天授。既而声誉日起，贤士大夫娴雅而好古者，莫不推襟揽袂争定交焉。参见（清）蒋宝龄《墨林今话》、杨逸《海上墨林》。

1785—1822）及麦都思（Walter Henry Medhurst，1796—1857）从南洋马来亚、巴达维亚到中国广东等地创办《察世俗每月统记传》（*Chinese Monthly Magazine*，1815—1822）、《特选撮要每月纪传》（*A Monthly Record of Important Selections*，1823—1826）、《东西洋考每月统记传》（*Eastern Western Monthly Magazine*，1833—1838）。杂志封面简洁风格，除了名称就是上下款（《东西洋考每月统记传》有数卷上下款紧挨，不以杂志名从中分隔左右）。上款大都是圣人之言，传教士的尊敬与认同示意友善，不待开卷即距离缩短，暗示华人须扩充视听、形成世界视野而虑远顾近，亦需接受世界多元文化，不宜态度对立。博爱、爱汉、尚德在传教士米怜、麦都思、郭实腊（Karl Friedrich August Gützlaff，1803—1851）是诚实的文化沟通愿望，区别于靠兵力通商者，华人秉笔转达其态度的循循善诱。

与十九世纪中国相关的全球动向，经济上西方叩开东方通商门户，并行以文化的"西风东渐"。"通商"赖军事保护（"以兵力佐其商力"[1]），"传教"假道科学新知途径拓展华人闻见，进而归属上帝之"神理"。"西风东渐"较"口岸通商"更形复杂，"渐"需要从闻见扩充而日积月累，数千年的中华文化根深蒂固，基督教的神理不能不利用与中国文化的可兼容性与交界面，不能不借重有真才实学的华人才子之"笔"，以达到"渐"的传播效果。须面对的问题是：西方基督教异质文化的信仰必须依赖中华儒学文士的书面转达，这不仅是一个翻译问题，更需要不同文化主体寻求共识，找到有效途径，搭建科学人文桥梁才能转渡西方基督教信仰。华士之才、学、识决定其执笔时的心意与修辞能力，传教士再饱学，其汉学水平仍不及蒋敦复（1808—1867）[2]，《遐迩贯珍》《佛郎西国烈女若晏记略》[3]与《六合丛谈》《海外异人传该撒》[4]根据口译执笔圣女贞德（Jeanne la Pucelle，1412—1431）及凯撒（Gaius Iulius Caesar，100B.C.—44B.C.）的工作便由他担当。[5]自

① 见王韬《西学辑存六种·自序》（出版地不详，己丑秋淞隐庐遁叟校印，1890）。
② 蒋敦复，宝山（今属上海）人。原名尔锷、字克父，一字剑人。道光二十二年（1842年）英军入侵，蒋上书两江总督牛鉴，献策抵御，因直言触犯官员，险被逮捕，蒋避祸入寺为僧。鸦片战争结束，牛鉴被撤职查办后，蒋还俗，浪迹大江南北。晚年寓居上海，著有《啸古堂诗文集》《芬陀利室词》。
③ 《遐迩贯珍》1855年第5号，第1a—3b页。
④ 《六合丛谈》1857年第2号，第6b—8a页。
⑤ 蒋敦复撰有华盛顿（George Washington，1732—1799）、若安／若晏（圣女贞德，Jeanne la Pucelle，1412—1431）与凯撒（Gaius Julius Caesar，100B.C.—44B.C.）等海外三异人撰。据王韬所云："此本（按：指〈法国奇女子传〉所述贞德事迹）海外三异人传之一，宝山蒋君剑人所撰。今该撒、华盛顿两传刻入《啸古堂文集》，而此篇独遗，殆经婺源齐玉溪校定时删去耶？敝箧中尚存其原稿，复据西史别本，为之增损六七，录于篇。"（《法国奇女子传》，《瓮牖余谈》，第十五页下）

幼爱好天文的王韬（1828—1897）①来撰写《彗星说》（见《遐迩贯珍》1853年第3号）又比蒋敦复合适，有深厚中国算术积累的李善兰（1818—1882）和伟烈亚力完成明代利玛窦（Ricci Matteo，1552—1610）、徐光启未竟的《几何原本》后九卷，自然是不二人选。王韬、蒋敦复等不仕才子与传教士有机合作效果浑然天成，他们在此情境中身份尴尬，获取与转达新知的快意与佣书事夷的动摇犹疑集于一身，此中之彷徨游移、前途未卜的心态转变历程，学界至今虽偶有触及，却仍未深入讨论墨海书馆华人才子秉笔的主体。

因海上通商设教才子乃"多闻"，墨海书馆、《六合丛谈》既是中西文化汇聚的现实时空，也是海上才子文化转型的隐喻。19世纪，王韬、李善兰、管嗣复（?—1860）一辈与传教士合作翻译西学，将西方科学新知传播到华人社会，他们自视为"佣书"，被传教士称为"秉笔"。虽为雇佣工作，他们珍惜翻译知识，对待科学知识的态度是积极的，王韬至晚年更印出《西学辑存六种》（1890）。才子的内心常常犹疑：他们一面秉笔书写科学原理与历史事实，一面曲折抒发香艳才子的情怀；一边与传教士合作交流，一边仍身在江湖、心存魏阙，既一直关注西人新闻，又时时留心朝廷邸报。合作的双方，西人欲假道新知传教，华人爱新知甚于教义。无论如何，才子面向世界而多闻，这多元的闻见重塑了他们的知识人格，使之成为新型的中国知识分子。

基督教进入华人世界传教根本上是面对异教，第一本传教刊物《察世俗每月统纪传·序》（1815）表明其知识谱系："神理、人道、国俗、天文、地理、偶遇"，神学家以前三者为重而逐次递减，科学又次乃至等而下之。有了在华人世界中几十年的传教经验之后，传教士到了编《遐迩贯珍》《六合丛谈》的时候，充分意识到空间的距离也就是心灵与知识、认识的差距，"遐迩""六合"是空间范围也是时间流变，编刊物《六合丛谈》的宗旨就是为"通中外之情，载远近之事，尽古今之变"②，所以在19世纪不妨将19世纪前十年的主次倒过来逆行操作，由"偶遇"的新闻、科学、人文再到神理的归宿。这需要"佣书/秉笔"的华人才子

---

① 王韬，初名王利宾，十八岁入县学，改名王瀚，到香港后改名王韬。字紫铨，号子九、仲弢、弢园，别号天南遁叟，清长洲（今江苏省吴县）人。曾游欧洲和日本，并在香港创《循环日报》，提倡洋务，要求变法，为近代中国第一位政论家；又与伦敦会传教士理雅各布（James Legge，1815—1897）合作将四书五经译为英文，圣经译为中文，对中西文化交流贡献甚大。光绪间返国，主讲上海格致书院。著有《普法战纪》《重订法国志略》《西学辑存六种》《弢园诗文集》等影响近代中国知识分子极深远的知名论著。
② 见《六合丛谈·小引》第一号，1857年1月。

将更多地本地文化知识融合到译述过程中，所以"海天三友"[①]：王韬、李善兰和蒋敦复，以及管嗣复（?—1860）[②] 等其他才子最重要的活动是翻译出版西学知识。才子们在协助传教士办《六合丛谈》介绍泰西科学文化的过程中，也形成自身的系统科学知识而渐向现代知识主体转型。此前香港的《遐迩贯珍》和上海的《六合丛谈》都是伦敦传道会所办，刊载内容除了基督教神理就是科学知识，尤其是博物、科学的谱系化：天文、地理、数学、物理、化学、植物、医学生理，多闻才子渐行塑造出中国的现代知识文化的公共空间。

王韬等才子对科学知识创新并无特别高深的追求，他们的文史修养往往偏向了科学史，更有当下兴趣的是西人精益求精的科学态度及不断推陈出新的能力，由此而产生他们日益多闻的愿望，这是才子们的愿望，也是经历五口通商之前败绩的中国人对西洋"火轮船"科学知识的兴趣。《六合丛谈》的主持者伟烈亚力与"海天三友"等才子的合作翻译，介绍的知识并非源于当代科学的前沿研究（超出当时华人的接受限度，伟烈亚力自己也未必能完全掌握），而是来自英国中下阶层用于自我教育的大条目形式的百科词典《国民百科》[③]。真正可称科学原典的著作如《几何原本》者很少，合作译者学习科学知识而成就如李善兰者绝无仅有（日后理所当然进京成为同文馆三品总教习），王韬给郁泰峰的信上提到《续几何原本》：

> 今西士伟烈与海宁李君，不惮其难而续成之，功当不在徐（光启）、李（利玛窦）之下。……壬叔（李善兰）谓少于算学若有天授，精而通之，神而明之，可以探天地造化之秘，是最大学问。[④]

[①] 王韬曾言海上名画家胡公寿许为其绘"海天三友图"。见《王韬日记（增订版）》（北京：中华书局，2015）咸丰八年二月朔日，第172页。

[②] 管嗣复，生年不详，约卒于清文宗咸丰十年后不久。诸生，通算学，能文。太平军踞金陵，嗣复陷城中，经岁始得脱。移家吴会，继来沪上。主于英人合信。合信工医术，嗣复亦雅好之，因译医书数种，为《西医略论》《内科新说》《妇婴新说》等，继此前合信撰著的《全体新论》之后，风行海内。另曾助美籍传教士裨治文（Elijah Coleman Bridgman，1801—1861）润色修订《美理哥合省国志略》，于1861年以《联邦志略》书名重版印行，为1850—1860年代晚清开明文士考证海外史地的重要文献资源。咸丰十年（1860）应聘往客山阴。未几，吴门失守，苏乡风鹤频惊，嗣复奔走道路，竟以忧卒。嗣复所为文章，附刊于父遗集《因寄轩文集》内。参见《王韬日记（增订版）》，第272、283、287—288页。

[③] 参见《在自然神学与自然科学之间——〈六合丛谈〉的科学传道》，见沈国威编著《六合丛谈·附题解·索引》（上海：上海辞书出版社，2006），第126—128页。

[④]《王韬日记（增订版）》，第241页；王韬《与韩绿卿孝廉》书信亦可参照，见王韬《弢园尺牍》《近代中国史料丛刊》（光绪二年丙子秋九月已活字排版，天南遁叟所藏），收入沈云龙主编《近代中国史料丛刊续编》100辑（台北：文海出版社，1983），第98—99页。

王韬自己就没有能学好数学，英文口头表达有限，"字则更难剖也"。①此后的十多年里，翻译介绍西学的水平也基本在启蒙普及层面，但这是不容轻忽的转型。略识之无的科学知识亦将对海上与内地书生思维与知识结构带来影响，毋庸讳言"肤浅"一直是"海派"的表征，然则海上文化空间里的风气正是从此处开始转化。上海的19世纪70年代仍有傅兰雅（John Fryer，1839—1928）将华理司（W. Wallace，1768—1843）的著作介绍到中国，与华衡芳（1833—1902）合作翻译一系列数学科学著作，1874年傅兰雅又和徐寿（1818—1884）办"格致书院"展开现代教育，仍略晚于通商互市目标的《申报》。中国人自己编撰如英国《国民百科》那样的辞书，还需一段漫长的过程，到1923年方出版中国人自己编的《新文化辞书》②。

多闻才子的多闻过程包含一种求知者的幸福经验，所以王韬在墨海书馆和麦都思合作翻译《圣经》，接着与其他才子华士配合传教士在《遐迩贯珍》、《六合丛谈》上刊出科学知识（著作）与各种天上、地下、东、南、西、北（六合）的消息 NEWS（North East West South）的译述，视野扩张即是心灵愉悦的经验。李善兰与伟烈亚力的科学合作极为成功，上述蒋敦复翻译希腊罗马文史也用相得益彰的中国文史作底子。如果说多闻才子与某个或不止一个传教士产生心理抵触，那应该在《六合丛谈》停刊（1858）以后；叫停一个经济上并不亏本而具有社会效益的杂志，连主编杂志的伟烈亚力也未尝不与主事的传教士有争议。③最后一期《六合丛谈》延宕两个月出版，杂志停刊后，从《王韬日记》可知他还是继续完成与伟烈亚力合作翻译的《华英通商事略》④。至此，"海天三友"必然面临工作生活的转型，他们聚饮冶游寄托词章的日子频繁起来，在路上看到慕维廉（William Muirhead，1822—1900）要刻意避开。⑤王韬的种种怨声都是在给友人的信中呈现，这些信都暗含表达着寻找新的生活路向的愿望，需要对自己前此在西人手下谋事的经历有个符合一般社会看法的解释，所以表达其抑郁牢骚："非

---

① 见王韬《王韬日记（增订本）》，第240—241页。
② 见唐敬杲编《新文化辞书》，上海：商务印书馆，1923年。
③ 参见《解题》，《六合丛谈》，第15页。
④ 见《王韬日记（增订本）》，第290页。
⑤ 同上书，第270页。

我族类","劳同负贩,贱等赁春……名为秉笔,实供指挥。……屈身谋食"①。如果对照他真心称颂怀念辞世的麦都思,②明显见出对西人态度的因人而异。由此可知,如王韬辈的才子心灵可塑性很强,多闻也多变,即使要求其言为心声如君子真诚,也是此一时彼一时的诚然不得已而言之。才子原非理论上的言行高度统一的道德家。

墨海书馆的多闻才子星散四方,他们曾经介绍的科学知识也传播于海上及内地。可如此表述1859年后王韬的生活:一边寻找实际生活的新机会(甚至重捡起丢下十多年的举业,再到昆山应科举考试),一边在书信、日记中表达他没有实际目标的政论;一只眼盯着朝廷对外的军政大事、与太平天国的战争,另一只眼睛也觑着长毛(太平天国军)那里有无机会。才子本来随性,也是王韬各方面多闻而采取机会主义的处世态度,这便有他化名黄畹上书太平军(清朝廷称"发匪")被通缉的案情。最终仍是墨海书馆的人脉麦都思之子麦华陀(Walter Henry Medhurst,1822—1885)给了他隐匿英国领事馆的处所,才有了1862年逃往香港,有了与理雅各合作翻译四书五经,有英国之行,有创办《循环日报》,有著述《普法战纪》转载于《申报》,有访问东瀛与日本汉学家共论时局,有《扶桑游记》记载与日本知识菁英、中国公使及黄遵宪共语,行走东西洋与香江二十多年后再到上海,加入《申报》笔政,办格致书院。

因此,研究"海天三友"等多闻才子群体沟通中西知识,着眼点不在文字承载西学知识的由英文变华语,而是要阐发其主体倾向如何致力知识的本土化。王韬、蒋敦复等人善于在既有的本土知识与新知之间建立有机联系,他们总能发现可以作为参照的中国历史文化内容,无论是加强对知识的理解还是清除接受知识的障碍。有时这种能力也得到了洋人传教士的赏识,如王韬《中西通书·序》云:

> 余谓古犹太历与中国夏、商之初不甚相远。……中外算术,古时皆未造其精。而至于今,中法每不如西法之密,何哉?盖用心不专,率皆墨守成法,未能推陈出新。……伟烈亚力先生也,见予所说有足与犹太古历相发明者,将刊己未历,即命以是说为序。③

---

① 见《王韬日记(增订本)》,第212、236、256页。
② 同上书,第185页。
③ 同上书,第188页。

另一篇文章可以充分说明才子译述西学的主体性与能动作用，《彗星说》载于1853年《遐迩贯珍》第三号，托名美魏茶（William Charles Milne，1815—1863，即米怜之子，又称小米怜），然对照其日记与参酌上下文脉络，可知实为王韬所作。① 文章"余"和"王子"客主问答，写法有似汉代枚乘之赋《七发》："维七月既望后三日，……是夕也，乃登西楼，徘徊眺望，忽见一星，光芒注射"，开端铺陈如文学叙事，以下则是说理部分，展开一段虚构如楚太子与吴客的对话。"余"（美魏茶）和"王子"（王韬）对话讨论彗星，余以科学之论破解王子所谓"灾异之兴……彗星，专主不详，古今来彗星之见不一，见则必罹兵祸"之迷信占望之学。王子举证春秋时期齐景公与晏子谈论彗星出现，带出中国历史人物皆以彗星为吉凶应验之征。美魏茶以上帝主天不可寻常臆测开始，继而言日月星辰之中有"客星"，彗星有光而呈规律出现，汉代至今两千年中彗星出现不下五百次。西国天文之士能测彗星轨道并可预测其出现，并且彗星遐迩皆可观察，即有灾祸也应不限于一国，近年彗星出现实证并无所谓灾异战争。听完这一席话，"王子唯唯而退"。"余"作此文，证明人类社会吉凶祸福、盛衰成败皆非"星之所能主也"。文章典型的中国文学修辞方式绝非美魏茶所擅长，春秋记载齐国见彗星、汉朝至今的彗星统计又全见诸中国史籍，亦是托名外籍传教士而申述科学原理。王韬将通晓中国天文历史现象的自我形象，演化成从占望之学中醒悟过来，透过西人的知识启蒙得以明白天文科学道理。

墨海书馆《六合丛谈》（还有此前香港的《遐迩贯珍》）的科学知识的读者接受状况如何？人们对才子的新才学是何反应？如今无法细考当时购买或接受赠阅者的调查，书面记录的知识阶层中显达如江苏巡抚徐有壬（1800—1860），士人中则境遇无论优裕或困窘，皆有喜阅读西书者。徐有壬与李善兰一样爱好数学，并将其延揽为属下。晚清著名吴语小说《海上花列传》作者韩邦庆（1856—1894）的堂伯韩应陛（1813或1815—1860），更是出资出力帮助刻印《续几何原本》。伟烈亚力和李善兰合作完成这部徐光启和利玛窦仅译完六卷的西方数学经典，十五卷的全本让伟烈亚力有李善兰的出色工作深以为幸。但是墨海书馆没有让这部典籍与传教读物一起印刷，却是由韩应陛在松江刻印。

---

① "咸丰三年七月十九日，彗星见，因作《彗星说》一篇"，见《王韬日记（增订本）》，第84页。

韩乃著名藏书家，清史稿《畴人传》录其生平，著有《读有用书斋杂著》，他的岳父金山钱熙辅（1790—1861）著有《云间文萃》，亦曾出资刻印墨海书馆所译《重学》（乃李善兰与艾约瑟〔Joseph Edkin，1823—1905〕合译），体现了韩、钱二人所代表的松江开明士大夫阶层的科学热情。韩应陛携出资所刊《续几何原本》访赠王韬，其日记咸丰八年十二月二十二日得书后，"夜挑灯将此书展阅一过。因忆昔年郁君泰峰，曾垂问西人天算各书，何不举以赠之？"[①] 写信赠书，极力揄扬李善兰与伟烈亚力之功，不过态度还是有所保留，认为它与身心性命之学无涉。咸丰九年二月的日记中记录："孙吟秋来访，携《西医略论》《内科新说》[②]《全体新论》各一册去。予前赠吟秋西书，不下十数种，……吟秋近挈家住义塾中，景况殊落寞也"，[③] 可见孙吟秋辈穷困如斯者，仍嗜爱西学至深。

《六合丛谈》在基督教义理和一般科学知识介绍之外，偶尔刊发论理文章（总共四篇）。其中卷一第四号有韩应陛《用强说》："用强者，正其所以自弱已"，举证刀、弓各二，用与不用，有自弱与襄强的结果分殊。说理辩证似乎弃"月"，其实讲强弱消长，近于能量守恒。随后王韬于第八号以王利宾名发表《反用强说》，论旨变成了讨论历代皆以用强而久存，结论在于："所贵乎用强者，不示天下以可犯之机，不与四邻以可乘之隙"，其用意与韩应陛的抽象原理不一样，针对中国的世界处境昭然若揭。《六合丛谈》终未成为论理空间，仅止于翻译介绍，原因一是在于教会，只可容纳传教士的神学讲述，二则是中国的"多闻"知识分子还停留在"闻"的知识层面，没有形成科学讨论来陈述属于自己真知灼见的创获。这个缺憾，延续几十年上百年，接下来的洋场才子于科学领域益形肤浅。

从上述文化脉络的梳理可知，王韬可谓代表了由改琦（1773—1828）世代的"艺文"转渡为"新知"与"华洋杂糅"文化空间的核心人物，也与韩应陛、袁祖志（1827—1900）、吴友如（1840?—1893）、蔡尔康（1852—1921）、邹弢（1850—1931）、韩邦庆、孙玉声（1864—1939）等文人与报人形成穿流交错的衍派，说明了王韬在十九世纪下半叶的海上文化空间转型过程中扮演不可取代的要角。其一生经历太平天国之乱、鸦片战争、英法联军、中法之战与甲午战争等内忧外患，海内外动荡的政治局势，促使政经社会文化的风貌更迭与剧烈变化，决

---

① 见《王韬日记（增订本）》，第 241 页。
② 此两书为供职墨海书馆的管嗣复协助合信（Benjamin Hobson，1816—1873）所译西方医学弓籍。
③ 见《王韬日记（增订本）》，第 271—272 页。

定了王韬同代和后代海上才子的时空感知与智识结构，与嘉庆、道光中期（1840年代）之前的海上才子异趣。

二、《申报》才子艺文转向，海上王韬职业写作

本节有两个重点，一是商业报纸《申报》促成了新一代海上才子有别于前行者的西学多闻，他们与西人的文化联结关系不再是为其"秉笔"，呈现出在西人创办的中文报纸上诉诸艺文的主体转向，再就是有了二十二年本土以外海上经验的王韬回到沪上，其办刊与写作实践成就了一种职业写作现象。所以，对王韬的讨论暂先越过时序限制。

上海口岸历经二三十年，租界区的华洋杂处的相互融入已经是常态，相对发达繁荣的工商活动需要更及时地提供信息，于是有了英商美查（Ernest Major，1830?—1908）在1872年创办《申报》，报纸新闻的规模及对经商活动的效用，与传教士非赢利而且范围有限的小众期刊《遐迩贯珍》《六合丛谈》相比已经是不同性质的读物。1870年代，科学新知的传布范围更广了，但是内涵并未有多少更新，报刊上一再重复的西学知识并未有多少发展与更新，才子们在这一领域表现的浮泛与浅薄表明科学新知的传播有些停滞。迫切需要的新知教育又不待才子来执行，于是才子非得由科学的专深回转艺文的敷陈与衍变，这敷衍的主要方式是将不同的文化资源进行糅合，多资源的"华洋杂糅"就是这时期文化空间的特色标志。

此时的工商互市的成就更为显然，在报馆林立的英租界四马路（今福州路）上设馆的《申报》刊载万国动态、中国时政与工商消息，确立为华洋杂处之洋场的文化地标。创办者美查与主笔华士合作的局面稳定，主笔重视艺文副刊，并由此扩展出赓续的诸刊物《瀛寰琐纪》《四溟琐纪》《寰宇琐纪》《屑玉丛谭》（共出四集），主笔蔡尔康（1852—1921）还曾给画图来自英国的《寰瀛画报》配文。《申报》报纸仍不乏科学见闻，但多为一般知识的传播、复制，其在艺文空间则有重要拓展。《申报》主笔蔡尔康跳槽到字林洋行的中文报《字林沪报》，每日随报附赠连载小说《野叟曝言》，徐家汇天主教会刊物《益闻录》载主笔邹弢（1850—1931）笔述非洲探险的想象《三洲游记》，俨然与《申报》第一任主笔蒋芷湘（1842—1892）十年前译述维多利亚时代通俗小说《昕夕闲谈》[①] 的作为相互呼应，

---

① 为英国维多利亚时期作家利顿（Edward Bulwer Lytton，1803—1873）所著 *Night and Morning*，1841年在伦敦出版。

至此构成新的洋场以小说领衔的艺文潮流。

西学翻译重心由科学转移到艺文，报刊主笔也参与诗社雅集的活动，"洋场才子"倾向艺文的身影每每形诸报端，洋场文化空间呈现出中西、新旧混杂糅合的状态。前期多闻才子的科学文化空间，在19世纪70年代往后则体现以傅兰雅的《格致汇编》(*The Chinese Scientific Magazine/The Chinese Scientifical and Industrial Magazine*，1876—1878)，继承稍前原在另一口岸宁波传教的美国传教士丁韪良(William Alexander Parsons Martin，1827—1916)重心转移到京城的《中西闻见录》(*The Peking Magazine*，1872—1876)；19世纪90年代的中国有了社会进化观念与"变法"呼声，此后二十多年的文化公共空间一再衍异为种族革命、新文化运动。本文结束的时间坐标，为政治改良的"志士"取代"才子"的社会影响，差不多是王韬辞世（1897）的时候。他身后的海上文化一脉犹存，二十世纪的"海"派还远远地映射十九世纪才子，鲁迅仍然不忘冠20世纪20年代至30年代的海派以"洋场才子"。

各种西人机构中秉笔的华人才子，在不同时期的文化空间中有其面目差异：19世纪50年代的"多闻"，让他们在个人尊严、良知受到挑战的时候，有个知识传播担当者的安慰，这些不仕才子在转译西学的过程中有所贡献，李善兰、王韬比起名以"佣书"的王韬父辈幸运，他们成了那个时代的中国文化空间里知识更新的符号；19世纪70年代的"杂糅"，才子编辑报刊（主笔政）过程中的中西新旧文化并行，可以糅合传统文化与西学，在华洋杂处的语境中给他们两相兼顾、共处共存的可能。

1884年，海上文化空间里的一件大事是王韬回归，他长期居住香港并亲历过泰西、扶桑情境，而今回到阔别二十多年的上海。居于香港期间，他的才子旧词章与新世界闻见的《普法战纪》等仍在海上报刊断续出现（笔者对香港时期的王韬有数篇专论，也曾专论19世纪80年代至19世纪90年代王韬《重订法国志略》）。王韬1884年得李鸿章允许回上海，眼见租界与旧上海县治已不是1862年离开前在《瀛壖杂志》《海陬冶游录》中所记述的模样，他的《弢园文录》政论文章也发表在《万国公报》等政教期刊，然介入时务与新政的兴趣与壮年时期稍有不同。他与《申报》笔政群仍关系密切，申报馆创办的《点石斋画报》上的文学增刊自1884—1889年间逐期连载其笔记小说《淞隐漫录》《淞隐续录》与欧游回忆录《漫游随录》，可谓真正的职业作家。王韬开了一个先例：文言笔记小说于报刊长达五年多连载，也是近代上海报刊的"专栏作家"滥觞期的代表。

若再审视《淞隐漫录》的小说或笔记人物的海外行旅经验的篇章：如《纪日本女子阿传事》《海外美人》《媚梨小传》《海底奇境》《海外壮游》《泰西诸戏剧类记》《柳桥艳迹记》《花蹊女史小传》等，就会发现王韬与时推移的当代意识往往洋溢于字里行间。《淞隐漫录》每一篇小说的配图，前期多出自《点石斋画报》创办初期最著名的画师吴友如之手。出身苏州的吴友如绘画风格华洋融汇，以报导中法战争的新闻画为显著标志，海外新奇物事也是他笔下常见的风貌，艺术史家评："他的构图，则常采用西方焦点透视和中国传统界画的平行透视的折衷手法，以容纳众多人物为目的。"①

可以说，《申报》馆把十年前无以为继的《寰瀛画报》改换成另一番面貌，改良传统的海上画派结合西画透视技法于《点石斋画报》，呈现各式"西洋景"（中法战事、热气球、银行倒闭、西国女医在上海施行妇科手术等）。吴友如更是把松江改琦的笔墨线条发展为三维透视的速写，把文人画手卷式的长度展示变成开阔史诗，《寰瀛画报》的销售不成功却留下英国图画的样本，让吴友如这样的天才画师模仿，无师自通地成为艺文领袖。值得一提的是，吴氏经由曾国荃（1824—1890）推荐曾于1886—1888年间奉诏至南京绘制《平定粤匪战绩图》十二幅以及《平定粤匪功臣图》四十二幅之绘图底稿（其后由宫廷画师加工的完成版上图下文册页藏于台北故宫博物院），②1888年回到上海，《点石斋画报》便以随报附张的方式印行《平定粤匪图》十二幅，可谓对吴友如在海上艺文界地位的加持。③《平定粤匪功臣图》则由朝服立像改为戎装或家居形象收入《吴友如画宝》中。④进京与宫廷画家合作绘制战绩图与功臣图的经历，使得原本服务于商业报刊的画家俨然有举子获得"功名"的成就及荣誉感，自然会对他的生涯规划有所影响。1890年吴友如离开《点石斋画报》，自创《飞影阁画报》，出版《飞影阁画册》，其绘画题材又倾向于传统（如《红楼梦金陵十二钗》《古今百美图》《海上百艳图》《满清将臣图》《百兽图》）。也说明了海上画派的才子往往摆荡在华洋之间，其绘

① 万青力：《并非衰落的百年：十九世纪中国绘画史》，台北：雄狮图书股份有限公司，2005年，第245页。

② 参见台北故宫博物院主编：《决战金陵》教学DVD，台北：故宫博物院出版，2005年。

③ ［德］鲁道夫·瓦格纳（Rudolf G. Wagner）：《晚清的媒体图像与文化出版事业》，赖芊晔、徐百柯、魏泉、毛利坤、崔洁莹译，新北：传记文学出版社，2019年，第124—126页。

④ 吴友如绘：《吴友如画宝》，北京：中国青年出版社，1988年。

画往往中西并陈。总之，从改琦将仕女画类型与小说《红楼梦》作一个艺文的有机整合，到吴友如既绘功臣战绩图，亦有《红楼梦》小说人物《金陵十二钗》图，更有升天入海无所不知的西洋景物，一种艺文转型堪堪完成，新的文化空间此前未有。其间最大的变化则是才子转身：江南才子——多闻才子——洋场才子，在他们身上具现了海上 19 世纪文化史的繁复多样。

如果说但丁（Dante Alighieri)《神曲》是欧洲文学的天堂、炼狱、地狱的隐喻，那么约翰·班扬（John Bunyan)《天路历程》则是教徒走在神圣历程上的想象，中国的士人，屈原、司马迁之外，能说的就是宦游经历，隐而不出的士则往往风轻云淡，不甘或做不成这两种士人而染上各种艺文玩味嗜好的则是才子，19 世纪 60 年代晚清才子的漫游没有比王韬更其广阔。王韬的一生几乎就是一部才子漫游史：空间则自江南古镇甪直而上海、香港、泰西、东洋（笔者专文论述过与他经历相类的钱塘才子袁祖志〔1827—1900〕），① 文化经典的大传统则 "四书五经" 而《圣经》，如果留意一下他与小传统的关系，《艳史丛钞》(1878) 打开才子传统的另一个侧窗，《海陬冶游录》是近代版的北里志书，《淞隐漫录》也在文言笔记小说路上走，其中的东洋本事、西洋因素则是蒲松龄《聊斋志异》从来未有。

王韬把自己的《漫游随录》文章由画师配图刊载于《点石斋画报》，把《遐迩贯珍》时期应雨耕的英国游历记文《瀛海笔记》转换成视觉图景，② 如此种种造就一种遍被海上的新艺文风气与文化空间，我们恍然认识 19 世纪 80 年代的王韬也是一派洋场才子华洋杂糅的行事风范，但是他的图景内涵是亲力亲为过的国内外的事实，而不是邹弢的凭空设想、皮相附会。王韬与邹弢的想象铺排出一个海上艺文的想象谱系，夹在中间还有五光十色炫人眼目的海上文化产品。1850 年代王韬多闻才子的身份，此时仍有继续发展，他转入新知教育事业而担任格致书院山长，对新学识的教科书撰述下了不少气力。

19 世纪 90 年代初，王韬开始整理出版自己来到海上几十年的著述，这可以视为海上才子文化历史总结的隐喻。另一个隐喻式的总结方式，是 19 世纪 90 年代韩邦庆独立创办的《海上奇书》(1892) 杂志，它将 19 世纪 70 年代以来的海上

　① 吕文翠：《海上倾城：上海文学与文化的转异，1849—1908》，台北：麦田出版社，2009 年，第 154—239 页。
　② 见《遐迩贯珍》1833 年第 7、8 号。《瀛海笔记》为应雨耕于咸丰初年随英驻京公使，时任上海副领事威妥玛（Thomas F. Wade，1818—1895）去英游览的亲历纪录。证诸《王韬日记》知此篇游记乃王韬根据钱氏游记删改润饰投稿。见王韬咸丰三年（1853）七月初旬日记，《王韬日记（增订版）》，第 84 页。

艺文报刊众手不齐的华洋杂糅变成个性化的产品，期刊中的主体《海上花列传》叙事的表面似乎看不到多少西洋文化，但他的"穿插藏闪"①的小说美学诉诸极经济的手法表现海上生活：小说中第十一回王莲生洋场上火灾时穿过警戒，与外国巡捕打洋话方能放行，长三书寓里陈设诸多的洋货，这种华洋杂糅有了一点深度。韩邦庆的蕴蓄、精炼与邹弢式的附会、皮相的华洋杂糅恰恰显示海上洋场才子艺文表达的文字两极。透视一系列报人小说的"海上小说"如孙玉声（1864—1939)《海上繁华梦》(1898)，与《申报》《字林沪报》正是一脉相承，且延及民国初年的鸳鸯蝴蝶派。

三、才子人物愈新愈变，琐纪报刊华洋杂糅

《申报》刊载的内容，可以看作19世纪70年代及其后数十年上海乃至中国现代化社会生活的重要背景，本文的才子研究密切相关的文化空间的考察，必须将一般工商、政治外交、军事讯息的范围缩减到更能突出《申报》文化乃至艺文特色的专栏与特选刊物上。这些刊物内容的遴选要比将《申报》所载内容分类方便而且更合理，故有必要对重要刊物做一点提纲挈领的介绍。

《瀛寰琐纪》于传教士"多闻"宗旨有所继承亦有发展：继承者是"闻见"，其新闻杂记之广泛，远过《六合丛谈》时期，才子主笔因应"气局既愈出而愈新矣，人物既愈出而愈变矣"的文化趋势，于是定下博览旁收宗旨："思穷薄海内外寰宇上下惊奇骇怪之谈，沉博绝丽之作，或可以助测星度地之方，或可以参济世安民之务，或可以益致知格物之神，或可以开吟风弄月之趣，博搜广采，冀成巨观……"②主笔蒋芷湘（又号蠡勺居士）放眼中国与世界的新气象、新格局（气局），他所闻见的华人在变化，西人正在推动与解释世界的变化，《申报》正版登载不完各种稿源，于是生出办刊物的主意，但所述刊物宗旨其实空洞得很，与报纸正刊没太大差别。第一卷（1872年11月）的刊登内容可谓芜杂：第一二两篇谈地（震）说天（日星地月），重复"多闻才子"的科学常识而成为老生常谈，接下来的《海外见闻杂志》仍为新闻纸内容，皆从香港报纸录出的世界各地的消息：

---

① 此为韩邦庆创办的小说期刊《海上奇书》第三期《海上花列传 例言》，可视为兼具期刊编撰者与小说家身份的现身说法，亦体现了小说家对自身小说叙述的形式语言及结构的高度自觉，为同代文人与小说家中仅见。见《海上奇书》第三期（上海：申报馆代售，1892）。

② 蠡勺居士：《瀛寰琐纪·序》，见《申报》馆编《瀛寰琐纪》第一卷，同治壬申年十月（1872年11月），第一页上至第二页上。

泰西美洲有英法普俄瑞典美各国，东亚则是日本、高丽，国内为云南战事。主编蒋芷湘笔名小吉罗庵主撰有《鱼乐国记》描述英国水族馆，再以下有"醉谈"的言论多则，借事实申述一孔之见，余下是文人才子本色，结社词章与诸般题咏络绎不绝。概括起来，无外乎人物洋人华士、地方西洋东亚，文章诗词与浮泛见识错杂糅合，简言之：华洋杂糅，艺文词章。

　　这一时期与尊闻阁主（美查与申报笔政群）配合的总主笔蒋芷湘虽是个举人，其身份仍然是未仕华人，说白了还是个才子，然他及其后继的主笔们的职权范围与行事方式与墨海书馆的华人才子有很大的区别。墨海书馆明确李善兰、王韬、管嗣复、蒋敦复的职责是"秉笔"，这些华士往往不乏自我嘲讽地自称"佣书"，他们在翻译过程中对传教士负责，将书面表达的华字直接对应基督教经义与科学文献原文，或传教士的口述，秉笔者即使与主持刊物的伟烈亚力合作愉快，但仍无权决定《六合丛谈》刊载内容。与商人美查合作办《申报》及艺文杂志，蒋芷湘和钱昕伯（1832—1907？）、蔡尔康等"主笔"不像"秉笔"那样受限制，较有权决定版面刊载的内容与方式。"秉笔"原是中国史学的撰述概念，秉笔直书的人讲究的是文字内容的真实性，有很强的自律精神并接受他律。"笔"与"文"的严格界限传统来自经、史与《文选》集部的区隔，所以《六合丛谈》上的文章不容凭空想象，王韬、蒋敦复等人的诗文才子的风范在那里无从显现。相较之下，《申报》时期的主笔们则可借编辑权限与甄别选录撰述而大展雄才，刊物或翻译小说的序言可以明志，评语、按语都是显才的空间。洋场才子拥有洋场上部分的文化空间，把他们的才子风华与价值内涵和世界交通的讯息一并呈现于报刊，他们有相对自由的权限做主刊发文章，所以"笔政"的称呼适当地将其地位彰显出来。19世纪70年代洋场才子与商人美查的合作中有意愿的互动与糅合，不似19世纪50年代"名为秉笔，实供指挥"的多闻才子，《申报》时期的华洋杂糅与主客观诸多方面的协商与交汇。

　　《瀛寰琐纪》第二卷开始见出主笔蒋芷湘撰写《人身生机灵机论》从天地间的生气、灵气而土地植物以至人体，看似包罗万象，但难以落实讨论，《记英国他咚巨轮船颠末》纪实文章的着眼点还是搜罗奇闻，洋场才子文章往往有科学之表象而无李善兰时期实事求是的科学态度。余下篇幅的港报新闻、记述人物、才子词章的格局和第一卷雷同。真正见出独特价值的是从第三卷开始登载的《昕夕闲谈》，这部英国小说是西学从科学波及中国艺文的开端。笔者过去也对此有专文论析，^①学界关于《昕夕闲谈》为第一部翻译小说的定论毋须重复，值得深究的是蒋芷湘《昕夕闲谈·小序》。此文谓这部"西国名士之书"得以成为"华字小说"，可以明庶物、察人伦、感人心，去除淫、盗、奸、乱四蔽，不是"寻常之平话、无益之小说"。所以，蒋芷湘可以理直气壮地质问："谁谓小说为小道哉？"，然则需进一步探问：如何将"西国名士之书"转译为"华字小说"？在中国语境中"书"与"小说"不一样，因为蒋芷湘无法仅从一部口述作品得知西方小说究竟具有何等艺术特质，他只能把它放在自己的知识谱系中来讨论，但又不得不尊重原书的形式特点。《昕夕闲谈》是长篇小说，蒋芷湘译出三卷而篇幅"节"数不均，全书并未译毕。他无法完全将它迻译作中国小说的章回体表述，却又将每一节处理成特定的回目。如何理解原书写什么内容是个不容回避的问题，对照原著，蒋芷湘的译述有相当突出的本土化倾向，他基本按照才子佳人与侠义江湖的中国人情、侠义来阐述，明代以来的人情小说、才子佳人小说、侠义小说的套路无疑会渗入这部作品的译述文字，所以即使是人物在巴黎混迹于江湖枭雄中，也无处不流露出来一种才子的感伤。这个取向也变为前几节附在末尾的小吉罗庵"评语"^②："作者其得力于芥子园之各种才子书耶？"（第一卷第一节评语）这样的认识对维多利亚时代英国小说来说未免悖谬，但在19世纪70年代的海上艺文环境中却有其必然，金圣叹的"第五才子书"《水浒》的小说才子观流布甚广，19世纪20年代英人汤姆生将《三国演义》作为"第一才子"书翻译成英文，坊间印刷的小说纷纷以"才子书"一二三……排号下去，堪称一幅生动的中西才子交流、交错与误会、杂糅之局面！蒋芷湘小说评点的功夫还是走金圣叹老路，用的是"龙门神技"等司马迁史书笔法的评语，二十年后的林纾（1852—1924）也始终推崇哈葛德、狄更斯小说中有班固、司马迁笔法。^③无论《昕夕闲谈》出版前后中国文人对小说的评价尺度，蒋芷湘可谓是华字小说艺术标准糅合于外来西书的第一人，才子批评主体与华洋杂糅的人情叙述及抒发，^④成为19世纪70年代海上文化

---

① 见吕文翠：《海上倾城》，第一章"巴黎魅影的海上显相"，第30—72页。
② 蒋芷湘的工作与才子风流头绪纷繁，仅作数节，无法坚持每节后面写评语，几条文史原则也不够成为一个批评系统。
③ 参见李欧梵：《现代性的想象：从晚清到五四》，台北：联经出版社，2019年，第82—106页。
④ 小说段落如第一卷第一节牧师排士的悲情形象之改写有似《西厢记》害相思病的张君瑞，后若徐枕亚《玉梨魂》中恋上青春寡妇白梨娘的江南知识分子何梦霞，或是张恨水《春明外史》所拟的报人杨杏园与雏妓、女学生之间苦恋的中国式感伤情感经验。

空间的标志。《昕夕闲谈》在《瀛寰琐纪》连载两年多，自壬申年末（公历 1873 年 1 月）始，历癸酉（1874）、甲戌年末（1875 年 1 月）终。此洋人华字的小说可谓是全新的时空呈现，在海上文化空间中占有显目的一席之地。

另值得一提的是，上述墨海书馆的"海天三友"之一蒋敦复虽已逝世多年，上海文艺圈的影响仍余音袅袅。《瀛寰琐纪》第八卷、十四卷、十六卷、十九卷皆可见到他的诗歌踪影：从哀悼在太平之乱战火中亡故的朱紫鹤妾室许采白[①]、撰写死战名将张忠愍公的行略[②]，到建都杭州的南宋与西湖畔孤山三女士之墓[③]的《南宋杂咏》抒发易代之悲，或谐谑笔触吟咏柴米油盐酱醋茶开门七件事[④]……等作，时时提醒前辈之风采。尤可留意蒋敦复诗题中提到的陈云伯大令即为嘉道年间的诗坛盟主陈文述（1771—1843），[⑤] 其于西湖畔为孤山三女士、在常熟为晚明闺彦才妓柳如是等人修墓的文化活动，在当时皆引领一股怀旧忆往的文化想象。此风沿袭至沪上文坛，亦体现于《瀛寰琐纪》第一卷与第五卷刊出的黄钧宰以南曲吟咏晚明早夭才女叶小鸾[⑥]曾使用过的"眉子砚"及其拓本几经流转事迹，[⑦]映现出晚明以降的才子才女在沪上文坛重现神采的侧影。其时远在香港的王韬也在《瓮牖余谈》（1875 年出版）中追忆老友《蒋剑人轶事记》（卷一）记载其箧中乏金，酒后卧佛寺中，错以佛像眼为宝珠发光，攀佛顶困眠，及醒唤僧人梯而下之。题壁："大才人佛顶偷珠山高月小，老名士街头乞食海阔天空"，一个不修边幅的落拓文士作风跃然纸上。

主编蒋芷湘忙于仕进，光绪元年（1875 年）前后便退居次位，高中进士（1877）后至隔年便离开上海为官赴任，[⑧]虽然他主要承担编务仅三年（1872—

---

① 第八卷，第二十一页上。

② 第十九卷，第三页上至第四页下。

③ "孤山三女士墓"陈云伯大令为小青云友菊香修建，《颐道堂文集》吊之以诗："春山埋玉此佳城，黄土红颜莫怆情。最薄无如才子命，能传转是女儿名。梅花冷骨同浇酒，苏小芳邻好结盟。冉冉香魂三妇襟，西泠桥畔夜微明。"《瀛寰琐纪》第十六卷（1874 年 2 月），第二十二页上。

④ 第十四卷，第十九页上。

⑤ 陈文述嘉庆时举人，官昭文、全椒等知县。诗学吴梅村、钱牧斋，博雅绮丽，在京师与杨芳灿齐名，时称"杨陈"，著有《碧城诗馆诗钞》《颐道堂集》等。

⑥ 叶小鸾（1616—1632）吴江（今苏州）人，为明末士叶绍袁之女。少有文才，气质仁厚，许配张立平，却于婚前五日病逝。其使用的眉子砚一度曾流传到袁枚手中，有当世名人才女络绎题咏并留下拓本，后几经流转到上海，引起沪上文艺圈的追怀与吟咏风潮。

⑦ 见《瀛寰琐纪》第一卷（1872 年 12 月出刊，第十五页上—下）《题叶小鸾眉子砚南曲》、第五卷（1873 年 3 月出刊，第二十四页下）《和琴川吴逸香女史叶小鸾眉子砚南曲》。

⑧ 见邹国义编注《昕夕闲谈：校注与资料汇辑》，上海：上海古籍出版社，2018 年，第 534—536 页。

1875），却树立了申报馆报人形塑艺文风气的特色。申报馆仍继此有光绪年办《四溟琐纪》（光绪元年1875）及《寰宇琐纪》（1876年接续乙亥），主笔换了钱昕伯、蔡尔康。新刊不暇另作发刊序言，只需萧规曹随，栏目与格式无差，却没有了年终汇总的文章名目，其中数卷版面注明"申报馆仿聚珍版印"，间有数卷注明印刷年月。既是武英殿聚珍版版式，便没有了那许多的世界新闻，洋人办的申报馆出版物却不见刊载西洋东洋事物，华士主笔真能做主了。《四溟琐纪》没有了西书华字的翻译小说的连载，陈裴之（1794—1826）所著西北边疆地理水利著述《答查伯葵问西北水利书》（第一至第四卷连载），呈现了清中叶嘉道以降边疆史地成为显学，"不讲求西北史地之学不足以跻身儒林之列"[①]的时空语境，第二篇是谈西南边疆风土人文的文章《西藏风俗考》（第一卷），难得记录岁时亲历见闻；有辑录本朝前人题画诗，扬州八怪名家罗聘画鬼一时无两，便录有舒位（1765—1816）集当代名士才女所题的《题罗两峰鬼趣图》等诗歌（第一卷）。接着是陈裴之父陈文述（1771—1843）咏赵飞燕、张丽华的两首长诗，秉承上文所言其广收女弟子与推崇才女的作风，对历史美人后妃注目再三，可见《四溟琐纪》的编辑在首卷以嘉庆年间文坛著名的陈氏父子之诗文轮番上场的致意前贤之意，承继了两个月前出刊的《瀛寰琐纪》第二十七卷曾引录陈文述（署名"碧城仙吏"）《香奁偶录诗》七言长诗：《定是四首》《相思》《闲情》[②]均描写闺阁景物与女子妇人种种情愁幽思。尤其《闲情》一诗中的"七十鸳鸯同命鸟，一双蝴蝶可怜虫"更为后来的小说家魏秀仁沿用在《花月痕》中，成为书中男女才子寄托情意的诗句，预告了晚清民初海上鸳鸯蝴蝶派文学的风行。在香港的王韬亦时时与《申报》馆中人互通消息，主笔钱昕伯原是他的女婿，所以第一卷（1875年2月刊行）就有王韬少时所填长短句《眉珠盦词》十四阕。这些诗词的登载充分照顾了才子趣味，更有文人访艳陋俗，沿袭《瀛寰琐纪》的旧作风。

值得注意的是，该刊编者之一、出身上海的蔡尔康似乎有重新整理出版本地史志笔记书的企图，从第二卷起至第十二卷为止，连载刊出记载明清时期松江一地奇人轶事的笔记《谷水旧闻》。[③]作者章鸣鹤，范楷士所校，可视为太平天国后

① 见彭明辉：《晚清的经世史学》，台北：麦田出版有限公司，2002年，第27页。
② 见同治甲戌年十一月（1874年12月）《瀛寰琐纪》第二十七卷，第二十二页上至下。
③ 另一版本参见上海市松江区博物馆与华东师范大学古籍研究所编《明清松江稀见文献丛刊（第一册）》，上海：上海古籍出版社，2015年，第1—56页。

沪上文艺圈面对"书籍荡泯"的文化荒芜景况，由申报馆发起搜求珍本残本集结后仿"聚珍版"小石印本刊行诸书的余绪，所寓文化复兴的企图，不言可喻。面对三略①（鸦片战争、小刀会之乱、太平天国军企图进犯上海等外患内忧）的劫余情境，申报馆报人编辑群也表彰江南地区（尤其是江浙地区）②战乱中亡逝的节烈妇女，粗略统计二十八卷中，以"贞女""烈女"为题之传记、跋语诗歌等相关诗文，计有二十多篇。至《四溟琐纪》与《寰宇琐纪》仍延续此关怀，如《四溟琐纪》第二卷刊出了詹熙③与其母王庆棣④等人共同歌咏浙江海宁毛烈妇的一系列诗歌；《四溟琐纪》第三卷更刊出黄协埙⑤倡议为太平天国乱中之节烈忠义者立传，以表彰事迹并昭垂后人，《节烈忠义列传》列十三位义烈女。⑥具体呈现出报人编辑群企图透过诗歌寄寓伤怀，以生平事略的记载与哀悼达到文化疗愈。

降至《寰宇琐纪》，内封一例是"报馆仿聚珍版印"，连印刷月份也免了。编辑作风，几乎是来稿照登，少数几篇文章，不外乎书启、碑记、祝寿酬应，人物传不忘表彰节烈，肉麻香艳的妓女颂词则与之并列。此前蒋芷湘主编《瀛寰琐纪》时已经从东洋找到《江户繁昌记》（第二十四卷到二十六卷）呼应海上北里之游，著者署名"静轩居士"，⑦依次刊载该书《自序》《相扑》《吉原》《千人会》（第二十四卷⑧）；《千人会 续录》《戏场》《混堂（节录）》（第二十五卷⑨）；《三童子股技》

---

① 上海文人毛祥麟著有《三略汇编》，成书于1866年，收入刘永翔等整理《明清上海稀见文献五种》（北京：人民文学出版社，2006），以《海疆纪略》《会匪纪略》与《粤逆纪略》等三作，记录了近代上海历经的内忧外患对文人心态与社会文化发展的重大冲击。

② 文中提及出身者，籍贯江苏有第七卷《许烈姬》、第九卷《汪烈妇》、第十六卷《忠贞咏》之宋氏、第十八卷《叶贞女传》、第二十卷《王烈女传》、第二十三卷《书贞孝钱女事状后》及《章烈妇传》、第二十五卷《黄烈女事略》。出身浙江者有第七卷《方贞女传》、第九卷《唐烈妇传》、第十一卷《朱烈妇传》、第十二卷《沈烈妇殉难记》。

③ 詹熙（1850—1927），浙江衢州人，号子和、绿意轩主人。曾应傅兰雅"时新小说"征文而著《花柳深情传》。

④ 王庆棣（1828—1902），字秭仙，钱塘闺秀，是远近闻名的才女，喜吟咏，著有《织云楼诗草》。《四溟琐纪》王庆棣咏毛烈妇之诗云："节烈人争敬，高风孰可追。冰霜心独矢，金石志难移。德合闺中仰，身期地下随。纲常真不愧，青史令名垂。"呈现出晚清女诗人借助新式媒体为女性发声的一个珍贵剖面（见《四溟琐纪》第二卷（1875年3月）。

⑤ 黄协埙（1851—1924），字式权，原名本铨，号梦畹，别署鹤窠树人、海上梦畹生、畹香留梦室主。著有《淞南梦影录》《鹤窠树人初稿》《粉墨丛谈》《黄梦畹诗抄》《锄经书舍零墨》。

⑥ 见《四溟琐纪》第三卷（1875年4月）。

⑦ 第二十四卷《江户繁昌记》文末有编者按语："此书为日本敬轩居士所著。叙述江户风景，极尽形容，可惊可喜。因节录而分印之，以供好奇者之览云。余卷嗣出。"见《瀛寰琐纪》第二十四卷到二十六卷（同治甲戌年八月至十月〔1874年9—11月〕）。

⑧ 《瀛寰琐纪》第二十四卷（同治甲戌年八月〔1874年9月〕）。

⑨ 《瀛寰琐纪》第二十五卷（同治甲戌年九月〔1874年10月〕）。

《冶郎院》《篦头铺（节录）》（第二十六卷^①）。到了《寰宇琐纪》则刊载《沪游杂记》（第七卷）等，一再申述风流才子对相好妓女的情愫，自赏玩味，这是二十年后孙玉声格调的海上小说之先声。此外，许多言之无物的诗稿连篇累牍，以致需数卷连载，以致末卷煞尾有《尊闻阁主启》（第十二卷末页），意谓从九月以来到十二月的四卷都编了同人诗稿，诸君子食髓知味，仍然络绎不绝重复再三来稿，主笔排印稍迟且受责怪，言下有不豫之意。缕馨仙史似乎有意向报馆和这些投稿逞才的词章家撇清。

饶是如此，《寰宇琐纪》仍绽放不少亮点，其一是接续了海上艺文的传统，真是鲁迅所谓"才子要读《红楼梦》"的时代。^②第一卷有《〈红楼梦戏咏〉》，咏《红楼梦》十五个人物：宝玉、黛玉、宝钗、湘云、探春、李纨、凤姐、秦可卿、妙玉、鸳鸯、平儿、香菱、紫鹃、晴雯、袭人，诗虽不出色，但基本体现人物特点。比起后来其他卷的诗词无病呻吟，总算有意作为。而游戏文章也是彰显才子格调，第六卷有《汇摘〈红楼〉〈西厢〉花名酒筹》一文，将"红楼诸佳丽摘录西厢词句并系以花名"，游戏机巧固属不易，将刘姥姥等隶属佳丽，也算差强人意。明眼人一看，却可辨识出此文是将清代三大《红楼梦》评点家之一王希廉评本《新评绣像红楼梦全传》的卷首人物图像六十四幅，搭配《西厢记》曲文与代表人物的植物花卉图之文字，全篇挪移至期刊中，称得上是新瓶装旧酒的编辑产物，可谓改琦时代以"艺文"为标志的文化空间的袭仿挪置。

其二为明清松江文物笔记书《一瓢集杂志》的刊行，作者章有豫布衣一生，是上述《谷水旧闻》章鸣鹤之父，该书可视为历代奇人奇闻掌故的集成，从第一卷（1876年3月）到第八卷（1876年12月）连载于《寰宇琐纪》中，综合上述《四溟琐纪》连载《谷水旧闻》来考察，不难发现它们映现出清初至道光朝松江一地文人撰著旧闻掌故史志或杂志文集的悠远文脉，经由报刊媒体的传播刊行，突破了家族内部或松江本地的局限，影响更广。如1862年因卷入上书太平天国军疑云而远遁香港的王韬稍早出版了自咸丰年间以来陆续增补的上海史志书《瀛壖

---

① 此卷所录《三童子股技》之名乃原书所无，经笔者考察，为选自《江户繁昌记》初编的《两国烟火》一段文字之节录，推测此标题为《瀛寰琐纪》编辑所加；该卷所录《冶郎院》为节录自《江户繁昌记》二编的《神明》一段文字之节录。见《瀛寰琐纪》第二十六卷（同治甲戌年十月〔1874年11月〕）。

② 鲁迅：《上海文艺之一瞥》，见《鲁迅全集·六·二心集》，台北：唐山出版社，1989年，第88页。王韬在上海墨海书馆任职时期，也在日记中记载他喜读《红楼梦》，评价后来的续书《红楼梦补》《后红楼梦》《红楼复梦》……等书，"皆浪费笔墨，适为多事而已"，见《王韬日记（增订版）》咸丰八年九月二十九日，第200页。

杂志》（1875 年左右），① 读者对此亦不陌生，此前在《瀛寰琐纪》第十二期（1873 年 9 月）已有转录《香港新报》的《瀛壖杂识·志寺观》，说明了洋场文人善用报刊资源，一方面辑录刊载洋场文人的本地志书，一方面也重新整理前贤史志笔记书并连载刊登，呈现了"三琐纪"辑录上海本地历史人文发展史的重要面相。

其三便是笔记小说家宣鼎（约 1832—1880）的诗、文与小说，从第二卷后不定期期刊出，自出版史视角来考察，稍后其《夜雨秋灯录》便由蔡尔康作序，由上海申报馆以仿聚珍版印行问世（光绪三年，1877 年），共八卷一百零五篇。可知申报馆的文艺期刊及其出版策略的紧密结合，某种程度带动与塑造了文坛风潮。

《瀛寰琐纪》到《四溟琐纪》《寰宇琐纪》，主编钱昕伯、蔡尔康才子本色，亦有任意为之的自由。但是把一个面对公众的杂志变成小圈子、小团体的诗社园地的性质，便不是洋人期待能够推广销路的意愿了。如何商议整顿，重新出刊，这一重公案内情不得而知。光绪三年（1877 年）蔡尔康为上海机器局所编的《记闻类编》便恢复了一点新闻，还原报纸附刊的些微本色。光绪四年的申报馆又办《屑玉丛谭》则相较《记闻类编》表示编者偏重传统的选家眼光，刊载的文章不再局限于当代本朝。《屑玉丛谭》虽有两人作序，真正的主笔应是第一作序的钱昕伯。蔡尔康作序的《记闻类编》在传统士人的知识格局中嵌入西学视域，将中国当代生活、国际时事、邦交互市与传统朝野生活糅合为一体，分为：奏疏、时政、论议（量大，分两卷）、风土民情、邦交互市、外邦时事、畸行、异闻、艳迹、博物、文辞（量大，分两卷）、杂著，共十二类。其逻辑必不能尽量一致，其间有朝廷民间的二分逻辑，寰球、中国与时政的世界交通逻辑，再一逻辑是博闻广识、面对变局而见诸议论、文辞的士人转型和风流才子集于一身，这三条逻辑线索必不能找到完全一致的方向，但是这十二个类别的文化生活就是十九世纪后半叶的知识阶层的处境，而采取如此看待世界的分类方法，非海上文人才子莫属，绝不是京城丹墀之下的文臣眼光，这得归因于蔡尔康具备的华洋杂糅文化内涵。《屑玉丛谭》从《记闻类编》的现代语境撤回一步，回到了士人才子的选择标准，而且将宋代大家苏轼与本朝当代人并列。编者既然不多考虑时局也就无论朝野了，《屑玉丛谭》的野史方志特色大于才子风流，这是汲取了此前"诗家"泛滥的教训。在华洋古今之间徘徊，此乃 19 世纪 70 年代海上才子的价值立场犹疑的当代性。

---

① 见《王韬日记（增订本）》咸丰九年（1859 年）四月八日、四月十八日，第 292、296 页。

四、洋场才子搜奇推广，通俗小说衍异创新

在上述刊物描述讨论的基础上，进一步的研究须在几代才子之间作一横向与纵向的通观比较。改琦最擅长的仕女画在二十多岁就已经享名，三十多岁画出两部绢本册页二十四幅《红楼梦》人物，且自题两幅，绘就传世的《红楼梦图》正是三四十岁间；王韬二十一岁到墨海书馆，秉笔的同时不断学习，其稔熟西学新知的时节仍不足三十岁；蔡尔康进入申报馆只有二十岁，此后二十年间折冲在海上华洋杂糅的报业文化界创下无与伦比的事业。三代才子，从仅靠交游圈人际沟通的改琦，到洋场上王韬、蔡尔康凭借印刷媒体传播的西学以及中国传统志文词章，文化生活方式及空间不断开拓，他们当中以王韬的空间转移与起伏最大，但以才华杰出而创生出多姿多彩的生活样貌也颇一致，才子的艺文偏好更是一贯，他们以长远开放着的心态参与中国现代性的塑造。

蔡尔康在海上大展雄才的时候，是王韬避居香港十年后、回到上海十多年之前。蔡尔康在申报馆协助总主笔编辑报务四年多（约 1874—1878），其才华经历令海上文坛报界处处闻名。不说作《四溟琐记》等"杂"志主笔，蔡尔康主编体现"洋务"色彩的《记闻类编》（1877 年）时也仅有二十五岁。蔡尔康的名声，其实取决于市场，华洋互市杂处则决定着文化市场，在《申报》历练了四五年，转换到其他的文化空间里，他带走的就是市场经验。在《申报》担任副主笔时，他创办目标市场针对下层及妇女的白话报《民报》，另编辑图像来源于英国、不定期出刊的《寰瀛画报》。四卷画报的图版由英国印刷后邮寄到上海，蔡尔康便撰写文字解说，其时事内容如"英太子游印度""土耳其之良臣镇国""德国大火轮"之类。[①] 这两种报刊不能长久，究其原因：《民报》定位于俗，真俗人不能识字，识文断字者便以才学自命，不愿意落俗，所以读者寥寥；《寰瀛画报》举凡外国事情，画面与阅者经验没有联系，回应者稀疏。这个失败经验告诉蔡尔康，从接受方来说，报刊就是高不成低不就的读物，一定要有一点文人才子的元素，介绍西洋的也必须糅合些本土在地经验，华洋杂糅是不二法门，没有洋的犹可，缺少中国文人习见的元素则行不通。

他在申报馆还负责搜访奇书以及推广西学刊物《格致汇编》。"搜奇"保证了

---

① 参见李仁渊：《晚清的新式传播媒体与知识分子：以报刊出版为中心的讨论》，台北：稻乡出版社，2005年，第 71 页。

后来他任《字林沪报》主笔时的营销成功，也是因为汲取蒋芷湘《昕夕闲谈》的经验，《字林沪报》将小说连载从期刊发表更改为日报活页登载，累积聚多而后自行装订成册，"《野叟曝言》全书，每日排成书版式之一页，随报送阅，蝉联而下，从不间断……。每日报端，刊《玉琯镌新》一书，所载悉为本日故事"，吸引了大量读者订报纸。西学刊物《格致汇编》需要"推广"，这也是最早的文化细分市场，专门的科学读物卖给有西书爱好的读者。"搜奇"和"推广"两方面兼及中西，海上文化的生产与营销就是在这个框范中进行，其方式前所未有，焉能不华洋杂糅地呈现海上"奇观"？

申报馆以外，1876年蔡尔康还与上海机器印书局（江南机器制造局翻译馆，1865年成立）合作主编《侯鲭新录》。这份刊物用典故命名，完成了一个隐喻，刊物阅读也像供给可口美味的饮食，要将不同来源的食之味组合得更加丰富诱人。《申报》及其副刊的栏目构想，除了有限的域外新闻不在中国人的知识谱系中，其他栏目不外是按照"四部"中的史、子、集安排，不在《申报》旗下的《侯鲭新录》也是如此，除了没有经学的高头讲章，多以本朝往事的历史人物与文献开篇，第一卷的目录打头就是林则徐、周天爵、胡林翼三位"文忠公"传略，是为"后之史官载笔，当以此为定论矣！"第二卷换成了吴门三相传略。这是严肃正大的史的栏目，其下则是巨子名家文，然后便是集部词章了，间亦有灯谜之类。

蔡尔康一辈才子的旧学在多方面有呈露，并未如上一辈"多闻才子"一般致力过西学。洋场上与西学相关的事物层出不穷，但求能应付便是，未必需要实在的科学知识。蔡尔康这一辈人作为多面能手的特征显然，也算是古今中外样样拿得起，如邹弢附会西学采入小说《海上尘天影》而讲得头头是道，这种皮相之见也算得是一种特别的想象力。此二人与韩邦庆姑且代表"第二代洋场才子"，都出生于19世纪50年代，值得加以比较研究，其人其文除了华洋杂糅的共相外，更有其各自出"奇"的特点。邹弢生于1850年，蔡尔康是1852年，韩邦庆1856年。这年代的才子并不求学贯中西，他们已经睁开了眼睛，知道过去的通儒贤达也只是局限于中国传统，生活于海上之现代人纵使有才识可以穷经，却不能穷通现代知识，所以其中有人宁可附会时务之学，也不再以生命的有限博经史知识的无穷。三人中，邹弢意欲扬长而实为曝短，蔡尔康既知道逞才也晓得藏拙，韩邦庆看透洋场人生与才子拙劣，冷眼向洋看世界，在小说中"穿插藏闪"写洋场才子。观察他们三人在报刊连载小说或创办小说期刊，呈现了他们才子身份的共性，同在海上报刊生涯中的三人，各自代表三部海派的自著、改写、编纂小说，皆指向华洋杂糅的共相上，各自歧异的"奇观"化的文化蕴涵。

此外，乾隆年间文人夏敬渠所著《野叟曝言》在海上文坛的刊行流播亦是多元杂糅中的奇观。蔡尔康，字紫黼，寓意升腾发达，可二十岁从事《申报》便与衣紫黼从政缘薄，光绪八年（1882）从《申报》转换门庭到《字林沪报》当洋人报纸的华人主笔，与朝廷所授功名爵位相去甚远，至少不足以光宗耀祖。蔡尔康转任《字林沪报》主笔后就想到利用在《申报》搜罗的"奇"书，他得《野叟曝言》而奇货可售，着手整理完备而逐日刊载，以活页附报纸赠送。鲁迅曾言光绪此书始出，"一本独全，疑他人补足之"。[①] 补足者谁？只能是报纸主笔蔡尔康！

主笔一肚皮学问，亦有一肚皮不如意，未走功名之途而辅佐洋人办报，若不能效《申报》前任主笔蒋芷湘中一个进士，就是不完整的人生。鲁迅说："以小说为庋学问文章之具，与寓惩劝同意而异用者，在清盖莫先于《野叟曝言》。"蔡尔康认同作者夏敬渠，拿《野叟曝言》作了书架子，把才学文章尽情展示，他非但补足小说的残缺，而且在报纸印刷的活页上留下诸多零星的才学增饰。鲁迅更突出该小说的形征："《野叟曝言》庞然巨帙，回数多至百五十四回，以'奋武揆文天下无双正士熔经铸史人间第一奇书'二十字编卷，即作者所以浑括其全书。"[②] 这二十字的文武全才似乎较才子"奇"书又进一层，它仍然是从才子书脱化而成，熔铸经史则更拘于显露才学的目的，要做一个"正士"而不敢离经叛道，"奇书"的卖点则一仍书坊策略。未见有编辑主笔如此在意市场营销，逞他人才而不露己学、日逐校勘、改篡增添而终于成为前所未有的大部头小说。这借他人想象实现心中的梦想，又比译述中夹带才子性情感伤的蒋芷湘不可同日而语。因为蔡尔康视夏敬渠隔代知己，都是一肚皮的学问，经史谋略无用场而烂在腹中，只能寄托于小说了。如鲁迅所说："《野叟曝言》云是作者'抱负不凡，未得黼黻休用，至老经猷莫展'，因而命笔，比之'野老无事，曝日清谈'（凡例云）。可知街学寄慨，实其主因，圣而尊荣，则为抱负，与明人之神魔及佳人才子小说面目似异，根柢实同，惟以异端易魔，以圣人易才子而已。意既夸诞，文复无味，殊不足以称艺文，但欲知当时所谓'理学家'之心理，则于中颇可考见。"或者说：这

---

① 见鲁迅：《中国小说史略》，台北：风云时代出版社，1990 年，第二十五篇《清之以小说见才学者》，第301 页。

② 见《中国小说史略》第二十五篇《清之以小说见才学者》，第 302 页。

部大部头小说，什么都有了，就是丢掉了文学艺术。其时，文学一词还不是今天的概念，鲁迅仍然袭用班固《汉书·艺文志》，把小说作为艺文中的一类。上文所谓"艺文空间"里的江南才子也是基于这个考量的用法，改琦比之蔡尔康，闻见固然不如，却是真挚才子本色。19世纪70年代至80年代的海上才子被笔者冠以"洋场"，实情是前现代的"江南"才子的诗书艺文内涵被诸多"洋场"文化元素取代，他们单纯表达一己才学、自我实现的愿望和冲动，难免被外部的商业文化的喧嚣所抑制。

19世纪90年代自办小说杂志《海上奇书》出版刊行的韩邦庆在洋场才子中是个异数。较蔡尔康出入《申报》《字林沪报》当主笔，他在艺文圈出道已经晚了，因为仕途经济的家族使命，让他必须在生员基础上往前走，他还有一回进京城赶考的任务没有完成（1891年）。孙玉声回忆他们在船上把各自未完成的小说文稿拿出来彼此鉴赏，一个是《海上花列传》一个是《海上繁华梦》。[①]韩家固然要求自己的子弟科场考较，列于朝廷抡才大典，其实韩邦庆的上一辈就已经不务儒学正业入了西学旁门，李善兰、王韬的朋友韩应陛即韩邦庆的堂伯父，正是那位出资用力印刷《几何原本》、在《六合丛谈》发表其《用强说》的科学人物。海上风气丕变，韩邦庆置身洋场，却又有距离地冷眼旁观，把一干在洋场上讨生活的才子都写进了《海上花列传》。非但如此，他还遥遥地呼唤其祖辈的街坊改琦（玉壶山人），把小说中引出《秽史外编》[②]的春宫画笔法归结到他身上。

《秽史外编》的叙事回避说话口吻，采用了骈俪四六，典故森严的古文来描述三女一男的性事，这便让一般人阅读有了文字障碍。该文立意反讽，文末叙述"二女歌《采葑》之首章以送之"，借用《诗经·邶风·谷风》诗句"采葑采菲，无以下体"指涉男女之"下体"，大为不敬。小说"一笠园"聚会，众客在杯觥交错中以"四书"典故划酒拳、行酒令，用意亦同。韩邦庆的科举失意是人所共知的事实，其实他眼中并无"经义"尊严，他看科考八股与图画题咏皆为俗滥。韩邦庆用妓家的深切人情形击士大夫的酸文假醋，《海上花列传》且摧陷廓清旧红学的酸腐，吴语包孕的文言《秽史外编》谐仿香艳，将改琦的小传统引渡到现代海上的情色大观中，此"说部"情色拟态望之俨然，切实营构的仍是传统人情书写，

---

① 见孙玉声：《退醒庐笔记》，转引自胡适《〈海上花列传〉序》，收入花也怜侬（韩邦庆）《海上花列传》，台北：河洛图书，1980年，第570页。

② 见《海上花列传》第五十一回。

捎带嘲谑海上美人图像出版的泛滥浮夸。

小结

19 世纪改琦、王韬、韩邦庆等江南才子的海上历时活动，就是一部上海文化史，他们活动在前现代社会之末/现代社会之初，以其才子行踪与人际互动、江南地域与洋场及泰西世界的文化交汇阐释着海派现代性的产生与递嬗。

改琦往来于松江与上海县进行诗书画活动，他以图画阐释《红楼梦》人物，吸引了海上文人纷纷题咏不辍，影响经久不息；王韬的足迹印在泰西、扶桑，东西洋的人文、科学文化构建其视野，并融入他的文史、科学、诗文、小说著述，但其心性仍是才子文化根本。他和改琦一样喜欢艳迹寻芳、海陬冶游，将这个题材写入《海上花列传》的韩邦庆更是参透了其中人情的洋场才子。改琦到韩邦庆，《红楼梦》之泽三世而斩，江南的意味也耗蚀殆尽，其中三昧仅鲁迅的《上海文艺之一瞥》略加揭示。看得更真切一些，非得扩展到报刊不可，鲁迅看出了《点石斋画报》的洋场艺文特色，我更将其脉络化逆推到传教士所办期刊、报纸，非循此不足以看清海上文脉、现代上海文化。

参考文献

一、报刊

《六合丛谈》，上海：墨海书局，1857—1858；上海：上海辞书出版社重印，2006。

《特选撮要每月纪传》，伦敦：大英图书馆，道光癸未年（1823）6 月创刊号、8 月第 3 号；麻州：美国哈佛燕京图书馆，道光乙酉年（1825）第 11 号。

《益闻录》，收入《晚清珍稀期刊续编》，北京：全国图书馆文献缩微复制中心，2010 年。

《遐迩贯珍》，香港：英华书院，1853—1856；上海：上海古籍出版社，1999重印本。

申报馆编，《瀛寰琐记》，上海：申报馆，1873。

米怜（William Milne）主编，《察世俗每月统记传》，上海：上海古籍出版社，2021。

傅兰雅，《格致汇编》，上海：格致书院，1876—1892。

爱汉他（郭时腊）纂，《东西洋考每月统计传》，北京：中华书局据哈佛大学哈佛燕京图书馆藏本影印出版，1997。

二、传统文献

〔清〕王韬：《西学辑存六种》，台北：广文书局，1969。

〔清〕王韬：《瓮牖余谈》，上海：上海古籍出版社，1997。

〔清〕王韬：《王韬日记（增订版）》，北京：中华书局，2015。

〔清〕王韬：《弢园尺牍》，《近代中国史料丛刊》（光绪二年丙子秋九月已活字版排版，天南遁叟所藏），收入沈云龙主编，《近代中国史料丛刊续编》100 辑，台北：文海出版社，1983。

〔清〕毛祥麟：《三略汇编》，收入刘永翔等整理，《明清上海稀见文献五种》，北京：人民文学出版社，2006。

〔清〕花也怜侬（韩邦庆）：《海上花列传》，台北：河洛图书出版社，1980。

〔清〕吴友如绘：《吴友如画宝》，北京：中国青年出版社，1988。

〔清〕邹弢：《三借庐赘谭》，《续修四库全书》子部第 1263 册，上海：上海古籍出版社，1997，据南京图书馆清光绪铅印申报馆丛书余本影印。

〔清〕韩邦庆编著：《海上奇书》，上海：光绪十八年二月韩邦庆创办发行，申报馆代售。上海图书馆馆藏，1892。

三、近人论著

上海市松江区博物馆与华东师范大学古籍研究所编：《明清松江稀见文献丛刊》第一册，上海：上海古籍出版社，2015。

王学钧：《邹弢〈海上尘天影〉的中西比较意识》，《明清小说研究》2004 年第 2 期。

吕文翠：《海上倾城：上海文学与文化的转异，1849—1908》，台北：麦田出版有限公司，2009。

李仁渊：《晚清的新式传播媒体与知识分子：以报刊出版为中心的讨论》，台北：稻乡出版社，2005。

李孝悌：《建立新事业：晚清的百科全书家》（续），《东吴学术》2012 年第 3 期。

李佩师：《借鉴与转化：论三部清代入华传教士汉文报刊的中国文学书写特征》，《东吴中文学报》第 29 期，2015 年 5 月。

李欧梵：《现代性的想象：从晚清到五四》，台北：联经出版社，2019。

沈国威编著：《六合丛谈·附题解·索引》，上海：上海辞书出版社，2006。

邵志择：《近代中国报刊思想的起源与转折》，杭州：浙江大学出版社，2011 年。

段怀清：《清末民初报人—小说家：海上漱石生研究》，台北：独立作家出版，2013。

唐敬杲编：《新文化辞书》，上海：商务印书馆，1923。

张治：《"引小说入游记"：〈三洲游记〉的迻译与作伪》，《中国现代文学研究丛刊》2007 年第 1 期。

彭明辉：《晚清的经世史学》，台北：麦田出版有限公司，2002。

杨宜佩：《邹弢（1850—1931）研究：才子、通人、酒丐》，桃园：国立中央大学中文系博士论文，2019。

万青力：《并非衰落的百年：十九世纪中国绘画史》，台北：雄狮图书股份有限公司，2005。

邬国义编注：《昕夕闲谈：校注与资料汇辑》，上海：上海古籍出版社，2018。

鲁迅：《上海文艺之一瞥》，见《鲁迅全集·六·二心集》，台北：唐山出版社，1989。

鲁迅：《中国小说史略》，台北：风云时代出版社，1990。

萧相恺：《中国文言小说家评传》，郑州：中洲古籍出版社，2004。

谢庆立：《中国早期报纸副刊编辑形态的演变》，北京：学苑出版社，2008。

国立故宫博物院主编：《决战金陵》教学 DVD，台北："国立"故宫博物院出版，2005。

［德］鲁道夫·瓦格纳（Rudolf G. Wagner）《晚清的媒体图像与文化出版事业》，赖芊晔、徐百柯等译，新北：传记文学出版社，2019。

（吕文翠，台湾"中央大学"中文系教授）

整体生活论：重建一种大生活观[①]

张公善

文学批评家韦勒克说："只有以哲学（即概念）为其基础，理论的问题才可能得到解决。"[②]何出此言？因为他意识到文学批评常常因为基础概念的界定不清而混乱不堪。于是他花大力气对文学批评的种种概念进行了详细的阐述，便有了两部文集《批评的诸种概念》《辨异：续〈批评的诸种概念〉》。其实，何止是文学批评，人文学科的争论很多都是基础概念界定不清导致的结果。就拿"生活"这一概念来说，虽然被广泛使用，但至今仍然未被深入研究。当下生活美学盛行，但对于"什么是生活"这个问题，美学界也一直没有具体而系统的论述。

我们知道，德国古典美学家席勒在《审美教育书简》中，德国当代哲学家罗姆巴赫在《作为生活结构的世界》中，以及中国清代画家石涛在《苦瓜和尚话语录》中，都曾勾勒出一种涵盖天地万物的大的整体生活观念。不过，他们所论及的大生活观念，过于强调整体性，因而忽视了细致的结构分析。[③]

笔者曾对"整体生活"作过一些论述，主要观点如下：

整体生活（生活存在）是人生于世的本体，是人的一切活动的本体；整体生活从本体性而言是"生命—日常生活—存在"三位一体的生活；整体生活从个体人而言是"时间—心间—空间"三位一体的生活；整体生活的整体性体现于三大维度的三位一体性，即三个维度中的任一项其实都暗含其他两项，所谓一含三，三合一；整体生活不仅仅是观念，也是实践；日常生活是此在一切活动的起点，也是归宿。[④]

---

① 本文为 2017 年国家社科基金项目（17BZW070）"后理论时代的文学批评新范式研究"阶段性成果。

② ［美］韦勒克：《批评的诸种概念》，罗钢、王馨钵、杨德友译，曹雷雨校，上海：上海人民出版社，2015 年，英文版序言，第 4 页。

③ 张公善：《整体诗学》，广州：世界图书出版广东有限公司，2016 年，第 19 页。

④ 参见张公善：《批判与救赎：从存在美论到生活诗学》，合肥：安徽人民出版社，2006 年，第 255 页；张公善：《生活诗学：后理论时代的新美学形态》，合肥：中国科学技术大学出版社，2013 年，第 80—82 页；张公善：《整体诗学》，广州：世界图书出版广东有限公司，2016 年，第 16—21 页。

本文在上述思想的基础上，尝试重建一种既重视整体性也强调结构分析的"整体生活观"，以期抛砖引玉。本文着力解决的问题有二：整体生活的三大维度（生命—日常生活—存在）仍然没有清晰的界定，仍停留在约定俗成的概念使用上（仿佛大家都非常清楚其内涵似的）；整体性虽然被界定为三位一体性，但是我们还没有将其具体呈现出来，即三个维度的任何一项是如何内在地拥有其他两项的属性的。

一、生命：整体生活的形而下之维

作为整体生活形而下之维的生命，不仅指人的生命，也同时包含一切其他生命。人的生命与一切其他生命共同存在，相互依存，甚至相互斗争。如果聚焦生命的历时状态，我们会发现生命有三副面孔：物质生命，精神生命及灵魂生命。在远古时代，生命主要作为灵魂而被人类认知，让生命成为生命的东西便是灵魂。随着人类理性的发展，生命一方面作为精神生命，一方面作为可供科学研究的物质生命。相对而言，精神生命实即人类主观性的产物，而物质生命则是人类客观性的产物。

此处我们侧重探讨的是生命的共时状态，即拥有生命的个体其内在结构如何？人类文明对于生命结构性的分析，核心观念都认同生命是一个整体，但其内涵却有着多种说法，常见的有以下四种：

二元论：生命是身体（肉体）和灵魂的统一体。这是最为流行也最为普遍的一种生命观念。通常所谓的身心关系或灵肉关系都基于此二元论。二元论在古希腊就已形成，真正让"心物二元论"登上哲学舞台的人是笛卡尔。[①]

三元论：生命是身体（body）、精神（spirit）及灵魂（soul）的统一体。克尔凯郭尔持此说（后文有述）。

四元论：生命是身体（body）、思想（mind）、心灵（heart）及精神（spirit）的统一体。柯维的《高效人士的七种习惯》一书持此说。[②]此外威尔伯则将个体存在的四个维度界定为身体、心智、灵性以及阴影。[③]

---

① ［挪］希尔贝克、吉列尔：《西方哲学史：从古希腊到当下》，童世骏、郁振华、刘进译，上海：上海译文出版社，2016年，第255页。

② Covey: *The 7 Habits of Highly Effective People*, New York: Simon & Schuster, 2004, p. 19.

③ ［美］威尔伯：《生活就像练习：肯·威尔伯整合实践之道》，金凡、聂传炎译，北京：同心出版社，2013年，第13页。

五元论：生命是色（肉体）、受（感知）、想（想象）、行（心意）及识（识别）的统一体。这是佛教禅宗所谓的"五蕴"观。①

我们在此采纳第三种观点，即认为生命是身体（肉体）、精神和灵魂的统一体。三元论尤其适用于人类。生命体三元组合论的源头其实就是亚里士多德。他在《论灵魂》第二卷中论述了生命的组合性以及灵魂的种类。他说："所谓生命，乃是指自己摄取营养、有生灭变化的能力。所有有生命的躯体都是实体，这样的实体必然是由组合而成。"② 在他看来，实体有三种意义，即形式、质料及这两者的组合。质料是潜能，形式是现实。二者的组合物即有生命的东西。由此，对于生命体来说，躯体是质料是潜能，而灵魂就是形式就是现实。用他的原话来说就是："灵魂就是潜在具有生命的自然躯体的第一现实。"③ 或者换一种说法："灵魂乃是有生命躯体的原因和本原。"④ 亚里士多德进而区分了三种灵魂：植物仅仅拥有营养灵魂，动物在此基础上还拥有感觉灵魂和运动灵魂，而人类在动物灵魂的基础上还拥有理性灵魂（思维能力）。⑤ 很显然，在亚里士多德那里，人作为生命体，其质料便是躯体，形式则是营养、感觉、思维及运动，其中的思维是人之为人的独有灵魂。然而，随着人类文明的发展，他所谓的"思维"慢慢地就被"精神"或"心灵"等等所替代，而人与一切其他生命体共有的灵魂（感觉、营养和运动）等等则慢慢被淡化了。

将生命（人）的三元组合论说得非常到位的哲学家中，克尔凯郭尔尤其不可忽视。他说："人是'那灵魂的'与'那肉体的'的一个综合。但是，如果两项没有统一在一个'第三项'之中，那么，一种综合就是无法想象的。这个'第三项'就是'精神'。"⑥ 灵魂和肉体的综合仍然是古希腊的遗产，但"第三项"的引入想必是近代德国"正反合"辩证法的影响。作为"第三项"的"精神"很显然已经不同于"灵魂"。不同之处何在呢？克尔凯郭尔在《畏惧与颤栗 恐惧的概念 致死的疾病：克尔凯郭尔文集6》一书开头给予了明确的界定：

---

① 赖永海主编：《金刚经·心经》，陈秋平译注，北京：中华书局，2010年，第126页。

② ［古希腊］亚里士多德：《亚里士多德全集》（第三卷），苗力田译，北京：中国人民大学出版社，1992年，第30页。

③ 同上书，第31页。

④ 同上书，第39页。

⑤ 同上书，第34页。

⑥ ［丹麦］克尔凯郭尔：《畏惧与颤栗 恐惧的概念 致死的疾病：克尔凯郭尔文集6》，京不特译，北京：中国社会科学出版社，2013年，第200页。

"人是精神。但是什么是精神？精神是自我。但什么是自我？自我是一个'使自己与自己发生关系'的关系；或者，它处在'这关系使自己与自己发生关系'这个关系中；自我不是这关系，而是'这关系使自己与自己发生关系'。人是一个'无限性'和'有限性'、'那现世的'和'那永恒的'、'自由'和'必然'的综合，简之，一个综合。一个综合是一个两者之间的关系。"①

这段话看起来有些绕，但却把"精神"说得非常清楚明白。"精神"正是综合各种对立元素的力量。正是精神让人的灵魂和肉体统一起来，正是精神让一个灵肉统一的生命成为一个独特的人，一个拥有"自我"的人。如果说在亚里士多德那里，理性灵魂让人区别于动物，那么在克尔凯郭尔这里，让人成其为人的东西则是精神。

其实，精神（spirit）和灵魂（soul）之间的纠缠自古以来一直存在。亚里士多德在其《论灵魂》中就曾批评阿那克萨戈拉"把灵魂和心灵等同起来"，说他"并没有用'心灵'这个词表示相关于真理的能力"。② 可以推断，阿那克萨戈拉所谓的"心灵"（nous，有人译为"努斯"）相当于亚里士多德所谓的认知真理的理性能力。古罗马时代的奥古斯丁将灵魂明确界定为精神（灵）。他反对当时出现的"灵魂是物质的"论断，坚信灵魂是灵（spirit）而非物质性的躯体。③ 同时也认为"灵"即"智力和一种理性、智慧的知觉"，这是人区别于动物的元素，动物只有"魂"而没有"灵"。④ 在奥古斯丁眼里，人既有动物所拥有的"魂"，也拥有人所独有的"灵"。由此，当我们说及人的灵魂时，侧重的其实是"灵"，说及动物的灵魂时则侧重"魂"。奥古斯丁实际上仍然受到亚里士多德的影响，将人的灵魂的独特性归属于理性灵魂。

到了克尔凯郭尔这里，他直接将人的"精神"从"灵魂"中独立出来，并彰显出"自我"的价值，可谓意义重大。放到整个西方文明史，此举可谓是现代自我意识崛起的先声。当我们把精神独立出来，当我们论及人的生命的三重组合，其中的精神与灵魂究竟如何界定，相互关系如何，这些都是接下来要探讨的问题。在此，卢卡奇提供了一个富有启示的洞见。

---

① ［丹麦］克尔凯郭尔：《畏惧与颤栗 恐惧的概念 致死的疾病：克尔凯郭尔文集6》，京不特译，北京：中国社会科学出版社，2013年，第419页。
② ［古希腊］亚里士多德：《亚里士多德全集》（第三卷），苗力田译，北京：中国人民大学出版社，1992年，第8—9页。
③ ［古罗马］奥古斯丁：《论灵魂及其起源》，石敏译，北京：中国社会科学出版社，2017年，第303页。
④ 同上书，第302页。

卢卡奇在论述特殊性范畴时，区分了中介和中项的不同，认为中项并非中间位置，"由中项可以直接变成一个端项，而其他端项此时占据中项位置"。拿个别性、普遍性和特殊性这三个范畴来说，特殊性并非单纯是个别性和普遍性之间的中介，而是一个有机组织的中心，这导致的结果便是："实现这一反映的运动并不像在认识中是普遍性至个别性或返回（沿着相反方向）运动的，特殊性是作为中项而成为相应运动的起点和终点。"① 可以用下图来显示这三者的关系：

普遍性←→个别性←→特殊性←→普遍性←→个别性

借助于上述"中项"的界定，我们将精神视作身体和灵魂之间的中项，以强调精神在一个人的生命中的中心地位，同时强调精神在身体与灵魂的双向运动中的位置：既是起点也是终点。图示如下：

灵魂←→身体←→精神←→灵魂←→身体

如此看来，灵魂和身体好像也都可以处于中间位置，但我们并不将灵魂和身体视作中项，原因在于对于一个人来说，精神才是最重要的中心，而且精神既是起点也是终点。由此，精神作为中项，就可以发挥三种作用：当精神作为中心，身体可以在精神的作用下影响灵魂，灵魂可以在精神的作用下影响身体；当精神作为起点，精神可以借助灵魂影响身体，可以借助身体影响灵魂；当精神作为终点，身体可以借助灵魂来塑造精神，灵魂也可以借助身体来塑造精神。所有这些关系在理论上都暗含着生命是一个整体，是一个以精神来统摄一切的整体，对这些关系之间相互作用的探究，可谓是身心灵整合者（或灵修者）的主题。②

此处的身体、灵魂及精神究竟有何所指？综合前文，可以对它们做一个稍微具体的界定。身体就是物质性的血肉之躯。灵魂不仅仅指所有生命共同具有的共性元素，还包括个体生命从祖辈那里遗传而来的个性元素。前者是共性灵魂，后者是个体灵魂。精神既指人类所固有的理性元素，还指个体自己在后天逐渐形成的思想或智慧。前者是集体精神，后者可谓个体精神。

---

① ［匈］卢卡奇：《审美特性》，徐恒醇译，北京：中国社会科学出版社，2015 年，第 736 页。
② 当今世界，肯·威尔伯肯定是身心灵整合修炼提倡者中的佼佼者。他提出的"整合式生活练习"就包含四大模块（"阴影模块""身体模块""心智模块"及"灵性模块"），他们声称整合式生活练习是"最全面的交叉训练，同时影响身体、思想、灵性层面，以及文化和自然领域"。（［美］威尔伯：《生活就像练习：肯·威尔伯整合实践之道》，金凡、聂传炎译，北京：同心出版社，2013 年，第 11 页。）

由此，当我们说及此在的生命时，指的就是"身体—精神—灵魂"的统一体，其中精神是此在区别于其他生命体的标志，也是此在区别于其他共在的此在的标志。现在的问题是：此在的生命作为"整体生活"的形而下之维与其他两大维度有何关系呢？如果说"生命—日常生活—存在"是三位一体的关系，那就意味着，生命作为整体生活的一个维度，同时又内涵其他两个维度，即日常生活与存在的维度。

　　生命是如何内涵日常生活的维度的呢？任何生命都必然是一个有始有终即从生到死的过程。只要还没有死，生命就得维持躯体的各项需要，而且不能停止。俗话说得好，"人是铁，饭是钢，三天不吃饿得慌。"生命持续不断日复一日年复一年地维持自身各项机能的运转，其实就是生命的日常生活。日常生活最基本的功能就是满足生命的各种本能需要。人不同于其他生命，还有精神需要。这就使得此在生命的日常生活有别于动植物，它不仅仅为了存活及繁衍后代，它更是此在"个体的再生产"。"没有个体的再生产，任何社会都无法存在，而没有自我再生产，任何个体都无法存在。"正因此，赫勒才将"日常生活"界定为"那些同时使社会再生产成为可能的个体再生产要素的集合"。①

　　正是"个体再生产"，让生命进入日常生活的维度。那么生命的存在维度何在呢？生命的存在维度也即其本体维度。存在作为宇宙万事万物的本体，可谓是一种终极意义上的"一"。当我们说"一切是一""一是一切"时，这个"一"在本体论意义上就是"存在"。当我们说"生命"时，其实是在说所有的生命，而所有的生命也只是"存在"的一部分。如此看来，"生命"的本体性也就是"生命"所分享的"存在性"，说得直接点，就是"生命"中与"存在"相通的东西。打个比方，如果生命是一滴海水，那么"存在"即大海。生命的存在性意味着通过"生命"这滴水去透视出"存在"这片海。现在的问题是，小"生命"如何才能遭遇或通达这个大"存在"？人是小宇宙。这个观念自古以来就有。但是常人根本无法体会到自己是一个小宇宙。在自身之中体验到"宇宙"的无限，在自身之外体验到"宇宙"的无限，将人与宇宙体验为一个整体，这些都是古往今来的"灵修者"（修道者）的必修功课。可以禅宗为代表。禅宗讲"烦恼即是菩提，无二无别"，其实也是在讲生命的本体性，不过此处生命的本体是"无二之性"，而不是

---

　　① ［匈］阿格妮丝·赫勒：《日常生活》，衣俊卿译，重庆：重庆出版社，2010年，第3页。

通常所谓的"存在"。① 当我们意识到"色即是空，空即是色"时，也就将生命与某种大"存在"接上了轨道。即便我们意识不到生命与存在之间的关系，也照样参与到"存在"之轮的运转，因为死亡让我们最终都回归到了永恒的"存在"。很多小说都是以此来超越死亡对人造成的恐惧，如希尔的《天蓝色的彼岸》。小说以一个刚遭遇车祸而死的小男孩为视角，写他从刚进天堂再到游历人间完成心愿，最后前往天蓝色彼岸的所见所闻所感。小说对死亡作出了超然的解释：一个人不再现身尘世，但仍可存在于他人的记忆里，仍可化身尘埃作为元素融入新的生命中。

综上所述，生命作为整体生活的形而下之维，它同时也内在地拥有日常生活之维和存在之维。只有当生命拥有日常生活和存在的维度，生命才真正成为生命。

二、存在：整体生活的形而上之维

纵观西方哲学史，"存在论"有三大主题：何物存在，存在是什么，以及存在何为。② 这三大主题也反映出人类对"存在"的认识的历史，此处侧重从共时角度考察"存在"。我们接受海德格尔的区分，将对象性的存在称为"存在者"，将非对象性的存在称为"存在"。凡是作为理性或感性的对象的存在都是"存在者"，即便是"非存在""空"，当它们成为思的对象时也是一种"存在者"，一种观念中的存在者。我们也接受亚里士多德认为每一事物都有待实现的潜能，但不把它视作"目的"，而视作一种可能性。正是拥有一个有待实现的可能性，使得存在者的存在状态姿态万千，我们称之为"实存"。由此，在"存在者"与"实存"之间，就有了"生成"的空间。正是"生成"让"存在者"和"实存"相互作用。简言之，作为整体生活的形而上之维的存在，实际上也是一个三位一体的统一体，即"存在者—生成—实存"的统一体。

将存在视作"存在者—生成—实存"的统一体，意味着"存在者""生成""实存"都是言说存在的视角，当我们说及"存在者""生成""实存"，其实就是在说"存在"。我们先探讨一下这三者与"存在"的关系，再探究这三者之间的关系，

① 赖永海主编：《坛经》，尚荣译注，北京：中华书局，2013年，第166页。
② 参见张公善：《批判与救赎：从存在美论到生活诗学》，合肥：安徽人民出版社，2006年，第五章。

最后考察作为整体生活形而下之维的存在如何内涵其他两大维度。

众所周知，海德格尔试图通过区分存在者与存在，来扭转他所认为的西方哲学对"存在的遗忘"的历史。然而，他有割裂存在者与存在之嫌，而且也并没有解决"何以存在者存在"的问题。拿人来说，他称为"此在"，认为此在是被抛的存在。很显然，我们对人的"被抛性"的内在机制毫无所知，只能认为是人的降生。海德格尔悬置了一个问题：当说及某存在者存在（比如说：我存在）究竟意味着什么？当我们说及某存在者，此存在者就已经存在，为什么还要再说其存在呢？说"我存在"之前，"我"已经存在了，又为什么再次说"我存在"呢？这不是很好笑吗，说一个已经存在的存在者存在。这也就是笛卡尔遭受后人"攻击"的致命弱点所在。笛卡尔说："我思故我在。"他说这句话之前"我"已经存在了。不管思还是不思，"我"已经存在了。胡塞尔批评笛卡尔忽视了的一个事实："自我能够无限地、有系统地通过先验经验来阐明自身，因而已经是作为一个可能的研究领域而存在着了。"① 如此看来，笛卡尔还没有意识到的是，"思"总是"有所思"。而这正是胡塞尔后来用"意向性"这一概念所道说的："意识是关于某物的意识，作为我思而在自身中承载着思维对象。"② 但胡塞尔也悬置了一个问题：我思及的某物是怎么进入思的视野而存在的？这一问题在法国哲学家列维纳斯《从存在到存在者》一书中得到了较好的回答。

列维纳斯批评海德格尔将存在者和存在对立起来，由此实际上"淡化了"存在。③ 列维纳斯致力于思考的问题就是："存在者"是如何从"存在"中现身的？他认为在"存在者"之前，存在一个"无存在者的存在"，他称之为"存在一般"。④ "存在一般"实际上就是"虚无"。存在者从存在中出现是一个瞬间事件。这一瞬间事件乃是意识之光照亮了某存在物，某存在物进而从存在一般中"实显"出来。他说："瞬间打破了存在一般的匿名状态。它是这样一个事件：在没有活动者的存在（être）自身活动中浮现出了一些活动者，在存在（existence）状态中，也浮现出了一些以存在（être）为其属性的存在者（existant）。"⑤ 列维纳斯所思的问题其实即中国古人所谓的"道生一"的问题，也是最为本源的问题。当然，他

① ［德］胡塞尔：《笛卡尔式的沉思》，张廷国译，北京：中国城市出版社，2002 年，第 42 页。
② 同上书，第 45 页。
③ ［法］列维纳斯：《从存在到存在者》，吴惠仪译，南京：江苏教育出版社，2006 年，第 3 页。
④ 同上书，第 62 页。
⑤ 同上书，第 123 页。

所论的并非宇宙万事万物的诞生。他关注的是，对人来说"存在者"何以从"存在一般"中"实显"出来的。

如果说列维纳斯关注的是"从存在到存在者"，海德格尔关注的就是"从存在者到存在"。我们何去何从呢？其实二者并不矛盾。列维纳斯的问题更为本源，他探讨的是"存在者"的"实显"，而海德格尔探讨的是"存在者"的"实存"。"实显"突出的是"存在者"的真正诞生，从无名进入有名，而"实存"则突出的是"存在者"在"实显"之后接下来如何真正存在。综合二者思路，我们得到以下一条"存在"之道：

存在一般→存在者→实存

在匿名的存在一般中，我们的意识一旦意识到某存在者存在，这是一个事件，标志着此存在者对我们而言正式存在。在我们没有意识到它之前，此存在者尽管存在着，但对我们而言等于没有存在。举个例子，二十四节气是中国古人的伟大智慧，但对于我们很多人来说。仅仅停留在每一个节气的当天，知道此日是某某节气，而对此节气所包含的天象、物象及人事的种种显现并不知晓。在这种情况下，节气对我们其实并不真的存在。只有当我们意识到节气的存在与一系列的天地人的现象密切相关，节气才真正存在。一个存在者对我们而言存在，可谓是我们对存在一般的一个侦探。但更有意义的是：此存在者对我们而言是以何种方式存在？这就牵涉到"实存"了。有的人尽管知道节气存在，但依然听之任之，节气并没有对其产生效果。而有的人会按照节气安排自己的日常生活，这时节气对他而言，才真正存在着，而不仅仅是一种与他无关的存在了。

存在者自身的存在状态的绽出（海德格尔意义上的存在者在时间中的展开），以及存在者对一个人来说是以何种方式存在，都是存在者的"实存"（existence）。我们也按照海德格尔所说的那样，将那种本真的"实存"，以大写的Existence表示。我们此处关注得更多的是大写的"实存（Existence）"。我们更关注的问题是：一个"存在者"是如何成为一个本真的"实存者"？在"存在者"与大写的"实存"之间的过程，我们称之为"生成（becoming）"。生成即变易，意味着一种状态向另一种状态的转变。就此而言，亚里士多德所谓的从潜能到现实之间的过程也就是生成。生成作为一个哲学范畴，在黑格尔的逻辑学中也被摆到一个非常重要的地位。黑格尔"存在论"的逻辑演绎的辩证运动（正→反→合）为：存在（有）→非存在（无）→生成（变易）。生成在此被作为合而意味着存在在更高意义上的完成。①

举个例子来具体阐释一下。有些人总是抱怨当下的生活状态，也抱怨过去的某些经历。实际上这没有道理。因为当下的存在状态就是过去的一切经历的成果。一树白玉兰怒放的当下状态，是过去的所有风风雨雨日子的结果。说白了，我们过去的经历就是生成我们当下状态的"因"。对当下我们的存在状态，无论好坏，我们都没有抱怨的合法性，因为这一切的始作俑者都是我们自己。我们是自己生活的总导演，是演员，也是观众。我们应该明白，"生成"永远都在变易，从量变到质变。因此，如果我们不满意当下存在的状态，可以重新筹划未来人生，并付出行动，也许生活在不久的将来就会有所改观。从理论上讲，一个人未死之前，他的实存都是可以不断变化模样的。以此观之，"生成"才是"实存"的真正导演！

海德格尔在《存在与时间》中对此在命运的分析有封闭之嫌，因为他的"向死而生"的观念在某种意义上封闭了一个人死后的存在状态。人不仅是"向死而生"，而且也可能是"死后重生"。很多艺术家、哲学家和科学家，生前默默无闻，却在死后闻名世界。这说明什么？说明人的存在并不一定以死亡作为终点。死亡只是一个人的生命的肉身的终点，或者说是一个人的物质生命的终点，但却可能是一个人的精神生命或灵魂生命的起点。

一个人死后的存在同样可以从"存在者—生成—实存"这一生存论结构来理解。人去世等于遁入虚无，或说存在之一般，融入宇宙之中成为匿名状态。但忽然有一天，去世的人被活着的人发现，去世者就再次成为"存在者"，活着的人的观念中的"存在者"。这一观念中的"存在者"会成为什么样的"实存"状态，则全靠活着的人对其"发掘"的程度。张爱玲生前就曾红得发紫，死后又一而再再而三地成为文坛热点，这都是与活着的人对她的遗著的不断发掘和整理分不开。如果我们不把死亡作为人的存在的绝对终点，那么就会构思死后会以何种方式存在于活着的人的观念中，我们就会更加用心筹划死亡之前的此岸时光。

存在作为整体生活的形而上之维，又是如何内涵另外两大维度的呢？前文已述，"生命"本身就拥有形而上的精神和灵魂维度，即便是形而下的肉体生命，也

---

① 张公善：《批判与救赎：从存在美论到生活诗学》，合肥：安徽人民出版社，2006年，第148页。

是存在的一种形态。从存在的角度来审视生命，绝大多数人的生命一开始只是一种无明的存在，即主体没有意识到自己的存在，也就是还没有将自己视作"存在者"。无明的存在也就是一种动物或植物式的存在。等到意识到自我的存在，一个人的生命状态才成为"存在者"，一种精神性的存在。而一个人死后的精神虽然不再通过一个活着的躯体展示，但却可能积淀为一种"灵魂"，等待着被世人发现。可以说，存在含有生命的所有状态。我们不妨借鉴萨特的概念，将无明的存在视作"自在的存在"，把觉醒的生命视作"自为的存在"，而死后的存在即"虚无"。

存在无所不是无所不包，当然也涵纳日常生活。一个人的生存论结构中的"生成"的舞台就是日常生活。一个存在者每天的所作所为都是向某一种"实存"状态生成的过程。据此，一个存在者筹划日常生活，也就是筹划如何生成一种实存状态。如果说一个存在者的实显归根到底是一个意识事件，那么一个存在者的实存则是彻底的生活事件。虽然实存离不开观念因素，但存在者只有在日常生活的舞台上才能成就其"实存"的事业。拿托尔斯泰笔下的伊凡·伊里奇来说，在他生病之前，一直是处于没有自我的存在状态，只是过着他人的生活。当他意识到过去的一切生活都不对头，自我才真正觉醒，他成了真正的"存在者"。而当他最终悲悯家人进而主动拥抱死亡，可谓他的"实存"状态。放眼伊里奇的一生，他是值得我们崇敬的，因为他最终实现了自己的"实存"。

综上所述，存在作为整体生活的形而上之维，其生存论建构之途是：存在者—生成—实存。这也是存在现身的整体结构。作为本体，存在乃宇宙万事万物的源头和归宿，必然内涵整体生活的另外两大维度。

三、日常生活：整体生活的中心

西方哲学界对日常生活的分析，可以从海默尔的《日常生活与文化理论导论》（2002）以及米切尔·谢瑞汉姆（Michael Sheringham）所著《日常生活：从超现实主义到当下的理论与实践》（2006）这两本书中得到较为全面的了解。其中有三种日常生活分析模式在此为我们提供坚实的基础。海德格尔存在论的日常生活分析将日常生活视作此在沉沦之所，也是此在筹划并通达本真能在的"实存"的跳板；列斐伏尔的西方马克思主义的日常生活批评理论，全面勾勒了进行日常生活革命的伟大蓝图；德塞托等人的日常生活实践的个案分析，为我们提供了个体在日常生活中扮演"生活艺术家"的可能性。我将上述三种分析融合起来，尝试提出一种中西结合的日常生活分析模型。

　　我们用一个大圆来代表一个人的日常生活，强调完整或圆满的日常生活必须包含的内容，也暗示一个个体打造圆满日常生活的内在渴望，也就是成为海德格尔意义上的"本真的生存者（实存者）"①，列斐伏尔意义上的"总体人"②，德塞托等人意义上的"生活艺术家"③。这个圆就建立在时空的坐标之上。原点意味着一个人的诞生。个体的诞生也是日常生活的开始。横轴代表时间，原点左侧为过去，原点右侧则向未来无限延伸。横轴还表示动与静，过去慢慢会积淀为静态的存在，而未来则始终充满着运动（变易）的可能性。纵轴代表空间，原点下方表示底层（近处），原点上方表示向高处（远方）无限延伸。纵轴还表示人的双重性，即自然性和社会性。自然性满足人的最切近的需要，处于底层；社会性则是人的精神在空间中的拓展。

　　时空只是日常生活的形式坐标。日常生活最基本的内容要素，在中国人看来就是所谓的"衣食住行"，就存在于时空的坐标中。我们将"衣"放在纵轴的上方，因为服饰是最具社会性的日常需要。独自一个人在家即便不穿衣服也没人找你麻烦，但在公众场合就必须着装。我们将"食"放到纵轴的下方，意味着饮食最具自然性的需要。我们可以暂时不吃东西，但要活下去，就必须持续进食。我们将"住"放在横轴的左侧，意味着居住是日常生活最稳定的行为，居所（房屋）也是一个人出生之前就已经存在的日常元素。我们将"行"放在横轴的右侧，因为一个人出生之后，就用行（行走、行动）向未来出发。行也是日常生活的运动（变易）的根源。我们把衣食住行放到坐标的轴线上，以强调它们是架构个体日常生活大厦的钢筋结构。

　　衣食住行是个体日常生活的四大骨架，建基其上的日常生活大厦有三大功能分区，即列斐伏尔所谓的家庭、闲暇及工作。我们把家庭分区放到时空坐标的左下方，因为家庭生活是日常生活最切近的活动，是个体享受天伦之乐的居所。将家庭置于住与食两轴线之间，也是强调家庭最重要的活动就是食和住。工作分区位于时空坐标的右下方，因为工作是谋生的手段，是个体借以获取生存资料的手

---

　　① ［德］海德格尔：《存在与时间》，陈嘉映、王庆节合译，熊伟校，北京：生活·读书·新知三联书店，2014年，第208页。

　　② Lefebvre, Critique of Everyday Life, London：Verso, 2014, p. 270.

　　③ ［法］德·塞托、吕斯·嘉尔、皮埃尔·梅约尔：《日常生活实践2：居住与烹饪》，冷碧莹译，南京：南京大学出版社，2014年，第19页。

段。人也正是在工作中成长壮大的。与工作最密切的就是食和行。食是工作的最基本最直接的目的，而行则是工作得以进行的最基本元素，或者说行是工作的手段。闲暇位于坐标的右上方，在衣和行的轴线之间。工作时制服可能束缚个性，而在闲暇之时，我们的着装就可以充满个性。闲暇时光是日常生活中充满可能性的部分，可以外出旅行，可以社交，可以娱乐，可以培育兴趣和爱好。行之于闲暇，意味着闲暇之时，我们可以走出去，可以行动起来，让日常生活更加丰富多彩。

如果说家庭、工作和闲暇是个体日常生活的前台，是日常生活大戏的主要节目，那么海德格尔所说的周遭世界就是日常生活的背景。[①] 从时间来说，周遭作为背景从过去就开始存在；从空间来说，周遭作为背景也是向远方不断拓展。由此，我们将周遭放在时空坐标的左上方。对于个体来说，周遭不仅仅是自然环境，更是社会环境，因为此在与他者总是共同存在。周遭也不仅仅指德塞托等人指出的"居住区"，也指居住区之外的世界，在一个全球一体化的世界里，遥远的世界发生的事情也可能会影响到个体当下的日常生活。我们甚至可以将宇宙视作周遭世界的最大背景，因为地球的生存状况也与宇宙大背景密切相关。宇宙生态会影响地球生态。地球生态则会影响到每个人的日常生活。用电影镜头来说，周遭世界既是近景（居住区），又是中景（所在省市区），也是远景（所在国家）和大远景（地球和宇宙）。

以上就是我们对日常生活所作的一个较为具体的模型分析。简而言之，个体的日常生活乃是以周遭世界为背景，建基于衣食住行，施展于家庭、工作及闲暇的所有活动的总称。个体的日常生活从来就不是固定不变的，即便常常显现为单调繁琐的重复活动。日常生活始终走向未来，在量变中渐渐质变。生活经验在一天天累积，同时也在一天天遗忘。当然，这种模型分析只是为了说明问题的方便，实际上日常生活并非如此被简单地切成一块块的分区，好像彼此独立似的。衣食住行都是交融在一起，周遭、家庭、工作及闲暇也是相互交织在一起。这也就是列斐伏尔所谓的"层"的概念。它们都是日常生活的一个层面，这些层面之

---

① 此处"周遭世界"借鉴海德格尔的"周围世界（environment）""共同世界（with-world）"的概念（[德]海德格尔：《存在与时间》，陈嘉映、王庆节合译，熊伟校，北京：生活·读书·新知三联书店，2014年，第76页），但此处将二者合并，取消二者空间上的远近之别。因为二者之间只是性质不同（周围世界强调个人空间，共同世界则强调公共空间），而并无确定的远近差别。周遭世界作为个体日常生活的背景，并无固定大小，是随着个体的行动能力的增大而增大的。

间相互穿插甚至重叠，"每一个层都是'多种层的一层'"。^①

那么日常生活作为整体生活的中心，又是如何涵纳其他两大维度的呢？一个人的日常生活从诞生那一刻开始，直至死亡终止。日常生活可谓一个人生存于世的标志。只要活着，日常生活就得一刻不停地进行着。从身体来说，我们吃喝拉撒睡，都是躯体维持生命的日常活动。而作为一个存在者，此在正是在日常生活中展现出千姿百态的实存状态。即便个体最理想的实存，也必须穿越日常生活的关口，而且必须回归到日常生活。一种理想的整体的实存状态必须与日常生活密切联系，否则就不能成为所谓的大写的实存（即海德格尔的本真的整体存在）。如果此在能在日常生活中通过努力实现其大写的实存，那么此在就穿越了日常生活，进入"实存"的领域。不仅如此，此在的实存往往不会因为日常生活的终结而终结，它会凝聚成此在的在世精神，进而积淀为此在的固有"灵魂"，潜存于活者的记忆里。这就是那些伟大的人作为精神永存于世人心中的最大原因！

小结

在日常生活的模型基础上，我们可以将整体生活的模型总结如下：

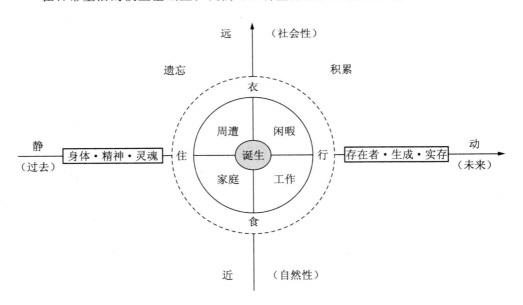

整体生活是每个个体都潜在具有的生活。整体生活以日常生活为中心，生命

---

① Lefebvre, *Critique of Everyday Life*, London: Verso, 2014, p. 414.

是其形而下维度，存在乃是其形而上维度。整体生活是"生命—日常生活—存在"三位一体的本真生活。生命、日常生活及存在这三个维度在各自之中都同时涵纳其他两大维度。生命是"身体—精神—灵魂"的统一体。存在是"存在者—生成—实存"的统一体。而日常生活是个体在周遭世界背景之下，基于衣食住行之上所展开的家庭、工作及闲暇的所有活动的统称。我们将日常生活视作整体生活的中项，旨在强调卢卡奇所谓的"从生活到生活"艺术此岸性原理，即从日常生活出发，最终又回归日常生活。[①]

（张公善，博士，安徽师范大学文学院副教授）

[①] ［匈］卢卡奇：《审美特性》，徐恒醇译，北京：社会科学出版社，2015年，第588页。

新时代城市空间正义问题及其治理路径*

操　奇　马才源

城市空间是全面建设社会主义现代化国家重要阵地，是承载现代化国家治理重要的战略空间，城市建设是全面建设社会主义现代化国家新征程中的重要动力。党的十八大以来，以习近平同志为核心的党中央特别重视城市建设工作，并于 2015 年在中央城市工作会议上正式提出"中国特色城市发展道路"这一全新的重大命题，习近平总书记创造性地提出了"人民城市"的理念，强调"城市是人民的城市，人民城市为人民"。[①] 中国特色城市发展道路就是要坚持以马克思主义理论为指导，借鉴和吸取西方资本主义国家城市发展的经验和教训，结合中国城市实际情况，走出一条符合人民意志和时代要求的有别于西方城市发展的城市现代化发展道路。城市空间社会资源分配不均、空间隔离、空间剥夺和空间异化等问题已成为我国新时代城市发展的主要障碍之一。建设以人民为中心的，以满足人民美好生活需要为目标的，在城市发展过程中实现人民共建共谋成果共享的城市空间，就要以前人的理论为指导，立足于中国当代城市发展的具体情况，分析具体问题及其原因，构建具有中国特色的彰显正义的城市空间。

一、城市空间正义理论

20 世纪中叶战后资本主义国家经济复苏，工业发展迅猛，在资本的主导下，城市空间不断扩张，城市问题层出不穷，城市空间面临解构和重构。资本主义城市空间生产、空间消费等领域的非正义现象日益凸显，城市危机日益加剧，受其困扰，城市逐渐衰败。应现实之需，以亨利·列斐伏尔、曼纽尔·卡斯特、大

* 国家社会科学基金一般项目"新时代马克思主义意识形态话语权结构优化研究"（项目编号：20BKS133）。

① 习近平：《城市是人民的城市，人民城市为人民》，《人民日报》(海外版) 2019 年 11 月 4 日。

卫·哈维为主要代表西方学者开始用马克思主义的理论和方法回答城市空间问题。虽然"空间正义"概念由列斐伏尔首次提出，一些学者对传统马克思主义空间理论"在场"提出了质疑，但传统马克思主义空间理论并未"空场"。空间正义思想的逻辑生成于马克思恩格斯城市发展思想，发展于西方新马克思主义城市学派。

（一）马克思恩格斯空间非正义现象的批判

城市空间正义现象归根到底是资本主义私有制为城市空间商品化提供了可能，进而在资本逐利本质的作用下，城市空间资源和权力聚集于少数资本家手里，出现了空间、权力、阶级和收入等一系列的两极分化，一系列的不公正现象也随之而来。"空间不正义实质上是社会不正义在空间中的具象和形塑"，[①]空间正义也因此创生着社会正义。

马克思对资本的空间扩张和殖民进行了批判。资本的空间扩张实质是解决资本主义生产过剩等危机的重要手段，从而维护资产阶级的统治。随着工业革命的不断发展，西方资本主义国家面临着资本过度积累、生产过剩和工人运动等危机。解决危机迫在眉睫，促使资本家向外探索，实施空间殖民扩张，"首次开创了世界历史，因为它使每个文明国家以及这些国家中的每一个人的需要的满足都依赖于整个世界，因为它消灭了各国以往闭关自守的状态"。[②]马克思认为资本扩张是全球化空间的必然结果，资产阶级为了不断扩大商品市场，在全球各地建立联系，破除了国家之间的空间壁垒，使各国的生产和消费都成为了世界性，突出了空间的重要作用。但"这种为资本霸权发挥手段的空间修复，在一定程度上只是转移资本市场中生产力与生产关系之间的矛盾，只是从一个地域转移到另一个地域，即把生产关系上的空间矛盾错置为空间维度中的生产与交换配置"，[③]空间修复实质是将资本主义固有矛盾地域范围扩大化，工人阶级也更大范围地遭受压迫。一方面，资产阶级利用其过剩的资本和低廉的产品在他国市场中占据有利地位，排挤当地民族产业，获取利益，进而实现扩大化再生产，这意味着资本主义生产力与生产关系之间的矛盾仍然存在。另一方面资产阶级利用资本的优势，通

---

① 徐学林、刘莉：《空间正义之维的新时代城市治理》，《重庆社会科学》2021年第2期。
② 《马克思恩格斯选集》第1卷，北京：人民出版社，2012年，第194页。
③ 刘卫东：《马克思空间正义思想及其对当代城乡空间正义建构的启示》，《中北大学学报》（社会科学版）2023年第1期。

过空间不断的生产和扩张，压缩时空，即通过缩短空间运动时间，消除空间距离，提高生产效率。保证最大程度压榨和剥削更多工人的劳动剩余价值，获取最大利润。而在空间中的生产这一过程中使用当地廉价的劳动力，压榨和剥削着工人阶级劳动剩余价值。作为原料产地和产品销售地的殖民地与殖民国家发展之间的差距越来越大，所谓空间转移只是加剧了各个国家和地区的不平衡地理发展的矛盾。西方资本主义按照其资本逻辑实施空间霸权，导致了空间生产发展的平衡和空间中生产要素分配不均，形成了"中心—边缘"的空间对立。马克思不仅从宏观的全球空间扩张的视角对资本主义空间非正义进行批判，还从城市内部非正义、城乡空间对立等微观和中观层面揭示了资本逻辑，批判了资本对空间中从事生产活动的工人阶级的剥削和对其空间权力的剥夺，提出只有消灭资本主义私有制才能使工人阶级摆脱城市空间生产和分配不均的空间桎梏。

恩格斯对资本主义大工业生产带来的城市空间对农村空间的挤压、生态隔离、环境恶化等一系列城市问题进行了批判。在工业革命以前"纺纱和织布都是在工人家里进行的。妻子和女儿纺纱，丈夫织布，如果当家人不加工，就把纱卖掉……，工人们就是这样颇为愉快地度过时光，他们极其虔诚、受人尊敬，过着正直而又平静的生活，他们的物质状况比他们后代好得多"，[①]但自工业革命到来，资本主义大工业生产发展迅猛，自然经济逐渐被淘汰，商品经济占据市场主导地位，工人被迫进入城市谋生，然而工人阶级在城市空间中遭遇诸多不平等对待，恩格斯对资本主义空间非正义进行了犀利的批判，在《英国工人阶级状况》中揭示了工人阶级在工作、生活、居住环境等方面的现实苦难，阴暗潮湿的工作环境，加上资本家对工人绝对剩余价值的剥削，"使得工人像机器一样变得麻木、机械，已失去了作为人劳动的意义"。[②]其次，拥挤、肮脏、令人作呕的生活空间和居住空间，以及恶劣的饮食和医疗环境，工人阶级健康状况不容乐观，以至于被恩格斯喻为"奥吉亚斯的牛圈中最脏的地方"。[③]同时，水体污染、空气污染和垃圾污染等空间污染极为严重，恩格斯对大城市中心的工人住宅区进行了描述："一切腐烂的肉类和蔬菜都散发着对健康绝对有害的臭气，而这些臭气又不能毫不阻

① 《马克思恩格斯全集》第 2 卷，北京：人民出版社，1957 年，第 281—282 页。
② 王文东、赵艳琴：《〈英国工人阶级状况〉中的空间生产与空间正义思想解读》，《苏州大学学报》（哲学社会科学版）2016 年第 4 期。
③ 《马克思恩格斯全集》第 2 卷，北京：人民出版社，1965 年，第 344 页。

挡地散发出去，势必造成空气污染。"① 随之而来的是工人百病丛生且死亡率高。恩格斯认为造成英国工人阶级悲惨状况的原因需要从资本主义制度中去寻找，这些恶劣的空间环境是工业时代的产物，要消灭工人阶级不平等的状况，只有通过共产主义的革命途径消灭资本主义私有制才能实现。

（二）西方新马克思主义对空间非正义的批判

在晚期的资本主义社会，资本主义生产方式固有的矛盾仅凭自身已无法消除，于是利用空间生产为资本主义危机提供了时空缓冲，"空间生产事实上增加了资本循环的次数，成为第三循环，同时依托不平衡的地理发展为资本的过度积累提供缓冲的时间和空间，进而也延迟了资本主义的经济危机周期"。② 正因如此，资本主义才得以继续存在，在资本逻辑的主导下城市空间发展面临空间资源配置不均、阶级分化、城市衰败等一系列危机，催生了西方新马克思主义城市学派。

亨利·列斐伏尔的城市空间思想是对日常生活批判的有机延伸，他指出"包括对都市现实的批判分析，另一方面包括对日常生活的批判分析；实际上，日常生活与城市，是不可分割地联系在一起的……这一分析建立在社会实践活动的总体之上"。③ 列斐伏尔社会批判视角从日常生活领域转移到了城市空间生产领域。在面对当代资本主义制度遭遇内部和外部的双重风险是如何长期存续并不断对日常生活殖民的问题时，他指出"在《资本论》问世后的近百年中，资本主义业已发现自己能够淡化自身一个世纪以来的各种矛盾，并在城市获取全新的'发展'契机。尽管我们无法估算其代价，但深知其手段：占有并产出一种空间"。④ 他揭示了空间成为产品的事实，进入了生产和交换领域，为资产阶级剥削剩余价值提供了便利，随之而来的是空间的同质化、碎片化以及等级化带来的传统文化丧失，城市居民失去归属感，造成城市居民在心理上对城市空间形成隔离。然而资本空间化以及空间资本化带来的种种问题又该如何解决？于是他提出了以差异空间取代同质化空间，即"经由城市权斗争，就是要在资本主义通过空间化、城市化实现幸存的现实下，构想并实践一种不由资本主义空间生产染指的差异性的空

---

① 《马克思恩格斯文集》第 1 卷，北京：人民出版社，2009 年，第 410 页。
② 沈江平：《历史唯物主义空间转向的当代审思》，《世界哲学》2020 年第 4 期。
③ 亨利·列斐伏尔：《空间与政治》（第 2 版），李春译，上海：上海人民出版社，2015 年，第 1 页。
④ Henri Lefebvre: *The Survival of Capitalism*, *Reproduction of the Relations of Production*, New York: St Martin's Press, 1976, p.21.

间，一种完全不同的城市"。① 列斐伏尔的城市空间思想回应了当代资本主义的新情况，为我们提供了认识资本主义发展逻辑的新视角，同时对我国新时代中国特色社会主义城市发展，实现城市空间正义具有重要的启示意义。

曼纽尔·卡斯特对城市空间的研究是从城市社会学的视角切入，他从历史唯物主义的立场出发，认为"空间是一种物质产物，与其他物质要素相联系——这些要素包括牵涉于特定的社会关系之中的人类本身，正是这些社会关系赋予空间（以及相互关联的其他要素）以形式、功能和社会意义"。② 在他看来空间具有双重属性，即社会属性和自然属性，空间最开始只有自然属性，但空间成为人类活动不可避免的要素时，就具有了社会属性，被赋予特殊性和独立性。换言之，空间属性是随着社会生活的发展而变化。在面对资本主义城市人口聚集带来各种矛盾时卡斯特指出："难道空间没有反过去对所谓社会关系有效应吗？没有社会的空间决定吗？是有的。但不是作为'空间'，而不如说是作为表现在特定空间形式中社会活动的特定效果。'巨大'的空间不会决定某种生活方式：物理环境的不适是被社会条件所介入、运作及转化的。"③ 也就是说，社会人际关系的异化与城市人口聚集并无因果关系，资本主义工业化才是始作俑者。而城市中出现的反抗和斗争又该作何解释？卡斯特指出，在资本主义城市社会，劳动生产所必需的商品供给是资本主义潜在的危机，这是由其商品生产的本性决定的，是源于资本和劳动力之间不同的需求，二者难以协同，导致城市社会的"集体消费"供给危机，从而引发城市社会运动。

大卫·哈维城市空间正义思想，主要是对空间生产和空间资源分配不公等非正义现象进行批判。现代工业城市因资本关系的主导而不断发展壮大，资产阶级为了实现利润最大化，争先恐后地争夺城市空间经济聚集带来的好处，由此也加速了资本主义城市空间再生产。哈维指出，在资本积累逻辑下的空间成为了资产阶级"创造、榨取和集中剩余产品的装置"。④ 在资本主义生产方式下，城市空间生产逐渐背离了空间正义，不再是为了满足使用价值，而是在资本的"挟持"下，以加速资本循环，实现资本积累为目标。城市空间也因此不断地经历解构和重

---

① 张一方：《西方马克思主义城市批判理论的社会革命观研究——以列斐伏尔、卡斯特和哈维为例》，《广西大学学报》（哲学社会科学版），2021年第4期。

② Manuel Castells：*The Urban Question*，London：Edward Arnold Ltd，1977.

③ Ibid.

④ David Harvey：*Social justice and the city*，Maryland：The Johns Hopkins University press，1975.

构，在这一过程中出现了城市空间"绅士化"，即中低收入群体（穷人）被迫离开中心城区，高收入群体（富人）占据城市中条件相对较好的生活和生产场所。因此，城市空间资源分配不均是由空间关系的重构导致的，同时扩大了贫富差距，少数人占据社会大多数的财富，社会分化愈发严重，对此哈维指出"财富发生了转移，不是进一步向排斥穷人、下层人和边缘人的城市远郊转移，就是把它自己封闭在高墙后，在郊区的'私托邦（privatopias）'和城市的'门控社区'内"。①资本空间化过程实际上是社会资源和财富的重新分配，成为了资产阶级进行"剥夺性积累"的好时机，然而低收入群体（穷人）在这场争夺中处于弱势，不断地被边缘化。对此哈维指出："需要一种革命理论来探索从以剥削为基础的城市化到以适宜人类的城市化的路径。同样，也需要革命的实践来完成这样一种转换"，也就是说，要超越资本逻辑，建设以满足人的需要为目的，资源和财富配置均衡的城市空间，实现城市空间正义，必须通过革命才能实现。

总之，不论是经典马克思主义，还是西方新马克思主义，都深刻认识到了西方资本主义的城市问题，揭示了在资本主导下城市空间中的非正义现象，对新时代中国特色社会主义"人民城市"的建设和发展具有重要的启示意义。

二、新时代城市空间正义的困境

20世纪90年代以来，在我国建设社会主义市场经济体系的背景下，资本的限制进一步放宽，受资本逻辑影响的城市化浪潮高歌猛进，城市空间逐渐商品化，城市空间生产以增值为价值导向，各种经济要素向资本"倒戈"，不断地向城市聚集。以利润最大化为导向，城市空间经济聚集带来的"溢出效益"成为了资本的目标，由此拉开了对城市空间的"争夺战"。这是一个资本不断空间化和空间不断资本化的过程，引发了社会资源配置失衡，导致空间隔离、空间异化、空间剥夺等一系列城市空间非正义现象发生。

（一）资本过度城市空间化

我国基于经济发展的现实需要，解决阶段性矛盾，对资本的限制进一步放宽。空间作为一种资源或者商品，受市场经济规律的支配。空间生产被资本逻辑主导，旧的空间不断被改造，新的空间不断被生产出来，从而最大程度地利用土地

---

① ［英］大卫·哈维：《希望的空间》，胡大平译，南京：南京大学出版社，2005年，第145页。

资源，追逐利益最大化。

一是资本过度空间化造成了社会资源浪费和分配不均。城市空间规划缺乏前瞻性，一味地追求数量的增长，忽视了质量，严重阻碍了城市的可持续发展，以至于城市不断地进行空间再造和升级，不但严重影响了城市居民的正常生活，还耗费了大量的人力、物力和财力，造成了资源浪费。不仅如此，在这一过程中"造成了一部分个体或群体因城市空间的重新配置而暴富，另一部分个体或群体则因城市空间的重新配置而被剥夺了应有的权利和生存空间，利益和自由都受到了侵害，这必然导致社会资源分配出现失衡"，[1] 贫富差距也因此不断拉大，财力较弱的那一部分个体或群体注定无法摆脱被边缘化的命运，这就是城市空间过度资本化导致的城市"绅士化"现象。

二是资本城市空间化对参与空间本身或者空间中的生产活动的劳动者造成了剥削。空间是生产活动中必不可少的要素，是为了满足空间中的生产而被生产出来的，成为资产阶级"创造、榨取和集中剩余产品的装置"。[2] 空间的大肆扩张是资产阶级提高生产效率，榨取更多劳动剩余价值的结果。首先，生产所需的空间被大量生产，使更多的劳动者投身于资本家的生产活动，以便资本家能够更大范围地无偿获取工人阶级的相对剩余价值。其次，在生产空间数量更多的情况下，同一单位时间生产的产品数量更多，即资产阶级通过空间生产压缩生产时间，提高了生产效率。

三是资本过度城市空间化导致乡村土地、生态和社会保障等空间权利被剥夺。首先，城市空间对乡村空间的挤压，"城乡二元格局带来的空间非正义现象，它超越所有城市问题，成为空间正义缺失表现之最"。[3] 城市空间的扩张不断侵蚀和吞并乡村空间，人地关系发生转变，改变了农村生活生产方式，随着农业生产不断机械化，农村劳动力过剩，被迫前往城市另谋生活的出路。其次，是对进城农民工城市权利的剥夺。数以万计的农民工涌入城市，无论是对城市空间的生产，还是对空间中的生产活动都提供了充足的廉价劳动力，为城市的发展作出了巨大贡献，而"一些农民工却无法获得城市身份，成为城市的边缘人"。[4] 城市身份代表

① 车景慧：《城市空间正义的中国问题及其治理路径》，硕士学位论文，辽宁师范大学，2019年，第14页。
② David Harvey：*Social justice and the city*，Maryland：The Johns Hopkins University press，1975.
③ 赵津津：《大卫·哈维城市空间正义思想及对中国的现实启示》，《成都理工大学学报》（社会科学版）2018年第2期。
④ 陆大道：《2006年中国区域发展报告》，北京：商务印书馆，2007年，第1—5页。

着某一个个体或者群体在城市生活所拥有的权利，包括居住、医疗、教育和社会保障等权利，但是受到严格的户籍制度的制约，农民工并未享受到和城市居民同等的待遇。最后，对生态空间权利的剥夺。在资本主导下的城市空间生产，不是以满足使用价值为目的，而是以交换价值为取向，以牺牲生态空间为代价，大肆扩张。破坏了乡村空间和城市空间的生态环境，造成环境污染，一定程度上剥夺了乡村居民和城市居民享受美好生态环境的权利。

（二）城市空间过度资本化

首先，空间资本化导致空间异化。随着资产阶级对相对剩余价值的追求，推动了科学技术的发展，生产工具得以改进，资本主义也转变了其生产方式，利用资本控制人的身体，"空间的生产开端于身体的生产"。[①] 新时代我国住房难的问题仍然突出，集中体现在普通的工薪阶层和在城市中从事生产活动的农民工阶层。一方面，他们作为城市空间的生产主体，却没有相应的购买能力获得属于自己的居住空间，反过来空间（房子）成为他们生活的压力和负担。另一方面，资本家为了获取更多利润大肆宣扬其意识形态，潜移默化地影响着工薪阶层价值取向，使得买房变成了他们或者后代成家立业过程中必须要完成的事，这是资本家为了加速资本循环所使用的手段。不仅如此，资本家利用工薪阶层的财富积累能力较弱、购买能力不足的特点，对其进行了新一轮榨取，使居住空间变成了金融产品。虽然从某种程度而言，这对工薪阶层是有益的，但"炒房"等各种投机行为盛行，房价不断被提高，普通的工薪阶层或在城市中从事生产活动的农民工无法承担高昂的房价，于是只能承担利息比本金高出一倍不止的贷款。如今房贷和每个人都密切相关，随着贷款年限有延长的趋势，还款压力也将逐渐转移到下一代，迫于房贷的压力不得不拼命地为资本家工作，反抗的声音也越来越弱，于是资本家真正地套牢了两代人，使空间成为了一种"异己的存在物"。[②]

其次，空间资本化导致空间隔离。资本空间化为空间资本化提供了前提，由于社会财富分配失衡，贫富差距拉大，低收入群无力购买房价高昂的高档住宅而被边缘化。同时，也意味着低收入群体享有公共空间的权利丢失，各种基础设施是组成高质量城市空间的因素。虽然公共空间的建设带有群体倾向性，但资本是

---

① Henri Lefebvre: *The Production of Space*, Oxford: Blackwell Ltd., 1991.
② 《马克思恩格斯全集》第 42 卷，北京：人民出版社，1979 年，第 91 页。

逐利的，不可能错失任何可以带来高额利润的可能，于是在这些高质量的城市空间周围建设了大量的高档住宅区，以此获得高额利润。实际上，公共空间被高收入群体独占，而低收入群体被边缘化，使用公共基础设施和社会服务的权利被剥夺。这也是实施市场经济的必然结果，没有现行的经验可以借鉴，完善社会主义市场经济体制，实现空间正义还有一段很长的路要走。

总而言之，资本缺乏限制引起的社会资源分配是造成空间隔离、空间异化、空间剥夺等非正义现象的重要因素。资本空间化和空间资本化是中国特色社会主义城市发展过程中必然要经历的一个阶段，有其存在的合理性。但是新时代我国的主要矛盾已转化为人民日益增长的美好生活需要和不平衡不充分发展之间的矛盾，城市空间中空间隔离、空间异化、空间剥夺等非正义现象已然成为人民美好城市建设的障碍。

三、新时代城市空间正义的治理路径

我国城市中的空间隔离、空间异化、空间剥夺等现象实质是城市空间生产和分配的不正义引起的，是生产的集体性与占有的个人性之间的矛盾。其根源是缺乏对资本的有效控制，影响城市空间建设和发展过程中的价值取向。要建设以人为中心的，适应我国社会主义现代化建设的，满足人民美好生活需要的"人民城市"，必须着力解决我国城市空间非正义问题，实现空间正义要从几个方面着手：

首先，坚定以人民为中心的城市建设价值取向，拒绝以 GDP 为经济发展的唯一指标，更多关注城市居民的实际生活状况。"我国城市空间正义价值的实现就要求城市化和城市发展不应固守发展主义之维，应超越片面理性主义城市观和片面城市发展观"。[①] 当前中国城市建设的价值取向被资本"挟持"，以经济增长为唯一目的，只重视交换价值，而忽视了使用价值，使城市空间被迫纳入资本循环周期，城市空间以商品的形式被快速生产，导致城市空间规划存在盲目性、无序性和同质性，不仅造成了资源浪费，还加剧了社会资源配置失衡的矛盾。因此，坚持以人民为中心的发展思想，以社会全面进步和人的全面发展为目标，优化空间资源配置，注重城市居民需求，营造人民共建共享共治的城市发展格局是新时代城市建设价值取向的应有之义，以此逐步弱化城市空间异化。

---

① 曹现强、张福磊：《我国城市空间正义缺失的逻辑及其矫治》，《城市发展研究》2012 年第 3 期。

其次，制定合理的城市发展政策，理性对待资本，构建"差异性"城市空间。我国的城市空间由于资本的介入加剧了不平衡地理发展的矛盾，导致城市空间同质化和等级化。差异性空间是相对于同质化空间提出的，又有别于等级化空间，对于差异性空间的构建苂吉忠等学者指出"差异性空间始终体现出异质性，摆脱抽象空间资本主义同质化的局限，但却可以寻求差异性中同一性，可以实现从所有权到使用权、从私有制下的私人占有到公有制下的共同享有的转变"。[①] 换言之，我们需要认识到社会差异性存在的合理性，差异性社会是人类发展到一定阶段的历史产物，决定了其存在的必然性。进一步说，在多元化的正义理论、多样化的道德判断以及多样化的社会环境的背景下，单一的空间正义理论并不适用于所有情况，无需追求一致性。具体而言，不同的城市空间的差异是存在的，但可以根据不同城市空间居民的不同需求制定和实施公共政策，公共政策和空间资源适当向弱势群体倾斜，但前提是要合理控制和引导资本，把资本关进制度的笼子，努力消减优势群体对弱势群体的空间剥夺，尽力消除城市空间隔离。

（操奇，东莞职业技术学院马克思主义学院教授，博士生导师；马才源，南宁师范大学马克思主义学院硕士研究生）

[①] 邹吉忠、黄德平：《差异性视域下的城市空间正义》，《中国社会科学出版社》2018 年 6 月 23 日。

当代中国现代化进程中的文化转型

郑崇选

新中国成立后，中国文化发展发生重大转型，现代化的追求是其内在的驱动力量。这种强大的驱动力量表现在两个方面，一是经济社会发展的现代化需要文化发展的思想支撑；二是中国文化本身也面临一个现代化的转型过程。在空前复杂的国际格局中，21世纪的中国文化发展重新开启对优秀传统文化的创造性转化与创新性发展。置身于百年未有之大变局，西方文化自身的缺陷在前所未有地爆发，总体性的意义追求和人类和谐发展的价值观在欧美众多国家的发展实践中不断坠落。当此之时，中国特色社会主义文化道路扛起构建人类命运共同体的大旗，以中华优秀传统文化的现代价值和中西文化的吸纳和贯通为全球文明的延续和发展提供独特的中国经验。建党百年中国文化发展在不断构建广大中国人心灵图谱与文化身份的同时，也为人类文明境界的开拓与提升贡献了卓越的中国智慧和中国方案。

一、中国文化的城市化转型

中国是个封建社会长期发育发酵并逐步成熟的农业大国，农村是中国社会长期的主宰形态。随着改革开放程度的逐步深化，中国经济出现爆发性增长，中国的城市化进程也大大加快，进入了城镇化较快发展的中后期。纵观我国城市化进程的历史，大致可分为三个阶段：第一阶段是1978—1985年，这一阶段是以"非农化"为主要特征；第二阶段是1986—2000年，这一阶段以农村人口向城市聚集的"城市化"为特征；第三阶段是2000年至今，这一阶段以城市规模迅速扩大和城市群的出现为主要特征。[1] 截至2021年底，中国城镇化率已经达

---

[1] 童世骏、文军等：《我们时代的精神文化生活》，上海：上海人民出版社，2019年，第66页。

到 64.72%，居住在城镇的人口为 9.1425 亿，全国 80% 以上的经济总量产生于城市，而且尤为关键的是，这种趋势还在继续强势发展，中国未来发展的主体将毫无疑问地由城市来承担。

城市化进程是一个深刻的、全方位的社会变革和转型过程，人们的生产方式、行为习惯、社会组织关系乃至精神与价值观念都会发生转变，形成与乡村不同的生活方式。城市化进程对于生活其中的居民最为重要的改变就是彻底重构了人们的日常生活方式。按照雷蒙德·威廉斯关于文化是一种整体的生活方式的解读，城市化带来的生活方式的巨大变化必然带来文化生产和文化消费的深刻转变，当代中国的文化结构从以乡村文化为主体逐步转变为以城市文化为主体。

费孝通先生早在 20 世纪 90 年代就已经关注到了中国社会的文化转型问题，费先生认为文化转型是当代人类共同的问题，这个问题包含有两个方面：第一，工业文明已经接近末期，人类面临资源枯竭、气候异常、生态破坏、环境污染的严峻局面，人类对自己创造的文化应当进行反思促进由工业文明的黑色发展转向生态文明的绿色发展；第二，在当代背景下，文化转型势必受到全球化的影响，来自西方国家、强势文明的冲击必不可少，在这样的境况中，各文化主体要怎样加强对文化转型的自主能力，取得决定适应新环境，新时代对文化选择的自主地位，在当今多元文化的世界里确立自己的位置，这也就是费先生所说的"文化自觉"问题。[1] 在传统的中国乡村文化中，每一个个体都以自身或家庭为圆心，以差序的方式构建着自己与他者的关系，最终构成一个庞大的"熟人社会"，呈现出两个最为典型和突出的特征："一是自然主义的或人情化的文化图式；二是经验主义的或经验性的文化图式。这两个方面构成中国传统日常生活世界的文化特征，同时也构成中国传统文化的本质特征。关于家庭本位、礼俗文化、血缘性、宗法性、自然性、自在性、人情化、经验性、重复性、保守性、以过去为定向、超稳定性等，都可以从上述两个方面加以解释。"[2] 城市文化则打破了"差序格局"的运作方式，熟人社会被打破，社会关系网络开始变得流动和不确定，乡村文化的整合方式不再适用于城市文化，文化形态呈现出复杂的多样性，身份认同的强烈愿望带来对于文化产品的强烈需求，由此推动了文化产业的繁荣发展。城市和乡

---

① 费孝通：《关于文化自觉的一些自白》，《费孝通文集》第 16 集，北京：群言出版社，2004 年，第 55—64 页。
② 衣俊卿：《现代化与文化阻滞力》，北京：人民出版社，2005 年，第 229 页。

村不是对立存在的，而是经济社会发展过程中不同的阶段，同时也代表了各自的文化形态，可以在相互补充、相互融合的共生之路上同步和谐发展。城市的快速发展，为乡村文化的复兴提供了强大的物质基础；而乡村的健康发展，则可为城市的过度物化提供丰厚的人文资源。

近年来，中国的经济发展速度和规模赢得全球的瞩目，但与经济发展不相适应的是中国的文化发展并没有产生同样的影响力，不仅中国文化走出去一直没有很好地破题，更为严峻的是，随全球化进程不断加快带来的西方文化形态和文化内容正在对当代中国文化带来巨大的冲击，西方消费文化、娱乐文化已经开始融入中国广大民众的日常生活当中。如何在新的形势和背景下，使中国文化得到更好的传承和发扬，事关中国未来的文化自信。作为当代中国经济社会建设的主体单元，各种类型的城市必须要承担起这个光荣而艰巨的使命。没有文化的发展，没有文化的渗透，没有文化的塑造，任何城市的形象都是畸形和病态的。唯有文化的滋养，一个城市才会元气内充，容光焕发。城市外在形象的展现，不仅在于它的功能完善，更重要的是城市所蕴含的文化理念和文化形象。当前，我们的城市建设迫切需要树立自身的文化自信，抛弃盲目追求西方理念和文化的简单逻辑，回到每一个具体的城市本身，认真梳理每个城市独特的历史文脉，以最大的诚心和敬意做好优秀文化的保护和传承工作。只有每个城市都"留住城市特有的地域环境、文化特色、建筑风格等'基因'""结合自己的历史传承、区域文化、时代要求，打造自己的城市精神，对外梳理形象，对内就凝聚人心"，才能不断提升中国的文化软实力，最终实现社会主义文化强国的建设目标。

二、媒介转型中的文化形态变迁

在中国社会现代化逐步展开的过程中，转型社会对于传媒社会角色期待和规制不断发生着变化，从而也直接导致了当代中媒介发展相应的转型过程。媒介形态的变化不仅仅意味着单纯传播技术领域的变化，在其背后往往是多种社会力量博弈的后果，对于当代中国的媒介变化，以1978年为分水岭，我们可以看到之前和之后截然不同的两种媒介发展状况。

自新中国建立一直到改革开放开启的1978年，传媒技术的发展比较缓慢，大众传媒的普及率极低，它与普通大众的日常生活基本没有直接的关系。电视机人均拥有量极其有限，基本局限在少数精英家庭，报纸也大量采用公费订阅的方式，主要阅读对象是机关干部。之所以会出现的状况，是由这一阶段的社会特征决定的。因为政治意识形态的一统天下，政治意识形态主导文化的垄断，以及计划经济模式的高度集中，政府和社会对于传媒主要功能的要求是作为党和政府的宣传工具，是政治意志的主要体现渠道，而传媒的其他诸多功能则被刻意忽略。在这个阶段，政治意识形态的宣传贯穿了媒介文化生产的各个层面，政治功利主义的过分强调直接导致了文化形态的单一化，主流意识形态文化遮蔽和压制了其他文化类型的发展。

当代中国传媒的快速发展之路开启于1978年中国现代性的逐步展开。现代性对于人和社会的启蒙是全面的，基于建立个体主体性的要求，人的各种需要被全面激发出来。媒介作为人"感觉器官的延伸"，人的多种需要自然也会在媒介功能的扩展上表现出来。各类媒介的信息、舆论、教育、文化、休闲、娱乐等诸多功能的实现，对于普通大众的精神生活有着深入而内在的影响力，大众传媒与中国现代性的同步展开，也成为中国现代性的一个重要表征。20世纪80年代以来，大众传媒的使用完全深入到普通大众的日常生活当中，各类媒介的普及率也随着媒介技术的不断变化有了天翻地覆的变化。以三个十年为界点，我们可以大致梳理出媒介转型及其社会相应文化形态的主要特征。

20世纪80年代是印刷媒介独领风骚的年代，报纸、杂志、图书等文字印刷品占据了人们的主要文化生活。波兹曼把印刷机统治美国人思想的那个时期称作"阐释年代"，并认为"阐释是一种思想的模式，一种学习的方法，一种表达的途径。所有成熟话语所拥有的特征，都被偏爱阐释的印刷术发扬光大；富有逻辑的复杂思维，高度的理性和秩序，对于自相矛盾的憎恶，超常的冷静和客观以及等待受众反应的耐心"。[①] 印刷文化有助于培养人的理性思维能力，强调身体要服从于人的头脑，有效地清除了许多与精神领域无关的噪音，逐渐培育和建构了一个理性的个性主体和理性传统，从而设定了很多现代性的文化价值观念。从这个思考的视角，重返20世纪80年代的文化热潮和各种文化现象，我们会得出更为丰富的理解。20世纪80年代是一个全民读书的时期，在经历了"文革"长期的思想禁锢之后，精神和思想的荒漠化迫切需要各种养分的填充。在那个时期文学杂志发行量动辄都可以达到几十万份，其中《人民文学》的发行量甚至曾经达到过150万份。很多现在

---

① ［美］波兹曼：《娱乐至死》，章艳译，桂林：广西师范大学出版社，2004年，第67页。

看来非常艰深的美学、哲学、思想著作都成为当时的畅销书。20世纪80年代印刷媒介的主导地位成为当时文化结构特征的主要决定因素，经过深入思考、引领时代风潮的精英文化无疑是此时的主导文化形态。印刷媒介不仅为知识分子提供了广阔的言说空间，并且也很大程度上建构了知识分子的反思和批判立场，知识分子成为绝对的文化生产主体。精英文化成为思想解放，冲破"禁区"拨乱反正的先锋。在此背景下，官方主流文化和精英文化因为在对中国现代化急迫诉求的一致性，所以在很多时候主流文化和精英文化是合流的。虽然西方和港台的一些大众文化形式也偶有传入，但20世纪80年代的大众文化还基本处于起步阶段。即便是开始自己制作大众文化产品，但依然充满浓厚的主流文化色彩和精英文化倾向。

20世纪90年代的主导媒介无疑是广播和电视，其中尤以电视文化的风靡直接带来了当代中国文化的视觉转型，读图时代、影像时代成为20世纪90年代以来人们对当代文化最为直接和一致的命名。与印刷媒介相比，以电视为主的视觉媒介天然地适合大众文化的传播。把文字传播转换成图像传播无疑是一次媒介技术革命的胜利，但是图像时代的到来也带来了人们意想不到的后果。各类丰富的图像直接刺激了人们的感官，减少了人们面对文字时的理性思考。对于文字媒介的接受，人们在阅读的过程中需要自己有一个解码的过程，通过文字所传达的意境，人们可以经由自身的人生阅历得出不同的理解和感受。但影视媒介的传达却在一开始就取消了这个解码的过程，直接把画面呈现在你面前。影像时代独特的文化逻辑再加上20世纪90年代计划经济体制向市场经济体制的转变，大众文化作为一个产业迅速崛起，深深地改变了当代中国的文化结构和文化面貌。以电视为主的影像媒介开始自觉按照西方大众文化产品的生产方式，在类似工业化的流水线上生产一大批为人们所熟悉的大众文化产品。比如，1990年播出的50集电视连续剧《渴望》第一次按照大众文化产品的生产模式制作，并获得空前的成功，造成了当时万人空巷的收看效果，开启了中国大众文化的新局面。此后，中国的影视剧生产开始了具备西方文化工业机制的特点，本土大众文化产品大批量生产，热潮不断掀起。以影视媒介为载体的大众文化，无所不至地渗透到社会的每一个角落，成为公众关注的热点、街头巷尾的议论中心和时代风尚的代言。大众文化正在逐步走向前台，成为一种主导的文化形态，而知识分子精英文化和官方主流文化都经受了巨大的冲击，精英文化的边缘化以及官方主流文化的隔膜化成为大众文化兴起之后的必然命运，这样的文化结构是传播媒介自身的文化属性和当时社会的文化语境双重决定的产物。

21世纪以来，以网络和手机为代表的数字新媒介逐渐成为主导传播媒介。新媒介的广泛应用，虽然没有从根本上打破大众文化在当下文化结构中的霸主地位，但却大大冲击了文化结构的内在构成，同时也为大众文化的生产和消费带来了新的特点。在新媒介的平台上，大众不光是文化产品的消费者，同时也成了文化产品的积极生产者，网络上各种类型的文化产品，比如短视频、网络文学、网络直播、微信、微博等各种形式，从中可以让人感到大众高昂的文化创造热情。马克·波斯特在《第二媒介时代》一书中提出把信息制作者极少而信息消费者众多的播放型模式占主导地位的时期，称为第一媒介时期。与此相对，我们当下所身处的"第二媒介时代"的主要特征应该就是，信息生产者和消费者同样众多。而在文化生产的过程中，大众的面貌其实也在发生着很大的变化，你很难再用只会被动消费的文化受众去笼而统之地涵盖他们。他们其实已经成为充满个人主观能动性的文化生产者，它们生产的文化产品也不再是传统的大众文化，而很多是满足特点圈子和阶层的小众文化。随着中国社会转型的程度向纵深发展，网络以及基于网络平台上的新媒体技术已经开启了网络新媒体时代，新媒介传播正在成为改变中国、推动文化变迁最强有力的元素之一。新媒体构造并呈现的现实世界，已经为当代生活中人们无以逃脱的现实环境，深深影响并重构着人们的交往伦理和日常生活，形塑着此岸贯通彼岸的思想氛围与文化景观。

从以上的分析中，我们可以清晰地看到，主流、精英和大众三种文化形态随着媒介的转型和社会语境的变化所形成相互交织、彼此抵牾的复杂结构。英国文化理论家威廉斯曾经也把文化形态划分为三种：主导的、新兴的、遗存的，借以描述文化内部的复杂辩证关系。威廉斯的三种文化形态的结构分析虽然与中国的实际状况不甚相合。然而其三种文化不断博弈的张力关系视角却同样可以拿来解释当代中国的三种文化形态。当代中国的主流文化充满了典型的中国特色，它是主流意识形态的文化表达，传达国家的核心价值观念，自始至终都要发挥文化领导权的功能；精英文化代表了精英知识分子的文化理解，往往带有批判和启蒙的意图；大众文化则是以市场为导向的文化形式，它的最终目标是要通过商品化的文化产品制造达到资本增值的目的。三种文化形态在不同的时代占据不同的方位，彼此之间时而和谐，时刻矛盾。但三种文化形态都要借用媒介的平台得到传达，而不同媒介形式在传播倾向上又有不同，所以媒介形式的不断更替以及某一阶段主导媒介的形成直接影响到了三种文化形态的结构关系。

三、文化建设的功能转型

新中国成立之后，中国共产党所面临的首要任务也是最为基础的任务就是如何通过文化整合、宣传和教化，在更为广泛的范围内获得政权合法性的积极认同。因此，对于文化功能的认识依旧延续革命年代的文化观念，特别强调文化的工具性和阶级性，把文化作为进行意识形态宣传的工具和利器。从新中国成立到十一届三中全会，为政治服务的文化观基本上延续下来，其突出体现是将意识形态作为压倒一切的优先考虑，特别是当和"文化大革命"时期的"以阶级斗争为纲"的思想结合在一起的时候，在实际的效果上，文化建设完全被极左政治所绑架，中国的文化管理体制全面融入了计划经济体制，成为计划经济体制的一部分。

为政治服务的文化观念和计划经济体制高度集中的社会组织方式直接决定了这一阶段的文化生产特征。"十七年"间文艺创作取得的比较丰硕的收获，成为一个相对独立的时期，如《包围延安》《铁道游击队》《红日》《林海雪原》《红旗谱》《青春之歌》等一大批社会主义经典文艺作品的推出，就是非常具体的表现。这一时期文化生产的特点是思想和艺术上的高度集中和高度组织化，文化生产者对文化的政治功能和意识形态属性具有高度的自觉，传达符合政治需要的主流意识形态也成为主要的创作目的。"文革"期间，极左政治更是将文化的意识形态宣传功能发挥到极致。"以'样板戏'为创作典范的文艺作品，构成了'文革'期间的主流作品。除革命现代京剧以外，其他作品，如电影《创业》《海霞》，晋剧《三上桃峰》，湘剧《园丁之歌》，话剧《万水千山》，长篇小说《艳阳天》《金光大道》《虹南作战史》《牛田洋》《沸腾的群山》《海岛女民兵》《万山红遍》《闪闪的红星》《万年青》《大刀记》等，以及《理想之歌》《放歌集》《忆向阳》等诗歌，这些文艺作品，一方面受'文革'时期流行的极左思想观念和'三突出'等创作模式的影响，在作品的题材、主题和艺术表现等方面均不同程度地存在一些问题。突出的是任务的塑造、事件的发展和冲突的展开，都要反映阶级和阶级斗争；任务形象概念化、脸谱化，人物性格行为亦程式化。"[1] 意识形态宣传主导下的文化发展虽然严

---

[1] 参见杨匡汉主编：《共和国文学 60 年》，北京：人民出版社，2009 年，第 68—70 页。

重损害了文化发展的独立性，给当代中国文化带来不可估量的文化损失，但置于建国之初的国际国内的背景来考量，一定程度上为保障社会稳定和持续推进改革发展提供了比较有利的思想舆论环境。

改革开放之后的中国文化建设在始终强调文化的政治属性和意识形态功能的同时，对于文化发展本身的规律有了更为深入和科学的认识。三个方面的深层动因决定文化发展模式的转型，一是在市场经济条件下，对文化产品的商品属性和经济效益有了客观的认识，党的十六大指出，积极发展文化事业和文化产业，并强调发展文化产业是市场经济条件下繁荣社会主义文化，满足人民群众文化需求的重要途径。与此同时，文化产业对于产业结构调整的重要推动作用得到从中央到地方的空前重视，在十九大报告中明确提出，文化产业要逐步发展成为我国国民经济的支柱产业。二是人民群众的精神文化需求呈现爆发式增长态势，但就我国文化生产体系而言，文化生产供给和消费需求之间仍然存在巨大缺口。文化消费的多样化需求不仅表现为多种多样的文化消费形式，同时也表明人们的文化消费选择也多样化了。与物质需求不同的是，文化需求是有条件的，人只有在满足了基本物质需求之后，才会形成文化需求。文化需求的多样化，一方面要从需求侧来理解，即社会分层分化背景下分属不同阶层的群体根据自身的经济状况和需求来选择文化消费样式；另一方面，要从供给侧来理解，即文化消费的多样化选择，只能通过现有文化生产供给来实现。第三个方面的动因是文化发展成为全球竞争的核心领域，文化软实力的高低直接决定了一个国家的对外影响力和在世界的话语权。文化强国的文化整体实力和竞争力，体现在拥有强大的文化产业，能够提供大量的文化产品和文化服务，对全球文化生产的产业链、文化研发的价值链、文化资源的供应链、文化服务的品牌链发挥重要的引领作用。

党的二十大报告提出"围绕举旗帜、聚民心、育新人、兴文化、展形象建设社会主义文化强国"，既继承了以往我们党关于文化建设的思想，又体现了新时代与时俱进的创新。以习近平同志为核心的党中央统筹百年未有之大变局和中华民族伟大复兴战略全局，把建设文化强国与实现现代化的远景目标紧密结合起来，确立了国家综合国力中文化的战略地位。"建设社会主义文化强国"从概念的提出到战略地位的确立，凸显了新时代党中央创新治国理政实践的新谋划。文化强国是建设中国特色社会主义的重大战略部署，对增强民族凝聚力，传播中国价值，树立中国形象，实现中华民族伟大复兴，引领世界文明进步具有重要意义。

实现文化强国的建设目标是一个事关新时代中国特色社会主义"五位一体"战略的系统工程，如何立足新阶段、贯彻新理念、开创新格局需要贯穿于文化强国建设的全过程。"十四五"期间乃至更长的历史时段，大力推进文化强国建设不仅是中国特色社会主义治国理政的核心任务，更是实现中华民族伟大复兴的核心目标。在中国整体经济实力不断增强、人民群众物质生活水平不断提高的前提下，我们迫切需要加快建设与我国深厚文化底蕴和丰富文化资源相匹配、与中国特色社会主义事业总体布局相适应、与建设富强民主文明和谐美丽的社会主义现代化国家的目标相承接的社会主义文化。

　　（郑崇选，上海社会科学院文学研究所研究员，副所长。）

信息茧房，数据时代的"洞穴"

黄忠顺

　　随着互联网、移动互联网及各种社交媒体的普及，"信息茧房"这个术语像一盏灯照亮了你我信息状况的幽暗。本以为信息技术的进步终将人类带出柏拉图"洞穴"，却原来，人可能是无往而不在"洞穴"之中。

　　虽然柏拉图的洞穴之喻与凯斯·R.桑斯坦的信息茧房之喻有被动和主动之别，却都是做了偏颇信息的囚徒。前者是被外力限制且习惯于这种信息受限状态，后者则是被囚禁在基于个人兴趣和喜好所构建的信息领域。从蒙昧时代到数据时代人类的信息处境大致可分为这两种存在方式。

　　德国哲学家海德格尔曾分析过柏拉图的洞穴之喻。他将其分为四个阶段：

　　第一阶段是在洞穴之中。一批囚徒自小待在那里，被锁链束缚，只能看面前洞壁上的影子，看不见洞壁反方向的东西。在他们后上方有一堆火，有一条横贯洞穴的小道，沿小道筑有一堵矮墙，如同木偶戏的屏风。人们扛着各种器具走过墙后的小道，并且间或说话而火光则把透出墙的器具投影到囚徒面前的洞壁上。洞穴中被束缚的人当然会互相谈论自己所见所闻，他们会达成共识地将把阴影当作真实的东西，把身后人说的话当作面前阴影说的话。

　　第二阶段是锁链被解除。洞穴中有一个人被解除锁链，被迫站起来，四处走动，转身回头看，看到火光。这会导致他一向只习惯于阴影的眼睛一时不适应，无法看清他曾经只看到其阴影的那些器物，甚至渐渐看清了一时也无法理解。于是他还是难以相信现在看到的才是真相，它会进入一个困惑与思考的艰难时刻。

　　第三阶段是走出洞外。这个人来到光天化日之下，看到了日月星辰，河流，河流中树的倒影……这是一个无信息遮蔽、无活动限制的自由之地的象征。在这里他从逐渐适应新的无比广阔的信息环境到重建自己关于真实世界的判断。

第四阶段是重回洞穴。这个人在成功重建了自己关于真实世界的判断之后再回到洞穴自己原先的位置，他会因为从光明进入黑暗而再次看不清晰。这时，他对洞穴内的那些阴影的感知和判断会比不上一直待在洞穴内部的同伴，他的同伴们就会认为他在洞穴外走了一遭之后眼睛坏掉了，因而认为洞穴之外是不值得去的。如果这个人想要解放他们、带他们走出洞穴，那些洞穴中人一定会团结一致而奋起反抗，抓住这个人并且杀之而后快。

无论中外，无数的被限的信息"洞穴"戏剧变着花样上演着。

那么，是谁将他们缚于这样的洞穴之中？是习俗，是传统，是各种各样被灌输的观念，是统治者……

记得电影《走出非洲》中，有一段很经典的会话。当艾伦提出要为部落的孩子们办一所学校，却被酋长义正词严地拒绝。酋长说：部落的人们懂得比酋长还多，对部落绝非好事。所以在前现代社会，统治者们总是有冠冕堂皇的理由进行信息管控，希望将人民缚于柏拉图洞穴之中。

统治者将人民缚于柏拉图洞穴的最常见的方式是禁书禁言。从秦始皇"焚书坑儒"，禁书的信息管制措施成为史书所记载的统治术的一个传统。

不久前，我在看一批老北大资料的时候，还看到 1941 年伪教育总署两度给伪北京大学下达的禁书密令。一次是这年的 9 月 8 日：

> 前于民国廿七年曾由前教育部派员并行知各校院一度澈〔彻〕查（有关抗日及共产学说之书籍——笔者按），并于检查后，由各学校院将此项禁书，封存保管在案，兹因上关书籍，虽经封存，尚多有未详加整理者，再则现供阅览之图书，数目繁多，有无禁书，混入其中，亦亟需重加检。[①]

又一次是这年的 10 月 2 日：

> 此次检查禁书，务须慎重，将事工作固应依限完成，检查尤应力求澈〔彻〕底。

---

① 见《伪北大及所属各学院关于查禁进步书籍的往来函件》（1941 年 9 月至 11 月）及《禁书目录》（1941 年），北京大学档案馆藏，日伪占领区的"国立北京大学"档案，WBD0000017。

其查禁的书籍包括梁启超的《饮冰室全集》、鲁迅翻译的《俄罗斯的童话》、彭嘉生的《费尔巴哈论》等种类繁多，甚至连出任伪北京大学图书馆长、华北政务委员会教育总署督办等多个伪职的周作人的《点滴》都在禁书之列。可见，为了便于统治而将人民缚于柏拉图洞穴，日伪政府在信息管控上可谓是铁面无私或克己奉公，不遗余力地彻查，彻查，再彻查！宁错杀，不放过！

为什么日伪政府要用密令而不是公然告示呢？毕竟时代已经进入现代社会，即便像日伪这样不要脸的政府也要顾及一下脸面了。

随着信息技术的飞速发展，信息的生产方式和传播的途径日益多样化，几乎无处不在，那种欲缚人民于柏拉图洞穴的信息管控措施难度越来越大，效具越来越差，甚至很容易遭遇反噬。

反而是主动性的数据时代的"洞穴"现象，一种作茧自缚的信息茧房变得触目起来。

从用户行为学的视角看，在信息稀缺的状态下，用户获取信息的主要动作是"收集"，而且是信息越稀缺，收集越求全，越讲究竭泽而渔；在信息过剩的互联网、移动互联网时代，用户获取信息的主要动作是"选择"。选择什么样的信息，则是基于眼光，也是基于个人兴趣偏好。眼光来自以学养为根基的理性。学养不足，理性偏废，放不出视野广阔见识卓越的眼光，个人兴趣偏好就在选择中占据上风，就会选择性地过滤掉不感兴趣的内容和不认同的观点，日积月累，则导致像桑蚕一样将自身桎梏于蚕茧中。由此，可得出"定理"两条：

1. 信息过剩势必导致信息茧房问题；

2. 越是受教育程度低下，越容易成为信息茧房高发人群，且在这类人群中更易酿成极化事件。

从信息技术的视角看，当下数字化、信息化、网络化以及媒介化生存等信息传播环境，被人们认为已经实现了一个转变，即从"人找信息"转变为"信息找人"。所谓"信息找人"乃是对各种互联网平台利用算法技术为社会个体提供定制化信息的写照。用户在进行信息选择的时候会留下特定的信息偏向踪迹，自己感兴趣的话题和人物在点赞、评论、浏览时间等操作上与不感兴趣的对象是不同的，各大互联网平台大数据算法即基于此类信息采集来刻画用户信息偏好，制定用户画像，推送个性化信息以吸引用户和提高用户黏性。如此的"信息找人"势必加剧信息茧房问题。这也是我们今天谈到信息茧房问题时最令人不安的地方。

但就我个人的体验来看，一些平台推送给我的信息大多是同质化的。这样的信息常常让人劳而无获，因此，我的信息偏好是反同质化的，是追求异质性的。我觉得所有向我推送信息的平台都没有挠到我的痒处。这说明，当前各互联网平台基于算法推荐的技术还远未达到人们想象的那种成熟。

所以，直到目前，真正摸准用户信息偏好，精准地实现定制化信息推送的是人而不是算法推送。

那是些什么人呢？这还得从秦始皇焚书说起。公元前213年，秦始皇70岁寿辰，博士阶层的主管（仆射）周青臣进《始皇帝颂》为秦始皇敬酒，极尽皇帝信息偏好，句句挠到始皇痒处，龙颜大悦；而博士淳于越却不看皇帝脸色，以《议封建制》引经据典加以驳斥，直言不讳地批周青臣的面谀嘴脸，结果闯下大祸，导致先秦典籍的巨大灾难。这就是历史上影响深远的秦始皇"焚书"的缘起，"坑儒"是与之相继的历史事件。如此一来，就导致伴随君王身边的群臣为了自身的安全与进步，或更加回避可能令君王不悦的信息，或练就一身投其所好，极具特定用户黏性的信息推送本领。

所以，专制统治者在把人民缚于柏拉图洞穴的时候，自己也常常处于前数据时代的信息茧房。安徒生的《皇帝的新衣》算是一个前数据时代的信息茧房闹剧。骗子为了博取自己的利益，对准皇帝的偏好推销假信息，群臣们为了自己的安全非但不敢说出真信息，还继续以讨好皇帝的姿态推送虚假信息，在这样的信息处境中皇帝即使看到真相也不会相信自己的眼睛，最终在虚假信息织成的茧房里闹出"极化"的奇葩事件。据说有一个小学生读了《皇帝的新衣》，无限感慨地说："做皇帝真可怜！"这孩子一颗纯真的悲悯心让她看到了我们所有成人目力不及的威威赫赫表象之下信息茧房处境。

在以色列著名史学畅销书作家尤瓦尔·赫拉利看来，人工智能算法推送信息技术的精准度不久就会超过人类。赫拉利《今日简史》说，在十数年的将来，只要用机器人学习算法，就能借助身体内外各种传感器所传来的生物统计资料进行分析，比人自身更能判断人的特定需要，并计算出某些信息对其特定性格心境情绪的影响。赫拉利以音乐为例：设若你刚和男友大吵一架，负责音响系统的算法就会立刻发现你内心的情绪波动，并根据它对你个人以及对整体人类心理的了解，适时播放切近你心事的歌曲，共鸣你的忧郁，附和你的悲伤。这歌或许不适合他人，但完全符合你的性格类型和特定心情。算法先把你带到悲伤的谷底，再放出所有歌曲中最能令你振作起来的那首歌。因为只有算法知道这首歌在你的潜意识里与某个快乐的童年记忆紧密相连，而你却完全没有察觉。

如果赫拉利的预见兑现，从其负面效应而观，那时候，人工智能算法就能通过精准信息推送将人给控制住，一个数据时代的柏拉图"洞穴"或许就是你的安身之所了；那时候，一个普通人也能够像做皇帝一样被自己偏好的正中下怀的信息所缠绕而不知道自己"做皇帝真可怜"。

（黄忠顺，东莞理工学院文传学院教授）

文化强市

东莞文化强市建设的问题与路径

田根胜

习近平在二十大报告中提出，全面建设社会主义现代化国家，必须坚持中国特色社会主义文化发展道路，增强文化自信，围绕举旗帜、聚民心、育新人、兴文化、展形象建设社会主义文化强国，发展面向现代化、面向世界、面向未来的，民族的科学的大众的社会主义文化，激发全民族文化创新创造活力，增强实现中华民族伟大复兴的精神力量。

文化强市建设是城市高质量发展的应有之义。文化强市建设不仅要实现城市物质文明、精神文明、政治文明、社会文明和生态文明的高度和谐统一，还要让城市具有高辨识度和认同度、强感召力和影响力的外在形象与精神气质。如今，东莞是一座 GDP 超万亿、常住人口超千万的"双万"城市。站在新的城市发展起点上，要推动经济可持续高质量发展，要实现千万人口的共生共荣，离不开良好的城市综合环境作支撑，而大力发展文化事业、持续提升城市形象和城市软实力是重中之重。

一、东莞文化强市建设的现实基础与主要问题

（一）文化强市的内涵

一般来讲，文化城市是指那些以艺术、科学、教育、文物古迹等文化机制为主要职能的城市，如以大学与文化机构为中心的教育型城市，典型的如牛津和剑

桥；以古代文明陈迹为标志的城市，代表的有西安、雅典和罗马等。但文化资源不等于生产力，文化城市不能等同于文化强市。文化强市的基本表现是要有高度的文化自觉和文化自信，社会风尚良好，人文气息浓郁，文化事业兴盛，文化产业发达，文化交流频繁，能够为区域经济发展提供强有力的文化支撑，有利于构建和谐社会并形成城市强大凝聚力。

（二）东莞文化强市建设的现状分析

东莞是千年古邑，也是粤港澳大湾区里一座重要的节点城市，历史底蕴深厚，文化流动频密，尤其是经过改革开放四十多年的快速发展，东莞已经成长为一座充满魅力、动力、活力、创新力的世界制造业名城。东莞一直重视文化对城市发展的重要推动作用，在文化价值引领、公共文化服务体系建设、文化产业创造创新等方面均取得一定成效，为改善市民社会文化生活建立了良好基础。

制度层面。公共文化治理体系和能力的建构基本形成，为良好的城市文化治理奠定基础。东莞图书馆、文化馆借鉴吸收世界先进管理理念，应用现代技术手段，推行总分馆制，实施集群管理模式，取得非常好的资源共享和整体服务效能，在全国树立了典范，为东莞赢得巨大的声誉。如果加上方志馆总分馆制，建立市方志馆—镇史馆—村史馆，编实织密东莞公共文化设施全域网络，将会在东莞城市公共文化服务方面构建新格局。

行为层面。如篮球、龙舟、游泳、粤剧、潮玩等文化品牌鲜明，群众基础广泛，特色突出，对培育和传承城市人文精神，形成城市文化风格和气度的作用巨大。如果能够充分揭示出深厚民众基础、文化之美的精神内核，以及与城市气象的关联，并从制度、规范与实践中真正推动具体的文化建设，塑造其流行趋势，将会在东莞城市风尚方面构建新气象。

器物层面。通过完善文化创新链，打造有竞争力的文化产品与有说服力的文化话语权力。围绕东莞制造，着力培育新型文化业态，围绕产业链部署创新链、围绕创新链布局产业链，在文化贸易中不断创造价值。如果能够在创意设计、数字文化、时尚文化等文化优势产业发力突围，参与国际竞争，将会在东莞城市核心文化产业方面构建新高地。

精神层面。文化地标作为城市的"记忆符号"，是城市文化形象标识，也是全体市民的集体文化记忆、文化认同的载体，它鲜明展现城市文化的核心气质和精神。东莞在历史文化、鸦片战争、红色文化、改革开放文化、莞邑文化等方面通过系列展馆建设，基本实现内涵揭示、精品展示、影响传播的功效。如果能够在高端智库建设，高水平研究，高端艺术的引领（世界性），高层次文化人才的引育等方面不断精进，将会在东莞文化强市建设方面构建新境界。

（三）东莞文化强市建设的主要问题

文化强市建设既是推动产业结构调整、促进经济高质量发展的重要举措，也是满足人民群众多样化、多层次精神文化需求的重要途径。近年来，东莞在文化强市建设上取得了较好成绩，但也存在诸多问题。主要体现在以下方面：

一是城市发展的文化视野相对狭窄。由于缺乏宏观的文化战略规划，加上多以市局部门或镇区主导，导致东莞城市发展的文化视野相对狭窄。具体表现：政策发展导向模糊；发展规划缺乏指引；发展资源要素分散；核心竞争能力不强；区位和资源优势尚未能充分发挥；集聚人才机制有待优化。

二是城市文化的发展主题不够明晰。新时代，如何认识东莞是个文化现实问题，如何表达东莞是个文化技术问题，如何发展东莞是个文化战略问题。东莞的城市文化内核是以标准化、大规模的工业化生产为主导的制造文化。在东莞从农业城市转变为工业城市的阶段，这种带有明显工业化气质和特点的城市文化发挥了至关重要的推动作用。但随着信息社会到来，如何围绕东莞文化发展的基本主题元素——制造文化展开文化形塑，是东莞文化发展的新课题。

三是城市发展的文化品质有待提升。最能体现城市气度的是生活在城市里的每个人的安全感、归属感、幸福感。东莞城市发展的文化气质与东莞经济社会发展不相适应。具体表现：城市的窗口形象差强人意；镇街之间差别不明显，缺乏城镇个性气质；普通百姓街头巷尾（社区）的生活意味不浓，文化内涵有待优化；城市公共文化空间简单粗糙，缺乏艺术质感；大型城市综合体少，缺乏现代都市魅力。

二、东莞文化强市建设的主要路径

建设独具魅力的文化强市，形成与经济硬实力相匹配的东莞城市文化软实力，顶层设计与体系化经营是二位一体的。东莞的文化强市建设有三个基本的维度：一是立足传统，深挖区域特色，如鸦片战争、红色文化、改革开放文化、莞邑文化；二是着眼当下的城市精神、文明城市、公共文化服务、文化产业发展等，提炼东莞文化发展的亮点；三是面向未来的新兴文化业态、产业发展标杆、制造业文化名城，激发持续发展潜能。力争把东莞打造成人文文化高地、历史文化富地、特色文化标地、休闲旅游胜地、国际制造业文化阵地，全面推进品质文化之都建设。具体有以下几个方面：

（一）提升文化治理水平，培育有温度的城市文化软实力

良好的城市文化治理，既体现为公共文化治理体系和能力的建构，也离不开稳定且完善的制度体系作为支撑与保障。一是要稳妥推进文化领域简政放权，增强文化发展动力。通过部门整合，文化文物、新闻出版、广播影视的统筹，文化业态的科学整合，文化资源的有效配置，加强服务内容的宏观统筹性和针对性，实现政府职能由"办"文化向"管"文化转变。二是形成公共文化服务大网络，保障公民文化权利。坚持以人民为中心，大力实施文化惠民工程，健全完善公共文化服务体系，不断丰富群众文化文艺活动，积极开展文明志愿服务，更好满足人民群众精神文化需求。三是构建文物和非遗保护格局，留住历史文化魅力。坚持以历史文化名城申报为牵引，大力推进文化遗产保育活化，加大非遗传承保护力度，使文化成为推动经济社会高质量发展的重要支点。四是关注城市居民的心理和行为，着力培育和传承城市人文精神与文化气质。

（二）塑造城市品牌形象，厚植深具城市魅力的文化软实力

城市品牌设计是城市文明的高阶形式。如巴黎是传统的"艺术之都"，但城市建设者始终追随时代推动城市发展，努力调和历史文化与当代生活的关系，今天的巴黎又有"时尚之都""浪漫之都"的美誉。再如新加坡，在 20 世纪 60 年代工业制造业浪潮中提出打造"花园城市"的理念，以绿色魅力的生态环境成功塑造了宜居的城市形象，成为吸引外商和企业的第一张名片。在知识经济时代，新加坡为保持城市活力，大力开发滨海湾 CBD，并致力于夜经济发展，打造了世界首个夜间动物园与 F1 夜间赛，以其独特的活力生活，再次吸引了世界人才和企业的目光。为了让国际精英心甘情愿地留下来长久生活，新加坡开始关注不同目标人群的特点和需求，以差异化方式进行定向吸引。针对"千禧一代"的特质，新加坡于 2017 年发布以"你想成为谁"为关键词的"心想狮城"品牌，转向关注人的个性需求。针对美食主义者、城市探索者、精品收藏家、极限挑战者等七大"激情部落"人群，设置专属的"激情游线"。为吸引精英家庭的停留，新加坡致力于打造儿童友好酒店、儿童友好购物中心、儿童文化娱乐设施等项目，向所有爱孩子的家庭打造专属孩子的"儿童友好"城市。

人是文化的主体，是文化的创造者也是文化的携带者和传播者。东莞在其经济高速发展的历程中，其人口年龄长期保持在全国最年轻的城市行列，东莞城市文化的重要色调——青春元素。从第七次全国人口普查数据来看，东莞 60 岁以上的人口占比比全省（12.35%）低 6.88%，比全国（18.70%）低 13.23%，充分反映出东莞人口年龄结构的年轻化。在互联网时代的背景下，以大学生为代表的青年一代是互联网的原住民，是新经济与新创意发展的主力军。一个城市未来要想竞争，年轻人是极为重要的资源要素。把握年轻人，就是把握文化创意产业与互联网时代；把握文化产业与互联网时代，就是把握城市竞争与城市未来。如果从城市老龄化的忧虑，以及未来城市文化的青年性、时尚型、前沿性考量，青年创意人才的吸纳、输入与储备必不可少，这也是城市品牌塑造的新途径与城市的国际化竞争的必由之路，更是建设文化城市、青春城市、未来城市的必由之路。

（三）凝练城市文化主题，打造制造业城市发展的文化硬实力

有力量的文化软实力离不开雄厚的物质基础，没有快速且有质量的经济发展，就没有足够有说服力的文化话语权。东莞应当培育新型文化业态，围绕产业链部署创新链，围绕创新链布局产业链，在国际国内文化贸易中创造价值。

一个时代有一个时代城市文化发展的核心主题，像杭州的"电商之都"、成都的"休闲之都"、重庆的"魔幻城市"、长沙的"网红城市"等。如今，东莞已成为国际制造名城，其城市文化内核是以标准化、大规模的工业化生产为主导的制造文化。因此，东莞的创意设计、数字文化、时尚文化等优势产业均可作为城市核心文化产业，发挥它们在优化东莞文化产业结构和布局、参与国际国内竞争中的作用。其具体路径有：

一是"制造＋设计"，推进东莞"设计之都"建设。要推动成立粤港澳大湾区制造业产品文化创意设计中心，聚集文化创意产业人才，促进优势文化产业发展。以韩国 CHI 年会为标杆，举办 DGI 城市品牌创新双年展，以东莞八大支柱产业为基础，对接世界知名行业协会，办理双年展会，演绎跨领域产品与服务的创新融合新趋势，树立东莞制造、东莞智造的品牌。以硅谷 AirBnB 为标杆，为 DGI 打造互联网＋平台，促进世界级产品与商模设计人才与东莞企业项目对接，通过设计提升东莞企业的品牌内涵与产品竞争力。传播一种企业文化和企业精神，它是产品、企业、消费者之间的无形纽带，也是第三产业经济发展的新增长点。构建城市人文科技双创教育平台。完善 HCDE（Human-Centered Design &

Engineering）社会培训方案，分别在东莞中小学、技职、成人三个层面对接战略合作伙伴，推广文化创意设计方法，搭配 RoseApplePi 开源技术，全面铺垫人文科技的创意创新实践，向东莞文创园及创客空间输送双创人才与方案。

二是"文化＋科技"，跨界培育引领型新兴业态。在空间生产方面，推动城市文化空间改造与升级，全面改造城市物理空间，以文化理念和可持续发展理念对城市更新、乡村振兴进程中的物理空间进行改造。在文化生产方面，推动城市文化资产建设，以 IP、内容或数据注入城市空间，以具有典型地方 IP 特征的文化符号作为空间再生的主题。在产品生产方面，城市特色产业或生态布局，将城市空间和内容凝练为产品，并形成可以品牌化、商业模式化的产品和服务，实现文化市场的价值，同时建构地方特色的现代文化产业体系。在关系生产方面，推进地方认同感运营。发挥数字文化经济的"社交"属性，将空间、文化、产品生产带入多元场景，并通过互联网络链接产消群体，打造可持续的产业生态系统。

三是"工匠＋品牌"，着力推进城市"新制造业品牌计划"。大力弘扬企业家精神，增强制造业高质量发展的内生动力。积极培育工匠文化，增强制造业高质量发展的良好氛围。构建以国际制造业城市为标杆的文化品牌体系，举办系列品牌文化活动，凸显城市文化魅力。

（四）注重城市品质提升，打造"品质文化之都"

城市竞争力与优势不再是数量的多寡，而是品质的优劣：即产品性质、人力素质、生活品质、环境特质。经济社会转型本质上是文化转型。在党的二十大报告中，"增进民生福祉，提高人民生活品质"单列成章。随着风格社会的成长，消费者越来越重视品位、美感与体验。因此，城市发展中美学经济、设计思维等已然成为关键词。秉持以人为本的城市发展理念，打造具有人文吸引力、对年轻劳动者友好、方便宜居的新一代都市。这方面日本、新加坡、台湾的经验值得借鉴：

一是锻造优质产品，形成魅力经济。文化创意与东莞制造优势结合，打造魅力经济。为社会层面输出地方再造（社区更新、绿色社区）；为文化层面输出优质产品；为生态层面输出绿色资源禀赋。

二是促进社区更新，构建风格社会。大力弘扬与利用东莞优秀传统文化，以发挥多元社群的特色为目的，塑造东莞城市品牌与特质。为社会层面输出文化的创造与创新；为文化层面输出文化的多元体验；为生态层面输出民众的文化广泛参与。

三是倡导绿色理念，培育美感生活。美感生活的发展核心是生活鉴赏力，以提升文化消费的质量为目的。为经济层面输出品位能力与绿色理念；为社会层面输出集体认同；为生态层面输出文化观光旅游。

（五）建立软实力评估体系，构建城市未来瞭望塔

评估体系是对一个城市软实力实施情况的一种监控系统，城市软实力的评估体系必须建立在科学、严谨和操作性很强的统计数据的基础之上，尤其是建立在发展软实力的总体框架体系之下，这就需要在全球化背景下对一个城市软实力的构成因子进行归类、分析，以便找出存在的问题和差距。

文化强市建设评估指标体系构成表

范　畴	指标名称	评估内容
文化凝聚力	公民素养水平	公民思想道德素养
		公民科学文化素质
	文化投入指标	文化事业财政投入以及占全部财政支出的比重
		文化事业基建投资额
	公共文化指标	公共文化基础设施建设情况
		公共文化设施运行情况
		公共文化资金保障
		公共文化管理队伍配备
		文化建设政策法规体系
		社会文化活动情况
文化竞争力	文化产业指标	文化产业总产值
		文化产业占市 GDP 比重
		文化产业规模和结构
		文化产业集聚区发展水平
		文化上市公司数量
		新闻出版产业竞争力
		文化旅游产业竞争力
		演艺产业竞争力
		动漫产业竞争力
		城镇居民文化消费占总支出中的比重

范畴	指标名称	评估内容
文化创新力	先进文化创新指标	思想理念创新
		制度机制创新
		文化创新成效
	文化人才指标	人才总量
		人才结构和比例
文化吸引力	文艺精品生产指标	文艺作品获国家、省级奖数量
		国家、省级重点产出项目数量
	区域文化建设指标	区域传统文化的保护与传承体系建设
		区域标志性文化建筑
		区域文化交流与合作情况
文化影响力	文化品牌指标	文化产品品牌及影响度
		文化企业品牌及影响度
		文化活动品牌及影响度
	文化综合实力指标	现代传媒体系、新兴文化业态发展水平
		全国文化广电新闻出版等行业年度目标考核排序
		文化与科技融合度
		文化产业实力排名

城市发展"软实力"未来瞭望塔是对未来城市发展趋势进行分析研究，为制定战略发展计划提供科学依据。当下，欧美一些发达国家的城市尤其是知识城市都设有未来瞭望塔机构。官方的、半官方的、民间的、私人的、个人的，应有尽有，比如美国纽约城市未来中心，就是一个致力于城市整体健康水平和服务长期效益的一个公共政策机构，它们通过一些实验模型、调查报告、出版《蓝皮书》等形式，在知识城市的成长中发挥咨询、参谋和预测的作用，深受政府和市民的重视。对标国内外高端智库运作模式，对城市发展趋势进行分析研究，为制定战略发展计划提供咨询。其特点包括："共有、共建、共享"理念；"虚实结合"的科研体制；"专兼职结合"的研究队伍；"项目为导向"的学术团队；学术研究、决策咨询、社会服务、国际交流、项目开发、政校企合作等一体化学术共同体。

三、结论

科技部中国科技信息研究所发布的《国家创新型城市创新能力评价报告2021》，将城市创新能力评价分解为创新治理力、原始创新力、技术创新力、成果转化力、创新驱动力5个一级指标，而这些指标无不与鲜明的文化强市所营造的环境、集聚的有活力的人紧密相关。文化强市建设让创新成为一种生产要素，融入工业、商贸、城市建设、社会服务等领域，也成为一种价值观、人格力量和社会心态，引导人们把创新看作是人生追求，普遍投入各种创新活动，从而带来城市创新能力的整体提升。

文化强市建设作为东莞城市发展软实力的重大战略，要增强对发展城市软实力重要意义的认识，摸清城市自身文化资源的特色优势。主动出击，把城市纳入参与全球竞争的循环体系，努力使自己的城市成为全球城市，尤其是明确城市在区域经济中承担的历史责任，做好功能城市的定位，用以知识为基础的产业（服务经济）去赢得未来核心竞争地位。要加大对发展文化强市建设的投入，尤其是加大对那些可以代表城市发展水平，具有很强辐射力的产业、品牌的投入，加大对那些有利于城市产业转型和市民综合素质提高领域的投资力度，使之始终保持与城市的发展、地位相适应。

参考文献

① 张振鹏：《城市文明建设需要鲜明的"城设"》,《社会科学报》2022年9月22日。

② 吴倩茹：《文化强市建设综合评价多维评估》,《滁州学院学报》2018年第9期。

（田根胜，博士，教授，东莞理工学院文学与传媒学院院长，《城市文化评论》主编）

"文化强市"的内涵逻辑与外延路径

——文化引领赋能东莞高质量发展

张　彦

　　"文化强市"的命题和战略，本质是关于文化建设与文化发展的问题。文化建设、文化发展是一个多层次、多因素的系统互动过程，也是一个系统整合运行过程。相较科技、经济发展，文化发展有其自身的逻辑和规律。概括起来，文化发展是内涵发展与外延发展的有机统一。内涵发展是指文化的功能与价值的发展，外延发展是指文化领域与路径的发展。

　　党的二十大报告在第八个部分——"推进文化自信自强，铸就社会主义文化新辉煌"中全面系统论述了中国特色社会主义文化发展问题，是新时代新征程文化发展的顶层设计和纲领性文件。东莞文化强市要致力于贯彻好落实好党的二十大相关精神。

一、"文化强市"的理论逻辑、历史逻辑与实践逻辑

　　文化内涵的发展源于并遵循理论、历史和实践三重逻辑。

（一）理论逻辑——社会存在与社会意识的辩证关系

　　"文化强市"既是一个重大的现实问题，也是一个重大的理论问题，而说到底是一个哲学问题。只有从马克思主义哲学的高度去认识和把握，才能把问题讲清楚，从根本上给予科学回答。

　　"文化强市"的理论逻辑即哲学根据。文化属于社会意识，是社会意识的重要组成部分。社会存在与社会意识的关系问题，是社会历史观的基本问题。正确认识社会存在与社会意识的关系，是科学把握人类社会发展规律的基础和前提。

　　社会存在是指社会物质生活条件，是社会生活的物质方面，主要包括自然地理环境、人口因素和物质生产方式。物质生产方式是社会存在的基础和决定力

量。社会意识是社会存在的反映，是社会生活的精神方面。社会存在和社会意识是辩证统一的。社会存在决定社会意识，社会意识能动反作用于社会存在。"文化强市"就是社会意识能动反作用的体现和实现。

文化对社会发展的重要作用可以概括为引领和赋能。所谓引领，指的是发展方向的指引。作为一定经济、政治的反映，文化必然发挥维护或批判现实社会的功能，从而指引社会发展的方向。赋能的涵义是丰富的：文化本身是一种信仰，是精神动力和强大精神支撑；文化的核心是价值观，占主导地位的价值观能够教化社会成员，规范行为，增进社会认同，凝聚社会共识。文化还提供智力支持。文化是人类认识世界的成果，不论是自然科学，还是哲学社会科学，都是科学文化成果，都有助于提高劳动者素质、管理水平和创新能力。

党的二十大报告提出：全面建设社会主义现代化国家，必须坚持中国特色社会主义文化发展道路，增强文化自信，围绕举旗帜、聚民心、育新人、兴文化、展形象建设社会主义文化强国，发展面向现代化、面向世界、面向未来的，民族的科学的大众的社会主义文化，激发全民族文化创新创造活力，增强实现中华民族伟大复兴的精神力量。这深刻地论述了文化作为社会意识，其对社会存在的能动反作用。

东莞已经迈入"双万"城市行列，长期快速持续发展积累了经济社会发展的基础，尤其是经济的生存力、竞争力、发展力、持续力显著增强。东莞要实现新发展、高质量发展，需要借文化发展繁荣之力，发挥文化的引领与赋能，实现"文化强市"。

（二）历史逻辑——文化底蕴铸就文化自信

中华文明源远流长、博大精深，积淀了丰厚的历史底蕴。文化蕴含思想智慧、价值追求和审美情趣，是一个国家、一个民族的根和灵魂。

党的十八大以来，文化建设提升到文化自信的新历史高度。文化自信与道路自信、理论自信、制度自信并列为中国特色社会主义"四个自信"。在"四个自信"的结构中，文化自信是更基础、更广泛、更深厚的自信，是更基本、更深沉、更持久的力量。坚定文化自信，事关国运兴衰、事关文化安全、事关独立之民族精神。

东莞是一个具有深厚文化底蕴的地方，以莞邑文化为代表的历史传统文化；以中国近代史开篇地为代表的红色文化；作为改革开放前沿地带，以国际制造名城为标志的改革开放文化。优秀传统文化是文化发展繁荣的源头活水，需要创造性转换和创新性发展，东莞"七大文化"中的潮流文化、体育文化和生态文化就是东莞传统和本土文化双创的凝练和展现。深厚的文化底蕴成就东莞发展的资源基础、自信与发展定力。

（三）实践逻辑——文化引领、文化赋能

作为社会意识，文化的发展既取决于社会存在发展的要求，又对社会存在的发展起着能动作用。从文化建设的内容来看，主要包括三个方面的内容：

一是以价值观为标志的文化软实力。软实力是文化力，文化的核心是价值观。文化软实力体现为价值观的引领力量。建设社会主义文化强国的实践，首先需要推进社会主义核心价值观建设。

社会主义核心价值观的源头是中华优秀传统文化，秉持开放、兼收并蓄、文明交流互鉴的理念，吸收了世界文明、人类文明的有益成果。在利益主体多样化、文化多元化和价值取向多样化的前提下，社会主义核心价值观发挥凝聚共识、汇聚力量、促进团结的作用，同时，社会主义核心价值观对外则向世界展示独特的中国大国形象。

党的二十大报告指出：广泛践行社会主义核心价值观。社会主义核心价值观是凝聚人心、汇聚民力的强大力量。弘扬以伟大建党精神为源头的中国共产党人精神谱系，用好红色资源，深入开展社会主义核心价值观宣传教育，深化爱国主义、集体主义、社会主义教育，着力培养担当民族复兴大任的时代新人。推动理想信念教育常态化制度化，持续抓好党史、新中国史、改革开放史、社会主义发展史宣传教育，引导人民知史爱党、知史爱国，不断坚定中国特色社会主义共同理想。用社会主义核心价值观铸魂育人，完善思想政治工作体系，推进大中小学思想政治教育一体化建设。坚持依法治国和以德治国相结合，把社会主义核心价值观融入法治建设、融入社会发展、融入日常生活。

东莞实施文化强市，需要进一步加强社会主义核心价值观的建设和践行，以核心价值观提升社会文明程度，推动形成适应新时代要求的思想观念、精神面貌、文明风尚和行为规范。

二是发展文化事业，打造文化产业发展新格局。十八大以来，中国特色社会主义进入新时代，社会主要矛盾转化为人民日益增长的美好生活需要和不平衡不充分发展的矛盾。人民精神文化需要是美好生活需要的重要内容，大力发展文化

事业，着力提升公共文化服务水平，满足人民精神文化需求，保障人民文化权益，让人民享有更加充实、更为丰富、更高质量的精神文化生活。

党的二十大报告提出：繁荣发展文化事业和文化产业。坚持以人民为中心的创作导向，推出更多增强人民精神力量的优秀作品，培育造就大批德艺双馨的文学艺术家和规模宏大的文化文艺人才队伍。坚持把社会效益放在首位、社会效益和经济效益相统一，深化文化体制改革，完善文化经济政策。实施国家文化数字化战略，健全现代公共文化服务体系，创新实施文化惠民工程。健全现代文化产业体系和市场体系，实施重大文化产业项目带动战略。加大文物和文化遗产保护力度，加强城乡建设中历史文化保护传承，建好用好国家文化公园。坚持以文塑旅、以旅彰文，推进文化和旅游深度融合发展。广泛开展全民健身活动，加强青少年体育工作，促进群众体育和竞技体育全面发展，加快建设体育强国。

哲学社会科学是文化的重要组成部分。东莞市委高度重视哲学社会科学工作，前不久成立了马克思主义研究、经济研究、社会研究、文化研究四个中心，推动东莞市哲学社会科学事业繁荣发展。主张和鼓励将研究植根莞邑大地，解决东莞问题、讲好东莞故事。

文化产业兼具产业属性和文化属性，文化产业生产和提供的产品和服务，既具有经济效益，也具有社会效益。尤其是社会效益，既能满人民精神文化需要，又能增强人民的精神力量，激发创造活力，促进人的全面发展。从产业层面来看，文化产业属于第三产业，资金投入低，资源消耗低，环境生态破坏低，具有高附加值的特点和优势，大力发展文化产业符合我国经济转型和结构调整的发展趋势。

东莞文化产业的发展具有巨大的潜力和独特的本土资源优势。依据文化产业发展的特点和规律，挖掘整合东莞本土资源要素，在七大文化品牌上都可以大做文章。

二、“文化强市”的外延发展路径——文化新形态

文化的外延发展是一个时代性课题，最能体现文化的发展创新和文化建设的与时俱进。市场经济的大发展，以数字技术和信息技术为基础的现代科技，引发了人类第四次工业革命，诞生了诸如5G技术、物联网、大数据、云计算、人工智能等众多新业态，统筹国际国内两个大局，在百年未有之大变局中实现中华民

族的伟大复兴。结合时代发展的新样貌、新特点和新规律，文化应该向新的领域拓展，促进文化新形态的形成。

文化向虚拟领域发展，创建文明网络文化。随着计算机技术和信息技术的发展，虚拟的网络不仅仅是一种信息载体和技术存在，也是一种社会存在方式，具有社会和人文功能，形成了网络社会。网络社会既依赖于现实社会，又不同于现实社会，它是人类开辟和创建的新领域。

顺应数字产业化和产业数字化发展趋势，文化向虚拟领域发展，通过网络文明建设、网络清朗行动，创建文明网络文化，共建网络美好精神家园。

文化向教育领域发展，弘扬红色文化。东莞具有丰富的红色资源，虎门销烟是中国近代史的开篇、广东东江纵队纪念馆等等，红色资源就是教育资源。加强理想信念教育，弘扬伟大建党精神和中国共产党人的精神谱系，弘扬红色文化，传承红色基因、赓续红色血脉。

文化向消费领域发展，打造文化消费。推出彰显中国精神、时代气象和岭南风韵的扛鼎之作，精品力作；打造文化新地标，艺术中心、画院、粤剧文化中心、歌剧院；推进区域城乡公共文化服务一体化，不断健全公共文化设施网络，提升公共文化服务品质。坚持把社会效益放在首位，社会效益和经济效益相统一的原则下，让文化消费成为一种新时尚。

文化向生态领域发展，倡导生态文化。把习近平生态文明思想贯彻到东莞经济社会发展的各方面，推进东莞国家森林城市、国际花园城市、全国文明城市、全国篮球城市建设。

文化向实践领域发展，厚植服务文化、奋斗文化。践行社会主义核心价值观，拓展新时代文明实践中心建设，健全志愿服务工作体系，引导全社会争做新时代奋斗者，奋进新征程，建功新时代。

文化向国际领域发展，建构东莞叙事文化。党的二十大报告强调指出，增强中华文明传播力影响力。坚守中华文化立场，提炼展示中华文明的精神标识和文化精髓，加快构建中国话语和中国叙事体系，讲好中国故事、传播好中国声音，展现可信、可爱、可敬的中国形象。加强国际传播能力建设，全面提升国际传播效能，形成同我国综合国力和国际地位相匹配的国际话语权。深化文明交流互鉴，推动中华文化更好走向世界。

文化强市在东莞，要更加重视加强东莞国际传播能力建设、发出东莞声音，讲好东莞故事，向世界展示东莞的精神品格、文明素质和国际竞争力，展示真实立体全面的东莞形象。

（张彦，博士，广州新华学院马克思主义学院讲师，东莞社科联社科院特约研究员）

智慧社区文化治理思路与实践

张艳红

　　智慧城市，是指运用 5G、大数据、空间地理信息集成、云计算、区块链、人工智能等前沿技术赋能城市规划、社会治理和可持续发展的创新开放平台，其理想形态、建设成就和存在的争议，近十年来一直是全球范围内城市与社区现代化发展聚焦的热点。

　　广东省作为全国改革开放的排头兵、创新发展的先行者，在高速发展的同时，经济调节、市场监管、社会管理、公共服务、生态环保等问题越来越突出，面临着政府部门人少事多，城乡治理任务日益艰巨的困境。2017 年以来，为全面推动政务服务能力实现跨越式发展，广东省在全国率先启动上下衔接、整体协同、高效运行的"数字政府"改革，将城市治理、企业服务、民生诉求和紧急联动结合，从顶层设计、数字底座两大维度夯实基础，积极布局建设智慧化"响应政府"。

　　从社会治理实效和社会评价角度，广东也具有标杆意义。截至 2022 年 9 月，全省数据共享率达 99%，系统联通率 96%，可网办率为 96.18%，零跑动事项比例 91.76%，粤省事成为全国服务事项最多、用户最广、活跃度最高的省级移动政务服务平台。在此背景下，数字治理中的文化力量参与布局应得到充分重视，加大力度推动实现"既有速度，又有温度""高质高效，温暖美好"的中国式现代化基层社会治理。

一、"数字治理"和"文化治理"双重逻辑

　　2020 年 4 月，习近平总书记视察杭州城市大脑运营指挥中心时指出，"社会治理是一门科学"，"让城市更聪明一些、更智慧一些，是推动城市治理体系和治理能力现代化的必由之路"，也是推进国家治理体系和治理能力现代化的重要环节。当前，国内不少智慧化先发城市的建设重点，已从顶层设计、体系构建、基

础设施建设、数据平台整合、展示与指挥中心建设，过渡到深层次的社会治理场景创建与应用领域，在应急与安全、疫情防控、环保监测、产业洞察等方面发挥重要作用，并逐渐触达基层社区治理和居民日常生活体验。可以说，数据是"硬"的、"冷"的，而数据应用的场景是"软"的、"暖"的，数字治理是否能够"抵达人心"，具有很强的文化属性。

与此同时，文化在社会治理中的地位和功能日益得到重视。2021年，党的十九届五中全会明确提出到2035年建成文化强国到远景目标，深入推进文化和科技融合发展，着力完善公共文化服务体系，推动公共文化数字化和重大文化基础设施建设。文化发展与社会和谐进步的相辅相成关系，成为时代的强音：一方面，文化是社会治理的对象和目标，文化空间、文化设施和文化活动等公共文化供给都是城市和社区建设的重要工作内容；另一方面，"以文化人""以文惠民""以文兴业"的力量不断注入城乡基层社会治理实践，文化建设作为社会治理工具和路径，得到极大瞩目；再次，文化还是社会治理的标志性成果，社会治理制度越成熟，治理能力越强，其文化繁荣程度也就越高，国家、城市和社区的软实力越强。

新型社区文化再造是新形势下中国在社会治理层面释放改革新动能的重要探索。党的十九大报告指出，要建立共建共治共享的社会治理格局，提高社会治理智能化水平。党的二十大报告明确指出，要以党建引领基层治理，积极发展基层民主，完善网格化管理、精细化服务、信息化支撑的基层治理平台，健全城乡社区治理体系，建设人人有责、人人尽责、人人享有的社会治理共同体。在此进程中，社会治理制度创新是核心任务，城市层面和社区层面的智慧化建设和文化建设成为两个重要抓手，以"数字治理"和"文化治理"双重逻辑共同保障社会治理现代化的实现。

万物互联时代，社区文化如何开展；城市生活形态和社会空间结构将如何变迁；人与人的社区关系如何重建；社区传播的内容和机制将如何变化；如何自下而上地从城市生活形态与社会文化变迁的角度来探讨物联网技术的社会治理价值；物联网如何借助数据的应用进行社区文化资源的重新配置；如何利用智慧网络的构建提高整个社会文化的活力；以上相关研究，目前均处在前瞻阶段，智能互联城市规划不仅是科技和产业命题，也是关系到城市发展和市民福祉的重大课题，需要创新型文化理论支撑，需要各界文化力量的导入，需要文化供给数字化的加速匹配。

二、新型社区文化再造的动因

社区文化是指在有共同生活环境的人群中所产生的文化观念、价值观念、生活习惯、精神活动、行为准则、道德规范以及与之相适应的物质形态的总和。它来源于社区内部成员的实践活动和生活习惯，既包括意识形态层面的精神财富，也包括这些精神财富的物质形态及其相关的社会现象。

数字技术正在如何改变社会、影响城市、重塑社区，万物互联的智慧城市建设将催生怎样的新型社会要素、营造怎样的新型文化形态，这种智慧与文化共生的社会治理机制是否能够成为中国特色社会主义善治之路的重要基石。

针对上述假设，东莞理工学院城市文化研究中心于 2021 年开展了针对性调研。调研以全国 24 个城乡社区为样本，对居民展开智慧社区中文化建设的相关调查，主要包括社区公共活动空间倾向分析（空间使用习惯与偏好、公共文化设施评价、空间需求与期待）、社区文化活动与社区认同度分析（参与情况与满意度、参与意愿及需求、社区公共文化认同）和智慧社区建设需求分析（认知与接受情况、接触、评价与期待情况）。调研结论在于，未来社区文化应在空间、设施、活动、乡村社区、青少年群体、智慧社区、文化价值等方面予以重点规划和建设，加强有可持续性的资源投入。

新型社区文化再造，是政策驱动、数据驱动、需求驱动、观念驱动等多方面动因促成的。从政策方面来看，我国城乡基层社会面临的社区文化转型再造之机遇，主要源于数字经济、国家治理、文化强国三个方面的国家战略性政策支持；从数据方面看，数据作为全新的生产要素，应用于各种生产、生活、生命的应用场景，正在极大地推动各行业产生颠覆性的创新，随之影响社区文化转型；从需求方面看，新型社区文化的构建与发展，是社区公众美好生活的需要，也是产业与市场、社会组织积极发挥多元化社会治理作用的需要；从社会观念来看，互联网技术飞速发展背景下人们普遍存在的观念变化，如流量观念、共享观念、体验观念、安全与隐私观念等，也在推动社区文化从传统形态向新型形态转变。社区文化再造既是社区治理和社区居民幸福内求所需，也有日趋蓬勃之势的外力驱动，可见面向智慧应用的社区文化转型，是未来社区文化建设的必然走向。

三、智慧社区文化的功能与实现

把创新纳入新发展理念体系，并且把创新作为发展的第一动力，是我党发展理念的一个重要突破。社会领域不仅长期受到忽视，而且常常给人一种无处下手、无处着力的感觉。对社会治理来说，智慧城市建设就是一种重要的系统创新、方法创新和技术创新，其实施过程不仅包括基本技术创新、硬件基本结构的升级和数据库的建设，而且包括体制机制的创新、文化的创新，要求创新智慧城市发展模式，拉动数字经济产业与城市、社区共生共育，重视基层社区的文化特质、文化传统和文化发展特色，应对解决智慧城市、智慧社区建设主体与机制活力激发不足、数字经济产业链条配套有限等问题。

从社区层面来看，智慧社区文化主要包括五个方面的功能价值：一是文化传承价值。智慧社区作为社区信息的交融时空，蕴藏着不断增值的文化力量，对社区文化的凝练与传承有重要意义；二是社区凝聚价值。智慧社区对社区成员、资源、信息和其他因素具有卓越的协调力，能够以数据融汇创新提高社区认同感；第三，交往空间价值。智慧社区能够实现虚拟社区与现实社区的线上线下融合，社区文化交往并非存在于单一平台的交互时空，而是以各种平台、各种主体节点展开的"交往云"；第四，休闲教育价值。智慧社区中可以开发和运营娱乐休闲、文化教育版块，还可以将休闲教育功能作为吸引居民融入智慧社区的有效引流工具；第五，商业资源价值。商业性互联网站在市场发展过程中越来越呈现出社区化趋向的原因，智慧社区汇聚的大数据在商业信息精准传播方面呈现出越来越重要的作用，其附载的文化力量也不容忽视。

从城市层面来看，智慧社区文化的服务方向主要有三个方面：首先，智慧社区文化的基本服务方向是作为创新社会治理的文化支撑，在党的领导下，贯彻以人民为中心的发展思想和工作导向，着力调适社会关系、激发社会活力、化解社会矛盾、巩固国家和城市安全，积极打造一个和谐有序又充满活力的社会；其次，智慧社区文化应作为城市转型升级的文化引领，直面城市产业加快转型升级、城乡面貌全面改善、城市形象品牌传播等亟须破解的难题，服务城市产业资源配置与经济发展，服务城市碳达峰、碳中和目标达成，服务城市综合环境与公共服务提升；再次，智慧社区文化应作为幸福美好民生的文化保障，服务城市民生保障与人才引流集聚，提升市民对城市的归属感、认同感，吸引集聚能够与城市同频发展的人才。

智慧社区文化建设重点包括七个方面：一是公共文化空间建设，实现"十分钟文化圈"；二是文化设施建设，重点解决结构性、体验感问题，辅以政府购买、商业植入、公益共建等形式；三是文化活动建设，提升活动质量和满意度，加强公共文化人才凝心、聚力、引智；四是智慧设施建设，用户数量增长、服务覆盖面和服务质量提升、跨越"数字鸿沟"；五是文化价值建设，以社区公共文化建设为主要载体的社区共同体构建；六是文化形态建设，包括文化场景、文化样态、文化主体、文化供给、文化产业等；七是青少年文化建设，构建"青少年友好型社区"。

在智慧城市复杂巨系统的建设中，应以较为清晰、美好的未来城市愿景为前提，设置一个开放性、兼容性、协调性都很强的实施路径框架，通过阶段性调适完善顶层设计，不断增强愿景、实现愿景。当前阶段，智慧社区文化的建设路径强调以党和国家倡导的新发展理念为引导，重点突出五个方面：一是更注重"新"，创建"智慧＋文化"创新社区；二是更注重"统"，创建"智慧＋文化"协调社区；三是更注重"质"，创建"智慧＋文化"绿色社区；四是更注重"连"，创建"智慧＋文化"开放社区；五是更注重"民"，创建"智慧＋文化"共享社区。

党的二十大报告指出，必须坚持在发展中保障和改善民生，鼓励共同奋斗创造美好生活，不断实现人民对美好生活的向往。我们相信，基于万物互联体系的新型社区文化平台，能够重构社区文化资源配置，提升社区文化传播效率，将是下一代社区文化建设的重点，新型社区文化再造将是新形势下中国在社会治理层面释放改革新动能的重要探索。

（张艳红，东莞理工学院文学与传媒学院副院长，特聘副教授）

景观生产、喜乐文化与城市东莞

严前海

一

文化即景观。

我们进入城市，对城市的直观印象是它的物理空间，或者说是它的外在景观生产的质感。城市还有它的内在景观，也可以叫作人文景观，它的丰富性、细密度以及交互性远超过外在景观，它同样是一个城市文明程度的反映，更是城市吸引力、生长力的温床。外在景观与内在景观构成了一个城市文化的全部。

城市的生长，就是文化的生长，就是人的生成的印证。城市是人类财富与精神的体现，集中体现了人的追求和贪婪、智慧和欲望、勇敢和野心。进入现代社会，文明世界的城市变得越来越人性，越来越法理化，越来越适宜于人类的居住和发展，成为向更高级文化进化的孕育性载体。现代文明以来，人们理想中的城市景观浮现于理念且渐渐成形，并成为无数人并赴的共同愿望。人们理想中的城市外在和内在景观是什么？它漂亮，干净，有特色，有气质；它公道，正义，仁爱，有胸怀，海纳百川；它给人信心，给人力量，给人希望。

二

1. 外在和内在的景观文化构成。

外在景观有功能性的硬性需求，也有艺术性的软性追求。其实在更为高级的功能性那里，已经包涵了艺术性，而艺术性本身对人的活动而言，同样是一种高级的功能。人与环境的关系是人活动的基本关系，场所、环境构成的景观意义在于外在景观是人的立足点，也是人体验的起点。外在的景观是为人而建，它们也因为人的存在，而获得"存在感"，于是外在的景观（建筑、人工自然）就是人的存在的视觉化呈现，可见，外在景观就是人的精神的体现，也是一个城市文化的体现，它是这个城市的人们是如何存在的社会生活的密码，于是我们知道，卓越的城市景观可以提升人的灵魂，可以鼓舞人的心智。城市景观记录与反映了居于此的人们的生活，它即是表征，也是社会建设优劣的标志，是人类文明程度的视觉证实。外在景观从来就是单纯的物理构造，就格式塔心理学而言，人对外在景观的认知，不是机械式的拷贝，而是意义的结构式的、整体的把握，因此，外在景观就不是与人无关的客体，它内化为人的精神，具有不可或夺的文化性。

文学、美术、饮食、音乐、风俗、舞蹈、电影、戏剧、装置、学术、理论等，它们是内在景观文化的一部分。它们的每个方面都值得大书特书，都具有鲜明的特色与立场。例如以艺术和文学为例，东莞既是物理的，也是想象的，它应当是一个想象的城市共同体。我们参考一下对香港叙述的三种进路，一种是英国人的叙述，他们在香港殖民，这如同杜拉斯《情人》叙述法国人在越南的殖民，一种是大陆人进入香港后体验的叙述，还有一种是香港本地人的就地叙述。东莞人口数量超过香港，人口的类别同样多姿多彩，每个人心目中的城市都会不同，于是这就超越了物理的城市，进入城市想象。一个城市未想象，在现代传播的世界里，它就可能成为一个隐形的存在，而一个有着无穷叙述的城市想象，就是一个魅力无限的城市。东莞既是乡土城市，也是现代城市、未来城市。再以戏剧为例，个人感觉近年来在玉兰剧院高质量的舞台剧少了些，如果每年能引起十部左右的世界顶级水平的话剧、舞剧，十五部左右国内顶级舞台作品，促进东莞成为"高尚城市"将大有益处，当然，若能建设本地的舞台剧创作与制作团队，推出高水平力作，也是题中之义。

2. 影像的增魅传播。

在影视出现之前，人类的城市文化形象一直是以文字和绘画的形式得以传播的。相较于只能是定点传播艺术风格与品位的建筑作品，文字与绘画作品的传播要便利得多，它可以不受地点的限制，无限地复制，无限地传播，当然，它也更益于激发他域之人的想象力。但是，真正将城市形象具体而有质感地呈现在人类面前的，却是现代影像，而且，我们也心悦诚服地承认，任何文字的描述，都是有局限性的，比如，对于一个从未走出山村的人来说，通过大量的文字，他也是无法想象城市的繁华与风情的，因为任何想象，都要有类似的经历为基础，想象才有所附着。对现代人而言，影视中的城市，才是一个真实的城市，不仅意味着它将城市的风貌呈现出来，而且意味着观影者有了可资想象的影像。然而，一个真实的城市，真的是影视中的城市吗？如果我们将影视中的城市影像，置身于带有故事结构的叙事性影视作品中来审阅，便会发现，影视中的城市，是对城市形象的增魅。不可否认，此类增魅，是现当代历史境遇下，对城市历史的一种新的记载手段。

影像化的城市，是人居住的真实之城、梦幻之城，它时而与现实界的真实重逢，时而又进入象征界、想象界的魔域。但从根本上说，它是文化之城的一种影像映照，而文化总是在变与不变的八卦图中行走。一座城市，总会给人某种特质的印象，然而，它又在时光之中，变幻出多种面容。我们不能给一座城市以影像化的永恒定位，正如我们不能预料城市的未来一样，那些已经有影像定位的城市，正在筑建着新的定位，那些未曾有过影像定位的城市，正在诚惶诚恐地期待着此时的自我定位。城市作为资以想象的现实，在影像世界中营造出无数的城外之城。城外之城的建立，恰恰是城市文化传播效果的影像化体现。

每个影像中的城市都有自己的特质，这种特质有时与真实的城市相关，有时虽不是无中生有然而更多的还是一种想象——影像化的城市想象。影像在中国的传播有个特点就是观影者大都是年轻人，而据统计，近来中国年轻人的观影兴趣在现实题材，而东莞是现实题材的汪洋大海，从世界最顶端的中子源，到人类最基层的务工人员，更不用说大量中产阶层，他们的生活与期盼、日常人生矛盾与多维追求，本身就是一个小宇宙，风云无限，只要有心去做，把好门槛，每年支持两三个剧组创作，走低成本路线，一个充满魅力的城市形象，何愁不跃升而起。

三

未来影视或舞台剧的本地制作，可以定位喜乐文化。

笔者在给学生上课时，讲到19世纪欧美的浪漫主义文学，从海涅、华兹华斯、雪莱、拜伦、夏多布里昂、雨果、普希金，一直讲到麦尔维尔、惠特曼。欧洲文学的那些伟大诗人和小说家的作品社会生活异常广阔，热情澎湃，表达了对当时人类境况的深深关切，但由于19世纪欧洲黑暗现实引来的阴郁却是不可抹去的底色，而到了北美大陆的麦尔维尔和惠特曼这里，阴郁一扫而空，一种热情有力、天真活泼、清新质朴、自由奔放的精神突然横空出世，令人耳目一新、精神振奋，受此启发，想到了我来东莞的这近二十年的经历，感受到这个城市的青春生机与奔放蓬勃，感受到东莞人的乐天喜地精神，于是我想，喜乐文化本就是东莞人的处世方式，是深植于民间的核心品质之一，也是无数外地、外省人来东莞事业追求中的本来意旨，只是尚未有人直言提出，现在是到了使之明确与内涵发展的时候了。

研究多年中国传统文化后，李泽厚提出"乐感文化"，它是相对于西方的"罪感文化"、印度的"苦感文化"、日本的"耻感文化"而言。李泽厚认为，"这种不同也就是我们所讲的两个世界（基督教、柏拉图）和一个世界（中国）、宗教传统（西）和巫史传统（中）的不同；后者是一个世界（人生）中对自然生物情感作理性化提升，所以讲身心合一、天人合一、物质生活精神生命合一；前者是两个世界中上帝旨意的绝对性，所以讲原罪，讲拯救，讲灵魂对身体的绝对超越。而后者（巫史传统），理性只是工具，世俗人情才是根本。"不过李泽厚其实只是重视了西方文化两大来源之一宗教的那一面，却没有看到西方另一面即希腊的一面，在这一面里，存在着大量的世俗性乐感，上有欧里庇德斯，中有莎士比亚的喜剧、莫里哀的喜剧，更不要提现代当代的传播世界各地的大量放松性艺术品。基于此，我提出喜乐文化，有别于特指的"乐感文化"。

喜乐文化是当今世界的公约性文化品性。雨果的《悲惨世界》经音乐剧改换，一扫其悲惨气质，而显得昂扬和旋律悠扬。当以喜乐角度来对待和处理艺术题材时，改变的不是题材和内容本身，而是题材与内容的审美方式。我曾写过一篇长论文《电影对文学的"轻构述"》，在《文学评论》上发表。"轻构述"即是喜乐的变体。请注意，喜乐文化不是指庸俗的喜乐，而是一种审美的艺术的方式，如同伍迪·艾伦在他的几乎每年一部的电影中以喜剧的方式处理纽约市男男女女时的各种冲突时所做的那样（最近宣布息影）。最令人难以置信的例子如电影《美丽人生》。我们知道惠特曼不是没有亲历过痛苦，他参与南北战争，照顾过近一万名伤员而积劳成疾，其去世也与之有关，但他的诗歌却是那么明亮、天真、质朴。人生自有坎坷，命运自有不公，积极进取或抗争，未尝不是一种喜乐姿态。许倬云谈到中国传统文化时认为："儒家的思想充满乐观、淑世、积极而又专注人文的精神，相信人类可以不假神力，在人间建立理想世界。通过人的意志和理性的运作，世上一切都可以安排完美。这种乐观的态度可以用于人性的修改，也可以用于政治的运作。"（《中国文化的发展过程》，第50页）如此，未尝不能运用于文化建设。喜乐文化是东莞视觉性艺术的可采用的审美方式，因为它具有厚实的基础，比如它的自然生态，它的体育文化。惠特曼的喜乐是自然启发了他，而在心智上启发他的同样是热爱自然的爱默生、梭罗。喜乐文化在面对现实题材时，更需要才智的介入与创造，它举重若轻，同时作为一种可辨识、易共鸣的艺术表现大类，造就令人敬佩的标志性城市风格（须记，没有多样性，喜乐文化就显现不出来）。

四

文化是非常广阔的概念，如科学文化、大学文化都可以延伸进前述的内、外景观文化中。文化规定了人的可能性。爱因斯坦若生长在非洲就不可能成为爱因斯坦。丰厚、开阔、宽容、先进的文化促进人的培育与发展。吉本在其皇皇巨著《罗马帝国衰亡史》中总结罗马帝国兴衰经验时说，当罗马的文化不能培养出杰出人才时，罗马就衰落了。文化可以强市，在于它可以为东莞的未来和变革提供厚实的精神资源，反过来促进东莞在历史的岁月中发展出新的文化模式和新的文化内容。文化涉及面非常广，我只就我的专长领域提出异军突起的看法，同样需要在探讨中成熟和被反超。

苟日新，日日新，又日新。

（严前海，东莞理工学院教授，图书馆馆长）

关于推动东莞乡村文化振兴的思考

尹国强

习近平总书记在党的二十大报告中指出，"推进文化自信自强，铸就社会主义文化新辉煌"。这为新时代新征程建设社会主义文化强国指明了前进方向。同时，习近平总书记强调，"全面推进乡村振兴"，"扎实推动乡村产业、人才、文化、生态、组织振兴"。这为今后做好乡村文化振兴工作提供了科学指引和重要遵循。我们必须认真抓好贯彻落实，不断谱写东莞乡村文化振兴的新篇章。

一、充分认识乡村文化振兴的重要作用

文化是一个国家、一个民族的灵魂。广袤的乡村不仅承载着农业生产和农民的生活，更是中华优秀传统文化的沃土，积淀着中华民族五千多年来最深沉的精神追求，是中华民族"根"与"魂"的守望者。农村优秀传统文化是我国农耕文明曾长期领先于世界的重要基因密码，也是新时代提振农村精气神的宝贵精神财富。乡村振兴是一项系统工程，乡村文化振兴在其中占据重要地位，是推动乡村全面振兴的基础和灵魂。

第一，乡村文化是农村社会的稳定器。乡村文化崇尚邻里互助、关系和谐、诚实守信，它是乡村社会得以延续的核心，是农村社会的稳定器。在人们的记忆中，不仅有乡村的青山绿水，更有乡村社会的睦邻关系、乡风民俗等，这些关系、仪式将乡村生活的居民凝聚在一起，形成了乡村社会。这其中不仅蕴含着丰富的物质文化资源，还潜藏着深沉的精神文化资源，它们在稳定农村社会、凝聚百姓民心、维系乡村和谐方面起着重要作用。

第二，乡村文化是乡村振兴的加速器。乡村振兴是一个整体，文化发展振兴可以提高农民的科技文化水平和生产技能，可以促进当地旅游、服务业的综合发展，还有利于提高广大农民的道德素质水平，进而用创新思维促进经济的发展，

最终达到实现乡村振兴的目标。因此，文化振兴可为推进产业振兴、人才振兴、生态振兴、组织振兴提供有力支撑，是乡村振兴的加速器。

第三，乡村文化是农民的精神家园。乡村的核心是人，乡村振兴的目的也是为了人，实现乡村振兴，关键也在于"人"。农民是乡村文化的创造者，也是乡村文化的传承者和受益者。只有当农民对自己的故乡无比眷恋、对生长于斯的乡村文化心有所系、魂有所牵，他们才能对乡村从内心里生发一份热爱、对乡村的振兴发展有一份担当，有积极性、主动性和创造性。

二、充分认识推动乡村文化振兴的必要性

在新时代新征程上，新的一轮文化发展号角正在吹响，推动东莞乡村文化振兴显得尤为必要。

第一，推动乡村文化振兴是补短板、强弱项的必然选择。党的十八大以来，我市乡村文化建设取得喜人的成绩。但我们也要清醒地看到，乡村文化振兴还存在不少短板和弱项。如一些重点帮扶村相对城市来说，文化设施还不够完善，投入和人才不足；一些老旧村脏乱差现象仍然存在，随处丢垃圾等不文明行为时有发生；外来人口的融入与教育仍任重道远等。因此，推动乡村文化振兴非常必要。

第二，推动乡村文化振兴是推进文化强市建设的必然选择。我市要在新时代新征程上推进文化强市建设，必须要推进文化平衡协调发展。针对我市特殊的产业结构、人口结构、行政架构的市情实际，建设文化强市的重点难点仍然在农村。东莞要在新一轮的发展中提高文化软实力，必须要在乡村文化振兴中发力，才能整体推进我市的文化强市建设。

第三，推动乡村文化振兴是实施粤港澳大湾区战略的必然选择。我市是粤港澳大湾区重要支点城市，在粤港澳大湾区战略中扮演着重要角色，除具有粤港澳大湾区世界级城市群的特征外，还应兼有休闲度假宜居宜业理想之地。特别是我市是全省唯一的农村环境示范市，我们要抓住深度参与"黄金内湾"建设的重大机遇，建设名副其实的农村环境示范市，建设与之相匹配的莞邑乡村文化。因此，推动东莞乡村文化振兴刻不容缓，是我们的必然选择。

三、推动东莞乡村文化振兴的路径选择

针对东莞的市情实际，迈上"双万"新起点，聚焦"科技创新＋先进制造"

的城市定位，重点推进"七大工程"建设，打造高度城镇化地区的乡村文化振兴样板，为推进我市在"双万"新起点上加快高质量发展提供有力支撑。

（一）顶层设计强化工程。按照"整体规划、分类指导、有机衔接、系统推进"原则，制定我市加快乡村文化振兴实施意见，提高农村文化建设工作的系统性、全局性。充分发挥农民主体地位，结合农村受众和对象，增加更加充满正能量、形式多样接地气、深受农民欢迎的文化产品供给。

（二）设施延伸提升工程。积极支持乡村文化阵地建设，进一步加强村（社区）文化、运动场地设施升级改造。扩大乡村文化设施覆盖面，特别是针对重点帮扶村，要做好文化设施的完善和提升工作。探索从"送文化下乡"到"种文化在村"，不断提高农村基层文化的"造血"功能。充分与地产、物业、文化等相关企业合作，挖掘企业、居民小区和人才公寓设施场地延伸基层公共文化服务触角，构建老百姓家门口的公共文化服务体系。借鉴深圳做法，将流动阅读服务深入社区，城市街区自助图书馆走进街区。在原有外来务工人员公共文化服务的基础上，通过实施馆企联姻工程、文化提升工程，实现公共文化基础设施和公共文化服务对产业工人的全覆盖。健全"订单式""菜单式""预约式"服务机制，扩大农村基层数字文化产品供给，推动公共文化智慧化向农村延伸。

（三）文化创意推进工程。围绕"科技创新＋先进制造"的城市定位，在城市更新、三旧改造中植入文化元素，发展创意文化。在原来旧厂房的基础上改造成文化创意园区，发展多元文化、提升城市品位。通过政企合作模式，对现有文化产业园区、文化产业基地与历史文化街区业态的升级、植入、置换，优化提升园区、街区的基本公共文化设施，引进咖啡馆、文创酒店、民宿、商务办公等创新类业态，丰富园区、街区公共文化服务内容，培育现代文化产业园区、历史文化街区中的基层公共文化服务示范点，赋予基层公共文化服务发展新的内涵和功能。同时，充分利用改革开放制造业文化资源，开辟工业文化旅游路线。

（四）文旅融合推进工程。习近平总书记在党的二十大报告中指出，"坚持以文塑旅、以旅彰文，推进文化和旅游深度融合发展。"因此，在乡村文化振兴中我们要写好文旅融合发展这篇大文章。一是把发展都市农业与文化建设结合起来。培育乡村文化发展新业态，建设一批设施完备、功能多样的休闲观光园区、乡村民宿和康养基地等。大力发展"农家乐"休闲游、山水游，培育一批具有示范带动作用的休闲、乡村历史文化古镇古村，把美丽乡村建设的生态效益转化为经济效益，实现文化与产业的相互促进、协同发展。二是在美丽乡村建设中保留乡土风情，不"大拆大建"。突出地域特色，最大限度地保留村庄的原始风貌，如乡风乡韵、乡景乡味，留得住青山绿水、记得住乡愁。同时，推进历史文化村落的保护利用等工作，重点加强对名人故居、宗祠、古村落等的建设保护和利用，尤其是红色文化资源的保护和利用。三是深入挖掘和传承发展优秀传统农耕文化，加强村史馆等文化阵地建设。兴建各种村史馆、农耕馆等，把农耕历史文化展现出来。

（五）人口融合推进工程。我市外来人口比较多，主要分布在农村和企业之中。因此，在推动乡村文化振兴中必须加强对外来人口的教育引导，推动千万人口与城市深度融合、共生共荣。培养文明行为，养成良好的卫生习惯。加强遵纪守法教育，解决外来人口子女就读、住房、户籍等问题，增强认同感、归属感，形成共同建设美好东莞的强大合力。

（六）岭南水乡塑造工程。水乡在我市农村中的人文资源比较丰富、别具特色。因此，在乡村文化振兴中必须重点利用和打造。充分利用水乡地区的特色文化资源，通过建设香飘四季生态农业文化带、岭南水乡古村落文化带、疍家文化带、岭南水乡特色饮食文化带、办好水乡风情节等。充分彰显岭南水乡风貌，打造具有浓郁岭南特色的莞邑水乡风情休闲区。

（七）精神文明创建工程。加强对农民的宣传教育，积极开展思想政治工作，引导村民树立正确的世界观、人生观和道德观，使村民逐渐接受新思想新观念，普及科学知识，提高村民科学素养，促进他们确立现代生活理念和科学生活方式。制定乡规民约，破除封建陋习，弘扬传统美德，深入挖掘乡村文化所蕴含的人文精神，培育文明乡风、良好家风、淳朴民风，提振农民精神风貌，焕发乡村文明新气象。

（尹国强，东莞市社会科学界联合会二级调研员）

东莞市文旅融合发展路径研究

谭汪洋　李　奕　朱立源

文化是旅游的灵魂，旅游是文化的载体。文化使旅游的品质得到提升，旅游使文化得以广泛传播。党的十八大以来，以习近平同志为核心的党中央高度重视文化和旅游工作，对文化和旅游融合发展作出一系列重要部署，特别是在推进全面深化改革进程中，作出组建文化和旅游部，推动文化事业、文化产业和旅游业融合发展的重大决策。2020 年，《中共中央关于制定国民经济和社会发展第十四个五年规划和二〇三五年远景目标的建议》提出，"推动文化和旅游融合发展，建设一批富有文化底蕴的世界级旅游景区和度假区，打造一批文化特色鲜明的国家级旅游休闲城市和街区，发展红色旅游和乡村旅游"，标志着文化和旅游业进入了文旅融合发展的新时代。

对东莞市文旅融合发展路径进行研究，以文塑旅、以旅彰文，把文化和旅游业建设成为资源配置更合理、产品供给更丰富、公共服务更完善、产业实力更强劲、交流合作更深入、品牌形象更突出的全省战略性支柱产业，成为全省社会主义精神文明建设的重要支撑、物质文明建设的重要支柱，对实施《广东省建设文化强省行动计划》《加快推进文化和旅游融合发展三年行动计划（2020—2022年）》，加快推进全省文化和旅游融合发展，建设文化和旅游强省、强市，建设文化和旅游深度融合的世界级文化旅游目的地具有重要意义和理论、实践价值。

一、文旅融合背景研究

（一）文旅融合的内在必然性

随着经济的发展、技术进步和产业创新，产业之间的界限和壁垒逐渐被打破，产业之间出现融合发展的趋势，尤其是近几年我国经济发展进入新常态，文化产业和旅游产业的发展都面临着转型升级和实现成为国家战略性支柱产业的目标，而融合则是实现这一目标的重要方式。我国从中央到各地政府都非常重视文化产业与旅游、科技、金融、互联网等产业的融合，相继出台了一系列的相关政策文件，有力推动了文旅融合的进程。

文化产业与旅游产业的融合是在两大产业边界逐渐模糊，产业间出现相互渗透、相互交叉而形成新业态的一个发展过程。两者的融合达到一定程度会形成"文化旅游产业"，兼具各自产业的特征，从而带来两大产业的优化提升。文化产业与旅游产业之间的融合不仅可以使文化旅游化，而且也可以使旅游文化化，创新以往的产业发展模式，丰富两大产业的内涵和外延，促进产业的可持续发展。[①]

1. 文化旅游消费的市场需求

文化旅游需求决定供给，成为产业融合发展的源泉，转化商品价值的文化旅游需求，成为融合发展、产业结构调整、整个经济可持续发展的动力。马斯洛需求层次理论认为，人的需求从低到高分为五层，即生理、安全、社交、尊重和自我实现的需求。当低层次的生理、安全的基本需求得到满足后，就会出现对更高层次的需求。

目前我国人民的物质生活水平已经得到了很大的提升，加之文化素质的不断提高以及闲暇时间的充足，其消费结构也逐渐升级，其中对精神文化的需求和消费逐渐增长和旺盛。表现在旅游消费层面，就是人们对个性化、多元化、高层次、精神类的文化旅游产品表现出了极大的兴趣，其旅游出行不仅仅是为了满足低层次的求新求异求奇的走马观花式的旅游目标和心理诉求，而是对文化旅游目的地人文资源，如历史建筑、民俗节庆、文化表演等文化传统的关注。游客的消费行为由原先的单纯观光转变成了实际的文化体验、参与和互动。游客希望能够在旅游目的地深度体验当地的文化，满足他们对异域异族文化的求知、审美、愉悦和享受的高层次精神文化需求，从而实现自我发展和提升。文化旅游的市场需求对产业的融合产生导向和拉动作用，这是文化产业与旅游产业能够实现融合发展的最根本的原因。

2. 产业转型升级的需要

当前我国国民经济发展进入新常态，文化产业和旅游产业进入了一个新的发

---

① 厉建梅：《文旅融合下文化遗产与旅游品牌建设研究——以山东天上王城为个案》，山东大学 2016 年博士学位论文。

展时期。就文化产业而言，近几年的增速逐渐放缓，加之 2020 年新冠疫情的影响，其增速已降至历年来的最低值。2020 年全国文化及相关产业增加值为 44945 亿元人民币，比上年增长 1.3%，占 GDP 比重为 4.43%。《"十四五"文化和旅游发展规划》提出要加快健全现代文化产业体系，推动文化产业高质量发展，建设社会主义文化强国。但目前我国文化产业的发展却存在文化产品供需不匹配、区域不平衡、创新力不足、文化消费需求未得到充分释放等阻碍文化产业转型升级的障碍。文化产业经历了快速发展后，当前进入转型升级的关键阶段。文化产业要加强与其他产业的融合，尤其是与旅游产业的融合，提供适合当前市场需求的品牌文化旅游产品与服务。

我国旅游产业存在旅游产品单一、低层次重复性旅游开发、缺乏创意和文化、同质化服务过剩等亟待解决的问题。而且，现在旅游市场上主要是以传统观光类旅游产品为主，参与性、体验性文化创意类的旅游产品较少，这与人们当前追求参与文化体验的现实需求严重脱节，这就造成旅游市场上的有效旅游产品供给不足，供需不匹配。旅游产业中经营理念的落后、文化的式微、供需矛盾等问题的存在，迫切要求旅游产业加强文旅融合、品牌化经营，实现产业创新和转型升级。

总而言之，目前无论是文化产业还是旅游产业都面临着产业突破、转型升级的关键性任务，亟须实现由规模化、大众化发展转向集约化、品牌化发展的目标。文化产业和旅游产业的融合发展与产业创新则是解决上述问题和实现目标的重要途径。文旅融合是文化产业、旅游产业进行产业调整和升级的必然发展趋势。

（二）文旅融合的外部政策驱动

1. 国家乡村振兴战略的实施

2017 年，党的十九大报告首次提出乡村振兴战略，2018 年的中央一号文件和政府工作报告全面聚焦部署实施乡村振兴战略。尤其是 2018 年全国两会期间，习近平总书记有关乡村振兴战略的重要讲话精神为加快推动文旅产业融合助推乡村振兴战略实施提供了新路径和新方向。实践证明，推动乡村文旅融合发展是贯彻落实乡村振兴战略的有效抓手和重要途径；推动乡村文旅融合发展不仅可以实现脱贫致富奔小康，还能为乡村创造更多的物质价值和精神财富，并且能够推动精神文明建设迈上新台阶；大力发展乡村文化旅游产业还可以吸引大量外地的消费和投资，同时对增强乡村文化自信具有较大的作用；在乡村振兴战略的时代背景下，乡村文化旅游业将有新作为、大作为。① 从当前形势看，东莞市需借助自身丰富的文化和旅游资源优势探索出一条文旅融合发展助推乡村全面振兴的道路。

2. 国家文化和旅游部的重建

2018 年 3 月，为进一步增加国家的文化自信和文化认可，统筹推进文化产业和旅游产业发展，推动文化和旅游产业实现更高程度的融合发展，《国务院机构改革方案》明确将国家旅游局和国家文化部的职责、人员、体制机制等整合，重新组建成国家文化和旅游部，充分体现了国家对推动文旅融合发展的重视和决心。2018 年的政府工作报告中，出境旅游增长被作为民生改善的重要指标，释放出了积极的消费信号。同时各个省市和地方的文旅部门机构改革工作顺利推进，各地文化和旅游局陆续成立，多部门、多头管理等问题得到优化，文旅融合发展的大格局初步形成。全年国民旅游人数增长势头良好，假日旅游等新型消费成为新习惯，旅游过程中的文化渗透性和参与度大幅增长，文旅融合发展进程进一步加快。

3. 广东省文旅融合政策的推出

2011 年，《广东省建设文化强省行动计划》中，强调要加快推进全省文化和旅游融合发展，建设文化和旅游强省，制定了《广东省加快推进文化和旅游融合发展三年行动计划（2020—2022 年）》。"计划"中要求把文化和旅游业建设成为资源配置更合理、产品供给更丰富、公共服务更完善、产业实力更强劲、交流合作更深入、品牌形象更突出的全省战略性支柱产业，成为全省社会主义精神文明建设的重要支撑、物质文明建设的重要支柱，把我省初步建设成为社会主义先进文化广为弘扬、文化和旅游深度融合的世界级文化旅游目的地。

2021 年，广东省文化和旅游厅根据编制了《广东省文化和旅游发展"十四五"规划》，根据《规划》，到 2025 年，广东更高水平的文化和旅游强省建设取得重大进展，文化事业更加繁荣兴盛，文化和旅游产业发展质量显著提高，人民精神文化生活日益丰富；到 2035 年，广东建成更高水平的文化和旅游强省，

---

① 林作祯：《泰顺县文旅融合发展研究》，西北农林科技大学 2020 年博士学位论文。

文化和旅游业为实现人的全面发展、满足人民美好生活需要提供坚强有力保障。[①]

（三）文旅融合的基础与条件

1. 融合的基础——资源互通

随着文化产业与旅游产业的不断发展，一些文化资源既可以属于文化产业利用的资源，同时也可以属于旅游领域中可开发的资源，文化资源与旅游资源出现了某些交叉和重叠。例如，人文资源中的民间传说、历史遗迹、古建筑、传统节庆、民俗表演等既是文化产业资源也是旅游产业资源。这些人文资源通过旅游这一载体形式重新进行挖掘、整合并加以利用，不仅保护和传承了文化，而且还实现文化产品与旅游产品的融合，形成了融合型的文化旅游产品，也就是文化遗产旅游或民俗旅游产品，在旅游市场中适应了当前游客对文化旅游的现实需求。因此，文化资源的通用性成为了文化产业和旅游产业能够实现融合并形成交叉、融合型产品的基础。

2. 融合的核心要素——文化与创意

从文化产业和旅游产业的特征来看，文化产业更强调文化和创意的重要性，旅游产业则是以资源为主要的开发对象，大多数旅游目的地几乎不用任何转化，而是直接将自然资源或文化资源作为旅游吸引物。但是并不是所有的旅游资源天生就具有吸引力，要想吸引游客，旅游目的地在旅游产品、活动的策划中还要发挥创意的作用，形成创意旅游。随着文化旅游消费需求的升级，旅游目的地开发已经开始重视文化内涵的挖掘和创意的融入，以满足游客对个性化旅游产品的需求。所以，文化和创意是文化产业和旅游产业实现融合，形成文化旅游产品的重要因素。[②]

3. 融合的技术支撑——科技进步

产业间的融合要素中，技术的进步和创新是关键。产业融合最初也是因为技术的原因而发生了产业边界的突破，从而形成融合现象。在文化产业和旅游产业的融合过程中，虽然科技创新并非是主要驱动力，但也是促进文化旅游发展的支撑力。文旅融合中的文化旅游新产品、新业态的出现都与科技的创新和进步密切相关。[③]

---

① 杨逸、毕嘉琪、黄堃媛、徐子茗、王佳欣：《"双创"焕活力　文旅添新彩》，《南方日报》2022年1月10日。

② 厉建梅：《文旅融合下文化遗产与旅游品牌建设研究》，山东大学2016年博士学位论文。

③ 唐丽娟：《辽宁乡村文旅融合发展对策研究》，《辽宁经济》2019年9月20日。

二、东莞市推进文旅融合的做法与成效

自 2019 年机构改革成立东莞市文化广电旅游体育局以来，我市抢抓粤港澳大湾区建设的重大机遇和良好的外部政策环境，积极完善顶层设计、强化资金扶持、树立行业标杆、引进重大项目，打造多维立体的产业服务体系，经过几年的努力，全市文旅产业规模逐步壮大，发展质量明显提升，产业实力持续增强，产业集聚与融合发展趋势明显。

（一）主要做法

1. 完善顶层设计，健全产业政策体系。全面系统建立健全文化旅游产业政策，形成《东莞市文化发展"十四五"规划》《东莞市文化产业发展专项资金管理办法》《东莞市文化产业高质量发展实施意见》《东莞市引进培育龙头企业实施方案》《东莞市级文化产业园区管理办法》《东莞市促进全域旅游发展实施方案》《东莞市旅游发展三年行动计划（2021—2023）》《东莞市旅游重大项目概念策划》《东莞市旅游产业发展专项资金管理办法》等文旅产业政策体系，既有宏观的举旗定向、又有微观的排兵布阵，既抬头仰望星空，又埋头脚踏实地，既有美好蓝图的勾勒描绘，又有真金白银的鼓劲撑腰，为产业发展提供重要指导和工作抓手。

2. 加强资金支持，助力企业做大做强。充分利用市级财政资金，支持优质的产业项目建设，从 2012 年至今，市文化产业发展专项资金扶持了 81 个项目，共 1.06 亿元；从 2016 年至今，市旅游产业发展专项资金扶持了 235 个项目，共 4227 万元。此外，积极争取国家和省的扶持资金，截至目前，共有 35 个文旅产业项目获得了 3495 万元，10 家文旅企业获得贷款贴息共 125 万元，有效发挥专项资金的补气回血作用，有力推动项目进展，对文旅企业的支持落到实处，为我市文旅产业高质量发展提供有力支撑。特别是缓解了疫情的冲击，帮助企业渡过难关，提振企业发展信心。

3. 树立行业标杆，发挥示范带动作用。利用中国文化报、南方日报、广东电视台等媒体策划推出一系列专题宣传报道，介绍省文化产业示范园区、省文化旅游融合发展示范区、省全域旅游示范区等企业单位，用鲜活的事实、丰富的形式、有效的传播，立体展示东莞文化旅游企业，全景式呈现建设高品质文化之都的丰硕成果，展现东莞文化力量。借助文旅中国、央视网、南方＋等新媒体平台，推出"中国近代史开篇地""多元旅游目的地""走进东莞"专题宣传，采用网

络直播、视频集锦、一图解读、线上宣传和线下活动等形式，宣传中国旅游日、中国博物馆日等重大活动，对我市精品旅游路线及景点进行深度报道，对全市旅游发展热点和动态进行全方位展示。编制文化产业概览，推介我市优秀文化产业园区和企业，组织标杆企业参展深圳文博会、广东旅博会，展示文化产业发展成果，推广成功案例和企业典范。组织同行到标杆企业考察学习，形成示范引领效应。

4. 强化平台建设，支撑产业合作交流。举办专业大型文旅产业展会，引导项目、资金、信息、人才等产业资源聚集，成为宣传东莞城市形象、推动文旅产业升级、打造项目交流合作平台的重要渠道。成功举办 12 届中国国际影视动漫版权保护和贸易博览会，累计共吸引超过 3000 家海内外企业参展，400 万人次观展，成交额超 190 亿元。成功举办 4 届中国（广东）国际印刷技术展览会，该展会是亚洲最大、世界第二大印刷展，每届展出面积超过 10 万平方米，成交金额逾 50 亿元。成功举办 11 届中国国际沉香文化博览会，吸引观众超 200 万人次，总交易额超 26 亿元。

5. 狠抓重点项目，填补文旅产业空白。近年来，我市加大融资力度，积极推动项目建设，吸引了一批重点文旅体投资项目落地，着力打造 1—2 个国内一流、面向国际的文旅大品牌、大项目。如以岭南文化及水乡文化为载体，围绕"三江六岸"地区进行布局，重点谋划"东莞记忆"文化项目，首开区投资 3.4 亿元，占地面积 3.23 平方公里，打造成为东莞特色城市客厅"承载民众乡愁，展现东莞记忆"的文化旅游项目。将华侨城同沙文旅综合体项目定位为东莞一号文旅项目，按照华南顶级、世界一流水准进行规划设计，打造成湾区龙头文旅项目，填补我市大型文化旅游综合项目的空白。

（二）取得的成效

1. 产业规模位居前列。文化产业方面：2019 年东莞文化产业增加值为 563.95 亿元，居全省第三，占全市 GDP 的比重为 5.95%。目前，全市共有 31021 家文化产业法人单位，居全省第三。全市印刷企业 3516 家，2020 年印刷工业总产值 650 亿元，位居全省第一。全市动漫衍生品制造企业 1000 多家，动漫衍生品制造实现工业总产值过 100 亿元。旅游产业方面：2020 年旅游总收入 358.63 亿元，按可比口径恢复度为 69.83%；共接待游客 3876.53 万人次，按可比口径恢复度为 73.61%。全市共有旅行社 203 家，国家级旅游景区 24 个。全市共有星级饭店 26

家，导游 1561 人。

2. 发展质量明显提升。文化产业方面：A 股上市企业 3 家，新三板上市企业 6 家，后备上市企业 9 家，国家文化出口重点企业 11 家，国家高新技术企业 55 家，国家动漫企业 4 家，省级文化产业园区 4 个，市级文化产业园区（基地）、重点文化企业 39 家；国家版权示范基地 1 个，国家版权示范单位 1 个，省级版权示范基地 12 个。旅游产业方面：成功申报第二批国家文化和旅游消费试点城市；省级文化旅游融合发展示范区 2 个，国家 AAAA 级旅游景区 14 个；全国乡村旅游重点镇 1 个，为全省三个镇之一；全国乡村旅游重点村 2 个，省全域旅游示范区 3 个，省旅游风情小镇 3 个，省文化和旅游特色村 5 个，省乡村旅游精品线路 4 条，省工业旅游精品线路 1 条；全国五星温泉旅游企业 1 家，五星级酒店 12 家。

3. 产业融合不断深化。在"以文塑旅，以旅彰文"的原则指引下，我市文化和旅游产业形成了双向融合、相互促进的格局，融合发展取得了明显的成效。"文化＋旅游"方面：广东东江纵队纪念馆依托抗日革命根据地红色文化资源，正值建党 100 周年重新布置专题陈列展，创新革命文化展陈方式，建设成为国防教育实践基地和爱国主义教育基地，并建成国家 AAAA 级旅游景区，接待游客数量持续攀升，成为我市重要的旅游景点，让红色文化借助旅游的春风更广泛地传播开来。"旅游＋文化"方面：茶山、寮步、凤岗等镇依托原有旅游载体，主动挖掘民俗、莞香、客侨等历史文化内涵，融入宗祠文化、国家级"非遗"技艺、中国客家山歌之乡等文化资源，通过创造性转化和创新性发展，举办忠孝文化节、采香节、客侨文化节等一系列传统文化活动，丰富旅游活动的文化内涵，提升旅游品质，南社明清古村落、香市文化旅游区、龙凤山庄影视旅游区最终成功申报国家 AAAA 级旅游景区。

4. 产业集聚水平提升。培育了运河创意公社、33 小镇、万科 769、寮步莞香文化产业园、大家艺术区、灵狮小镇、互联网产业园等一批潜力巨大、特色鲜明、环境优良的文化产业园区，园区服务企业的能力和水平提升，由要素集聚空间向创新发展平台转变，成为政策集成、企业集聚、产业集中、引领发展的文化产业先行区。其中，莞香文化产业园围绕莞香这一核心资源，坚持"文化＋旅游＋产业"的经营模式，建设莞香博物馆、牙香街、动物园、影视城等周边文化设施，完善交通、餐饮、住宿、休闲等旅游配套，成功创建广东省文化旅游融合发展示范区。灵狮小镇依托我市雄厚的衍生品制造基础，搭建产业对接平台，大力推动动漫原创、游戏开发、创意设计企业产业化发展，引进了一批文化创意及科技企业，对我市文化产业发展起到良好的推动作用。运河创意公社注重项目孵化，培育了建筑设计、艺术生活、创意策划类文化企业 50 多家，园区品牌影响力逐步增强。2018 年至 2021 年连续 4 年举办文采会，多方位推动文旅产品供需对接，全链条推动社会力量深度参与开展各类精彩文艺展演、展览和培训，自 2018 年以来，东莞通过文采会累计吸引 890 家企业和机构现场参展，在线推出 1443 家企业和机构的产品进行展示，达成意向成交 616 单，成交金额累计超过 1.85 亿元。文采会加强了粤港澳三地文旅部门的交流互动，推动了粤港澳文化交流合作，助力人文湾区建设；创新探索了文旅产品供给方式，进一步推动了文旅体大融合发展，丰富了文旅产品供给，提升了服务品质效能，为东莞乃至大湾区的公共文旅服务高质量发展注入了强大动力，更好地满足了广大人民群众对美好生活的新期待。

5. 品牌效应初步显现。德伸公司创立的 Toycity 潮玩品牌，在业内产生了较大的影响，其 IP "Laura 劳拉" 位居中国原创潮玩产品销量前三，单个 IP 估值达 2 亿元，成为文创领域的知名品牌。唯美艺术陶瓷依托雄厚的制造实力，拓展艺术文化陶瓷市场，成为文化陶瓷领域的生力军。三基音响凭借在音响领域深耕多年积累的研发实力，取得了军用音响的一席之地。鸦片战争博物馆成为我市红色旅游的名片，年均接待观众 500 多万人次，接待人数居全省博物馆第一，基本陈列《虎门销烟》被评为 "第十届全国博物馆十大陈列展览精品评选优秀奖"，基本陈列《鸦片战争》荣获全国十大精品陈列优胜奖，"依托爱国主义教育资源 唱响红色文化主旋律——鸦片战争博物馆红色旅游发展典型案例" 入选全国红色旅游发展典型案例。

三、东莞文旅产业融合发展存在的突出问题

（一）文旅产业融合发展体制不健全，机制创新不足

在新时代乡村振兴战略背景下，文旅产业融合工作自上而下涉及文化旅游、自然资源、农业农村、林业、交通、住建、经济贸易等多个管理部门以及基层镇村两级，客观上形成了条块管理、多头领导的现象，政策导向不一致、协调难度较大，亟须创新文旅产业融合发展体制机制。2019 年原文化和旅游部门合并成立市文广旅体局，我市文化和旅游部门职能有效整合，文旅融合工作深入开展。但

目前来看，全市文化和旅游工作仍存在政策和体制机制制约，应加强政策统筹和职能整合，为文化和旅游深度融合提供顶层设计、体制机制、人才队伍和社会环境等方面的多元化保障。

（二）文旅产品供给单一，区域间文旅产业未融合发展形成合力

一是文旅产品供给存在同质化、低端化现象。如南部各镇文旅产品大多以民宿酒店、历史文物、A级景区、休闲公园、农家乐等为主体作单体开发，存在规模小、结构单一、主题雷同、粗放发展、缺乏特色等问题。旅游路线的整合开发仅在空间上串珠成线，未能将生态、人文、民俗等多样化资源很好地融合，开发出的文旅产品大多停留在观光层面，缺乏文化挖掘和深度体验；文化遗产的旅游线路大多局限于走走文化遗迹、看看自然风景、吃吃农家饭菜、买买地方特产等低端消费模式。据樟木头镇统计，所辖各景区大部分游客游览时间为3个小时左右，其中游览时间在3小时以内的占比超过62.29%，没有给当地带来大的旅游收益。二是各镇文旅产业融合发展协调联动不够、未形成合力。如南部各镇之间对接合作几乎为零，各镇之间文旅资源共享程度低，资源竞争多于合作交流，大部分镇更重视自身文旅产业的发展，忽视了镇之间的协调联动和战略合作。各镇之间产生资源内卷和恶性竞争，造成重量轻质、急于求成的现象，没有形成融合发展合力。水乡片的龙舟比赛多是各镇在端午期间单独举办，没有形成统一的品牌。

（三）文化旅游龙头企业严重不足，缺乏知名文旅品牌

我市文化及相关产业法人单位数量超过8000家，主要分布在印刷、包装、玩具、文具、手工纸、工艺品、影视设备等制造业和娱乐、广告、会展、影视、动漫、专业设计等服务业，虽然涉及行业和企业数量很大，但是缺乏在全国叫得响的知名品牌或领军企业，缺乏像腾讯、网易、华侨城等千亿级企业和雅昌、奥飞这类明星企业，也缺乏哔哩哔哩、泡泡玛特等新兴文旅头部企业，年营业额过10亿元的企业屈指可数，大型龙头企业的示范效应和带动作用有限。

（四）文旅人才结构不够合理，复合型人才匮乏

近期，东莞市委宣传部通过与市直宣传文化系统单位座谈交流、深入镇街（园区）实地考察、统计人才数据资料等方式，对我市宣传思想文化从业人员的整体情况和人才发展状况进行了较全面的统计调查。截至2022年3月底，我市宣传思想文化领域的党政机关、事业单位、协会团体等从业人员合计19166人。

从人才资源分析结果来看，我市宣传思想文化人才队伍结构尚不够合理，存在高端优秀人才紧缺、业务骨干年龄结构趋于老化、人才离职率相对偏高、人才引进困难等问题。究其原因，主要为对文化人才吸引力不足、文化市场发育不足、人才政策及配套资金投入力度不足、薪酬待遇偏低、人才发展空间受限等方面的原因。

（五）文旅发展模式单一，与科技及其他行业跨界融合不够紧密

东莞文旅产业融合尚处于初级阶段，开发模式主要以生态公园、节庆演艺、文化创意园区为主。与深圳、苏州、佛山、无锡等同类地区相比，发展模式较为单一，资源开发不充分，深度与广度有待拓展，附加值不高，竞争力不强。据统计，在国家级夜间文化和旅游消费集聚区拥有方面，苏州有4个，佛山有2个，无锡有2个。而东莞仅有1个广东省夜间文化和旅游消费集聚区。缺乏当地特色文旅资源与高科技元素融合的新兴发展模式，文旅与其他行业跨界融合不够，致使其影响力不足。

四、先进城市推动文旅融合的经验与启示

（一）国外先进城市推动文旅融合的经验

1.美国洛杉矶

洛杉矶作为美国第二大城市，依托迪士尼乐园、好莱坞环球影城、圣费尔南多谷、比弗利山庄以及各类博物馆等丰富的文化旅游资源，素有"天使之城""艺术之都""电影之城"的称号，同时也是举世闻名的旅游城市。根据洛杉矶旅游会展局提供的数据，2019年洛杉矶接待游客总量超过5100万人次，连续九年实现增长，其中中国游客是所有客源国家中增幅最大的，这说明我国居民对文旅产品消费潜力巨大。洛杉矶文旅融合发展整体态势良好，其中政府的作用不容忽视，值得借鉴的地方有：

（1）打造世界级文化旅游项目

以迪士尼、好莱坞为主题的文化大IP是洛杉矶旅游的核心吸引物，对文化旅游品牌的宣传推广起着至关重要的作用。1955年创办的迪士尼游乐园是世界上第二大综合游乐场，1963年改建的好莱坞环球影城是全球最大的电影主题公园。2019年，两大主题乐园的游客量分别为1867万人次、915万人次，位列"全球娱乐／主题公园游客排行榜"第二名、第五名。此外，1958年兴建的好莱坞星光

大道也被洛杉矶认定为文化历史地标，每年吸引上百万游客到此游玩。通过打造一批举世闻名的文化旅游项目，扩大文化旅游品牌影响力，进而助力文旅产业高质量发展。

（2）举办知名的赛事和节事活动

在电影方面，1987年创办的洛杉矶国际电影节历史悠久，在北美地区有着深远的影响力。此外，还积极举办洛杉矶短片电影节、洛杉矶华语电影节等主题多元、类型丰富的电影活动。在赛事方面，洛杉矶曾成功主办两届奥林匹克运动会，并将于2028年再度迎来奥运盛事。一系列具有区域甚至世界影响力的文化节庆和体育赛事，极大地推动着洛杉矶文化旅游发展，有利于促进文旅深度融合发展。

（3）采取针对性的目的地营销模式

中国作为洛杉矶最大的海外客源市场，2018年游客数达120万人次，直接创造了16亿美元的经济收入。洛杉矶旅游局为深耕中国旅游市场，相继在北京（2006年）、上海（2013年）、广州（2015年）和成都（2017年）等城市设立驻华办事处，开展针对性的文化旅游营销活动。同时，采取"线下＋线上"联动的方式对洛杉矶文化旅游品牌形象加以推广。"线下"主要是将洛杉矶文化旅游的时尚雕塑、经典标识、主题宣传画等布置在机场、高铁站、地铁站、大型文化设施以及旅游咨询中心等人群密集的区域，让文化旅游形象深入人心。"线上"主要是开通洛杉矶旅游局的官方微博（2010年）、微信公众号（2014年）以及中文官网HelloLA.cn（2014年）等平台，作为洛杉矶文化旅游对外宣传展示的窗口，不断提升旅游目的地的知名度。

2. 日本东京

东京作为国际化大都市，既有自江户时代保留至今的日本传统风俗文化、也有以动漫为代表的最新流行文化，同时还是世界级旅游城市，属于文旅融合发展的典范。2018年，东京国际过夜游客1293万人次，位列全球城市游客数量排行榜第九名；访日消费额约1.76万亿日元，较2015年增长16%。一直以来，东京文旅产业能够快速发展，很大程度上得益于东京都政府所采取的多项举措，具体包括：

（1）打造文化旅游旗舰项目

东京是全球唯一同时拥有两座迪士尼乐园的城市。其中，东京迪士尼乐园是亚洲第一座迪士尼乐园，而东京迪士尼海洋乐园是全球唯一的"海洋"主题迪士尼乐园。2019年，两大迪士尼乐园的游客数分别为1791万人次、1465万人次，位列"全球娱乐/主题公园游客排行榜"第三名、第四名，自2020年2月起因疫情暂停营业。

（2）加强文化传播和旅游推广

依托浓厚的动漫文化，东京都政府和动漫展组委会自2002年开始每年举办东京国际动漫展，至今已有十八年的历史，是当今世界具有国际影响力的动漫商品博览交易全球盛会。2018年共接待游客15.2万人；参加企业数量高达692家，其中海外企业数量约占15%，有103家，是自开办以来的最大规模。通过搭建国际化文化旅游展示平台，助力东京文旅产业高质量发展。

（3）加大资金扶持力度

2019年6月3日，东京观光财团公布"夜生活旅游促进奖项"相关内容，提出将由东京政府和东京旅游基金会共同提供专项拨款给东京夜经济活动公司和项目，项目拨款额最大为500万日元（约30万元人民币）；公司扶持则10亿日元封顶（约6000万元人民币）。该举措极大地促进东京文化旅游快速发展。

（4）提供完善的公共设施和服务

东京都政府高度重视轨道交通的建设，拥有地铁、城市铁路、直线电机等不同类型，以及新宿、东京站等特殊的"车站迷宫"。其交通发达程度堪称世界一流，极大地便利居民与游客出行。此外，东京都政府也致力于提升旅游公共服务水平，不断完善景区、住宿、餐饮、商店等旅游设施的Wi-Fi、外语翻译服务。2017年开始，分别在31个人流集聚的地铁站增设8种语言售票机，为外国游客提供便捷的购票服务。[①]

（二）国内先进城市推动文旅融合的经验

1. 深圳

深圳作为现代化大都市，是中国仅有、世界第六个"设计之都"。虽然不以自然景观等原生态旅游资源以及人文历史等传统性文化资源见长，但其文旅融合走在全国城市前列，并且形成一条区别于传统城市的文旅产业发展之路。根据深圳统计局数据，2018年，深圳文化产业增加值为1996.11亿元，占全市GDP比重

---

① 鲁海霞：《苏州市文旅融合发展的政府作用机制创新研究》，苏州科技大学2021年硕士学位论文。

7.9%，且位居全国大中城市第三名，广东省第一名。旅游总收入和接待游客量分别为 1715.17 亿元、1.4 亿人次，同比增长 5.97%、8.32%。深圳文旅产业蓬勃发展的具体经验有：

（1）搭建国际化宣传营销平台。

作为唯一的国家级文化产业博览交易会，深圳文博会是中国文化产业走向国际的重要窗口。自 2004 年起，已成功举办十六届。其中，2019 年的深圳文博会首设"文化和旅游融合发展馆"，以文旅融合为切点，全面展示文化和旅游融合最新成果。通过引进重点文化旅游项目参展并配套举办系列文化旅游主题活动（资金对接、产品营销等），集聚国内外庞大的信息流、资金流、物流、人流，助力文旅融合快速发展。

（2）培育文化旅游龙头企业

积极培育以华侨城集团、华强方特文化科技集团等为代表的一批成熟市场主体，开发出深圳欢乐谷、世界之窗、欢乐海岸、锦绣中华等文化旅游项目，极大地推动深圳文旅产业高质量发展。

（3）提升文旅公共服务水平

深圳市政府高度重视文化和旅游设施的建设。文化设施方面，历经两轮建设高潮，深圳大约拥有 50 个大型文化设施。目前正集中力量建设"新十大文化设施"，旨在将其打造成国际一流的、特色鲜明的城市新地标。旅游设施方面，着力打造"线上＋线下"游客服务体系。"线下"重点在机场、高铁站、地铁、景区、公共文化场馆等人群密集区域设置游客咨询中心；"线上"通过整合旅游大数据中心、旅游安全应急指挥调度、城市旅游营销推广、旅游经济监测分析、全域旅游地理信息、旅游质量监管等系统，构建"一中心、五系统"的云服务体系。

（4）构筑文旅行业合作组织

顺应文旅机构合并热潮以及《关于支持深圳建设中国特色社会主义先行示范区的意见》中对文化产业与旅游业协同发展的工作部署，深圳市相关部门做出积极调整，将原旅游文化交流促进会更名为深圳市文化旅游促进会，并引进更多的文化企业，改变以前以旅游业企业为主的单一架构，走文化旅游企业协同发展的路径，助力文旅融合高质量发展。

2. 杭州

杭州作为国家首批历史文化名城，有着得天独厚的文化旅游资源条件，文旅产业发展潜力巨大。根据杭州统计局数据，2019 年，杭州文化产业增加值达 2112 亿元，占全市 GDP 比重 13.7%。旅游总收入和接待游客量分别为 4005 亿元、20813.7 万人次，同比增长 18.3%、15.1%。杭州文旅融合发展态势良好，值得借鉴的经验有：

（1）创新数字文旅公共服务

作为数字经济的主要阵地，近年来杭州正致力于"数字文旅"的建设。2019 年 7 月 10 日，杭州城市大脑文旅系统正式发布 6 大监管服务平台，随后全面上线 6 大关联应用场景，极大地激发消费者的文旅需求。通过强化数字文旅公共服务平台建设，能够加快推进文旅深度融合发展。

（2）推动文旅人才队伍建设

2019 年 11 月 23 日，杭州成功举办"2019 杭州市文旅人才交流大会"，实现 130 家知名文旅企业与 4300 余文旅人才的面对面洽谈；同时借助"杭州文旅人才之家"客户端开设网上人才交流大会。"线上＋线下"的企业和人才对接模式，有效提升杭州文旅人才队伍整体素质和专业技能，推动其文化与旅游业融合发展。

（3）拓展文旅产业资金渠道

杭州市政府高度关注文旅企业发展过程中所遇到的融资难、慢、贵等问题，并采取多种应对之策。2019 年 6 月，由浙江省文旅厅与农业银行浙江分行共建的全国首家文化旅游专营银行——农行杭州文旅支行成功挂牌。五年预计提供 1000 亿元意向性信用额度，能够为杭州文旅产业发展提供充足的资金保障。同年 12 月，杭州市文化广电旅游局举办文化旅游行业投融资体系建设会，分别与工行、农行、建行、中国银行以及杭州银行等五大银行签订战略合作协议，每年预计提供授信额度 3000 亿元，加快推进杭州文旅产业创新发展。通过积极与金融机构展开合作，推进政、银、企深度合作对接，进一步完善文旅产业投融资体系，助力杭州文旅深度融合发展。

3. 苏州

与杭州类似，苏州也是一座拥有着二千五百多年历史的文化古城。近年来，苏州市凭借其得天独厚的历史文化底蕴及其发达的经济基础，融合发展、率先发展文化旅游业，走在了全省乃至全国的前列。据统计数据显示，2018 年苏州市生产总值达到 1.85 万亿，约为扬州的 3.4 倍。文化产业总营收达 5720 亿元，旅游总收入达 2600 亿元。无论是文化产业还是旅游产业的发展水平，均位列全省第一。苏州文旅融合方面的发展经验有：

（1）加强顶层设计

近年来，苏州市不断加强顶层设计，持续推动文化旅游真融合、深融合。早在 2017 年 11 月，苏州市政府就发布了《关于加快推进文化和旅游深度融合的实施意见的通知》，该意见首先从制度上对文旅融合发展定下了发展基调，要求苏州地方各级政府要按照市委关于建设"古今辉映的历史文化名城""国际文化旅游胜地"的部署，通过打造"世界遗产城市""吴文化中心"等一大批具有苏州鲜明特色的地标，加快文化旅游事业的发展，提高苏州的国际影响力。2018 年，苏州市发布《全域旅游发展三年行动计划（2018—2020）》，该行动计划明确了未来苏州市旅游业的发展目标，即要在三年内，充分发挥旅游业的支柱和引擎作用，通过文旅融合这一重要抓手，深度推进产业融合、产城融合、城旅融合，打造国家级全域旅游示范区。

（2）利用热播剧宣传

2019 年，一部名为《都挺好》的电视剧引起了广大观众的热烈反响，该剧以苏州为背景，描绘了一幅江南小城的美丽画卷，剧中苏南小城的安逸和静谧给观众留下了深刻的印象，也带火了一大批网红景点，例如穿插在剧中的苏州评弹，古色古香的同德里、明月湾古村、平江路、山塘街，具有现代化气息的国际金融中心、金鸡湖景区、东方之门，这些独具苏州特色的景点吸引着全国各地的游客争相前来"打卡"，除了以上的网红景点，剧中出现的美食也人气急升，吸引了全国各地的游客纷纷前来品尝。除了《都挺好》，2020 年初湖南电视台热播的电视剧《下一站是幸福》同样也是在苏州取景，带火了苏州甪直古镇、西山景区和中央公园等热门景点。**数据显示**，因热播电视剧的宣传，2019 年清明和国庆节期间，苏州全市共接待游客 120 万人次和 700 万人次，分别增长 15.2% 和 6%。其中主要景区共接待游客 720 万人次，同比增长 3%，门票总收入达到 8600 万元。[①]

（3）积极开展"走出去"和"请进来"

从"走出去"来看，苏州市善用"中西结合"和"古今融合"的方式向国内外讲好苏州故事，一方面结合国际化先进理念，一方面发挥苏州传统的文化资源优势，通过创新战略、创新思维、创新渠道来展现苏州市文旅融合发展的新

① 王敏：《扬州市文旅融合发展中政府履职问题与对策研究》，扬州大学 2020 年硕士学位论文。

特色。与此同时，苏州市在"facebook""Twitter"上分别开通了官方账号，目前这些账号均吸引了大量粉丝关注，其中"facebook"的粉丝数量位居国内前三，"Twitter"的粉丝数达到了全国第一。同时，针对不同地区，苏州也制定了不同的推广策略，比如在日本，苏州与日本知名艺人合作，举办了多场巡演和推介会。在欧美市场，苏州则联合本地艺术大师们，积极推广苏州的工艺制造、昆曲、评弹、苏绣、桃花坞年画等特色文化资源，并向欧美100多家旅游运营商推广了380多个文旅套餐，获得了欧美高端消费市场人群的高度赞誉。从"请进来"看，苏州不断加强与各大平台的合作与推广，例如通过和"12306"的合作，开发了苏州旅游项目，该项目以文化云平台为媒介，完善配套服务质量，整合了监测、管理、服务等多种功能。除此以外，苏州还开发了"苏州好行"美食专线，通过串联各大美食店，带旅客深入探寻散落在苏州的珍馐。另外，苏州对全市主要景点和商圈的厕所也进行了改进，并全部采用信息化管理。这些智慧旅游服务项目的运营，不仅提高了来苏游客的便捷度，也是苏州加深文旅融合程度的有益探索。

4. 重庆

山水之城，美丽之地。到重庆"行千里"，可以"致广大"。自2018年重庆首次提出打造旅游业发展升级版以来，文旅融合发展在重庆迸发出勃勃生机，重庆旅游人数和旅游收入持续增长，旅游行业发展突飞猛进，助推重庆加快建成"国际知名旅游目的地"。统计数据显示，近年来重庆市文化产业以年均20%以上的增幅高速增长。截至2018年底，重庆规上文化企业达1052家，年末从业人员15.8万人，分别比2015年增长21.76%、14.49%。2018年重庆规上文化企业资产总计3047.3亿元，营业收入1971.9亿元，营业利润109.8亿元，分别比2015年增长106.47%、72.87%和56.19%。从旅游业看，2018年重庆市接待境内外游客5.9亿人次，同比增长10%左右；实现旅游总收入4344.15亿元，同比增长31.32%，无论是文化产业营业收入还是旅游总收入都实现大幅度增长。作为近年来最受欢迎的网红旅游城市，重庆为推动文旅融合发展，采取了如下措施：

（1）积极举办文旅活动大赛

重庆市文旅委于2019年开始举办"重庆文旅融合发展全球金点子大赛"活动，该活动面向全球征集促进重庆文旅发展的对策建议，旨在全面提升重庆市文化软实力和影响力，把重庆打造成全球知名旅游目的地。重庆市文旅委通过官网在线投稿、邮件、书面等多种渠道，共收集有效方案近700个。在作品内容上，主要围绕重庆如何推动文化和旅游融合发展、如何利用好重庆文化旅游资源、如何让重庆文化旅游的营销宣传"走出去"等议题展开。经过作品征集、初审、终审、公示环节之后，重庆市文旅委采纳了"乘百里轻轨，览广才重庆"等近40个文旅发展"金点子"，为推动重庆文旅融合发展提供了新思路，贡献了新思考。此外，重庆着力搭建文旅推介平台，加速发力重大文旅项目，仅2018年一年，重庆就承办了长江三峡国际旅游节、世界大河歌会、西部动漫文化节等系列重大文旅节会，以此汇聚文旅资源，做好营销推介，带动当地及西部地区文旅产业发展。

（2）不断优化人才结构

近年来，重庆市深入推进人才强市战略，不断完善相关政策服务体系，大力增强区域集聚辐射能力，不断优化人才学历和年龄结构。2018年，重庆市人才资源总量达到497.13万人，比2015年增加123.08万人，增长32.9%。人才资源占就业人员的29.1%，比重与2015年相比，提高7.2个百分点。每万人拥有人才资源1603人，比2015年增加363人。其中具有中专文化程度的人才资源100.75万人，比2015年增加25.53万人，增幅为33.9%；具有大专文化程度的人才211.23万人，增加52.25万人，增幅为32.9%；本科人才资源164.15万人，比2015年增加35.11万人，增幅为27.2%；研究生及以上人才资源21.00万人，比2015年增加10.19万人，增幅为94.3%。人才资源的年龄结构呈现明显的纺锤体状，20—39岁的青壮年是人才资源的主力军，人才资源总量达到355.40万人，占全部人才资源总量的71.5%，较2015年增加97.29万人，增幅达到37.7%。25—29岁人才资源最丰富，人才总量达到105.7万人，占到全部人才总量的21.3%；其次是30—34岁，人才总量达到101.97万人，占到全部人才总量的20.5%。人才结构的不断优化是助推重庆市文旅融合发展的强大智力支撑。

（3）利用网红城市效应

得益于重庆立体魔幻、别树一帜的城市风光，重庆市借助其深厚的历史文化和丰富的旅游资源，加快推进"网红"景点的建设。2018年以来，抖音、快手、微视等短视频平台开始火爆，与重庆有关的短视频一枝独秀，播放量过百亿，居全国第一，重庆成为"网红城市"，并凭借其网红体质多次登上微博热搜，连续两年当选世界旅游业理事会（WTTC）公布的全球旅游增长最快城市。重庆的李子坝、洪崖洞等热门景点以及特色美食洞子口火锅、钵钵鸡、重庆小面更是持续火爆，受到当下年轻人的热烈追捧，成为80、90和00后的热门"打卡点"，重庆也开始成为诸多游客眼中非去不可的旅游城市之一。据2018年发布的《短视频与城市形象研究白皮书》数据显示，就城市形象视频而言，重庆的视频播放总量把北上广深四个一线城市甩在了后面，成为最受欢迎的"抖音之城"，视频累计播放量达到了113.6亿次。[①]

（三）先进城市推动文旅融合对东莞的启示

1. 注重协调合作，健全组织管理机制

注重组织协调合作是国内外先进城市推动文旅融合发展的重要经验。文化与旅游融合过程中会涉及政府、企业、消费者等多元诉求，其中既需要发挥政府的引导作用，也需要发挥市场的支持作用。在实际发展中，应正确引导和促进文化和旅游的融合发展，市场则是进一步完成和实现文旅融合发展的关键所在。在文旅融合的产业发展上，首先应充分发挥市场配置资源的基础性作用，更加注重利用市场机制来促进旅游业发展，重点发挥市场的作用。同时利用政府调控措施来完善市场机制，创造良好的市场环境，发挥政府在提供公共产品、公共服务，保障不同群体在文化和旅游发展中的权益。其次，利用社会力量，不断充实公共产品和服务的供给方式。要坚持传统与创新发展有机结合，根据民众的文化旅游需求，把握消费市场的变化趋势，提高文旅项目的体验性、特色性和创新性，建立集合三个关键要素的东莞特色发展模式。不仅满足东莞市本地居民的需求，也不断增加对外地游客的吸引力，让更多的来莞游客感受东莞独特的人文历史资源，打造"宜游、宜居、宜创"名城，形成主客共享的文化氛围。

2. 推动文旅与科技融合，夯实发展基础

要充分发挥大数据在旅游业发展中的应用，进一步推动信息技术与旅游的融合发展，利用大数据对旅客的各种信息进行动态监测和实时分析，从而提前对旅游消费的方向以及旅游产业的发展做出预判，促进旅游公共服务各项资源配置水平的全面优化。当前，随着信息化技术的发展，不仅有微信公众号、网站、APP等新媒体形式，还有诸如AR、VR、AI等新技术应用，这些新老技术，对于文化

---

① 郭璇瑄：《粤港澳大湾区文旅产业融合发展现状与对策研究——以大湾区内地九市为例》，《长春师范大学学报》2021 年第 11 期。

旅游资源的展示，都具有很强的应用价值。目前东莞市场上已经有多款针对文化旅游建立的 APP 和公众号，APP 方面有"东莞＋""i 莞家""知东莞""掌上东莞"等，公众号有"东莞本地宝""我们的东莞""东莞美食大搜罗""东莞发布""乐购东莞"等。另外，各个街道与镇区也有众多各自的文旅推广平台。这些 APP 和公众号已经成为众多东莞市民生活中不可或缺的好助手。营销、监管、统计、公共服务，任何一项流程都需要大数据的支撑，文旅大数据需要的不仅仅是数字，还需要视频、文字、图片和地理位置信息。因此，可以整合这些数据平台，立足全市建立文旅基础信息库，打造文化旅游大数据统计分析平台，做好基础数据的科学统计，为文旅发展提供数据支撑、趋势研究和信息技术服务。大数据平台要考虑与文化资源的整合，要与现有各级公共文化云平台对接，把东莞市各类博物馆、非遗产品、文化演出、文化活动、艺术展演等文化资源转化为旅游产品，在全域旅游环境下为游客提供更多的目的地产品选择。平台也可在继续整合数字文化资源的基础上，接入旅游公共服务设施信息资源，包括景点、餐厅、酒店、卫生间等，推进"互联网＋公共服务"，提高服务的丰富和便捷性，以移动互联网为服务载体，实现"一部手机游东莞"。推动科技与文旅产业的融合发展应用新技术，培育新产业、新业态、新模式。

3. 完善软硬配套，提升公共服务水平

国内外文旅融合发展迅速的重要原因之一在于公共产品和服务的有效供给。通过提供更多数量、更优品质的文旅公共服务，促进文化和旅游的深层次融合。东京轨道交通网络和景区设施、深圳"新十大文化设施"和旅游大数据中心的建设，使两地文旅基础设施服务质量得到较大改善，为满足消费者的文化旅游需求提供物质基础。洛杉矶国际电影节和奥运会、东京国际动漫展、深圳文博会等国际性文化节庆、赛事、会展活动俨然成为开展文化旅游宣传营销的重要平台，能够为旅游目的地吸引源源不断的人流。而杭州则通过构建城市大脑文旅系统、人才服务和政-银-企平台，有效实现文旅信息整合以及资源对接服务。这些举措都有利于文旅融合发展。因此，地方政府在推动文旅融合过程中，也应该从"硬件"——文旅基础设施建设，以及"软件"——文旅服务平台搭建两方面着手，不断提升文旅公共服务水平，为文旅融合高质量发展提供保障。

4. 实现整体营销，提升文旅品牌形象

品牌化是文旅融合发展中的重要环节，目前东莞文化旅游品牌形象尚未深入人心。因此，有必要对东莞文化旅游整体形象进行系统再策划，加大宣传推广力度，塑造更有冲击力的文旅品牌体系。首先，树立文化旅游品牌形象定位，梳理现有文化旅游品牌资源，进一步塑造东莞文化旅游的美誉度和知名度。其次，深入开展精准营销。联合报刊、广播电台、电视台等多种媒体共同发力，在火车站、地铁、酒店、景区、街区、广场等人群密集和游客活动场所，设置表现东莞文化旅游形象的展示空间。同时做大做强特色营销，加大宣传力度，吸引客流进入东莞，巩固重点旅游市场，全面提升文旅品牌美誉度、影响力和市场竞争力。

5. 注重人才引育，增强文旅后备支撑

人才是文旅融合发展的关键支撑要素。目前东莞十分缺乏文化旅游高素质人才和复合型人才。因此，应积极完善文旅人才的培养-引进机制，优化文旅人才结构，培养一批满足市场需求的、具备专业知识的高学历、复合型、能进行涉外旅游的国际化人才，为文旅融合发展提供智力支持。

五、东莞深入推进文旅融合发展的路径

东莞推动文旅产业深度融合要根据自身的城市构架、区位优势、产业特色和文化特色，推动文化与旅游，文旅与农业、工业、教育、科技融合，探索适合自身发展的文旅融合体制机制和发展模式。以"大文旅"发展观、"大领域"融合观、"大区域"旅游目的地主导观为系统支撑，坚持市场引领、政府主导、部门协同、社区参与、统一协调的原则，成立文旅集团、推动文旅融合一体化发展，融合文旅商等要素资源、打造两大核心文旅商圈，整合地域文旅资源、建设三大文旅产业聚集区，深入挖掘文化内涵、擦亮四大特色文旅品牌。

（一）抓统筹：成立一个文旅集团，推动文旅融合一体化发展

借鉴苏州、洛阳、大连、成都等文旅融合先进城市经验，整合市属景区、酒店、度假区等优质文旅资产，建立东莞市文旅集团。发挥国有文旅经济的引领带动作用，整合融合市属文旅资源资产，承担我市重大文旅项目开发、重要文旅资源运营、新兴文旅业态引领等任务，优化全域文旅产业空间布局，实现景区主导产业成链、成片、成带集聚，提升规模经济，推动我市文旅产业在更广范围、更深层次、更大规模上实现融合发展。

1. 提升文旅资产管理水平。将相关市属国有文旅资源划入文旅集团，逐步剥离其他市属国有企事业相关资源资产至文旅集团，负责市属文化、旅游、体育、

影视公共场馆的运营管理，做好市属景区的改造、盘活。培育壮大景区、酒店、餐饮、购物、娱乐等板块骨干企业，逐步形成循环完整文旅产业链，构建全域全时旅游体系，实现东莞文旅产业整体能级跃升。

2. 提升文旅资产运营效率。与市场化的专业运营公司合作，将国企品牌、平台、管理、人才储备优势与民企机制灵活、效率高优势结合，提升文旅产业资产和项目运营效率。通过建立文旅产业基金方式，与国内文旅行业头部企业合作，适时引入战略投资者，实现股权多元化。统筹东莞全域文旅产业融合，与镇街文旅企业通过股权互持、整体划转等方式开展深度合作，牵头成立东莞文旅产业发展联盟，做全市文旅产业链的链主企业。充分发挥市文旅集团产业链优势，将教育、康养、精品旅游、智慧零售等优势产业导入对口支援乡村，探索建立利益联结模式，在履行帮扶责任的同时实现文旅业务跨区域拓展。

3. 创新文旅产业招商机制。大力推动文旅产业招商，用心梳理策划、包装一批吸引力强、可行性高的文旅项目，建立招商引资项目库，进行精准招商。积极营造有利于市场主体创业创新的营商环境和政策环境，吸引更多有实力的投资主体、运营主体进入文旅产业；制定扶持文旅企业发展的鼓励政策，从政策、资金、技术等方面加大扶持力度，保证文旅产品的丰富性、维护市场竞争活力；加快文旅企业改革创新，发挥行业协会的纽带作用，吸引企业和个人加入行业协会，规范行业管理工作。

4. 创新文旅人才培育引进机制。参照《东莞市特色人才特殊政策暂行办法》，针对文旅产业这一特殊人才，出台特殊优惠政策，打破唯学历、唯职称等传统束缚，不拘一格引进和激励人才在莞创新创业。进一步完善有关文旅产业人才在积分入户、社会保障、创业创新、人才晋升等方面的制度，切实解决引进的文旅产业人才在居住、子女上学、入户、就医、社保等方面的问题。推动东莞本土高校与文化产业园区企业对接，培养一批满足市场需求的、具备专业知识的高学历、复合型国际化人才。继续实施"送出去"与"请进来"人才培训计划，进一步加强岗位培训、研修深造和交流学习，不断提高文旅产业队伍整体素质。

5. 推动文旅营销数字化。探索建设全市统一的宣传营销数据库，建立全市文旅网络宣传营销体系；建立与完善全市文旅系统自媒体营销矩阵，深化市、镇、文旅企业自媒体联动机制，借力网络文旅自媒体大V，组建文旅自媒体宣传营销联盟；完善文旅宣传联动机制，形成线上与线下、传统与新媒体全方位联动营销推广，充分利用互联网新技术，抓住新一代消费群体习惯，开展线上"花式营销"，创新利用"双微一抖"、直播、短视频等新媒体营销，运用好重点媒体平台，快速搭建客流平台；针对国内外主要客源市场的区域、人群、消费能力等属性进行市场细分，利用大数据对营销目的地进行定位分析、需求分析、营销内容分析，制定智慧营销策略，提高网络化营销精准化水平；打造东莞文旅APP或小程序，从自助预订、行程规划，到目的地智能导览系统，真正实现"一部手机游东莞"。

（二）优布局：融合文旅商等要素资源，打造两大核心文旅商圈

当前，东莞以民盈·国贸城、东城万达广场为中心的商圈已初步形成，吸引了大量的市内外游客前来购物、餐饮、娱乐。国际商务区正在紧锣密鼓的建设之中。要将以国际商务区、东莞记忆项目为中心的两大核心文旅商圈打造为国家级夜间文化和旅游消费集聚区、东莞文旅引爆点，聚拢人气，成为国内著名的网红打卡地，从全域旅游发展为全时旅游。美团数据显示，夜间文旅体验已经占据了旅游消费的半壁江山，北京、上海等国内排名前十的旅游热门城市，在18时至次日6时时间段内的消费金额占比大多在45%至55%之间。东莞人口平均年龄为34岁，其中16—35周岁人数超575万，基于当前Z世代消费群体崛起的背景，年轻群体是夜间经济的主力军。因此，这两大核心文旅商圈除了发展美食夜宴、夜间演艺、沉浸体验、文创集市、夜间节庆、文博夜场等文旅活动外，当前要重点抓好以下工作。

1. 以国际商务区为中心的核心文旅商圈要打造为"城市会客厅＋网红打卡地"，凸显东莞现代化、国际化特征。

首先，构建多层次立体化的文化展演体系。一是打造夜晚灯光秀。国际商务区要利用地上二层的步行连廊与附近的行政文化中心、国贸城、台商大厦、农商行大楼、东莞大道协调发展，精心策划、布局灯光，将东莞优美的自然风光、深厚的人文底蕴、先进的科技制造编排为美轮美奂的夜晚灯光秀，每晚8点至9点举行灯光表演，成为展示东莞城市精神、知名企业品牌，传播东莞城市形象的重要窗口。游客可通过步行、驾车漫游等形式欣赏东莞美丽的夜景。二是广泛开展群众才艺展示。充分利用行政中心、建成后的国际商务区中心公园的露天表演场地，以群众为表演主体开展"粤韵金声""潮流东莞·火柴盒"等文艺表演、才艺展示活动。三是继续提升高雅文化艺术展演的品位。玉兰大剧院经过多年深耕，已培育不少音乐剧观众。要推动东莞音乐剧创演升级 2.0 模式，形成音乐剧产业链，提升市场运营效能。建议将每两年一届的音乐剧节改为一年一届。大力引进优秀剧目，吸引游客白天看景、晚上看剧。四是依托东莞展览馆、即将建设的新博物馆传承文脉，展示活力东莞、精彩东莞。

其次，建设特色文化街区。一是建造国际风情文化街区。国际商务区地下 2 层的步行系统拥有巨大的空间，可打造为国际风情文化街区，分为欧洲、美洲、亚洲、大洋洲、非洲五个区域，展示世界各大洲的文化、美食、文创产品，体现国际特色，创造全天候的活力人行空间。二是建造篮球文化街区。要加快建设以宏远篮球为核心标志的海德广场篮球文化街区，展示宏远篮球的发展历程、辉煌成就、团结拼搏精神。三是建造潮玩文化街区。着重发展潮流玩具的展示、销售和互动的潮玩消费街区。

2. 以东莞记忆项目为中心的核心文旅商圈要构造"东莞记忆＋文化创意"休闲生活带，展示东莞深厚的人文底蕴和充满烟火气的生活状态。

东莞计划建设东莞记忆项目。该项目以 7.5 公里历史游径主环串联莞城、万江街道范围老街巷、老村落、老工业、古遗迹，结合建筑修缮、风貌修复、功能活化、配套完善等措施，以"洲、坊、岸、桥"为记忆载体，打造集步行、骑行、船行等多种体验于一体的特色文旅路线。项目首开区包含和园文化综合体、中兴路—大西路特色骑楼街区等内容。① 和园文化综合体可借鉴上海北外滩来福士、长沙文和友的模式，重新构建东莞 20 世纪 80、90 年代的生活场景，将餐饮与文化深度融合，深挖本地餐饮元素，开展"东莞非遗美食""本土特色饮食""东莞手信礼""东莞创新创意美食""东莞人气茶饮"五大美食主题及东莞特色茶饮、咖啡车、网红小吃等一大批受到年轻人喜爱的美食主题活动。东莞记忆项目可与鳒鱼洲文化创意产业园、工农 8 号创意园、联丰创意产业园等文化创意园协调发展文创艺术、产业孵化、亲子教育培训、主题书店、公寓酒店、休闲旅游等多元文化创意业态。深度挖掘能体现东莞记忆遗迹的文化内涵，陆续推出大型系列纪录片《东莞记忆》。

（三）汇合力：整合地域文旅资源，建设三大文旅产业聚集区

1. 打造以创意为核的松山湖现代科技文旅产业聚集区。松山湖文旅产业聚集

---

① 王子玺：《共同为东莞打造一批优质项目》，《东莞日报》2020 年 6 月 10 日。

区要突出科技元素和潮流文化。松山湖园区要以松山湖松月文化广场项目建设为契机，将历史文脉与时尚创意紧密结合起来，建设更多的城市地标式文旅项目，从而打造文化旅游产业的"新引擎"。结合全球前沿科技，将智慧＋文艺融入商业，建立人与未来、人与智慧、人与空间的连接，强调空间的故事性及体验性，为消费者带来"科技＋文艺"赋能的沉浸式体验，打造"超视界未来生活漫游场"和"智慧主题沉浸式体验商业标杆"。松山湖统筹区要创建潮玩产业国家级文化产业示范园区，鼓励石排、茶山等镇的住宿、餐饮等商业经营体开发潮玩主题创意产品和项目，增加潮玩体验类业态供给，推出"潮玩"特色旅游线路。相关镇街应将电竞、游戏、潮玩、酒店等产业进行深度融合，积极建设电竞游戏主题酒店、潮玩主题酒店等新型酒店。

2. 打造以水为魂的水乡民俗文旅产业聚集区。水乡文旅产业聚集区要突出水元素和民俗文化。东莞水乡文化氛围浓厚，市级以上非物质文化遗产项目占比27.4%，不可移动文物占比约15%，是"龙舟之乡""花灯之乡""乞巧文化之乡""曲艺之乡""美食之乡""游泳之乡"，拥有良好的非遗保护传承基础。东莞应深刻挖掘龙舟民俗文化内涵，通过举办系列龙舟民俗文化品牌活动、制定龙舟民俗文化文创产品在地计划、打造龙舟特色餐饮体验馆、举办中华标准龙舟系列比赛等方式，推动龙舟民俗文化周边服务业发展，促进当地文旅融合发展，助力龙舟文化深植和弘扬龙舟精神，使得"龙舟文化"逐渐成为时尚的、有辨识度的文化符号，同时挖掘、利用、整合花灯、乞巧、粤剧、美食、游泳等文化、体育形式，使水乡成为多种文化交织的文旅产业聚集区。

3. 打造以山为体的南部生态文旅产业聚集区。南部文旅产业聚集区要突出生态元素和客家文化。东莞21个森林公园中，有18个在南部各镇。在继续抓好塘厦高尔夫产业、凤岗龙凤山庄影视旅游区等文旅产业发展的同时，建议东莞市政府借鉴华侨城集团开发甘坑客家小镇的经验，整合东莞山区片的客家文化、生态文化，加强非遗与文旅产业的融合发展，扩大东莞非遗文化品牌，促进麒麟舞、客家山歌等非遗走进景区，促进非遗生产性保护示范基地、非遗传习所等向游客开放，实行旅游化包装，打造客家文化旅游产业融合发展示范带。串联塘厦、凤岗、谢岗、清溪、黄江、樟木头等镇线路，打造"绿水青山"生态旅游线路。利用毗邻深圳的地域优势，加强与深圳文旅产业的差异化、互补性、融合化发展。建议东莞与深圳的文联、作家协会、音乐家协会开展深度合作，创作反映茅洲河变迁的报告文学、剧本、歌曲等文艺作品，联合打造音乐剧《茅洲河变奏曲》等文艺精品，共同书写深圳和东莞勠力同心、攻坚克难、合作共赢的改革传奇故事。

（四）创品牌：深入挖掘文化内涵，擦亮四大特色文旅品牌

1. 建设鸦片战争海防遗址公园，擦亮历史文化品牌。充分树立"以文导旅、以旅彰文"理念，建设鸦片战争海防遗址公园。规划范围包括虎门林则徐销烟池、虎门炮台旧址、鸦片战争博物馆及相关配套设施。精心编排、利用最新的声光电科技打造大型实景演出《虎门销烟》。通过提升虎门销烟的国家文化符号和文化标识的影响力，进一步确立中国近代史开篇地的地位，擦亮东莞历史文化品牌。

2. 建设东江纵队文化旅游公园，擦亮红色文化品牌。挖掘东江纵队精神，统筹大岭山抗日根据地遗址、百花洞战斗遗址和广东东江纵队纪念馆资源，筹建东江纵队文化旅游公园，将红色文化建设与乡村振兴、乡村旅游相结合。建议东莞市作协、音协等文艺团体组织人员根据东江纵队的抗战事迹创作《东江魂》《激战百花洞》等互动式、沉浸式情景剧，在大岭村进行实景表演。部分演员可由附近村民或热心表演的民众扮演，观众可以现场客串演出。这既提高了互动性，也加强了对群众的红色教育。

3. 打造"莞香国家级非遗示范基地"，擦亮莞香文化品牌。寮步镇围绕莞香这一核心资源，坚持"文化＋旅游＋产业"的经营模式，建设莞香博物馆、牙香街、动物园、影视城等周边文化设施，成功创建广东省文化旅游融合发展示范区、首批广东省夜间文化和旅游消费集聚区。目前莞香已获得四个国家级认证和标志，包括国家级非物质文化遗产项目、国家生态原产地保护产品、中国有机产品和中华人民共和国地理标志保护产品。建议东莞市统筹寮步、大岭山、清溪等镇莞香产业的发展，支持"莞香制作技艺"申报为国家级非物质文化遗产生产性保护示范基地，扩展莞香产业链，将其打造为粤港澳大湾区特色文旅景区和旅游目的地。

4. 建设体育休闲文化产业园，擦亮篮球文化品牌。依托位于寮步的东莞市篮球馆，利用附近储备土地，建设以篮球文化为主题的，集篮球比赛、研学、旅游、住宿、餐饮、娱乐、体育文化用品设计制作销售为一体的体育休闲文化产业园，推进篮球中心及周边配套提质升级。

（谭汪洋，中共东莞市委党校教授，《莞邑论坛》主编；李奕，博士，东莞城市学院校聘副教授；朱立源，东莞职业技术学院教师。）

发展潮玩产业　打造潮流之都

——东莞潮玩产业发展调研报告

课题组

习近平总书记指出："要推动文化产业高质量发展，健全现代文化产业体系和市场体系，推动各类文化市场主体发展壮大，培育新型文化业态和文化消费模式，以高质量文化供给增强人们的文化获得感、幸福感。"随着我国社会生产力水平极大提高和社会供给能力显著增强，人们对精神文化的需求越来越高，对精神文化产品供给提出更高要求，文化产业成为增强人民群众获得感、幸福感的重要途径，同时在培育新的经济增长点、赋能经济社会发展、提升城市形象方面发挥着更大作用。

今年召开的东莞市第十五次党代会提出，要全力推进文化强市建设，抓好国家文化和旅游消费试点城市建设，壮大动漫游戏、潮流玩具等文化产业，促进文旅消费升级。4月，全市宣传思想工作会议紧扣"思想引领＋文化供给"这一核心，发展壮大文化产业，突出打造潮流文化等"七大文化"，明确城市形象新定位，打造"潮流之都"等城市文化名片。潮玩是潮流文化的重要部分，具有独特的情感价值属性。把发展潮玩产业作为建设"潮流之都"的关键抓手，不仅有利于东莞城市形象升级，而且借助潮玩名片让更多人特别是年轻人了解东莞，为东莞发展注入新的活力。本报告通过文献研究法、问卷调查法、实地观察法等调研方法，立足东莞实际，采用 SWOT 分析法，就我市如何发展潮玩产业、打造"潮流之都"提出明确的实施路径和具体建议。

一、潮玩的内涵及发展

（一）潮玩的定义和分类

"潮玩"，即"潮流玩具"，是一种融入艺术、设计、潮流、绘画、雕塑等多元素理念的玩具，融入设计师和艺术家的理念，又被称作"设计师玩具"，主要分为手办模型、盲盒和 BJD（球关节娃娃）、艺术玩具 4 类。

图 1　中国潮流玩具行业的市场分类①

（二）潮玩的兴起与发展

20 世纪 90 年代潮流玩具首次以工作室或独立设计师形式出现在香港和日本，早期国内玩家热衷追逐外国潮玩和小众收藏的艺术玩具。2005 年中国内地也开始出现潮玩工作室与独立设计师，中国潮流玩具行业开始市场化。

Frost & Sullivan 的数据显示，2019 年全球潮玩市场规模为 198 亿美元，预计 2024 年市场规模将达到 418 亿美元，年复合增速达 16.1%。相比于全球市场，中国的潮玩市场增速更快，2015 年至 2019 年市场规模以 34.6% 的年复合增速从 63 亿元增至 207 亿元，根据 Frost & Sullivan 的预计，2024 年中国潮玩市场规模将达到 763 亿元。潮玩产品在中国、全球市场显露出巨大消费动能。

（三）发展的背景和动因

1. 整体经济发展带动。2010 年至 2019 年间，中国人均 GDP 突破 4000 美元，收藏玩具开始进入成长期，产生了泡泡玛特、52Toys 等本土收藏玩具品牌。2019 年人均 GDP 超过 1 万美元，意味着我国经济发展质量稳步提升，人民生活持续改善，居民消费升级，更追求精致的生活方式、更注重质量和情感满足。

2. 消费观念变化拉动。在年轻人不断寻求自身价值和社会认同的背景之下，潮玩这种以潮流为核心、以玩具为载体、彰显个性的商品，成为如今"Z 世代"②群体自我表达的符号和途径；互联网的高速发展，改变了"Z 世代"消费习惯，更愿意尝试网红产品或新品，更容易被关键意见领袖或熟人"种草"。潮玩同时也

---

① 艾媒咨询：《2021 年第一季度中国潮玩行业发展现状及市场调研分析报告》。
② Z 世代，指 1995 年至 2009 年间出生的一代人，又称"互联网世代"。

是社交媒介，可通过爱好结交同好、找到属于自己圈层并构建圈层文化。

3. 潮玩营销方式推动。盲盒是潮玩的重要营销方式，属于"惊喜经济"。消费者因猎奇心理、从众心理，在概率认知偏差和翻本效应的影响下，容易一再消费。同时，潮玩具有精神慰藉功能，不少消费者把潮玩作为情感联结和精神陪伴，希望集齐全系列，从中获得精神满足。

二、东莞发展潮玩产业的 SWOT 分析

东莞玩具产业以 OEM 代工起步，外向型特点显著，享有"世界玩具制造之城"的美誉。据中国玩具协会统计，目前全球动漫衍生品 80% 由中国制造，其中超过 1/3 在东莞生产。2021 年，在海外疫情未有效控制的情况下，东莞玩具出口再创佳绩。据海关总署广东分署数据，2021 年 1 月至 12 月，东莞市玩具出口总额约为 73.87 亿美元，同比增长 71.22%。

玩具及文体用品制造业是我市四大特色产业之一。根据市工信局统计，2021 年，全市玩具及文体用品制造业共有规上工业企业 410 家，实现规上工业总产值 524 亿元，同比增长 28.1%；完成规上工业增加值 150.6 亿元，占全市规上工业增加值 3%，同比增长 21.9%。其中，2021 年我市涉及潮玩生产的规上企业为 57 家，工业总产值 128.31 亿元，同比增长 35.8%，增长幅度远高于玩具行业增速，带动作用明显。

（一）S——东莞发展潮玩产业的优势（Strength）

一是制造产业优势突出。东莞制造工艺水平领先全国，在潮玩设计到量产前的打样、3D 建模、材质、上色、涂装等中间各环节都具有效率高、质量好的优势，而且国内包括模具、夹具等在内的大部分原料配件只在东莞生产，且价格优势明显。可以说，东莞的制造优势对潮玩产业具有革新性意义，只有东莞缩短研发周期、降低规模生产。同时，由于工序复杂精细，目前手办生产仍有 9 成工序需依靠人工完成，东莞技能劳动者累计达 125 万人，玩具从业人员超过 30 万，优质的技术工人资源为潮玩生产提供保障。经过四十余年的发展，部分镇街形成制造集聚，逐渐形成以清溪、凤岗、虎门、常平、茶山、石排、万江为重点区域的玩具产业基地。其中，石排镇是我市潮玩生产重要集聚地，现已有 33 家规上玩具企业，其中潮玩企业 23 家，在 2021 年实现总产值 32.8 亿元。

二是转型先发优势突出。随着传统制造业红利消退，东莞的潮玩行业已充分

意识到打造自主品牌和原创 IP 的重要意义，涌现了一批代工方向转向内销、打造自主品牌、发展销售终端的玩企。在代工方向转内销方面，东莞为全国近 85% 的潮玩代工，国内潮玩巨头泡泡玛特近 75% 商品产自东莞。在打造自主品牌方面，打造出一批具有全国知名度和美誉的文化品牌和潮玩原创 IP，第一类是直接借势成熟 IP，如广东郎博旺事业有限公司早年依赖国外品牌订单，生产自主权较弱，近年来开始打造自主 IP，与中日诸多版权方合作，开发经典 IP 衍生品，打造动漫 IP 产供销一体化；顺林模型有限公司多年来为车企制作车模，全球市场占有率超过 40%，目前转型与知名艺术家联名推出潮玩 IP "胖哒"，巨型艺术雕像成为北上广深新地标，是当下最受欢迎的先锋装置代表作之一。第二类是品牌 IP 自制，如东莞市德伸五金塑胶制品有限公司，在存量传统玩具生产基础上，从贴牌代工转为共同研发，建立自有品牌 Toycity，从事中国原创潮流 IP 孵化、产品开发及销售，原创 IP 有 Laura、Angelboy 等。企业在未品牌化前，仅能赚取出厂价 5%—8% 的产品加工利润，拥有自主品牌后，其毛利润率可达 50% 以上，公司估值从 2018 年的 500 万元增长到 2021 年的 1.2 亿元。增长超 20 倍。第三类是细分领域方面排第一。如摩动核，定位是中国风机甲动漫文化品牌，集前期设计、研发、模具、喷漆、组装、销售为一体，2021 年合金成品模型全国销售额同比增长 50%，在同业中市场占比 35%，同时布局衍生内容端，其玄幻 IP《星甲魂将传》在腾讯漫画上线 2 个月，热度达到 8000 多万；东莞市微石文化科技有限公司开创金属 DIY 品牌 "拼酷"，2018 年前风靡海外，2019 年后通过国潮联名，在国内 "种草" 无数，其产品 "凤冠" 潮玩月销 22 万件，年销售额过亿。在发展销售终端方面，东莞产生了国内领先的潮流零售企业 KK 集团，旗下的 kkv、x11 遍布全国 31 省 169 个重点城市。至此，东莞潮玩产业的上中下游均已完备。

三是群众基础优势突出。发展潮玩产业契合 "青春之城"，得到市民普遍认同。根据《东莞青年发展调研报告》，东莞 16 岁至 35 周岁（潮玩主力消费群体和受众）的人数超 575 万，外来青年占比超九成，是一座年轻的、外向的、有吸引力的城市。为了解市民对潮玩和潮流文化的看法，我们通过 "东莞发布" 发布了问卷，仅在 24 小时内就回收了 1384 份问卷。样本横跨各年龄段，其中 71.39% 为 18 至 33 岁的青年群体，上班族占 63%，学生占 17%，月收入 5000 元至 10000 元的占 42.56%，10000 元以上的占 14.71%。

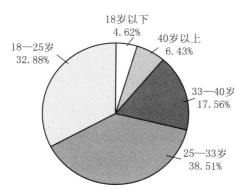

图 2　受访者年龄范围

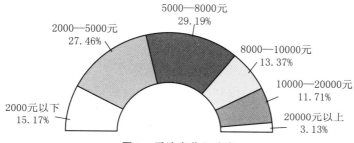

图 3　受访者收入分布

　　针对潮流文化的理解，78%受访者选择了"潮玩手办、模型"，由此可见，"潮玩是潮流文化重要组成"的观念深入人心；

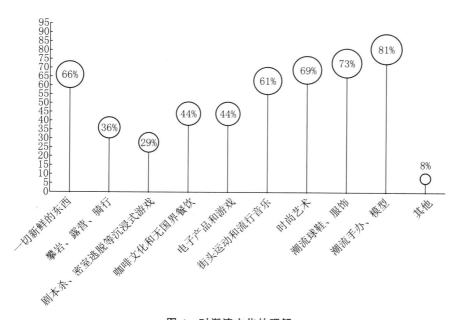

图 4　对潮流文化的理解

在东莞打造"潮流之都"的基础方面，绝大多数受访者认为是"庞大专业高效的潮流制造业"（85%）和"年轻的人口基数"（64%）。

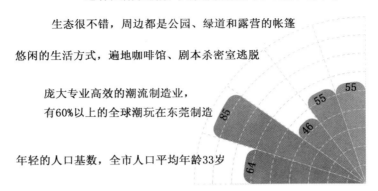

运动和活力之城，大家都爱打篮球、长跑和骑单车

生态很不错，周边都是公园、绿道和露营的帐篷

悠闲的生活方式，遍地咖啡馆、剧本杀密室逃脱

庞大专业高效的潮流制造业，
有60%以上的全球潮玩在东莞制造

年轻的人口基数，全市人口平均年龄33岁

图5　东莞打造"潮流之都"的基础

在如何打造潮流之都方面，受访者"观念改变"（78%）和"人才引进"（74%）是关键，此外受访者对打造潮流经营实体、建设消费终端也有较大期望，希望"融入生活的方方面面、比如咖啡馆"（64%）和"要有像迪士尼/环球等文旅项目进驻"（56%）。

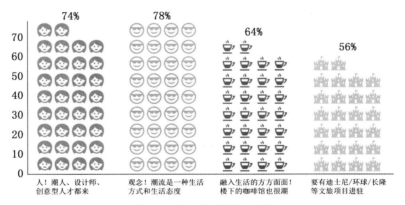

| 人！潮人、设计师、创意型人才都来 | 观念！潮流是一种生活方式和生活态度 | 融入生活的方方面面！楼下的咖啡馆也很潮 | 要有迪士尼/环球/长隆等文旅项目进驻 |

图6　如何打造"潮流之都"

此外，91%的受访者认为潮玩形象的雕塑会使整个城市更年轻更有趣。由调查可得，发展潮玩产业、建设潮流文化在东莞市民中有较广泛的群众基础和较强的认同感。

（二）W——东莞发展潮玩产业的劣势（Weakness）

一是品牌不足，处于产业底端。潮玩产业高附加值（80%—90%）主要集中

在上游（IP设计、授权、研发）和下游（品牌管理、销售等），居于中游的制造业仅占产业链条附加值10%—20%。东莞的潮玩产业基本仍以代加工生产为主，整体产业结构处于低附加值环节。据调研，东莞有4家工厂为市值800亿的"泡泡玛特"代工，产能超过该品牌产量的80%，但代工厂所得不足总利润5%。随着用工、土地、原材料等要素成本上升，传统制造业的利润空间可能还将被蚕食。

二是人才不足，制约做强自主IP。随着潮玩企业逐步走向自主IP化，潮玩行业对中高端设计人才和高素质产业工人的需求不断增大、要求更高，人才供给与产业需求的结构性矛盾愈发突出。缺少设计和销售人才，因此虽部分重点潮玩企业的总部注册地为东莞，却不得不把设计和销售团队设在北上广深等城市，中小企业则将开发工作外包给市外团队。设计师虽在打样、制作过程中要到东莞停留，但由于缺少艺术氛围、政策保障，也基本难以留下扎根。

三是服务不足，缺少产业信息聚合。尽管东莞的玩具制造产业链完备，个别镇街在政策引导和企业发展过程中形成了产业聚集，但我市仍未建立起行业信息平台、交易平台和研发平台，信息不对称，设计端企业难以高效配对到合适的制造企业。

（三）O——东莞发展潮玩的外部机遇（Opportunity）

一是我国正将进入潮玩爆发期。国内潮玩产业方兴未艾，前述提及，易观分析推测2025年中国收藏玩具进入爆发期，规模突破1500亿[①]，特别是国潮的兴起，为潮玩市场注入源源不断的本土IP源动力和丰富的创意空间，潮玩的受众层面将得到进一步的扩大。如按东莞制造了国内约85%的潮玩，从供给角度推测东莞2025年供应的潮玩市场规模为1275亿元，将为我市经济发展提供新的增长点。

二是"潮流之都"城市名片逐步形成。自Molly、冰墩墩等潮玩"出圈"后，"世界玩具看中国，中国玩具看东莞"深入人心。当前全国尚无一个标榜"潮玩行业"与城市深度融合的城市。如东莞立足潮玩制造优势，加大力度发展潮玩产业，培育叫得响、立得住、传得开的潮玩IP，将有利于营造更年轻、更包容、更多元、更有活力的城市氛围和城市精神，吸引更多"潮人"扎根东莞，将"潮流之都"打造成为东莞独一无二的城市名片。

---

① 易观分析：《中国收藏玩具行业市场洞察分析2021》。

三是"潮玩＋"具有较强带动属性。过去潮玩总被标榜为"无用但快乐"的产物，但我们经过调研发现，潮玩有精神慰藉属性，具有很强的赋能作用，能够打破不同圈层的文化隔阂，通过授权、联名等形式成功融入社会各阶层，例如篮球文化和历史文化，都可用潮玩进行二次包装，使其更"出圈"；将潮玩衍生到其他的传统行业，延展其他产业的文化内涵，注入新的元素，增加产业附加值，如"文旅＋潮玩""餐饮＋潮玩"。

（四）T——东莞发展潮玩产业的外部挑战（Threats）

一是机制：行业制度标准滞后。目前绝大部分潮玩产品执行的是通用模型产品标准（GB/T26701），其中没有针对性的安全条款，因此按该标准生产的潮玩有可能对儿童健康构成一定的风险；一些商家利用盲盒的随机属性，质量良莠不齐，诱导过度消费，损害消费者合法权益，影响潮玩整体形象。在潮玩领域，目前仅有今年第一季度发布的团体自律标准《鉴赏收藏用潮流玩偶及类似用途产品》和上海市市场监督管理局发布的《上海市盲盒经营活动合规指引》，行业专门监管制度和标准的时效性和实效性明显滞后，对潮玩行业的质量、销售、服务未形成正向引导力，不利于潮玩提升品牌形象和长远健康发展。

二是政策：产业引导政策欠缺。对 IP 开发和推广端的设计、动漫游戏、影视、文化艺术等行业的具体政策相对滞后；对生产端的规划、土地、环保等环节的政策相对欠缺，出现产业层次与生产资质倒挂现象，例如由于近年对环保政策收紧，新兴企业如摩动核等拥有自主 IP 的全产业链潮玩企业难以办理环评，但早期通过环评的玩具企业大多从事代工业务，效能较低；对销售服务端的金融、税收和产业宣传营销推广政策相对不足，一定程度上制约了潮玩的全产业链发展基础。如 KK 集团计划海外上市，由于我市缺少相应政策支持，KK 集团不得不到深圳、珠海等地注册企业。

三、东莞发展潮玩产业的建议

经过深入调研，我们认为，潮流文化是一种生活方式，相对于东莞其他传统行业（如鞋类箱包家具等），潮玩尽管体量不大，但因工艺制造优势及品牌、设计的继发优势，迅速在国内乃至全球市场中占据不可或缺的地位。我市发展潮玩产业，优势大于劣势、机遇高于挑战，不仅是发展潮流文化的必由之路，而且还将是打造"潮流之都"的擎天柱，带动和引领其他行业走向品牌化、潮流化。

（一）固根强基：做深做强潮玩基础

1. 培育根基——培育本土龙头。深入摸排东莞本土具有重大发展潜力、填补潮玩行业空白、具有特色的头部潮玩企业，形成 10 至 20 家重点扶持企业名单，支持企业围绕"品牌＋生产＋渠道"建立生态闭环，在资源要素方面给予超常规手段支持，力争打造出 1 至 2 家泡泡玛特级别的标杆潮玩企业，引领全市潮玩行业发展。

2. 搭建基础——建立组织联盟。强化公共服务，大力培育潮玩土壤，按照"政府引导、市场主导、企业主体"的原则，在市级层面，统筹宣传、网信、工信、商务、文化等部门，成立潮玩产业发展领导小组，围绕潮玩产业专题研究制定一揽子配套政策，在 IP 知识产权原创、人才及企业吸纳、本土数字文化创新、企业升级转型降本等多维度进行扶持。协调发动市内头部潮玩企业牵头，抢先注册成立潮玩产业联盟，推进潮玩企业之间的产业联动、资源共享、创新互促；借助我市潮玩产业链优势，率先制定潮玩行业标准和规范，引导行业健康有序发展。

3. 稳打稳扎——打造产业集群。结合数字经济，打造潮玩产业集群平台，在线下聚集东莞强势中端生产资源，能够快速响应市场需求和行业创新，提升产业竞争力；线上依托互联网企业搭建上中下游资源信息撮合及产业升级"云园区"，推动东莞制造数据化—智能化的转变，推进反向定制（C2M）创新发展，增强企业柔性生产和市场需求适配能力。

（二）强干优枝：做好做优潮玩研发

1. 突出引导企业产品 IP 化。引导企业加大研发投入力度，培育具有自主知识产权、东莞文化元素的原创 IP；鼓励企业与国际、国内顶尖潮流 IP 设计企业合作，争取更多有影响力的国际 IP、国潮文创 IP 授权。

2. 突出帮助"产学研"转化。探索搭建潮玩 IP 版权线上交易平台及线下交易场所，加快推动一批潮玩 IP 设计创新成果转化，提高转化率，调动设计师设计成果转化和创新创业的积极性，实现共同研发、IP 交换、IP 共享等；强化知识产权保护，加大行业侵权打击，推动行业良性发展。

3. 突出城市氛围体验供给。在中心城区建设沉浸式潮玩体验空间，搭建潮玩产品集聚、展示、体验、销售、交流的场所。为消费者提供一个潮玩文化与体验相互推动的沉浸式造梦空间；依托石排镇产业基础，建设潮玩街区。通过建设潮玩博物馆、潮玩主题商业街，引进国内外潮牌服饰、潮玩零售集合店、高端连锁餐饮、运动体验空间、网红打卡店等知名品牌进驻，打造网红潮空间。

（三）筑巢引凤：做亮做精潮玩品牌

1. 精准引进潮玩产业链。围绕潮玩产业链的设计端和销售端两个重要缺失环节，编制潮玩产业招商图谱，有的放矢开展精准招商活动；引导设计端和销售端"两端"在外的本土潮玩企业将产业链高附加值环节回归我市。

2. 精心吸引优秀潮玩人才。在中心城区打造高品质低成本的潮玩设计师创意园，为设计师提供涵盖研发、生产、推广营销一站式产品服务；以全国顶级潮玩设计师必须定期来莞打样为契机，吸引其在莞设立工作室；建立高等教育、职业教育、继续教育不同层次潮玩人才培养体系，探索与国内知名美术学院在设计人才引进方面开展合作。

3. 精密部署引进"国级"展会。积极对接中国玩具协会、潮玩及收藏专委会等协会资源，争取将国家级的潮玩展会、论坛、行业峰会、主题活动等落户东莞，聚集全国的潮玩企业家、设计人才、消费者等资源，提升东莞知名度与影响力。举办一场全球首个潮玩行业峰会，一场高规格、高水平的行业峰会来扩大知名度和影响力。

（四）开枝散叶：做大做开潮玩规模

1. 走出去跨界联动——从潮玩到周边。引导潮玩行业与电子信息、文化创意、动漫、食品饮料、服装鞋帽、箱包等周边行业深度互动、衍生、联名，构建产业链相互支撑的良性发展的内生机制，发挥一加一大于二的叠加效应。

2. 走出去融入城市——从线上到线下。将潮玩作为城市外宣新元素和着重点，在线上对东莞潮玩进行全媒体宣传报道、创意策划包装和舆论氛围营造；线下加强城市氛围营造，在中心城区城市地标、重要路口定期展示大型潮玩艺术装置，将潮玩元素融入城市宣传，引导市内餐饮、酒店民宿、文旅企业与潮玩企业联名开发创意产品，推动潮玩与城市经营深度融合。

3. 走出去抢占市场——从东莞到世界。借助我市玩具出口企业与境外 IP 运营企业的良好合作基础，支持鼓励头部潮玩企业"走出去"发展，通过境外投资、并购或合资设立分支机构等方式，推运我市潮玩企业国际化，抢占国际市场。走出去参加各类潮玩展会、论坛、行业峰会、主题活动等，与世界潮玩进行交流，提升东莞潮玩知名度与影响力。

参考文献

① 艾媒咨询：《2021年第一季度中国潮玩行业发展现状及市场调研分析报告》。

② 中信证券：《产业链百花齐放，潮玩与IP共振——潮流玩具行业深度跟踪报告》。

③ 易观分析：《中国收藏玩具行业市场洞察分析2021》。

④ 唐硕体验咨询公司、北京师范大学心理学部：《中国Z世代潮玩消费白皮书》。

⑤ 曾昕：《情感慰藉、柔性社交、价值变现：青年亚文化视域下的盲盒潮玩》,《福建师范大学学报》(哲学社会科学版) 2021年第1期。

⑥ 前瞻产业研究院：《行业深度！一文带你详细了解2022年中国潮玩行业市场规模、竞争格局及发展前景》https://bg.qianzhan.com/trends/detail/506/220428-f835419d.html。

⑦《"潮玩"已成百亿级市场，行业标准亟待出台》https://m.thepaper.cn/baijiahao_13951869。

⑧《全国首个潮玩行业自律团体标准发布》http://www.cinic.org.cn/hy/xf/1266535.html。

⑨《全国85%的潮玩在这里制造！东莞湾区产区探访》https://xw.qq.com/cmsid/20220314A0D0H100。

⑩《东莞潮玩：从制造到创造》https://baijiahao.baidu.com/s?id=1716863580470022688&wfr=spider&for=pc。

课题组成员：

谭汪洋　中共东莞市委党校市情研究中心教授

林春香　中共东莞市委党校文化与社会教研部副教授

田　恬　东莞市文广旅体局文物和博物馆科副科长

林　环　东莞市委网信办网络传播和社会工作科科长

莫延钦　东莞日报社办公室主任

麦正阳　东莞广播电视台广告中心主任

陈肇仪　东莞市投资促进局办公室主任

"双万"背景下借助社会治理思维，加快提升莞邑历史文化遗产的活化品质

黄俊辉

党的二十大报告指出："增强中华文明传播力影响力。坚守中华文化立场，提炼展示中华文明的精神标识和文化精髓，加快构建中国话语和中国叙事体系，讲好中国故事、传播好中国声音，展现可信、可爱、可敬的中国形象。加强国际传播能力建设，全面提升国际传播效能，形成同我国综合国力和国际地位相匹配的国际话语权。深化文明交流互鉴，推动中华文化更好走向世界。"历史文化遗产的活化品质直接关系到中国传统文化的传承与传播。东莞作为岭南文化的重要发源地之一，拥有一批具有莞邑特色的历史文化遗产。近年来，东莞在保护修复的基础上，采取多项举措对历史文化遗产进行活化利用。多项非物质文化遗产和物质文化遗产在活化后展现出较高的艺术价值和经济效益。站在"双万"新起点上，经济社会的高质量发展必然需要有强大的文化支撑与精神动力，这无疑为莞邑历史文化遗产的活化品质提出更高要求。

一、加快提升莞邑历史文化遗产活化品质的重要性

在"双万"背景下，加快提升莞邑历史文化遗产的活化品质具有重要意义。

一是实现经济社会高质量发展不可或缺的一部分。一方面，经济高质量发展必然需要新的增长点。历史文化遗产的活化品质越高，就越有助于文旅、文创等文化产业的壮大发展，进而成为经济高质量发展的新增长点。另一方面，东莞千万级别的常住人口中有数百万来自五湖四海，人口构成具有显著的多元性。外来人口对东莞的文化认同是城市归属感的重要表现。活化并利用好东莞的历史文化遗产，讲好东莞故事，有助于实现千万人口深度融合、共生共荣。这是社会高质量发展的必然诉求。

二是满足东莞广大市民文化服务需求的内在要求。尽管东莞已开展了卓有成效

的历史文化遗产活化工作，如莞香制作技艺、鳒鱼洲工业遗址文创园、莞城历史文化街区等，但在东莞迈向高质量发展的新征程中，经济条件的改善和市民素质的提升，使得广大市民对文化服务的需求总量更大、品质要求更高。目前，历史文化遗产活化的手段和形式仍较为单一、粗放，已无法满足千万人口不断增长的文化服务需求。特别是高层次人才在东莞的集聚，其对高品质文化服务有着更多的向往，对文化服务品质有着更大的期盼。这都内在地要求历史文化遗产活化品质的升级。

三是加快落实东莞文化强市发展战略的应有之意。在"双万"背景下，东莞已经确立文化强市的发展战略，扎实推进国家历史文化名城创建。在文化强市发展战略下，人们对历史文化遗产活化的关注点逐步从数量转向品质。历史文化遗产的活化品质是高质量文化服务的重要部分。活化品质的高低取决于对历史底蕴、地方记忆和文化信息等各类遗产素材的活化程度。因此，提升莞邑历史文化遗产的活化品质，是在"双万"新起点上加强历史文化名城建设、传承优秀历史文化传统、彰显莞邑历史文化特色、增强历史文化价值认同的一项重要工作。

二、社会治理思维在历史文化遗产活化中的优势

历史文化遗产的活化工作涉及基层政府、社区、企业、居民等多方主体以及多个环节，因其具有参与主体多元性、跨领域性以及利益多样化等特征，在现实中常常遭遇各种困局。例如，历史文化遗产活化缺乏深度挖掘，难以吸引企业投资；上级部门"热"而基层"冷"，使得活化工作流于形式；部分古村落建筑产权不明晰，无法开展修复开发；部分传统技艺缺乏传承人，导致技艺手法失传。

为破解以上困局，可以尝试在历史文化遗产活化工作中融入社会治理思维。社会治理主要是指政府、社会、市场等多元主体通过协商合作，共同解决社会事务问题，强调社会事务治理主体的多元性、互动性以及合作性。在历史文化遗产活化工作中融入社会治理思维，就是要注重发挥政府、市场、社会等不同主体的各自优势，实现多元主体在历史文化遗产活化中的协商合作。

社会治理思维在历史文化遗产活化中的优势主要表现在：一是有助于激发各方参与主体的积极性。历史文化遗产的活化并非政府部门的独角戏，而是与每一名市民以及每一个部门息息相关，关系到东莞千万人口对历史文化遗产的获得感。社会治理思维本身就是将协调各方主体关系以及利益作为一项重要任务，自然有助于调动各方主体参与历史文化遗产活化的积极性。二是有助于创新历史文化遗产的活化

形式。目前，部分历史文化遗产在活化形式上较为单一，难以达到品质化。社会治理的一个显著特征就是多方主体基于协商互动机制共同解决社会问题，协商互动过程更容易形成创新。同理，在历史文化遗产活化工作中建立社会治理思维，有助于活化形式的创新。三是有助于发掘历史文化遗产的独特信息。社会治理注重各方主体之间的互动性参与，从而发现各方主体以及治理过程中隐含的各种信息。历史文化遗产的活化，尤其是古村落、古建筑、老街区的活化需要对其中蕴藏的历史信息和文化景观进行充分发掘。采用社会治理思维加强各方主体之间的互动，在互动过程中有助于发掘各方主体对历史文化遗产所掌握的独特信息。

三、以社会治理思维提升莞邑历史文化遗产活化品质的基本路径

在"双万"新起点上，应该更加注重历史文化遗产的活化工作，并以社会治理思维提升莞邑历史文化遗产的活化品质，为推动东莞的高质量发展、增强千万人口的归属感、提升城市美誉度提供更有力支撑。

第一、探索建立历史文化遗产活化的多元投入保障机制。除了加大政府财政资金投入之外，积极探索莞邑历史文化遗产活化经费投入保障机制。鼓励和引导民间资本参与莞邑历史文化遗产活化工作，联合政府部门、市场企业、慈善公益基金会、社区发展基金等形成活化资金池，加快形成"政府投入为主、社会力量积极参与"的多元化经费投入保障机制，切实提升历史文化遗产的活化品质。

第二、加快建立全市统一的历史文化遗产活化联盟。根据每一种历史文化遗产的特征，从历史保护、地方记忆、带动发展、活化利用等维度进一步完善莞邑历史文化遗产目录。全面梳理从事历史文化遗产活化工作的相关政府部门、企业、传承人，建立全市统一的历史文化遗产活化联盟，为提升历史文化遗产的活化品质提供人才、资金、技术等资源保障。由此，实现历史文化遗产的活态保护、活态传承和活态发展，确保历史文化遗产的可持续发展。

第三、积极探索非物质文化遗产的新型传承机制。考虑到部分非遗文化仍未得到有效的传承与活化，特别是部分体现东莞特色但只停留在口口相传的历史文化和传统技艺，应加快探索新型传承机制，将非遗传承走向日常生活的常态化治理。例如，将就业困难群体与非遗传承人进行对接，由市镇村三级部门适当提供资金，将就业困难群体培养为非遗传承人，既能解决就业问题，又可以推动非遗文化的传承，再通过社区营造的方式将非遗文化融入市民的日常生活中，最终实

现历史文化遗产在本土社区的共建共享。

第四、加快实施"1＋N"的多元主体活化运营模式。这里的"1"是指以政府部门为主导，"N"是指与历史文化遗产活化相关的其他主体，如市场企业、社会组织、乡村能人、村居等。借助社会治理思维，坚持"政府主导、多元参与、合作共赢"的原则，在历史文化遗产活化中积极引入多元主体，摒弃政府唱独角戏的做法。特别是对于部分还没有得到充分活化、开发利用的古村落与古建筑，在遵守国家、省市关于文物保护的政策基础上，加快做好古村落房屋与建筑的产权明晰工作。在保障政府、村居、业主等各方主体合法权益的基础上，因地制宜地开展统筹规划，通过 PPP 模式引入企业参与古村落和古建筑的连片活化、开发利用，由企业打造集研学、休闲、娱乐、民宿在内的一批沉浸式强、体验性佳的文旅品牌活动。由此，实现政府、企业、村居和业主等多方主体的利益共赢，展现东莞历史文化遗产的活化魅力。

（作者：黄俊辉，东莞理工学院大数据与公共政策研究所所长、社工系理论教研室主任，副教授、博士。联系电话：15916832142；邮箱：hjh2383@163.com）

论晚清民国时期欢场空间书写的文化内涵

黄　静

晚清至民国时期，中国的社会结构和文化结构都经历着剧烈的动荡，欢场的价值观与功能也随之发生重大转变。论文中欢场及欢场女性都是较为宽泛的概念。欢场女性泛指以身体或是与身体有关的艺能为男性提供娱乐或是性的服务从而获得相当的报酬的女性。娱乐与性的服务既可能是并存的，也可以是分离的，既包括主动提供，也包括被迫的出卖。欢场则是欢场女性的活动空间，其包括性交易场所但又不限于这一场所，同时还包括一些提供交际、娱乐等功能的场所，如舞厅。欢场空间可分为固定和流动两类，固定的空间如妓院、舞厅等，流动的空间主要指大街，当欢场女性在此活动时其才显示出欢场的功能。由于晚清至民国时期，上海的欢场业一直较为兴盛，关于上海的欢场文学也较多，故而，论文主要以上海为考察对象，通过选取高级妓院、大街和舞厅这三种具有代表性的欢场空间，来考察欢场与近现代城市发展之关系。

一、高级妓院

晚清以来，随着城市化、商业化的发展，中国欢场业也发生了一系列的变化，表现出与西方色情业接轨的趋势。欢场女性身上所体现出的那种精神性功能日趋减弱，而肉体交易则成为欢场业的自觉追求。当然，欢场女性的这种商业化过程并非那么简单，在由传统向现代的转型过程中出现了一个短暂的过渡时期。在这一过渡时期，欢场女性主要指高级妓女既减弱了传统意义上"红颜知己"的精神成分，同时又担当起当时社会具有时尚价值的角色，成为了中国社会生活中引领时尚之先者。清末民初的高级妓院虽已不是文人士子风雅缠绵的情感寄托处，但也不是纯粹的肉体交易场所，当时的高级妓院承担了更多的社交功能。"远的不说，至少从近代到 20 世纪 30 年代这一时段内，许多高等妓院，不过是一种'公开的社交场所'而已。虽不能说其中没有'性关系'，但是有当时的规矩与尺度。"① 范伯群将狎妓概括为四种类型，一种是沿袭了中国文人的传统心理：

> 自以为在秦楼楚馆中风流倜傥，方显才子与名士本色。这类狎客是所谓以"风雅为主"。另一种却是"缠绵见长"，他们从小受父母之命，媒妁之言，与毫无感情基础的女子结合。在这种情感苦闷之中，渴求去找寻一位"红粉知己"。于是在封建婚姻之外，尽情地表达在"载酒看花，娱目赏心"中对红粉知己的感情宣泄。还有的文人雅士，非常欣赏那种温情软语的"清游风味"，而不尚肉欲的追求。第三种是将妓院作为会友交谊、商业谈判的场所，或诗酒风流地找寻灵感的宝地，……总之是从社交场合的实用性出发的。当然最主要的实用功能是在于"冶游"。第四种是花了白花花的大把银子来买性欲之发泄。②

如果说，传统青楼主要是发挥前两种欢场功能，那么清末民初的高级妓院凸显的则是第三种功能，而当时的下等妓院则分化为纯粹的肉体交易市场。

清末民初的上海，色情业十分发达，所谓"洋场十里，粉黛三千"。"上海之洋泾浜甚胜地也，中外杂处，商贾辐辏，俗尚繁华，习成淫佚，故妓馆之多甲于天下。"③ 据当时的资料显示，1864 年的时候，"公共租界内华人居住的 1 万所房子中就有 668 所是妓院，这个数字当指有户籍登记的较大的妓院。到 1869 年时，租界有正式妓院即'堂名'约数千家，加上无名号的所谓'烟花间'妓女不下万余人。"④ 时人记云："沪上烟花之盛可谓超秦淮、驾姑苏，甲天下矣。按沪上为四

---

① 范伯群：《中国近现代通俗文学史》，南京：江苏教育出版社，1999 年，第 8 页。
② 同上书，第 9 页。
③ 《中外新闻》，《上海新报》，1869 年 11 月 13 日。
④ 周武、吴桂龙：《上海通史》第 5 卷《晚清社会》，上海人民出版社，1999 年，第 369 页。

方贸易聚集之区，无论文人学士、巨商富贾，与夫店家之伙友，极而至于佣工仆隶，并皆驰逐于花柳之场，趋之如鹜，甘之如饴。"① 而游沪者的八事即为："戏馆也，书场也，酒楼也，茶室也，烟间也，马车也，花园也，堂子也。"② 此外，当时所总结的"沪北十景"中，其中之一即为"桂馨访美"，因妓馆以桂馨里为最佳。所谓"燕瘦环肥任品评，脂香粉腻总温存。可怜几曲章台柳，不遇情人枉断魂。"③ 即是描绘了名妓汇聚，抚琴唱曲的勾人心魂的情景，欢场业的兴盛由此可见一斑。而当时妓院的等级区分亦十分严格，"大抵书寓、长三为上，幺二次之。书寓者，即女唱书之寓所也，其品甚贵，向时不屑与诸姬齿，今则长三亦书寓焉"。④ 书寓、长三、幺二总称为"堂子"，档次更低的妓馆则有花烟间。高级妓院不仅是性交易场所，同样也是饮宴、应酬、娱乐的场所，它的繁荣与上海的商业繁荣紧密结合。在此风气之下，狎妓既已成为人们的日常娱乐，妓馆也就成为谈生意、会朋友、交际应酬的必至之地，以致欲洁身自好、不染其间已势不可能。"虽然翩翩年少，沉溺于歌场酒阵中者，固不乏人；而巨贾富商，峨冠博带，夜夜走胭脂坡者，非真以问柳寻花为事也。沪上积习，往来酬酢，非此不欢。未能免俗，聊复尔尔"。⑤ 加上租界当局从保护商税收入的经济利益出发而对娼妓持纵容态度，使得华官无能约束，更是助长了这种风气。"冶游之场至上海而最盛，虽似大弛禁令，要之为商宦应酬之所必需"，"亦谓租界地方禁令不及，且通商局面藉此点缀，苟无此等处所，即酒楼戏馆中未必如此兴高采烈，而各项减色将不止一半矣。故亦听之而已。……自好者颇知检束其身，不为随波逐流之事，盖官不能禁而己自禁之可也。无如足迹所至，其类繁多，朋友招邀，不能立异，一至上海，靡不入此邪径，流连忘返，或情志所惑，或应酬所惯。"⑥

上海作为新兴的商业城市，历来作为文人雅士冶游场所的青楼也拓展了新的商务交际功能。由于在商业社会中，人际关系变得越来越重要，社交成为了商业活动成败的关键。商人们需要一种高级的、体面的、稳定的社交场所，而高级妓院则具有天然的优势，其以女色为主而兼有宴客应酬、听琴品曲、吸大烟等娱乐

---

① 《论女堂烟馆亟宜禁止事》，《申报》，1873 年 2 月 4 日。
② 池志徵：《沪游梦影》，上海古籍出版社，1989 年，第 156 页。
③ 葛元煦：《沪游杂记》，上海古籍出版社，1989 年，第 51 页。
④ 池志徵：《沪游梦影》，上海古籍出版社，1989 年，第 163 页。
⑤ 《沪游记略》，转引自陈平原、夏晓虹编注：《图像晚清》，天津百花文艺出版社，2001 年，第 266 页。
⑥ 《论各帮公禀请禁烟馆女堂倌事》，《申报》，1873 年 1 月 15 日。

功能，无疑是创造了一种轻松温情的环境。在醉红醉绿、莺歌燕语的情调中，在花酒碰和、左拥右抱的氛围里，交易的成功率自然也就较高。由于商业的繁荣，高级妓院表现出了积极适应并迎合商业社会的要求，一方面高级妓院自身营造着一种体面的、时尚的社交环境，另一方面名妓们则在其中发挥着交际魅力，成为社交场合一道令人赏心悦目的风景。不同于以往注重青楼女子才艺方面的特长，清末民初时则更加看重妓女的交际手腕，看其是否能游刃有余地周旋于各种社交场合。"娼妓在那时是社会上极少数具有交际能力和机会的'职业女性'"，而"作为欲望对象的女性，她们的交际能力都被看做是至关重要的"。当时的文人不满一些妓女的"倨傲之气"和"凌厉之形"，并批评"人们只知道做妓女的以色相为第一位，其次是才艺，而不知道实际上应酬是第一关键"①。故而《海上花列传》中的屠明珠，虽是年老色衰，但由于会说笑，场面功夫好，依然在欢场受到抬举。而商业的繁荣也使得富商巨贾取代了文人士子成为欢场的新贵，如《海上花列传》中几个主要男性角色已转化为富商官绅，文人士子则被边缘化了。对商贾而言，流连欢场，不仅仅是消遣的需要，同时还有着实用性目的。国语版《海上花列传》第一回中，商贾庄荔甫去妓院除了是消遣外，更是为了寻求做生意的机会，故而"庄荔甫向洪善卿道：'正要来找你，有好些东西，你看看，可有什么人作成。'即去身边摸出个折子，授予洪善卿。善卿打开看时，上面开列的，或是珍宝，或是古董，或是书画，或是衣服，底下角明价值号码。"②书中的商贾官绅，整日地泡妓馆，吃花酒，在消遣享乐的同时，亦是通过这种方式来结交朋友，交流感情，寻求机会。

当然，清末民初的欢场除了凸显实用性的商务交际功能外，自然还沿袭了传统的娱乐消遣功能。由于当时上海社会普遍弥漫着人生无常、及时行乐的享乐风气，因而欢场就不只是文人士子的风雅缠绵之所，不同出身、不同身份、不同等级的人多爱流连于妓馆，妓馆成为了各色人等群相光顾的大众化的消遣娱乐场所。摆台面、叫出局，亦成为当时社会的普遍风气。无论是达官政客的沆瀣一气，或是巨富商贾的贸易往来，还是贵介寓公的娱乐消遣，以及文人墨客的风流雅兴，都要借助妓馆这一特殊的欢场空间来实现。当时的报人包天笑就曾指出：

---

① 刘慧英：《遭遇解放：1890—1930年代的中国女性》，北京：中央编译出版社，2005年，第142页。
② 韩邦庆：《海上花开》，张爱玲译，哈尔滨出版社，2003年，第6页。

"上海那时的风气，以吃花酒为交际之方，有许多寓公名流，多流连于此。"① 狎妓成为了一种堂而皇之、公然不讳的交际应酬，高级妓女也成为了当时各种社交场合不可或缺的角色。一位西方评论者针对这一现象写道："一帮官吏或文人若不召妓作陪，简直不可能在任何社交场合聚首。……歌姬在以往任何时候都不如清末民初时期——约从1870年到1926年的国民革命期间——那么享有盛誉。"② 正是在清末民初这样一个特殊的转型期，欢场呈现出上海城市最早的社会性空间想象。作为介于公共与私密的特殊空间，欢场既是交际应酬、商务活动的社交酬酢场所，又因与性交易联系而具有私密性。而作为一种社会公共空间，其在很大程度上成为了展示西方物质文明的橱窗，成为了一个时尚的、奢华的并体现着传统与现代相结合的特殊空间。正是在这一意义上，清末民初的高级妓院成为体现上海作为一个现代城市主要特征的媒介，而高级妓女则在充当中国社会生活中引领时尚之先者的同时，又在日常生活中成为西方物质技术的率先使用者与积极宣传者。

不同于以往的青楼女子，清末民初上海高级妓女的社会活动空间大大增加，公共化的程度也大大增强。作为社会大众好奇的焦点，不仅仅体现为作为民众的性想象对象，更是作为一个阶层，其穿戴打扮、在公共场合中的行为举止以及房间的装饰布置等所形成的有关妓女生活方式的综合性想象。而高级妓女由于职业的原因，在无意识中却是充当了西洋文化引入大众社会的媒介。这一时期的各种画报、小报以及文学作品中，高级妓女的形象总是与沪上洋场的西式器物联系在一起，从而渲染一种繁华、享乐、时尚与新奇的主题。高级妓院作为士商官绅的社交酬酢之所，自是十分强调居所的高档、华丽与时尚。时人描述当时长三书寓的时髦奢华道："房中陈设俨若王侯，床榻几案非云石即楠木，罗帘纱幕以外，着衣镜、书画灯、百灵台、玻罩花、翡翠画、珠胎钟、高脚盘、银烟筒，红灯影里，烂然闪目，大有金迷纸醉之慨。"③ 晚清名妓胡宝玉的房间，则完全以西洋家具布置，"另辟精室一间，洁无纤尘，其中陈设尽是西洋器具，以银光纸裱壁，地铺五彩绒毡。夏则西洋风扇悬挂空中，凉生一室。冬置外国火炉，奇燠异常。床

---

① 包天笑：《钏影楼回忆录》，太原：山西古籍出版社，1999年，第572页。
② 转引自［美］贺萧：《危险的愉悦：20世纪上海的娼妓问题与现代性》，韩敏中、盛宁译，南京：江苏人民出版社，2003年，第85页。
③ 池志徵：《沪游梦影》，上海古籍出版社，1989年，第163页。

亦系西式，不用帐幔，穷极奢美。"① 当时沪上高级妓女房间的摆设多为西洋器具，所谓"青楼中矜奇炫异，陈设极精，大镜、睡椅二物所必有也。"此外，房间还"以西洋印花纸糊壁"。时人所作竹枝词咏妓馆装饰的洋化道："房糊洋纸绝尘埃"，"镶金大镜挂房间"，"更设西洋藤睡椅"，"两桌玻璃高脚盘"。② 中上等妓宿通过陈设西洋器具来"矜奇炫异"，从而在招揽顾客的同时也抬高了妓女身价。

当时的狭邪小说也真实反映了妓院中西洋器物的流行。《海上花列传》第一回描写陆秀宝的房间则是："就住陆秀林房间的间壁，一切铺设装潢不相上下，也有着衣镜，也有自鸣钟，也有泥金笺对，也有彩画绢灯，大家随意散坐。"③ 可见对于当时沪上的中上等妓院而言，西洋着衣镜、自鸣钟等是必不可少的摆设。大到西式床、着衣镜、自鸣钟等，成为高级妓院的主要家具摆设，小到一些日常用品如手表、墨镜、洋伞、香水等西洋用品也广为妓女喜爱。《海上花》第六回提到，葛仲英要去亨达利买点零碎，而亨达利则是当时西人在上海所开的较大的洋货店。时人记述道："西人所开洋货行以亨达利为最著，专售时辰寒暑风雨各式钟表、箫鼓丝弦、八音琴、鸟音匣、显微镜、救命肚带及一切耍货，名目甚繁。"④ 吴雪香在其中看中了一只嵌在手镯上的时辰表，葛仲英便为其买下，当时较为流行这种女子专用的精致小型的手表，除了是一种计时的工具，更主要是作为炫耀性的装饰品。除了房间的摆设、日用的装饰充满着西化的特点，高级妓女在生活方式上也体现了一种洋化。《海上花》十九回描写屠明珠在家摆花酒宴宾客，其寓所是五幢楼房，其中的大菜间"粉壁素帷，铁床玻镜，像水晶宫一般"，而在客堂中央移放着"吃大菜的桌椅"，上面"铺着台单，上设玻罩彩花两架及刀叉瓶壶等架子，八块洋纱手巾，都折叠出各种花朵，插在玻璃杯内。"宴请的过程则典型地体现了一种中西合璧的特点，先是上"十六色外洋所产水果干果糖食暨牛奶点心"，包括"外国榛子、松子、胡桃等"，接着是看戏闲聊，所点的戏都是传统的吉利戏，诸如《跳加官》《满床笏》《打金枝》等。接着是上八道大菜，最后"迨至席终，各用一杯牛奶咖啡，揩面漱口而散。"⑤ 西人的饮食习惯作为时尚的体现也为高级妓女所接受。此外，高级妓女作为时尚的代言人，一向领风气之

① 溪田宜居士：《海上群芳谱》卷四，上海点书斋刻印，1885年，第19、20页。
② 忏情生草稿：《续沪北竹枝词》，《申报》，1872年5月18日。
③ 韩邦庆：《海上花开》，张爱玲译，哈尔滨出版社，2003年，第8页。
④ 葛元煦：《沪游杂记》，上海古籍出版社，1989年，第28页。
⑤ 韩邦庆：《海上花开》，张爱玲译，哈尔滨出版社，2003年，第176、177、178、179页。

先，因而她们总是率先使用西方物质文明的新技术，比如照相、电话、电风扇、电门铃等。照相作为一项新技术最受妓女青睐，甚至可以说妓女是推广照相摄影行业的先锋。当然，妓女热衷照相，一方面是为了追求新奇，另一方面也是出于对生意的考虑，既可以把自己的照片赠送客人，同时也时兴将照片挂在妓馆以招揽客人，即是"勾栏中人必各照一相，悬之壁间。"① 通过这一时期的文学作品与历史资料我们了解，不仅西洋的器具成为了妓女生活空间的一部分，西洋的生活方式也融入了妓女的日常生活之中，并因此构成了当时社会时尚的一个重要组成部分。

事实上，高级妓女身上所体现的时尚是立体的、多方面的。作为紧追西方物质文明的一个特殊阶层，她们不仅享用西式高档家具，而且身着奇装异服，乘坐西洋敞篷马车在繁华街头兜风。"在上海，妓女领时髦之先，成了时尚的风向标，这也从另一方面说明其不蒙羞耻、公开参与都市生活的程度。"② 而清末民初妓女更在服饰上标新立异，可以说是引领时尚的先锋。"娼妓之服妆，是一般妇女之表率"，③ 所谓"男子衣服大率取法优伶，女子衣服大率取法娼妓"。④ 鲁迅在《关于女人》一文中在同情女性所受压迫的同时也指出了这一现象，"民国初年我就听说，上海的时髦是从长三么二传到姨太太之流，从姨太太之流再传到太太奶奶小姐。这些'人家人'，多数是不自觉地在和娼妓竞争——自然，她们就要竭力修饰自己的身体，修饰到拉得住男子的心的一切。"⑤ 如同西洋器具改变了传统的妓院空间，在凸显奢华的同时，又强调新奇，从而成为了西洋物质文明的展示厅。同样，高级妓女的服饰作为一种包装，一方面体现着华丽与昂贵，另一方面又在标新立异中宣传着自己并改变着自身的公共形象。这一时期的狭邪小说里经常会详细描述高级妓女的穿着打扮，包括服装的式样、质地、颜色、搭配等，如《海上花列传》《九尾龟》等作品中这类描述是颇多的。通过对高级妓女服饰的展示，我们发现高级妓女不仅引领服饰的流行，从穿着男装、西式女装、到上衣渐短渐紧，再到裤装的流行等，同时服饰的变化又使妓女行动的姿态发生改变，在公共

---

① 海上逐臭夫稿：《沪北竹枝词》，《申报》，1872 年 5 月 18 日。
② ［美］贺萧：《危险的愉悦：20 世纪上海的娼妓问题与现代性》，韩敏中、盛宁译，南京：江苏人民出版社，2003 年，第 80 页。
③ 白天：《娼妓之种种》，《笑报》，1930 年 11 月 6 日。
④ 《论服色宜正》，《申报》，1894 年 3 月 16 日。
⑤ 鲁迅：《关于女人》，《鲁迅文集》第 4 卷，哈尔滨：黑龙江人民出版社，1995 年，第 449 页。

场合中表现出了以往所没有的自由感与自信度。如《海上花列传》里，黄翠凤对服饰的选择搭配即充分体现了当时高级妓女的一种时尚、自信，当时便将一旁的罗子富看呆了。其"自拣一件织金牡丹盆景竹根青杭宁绸棉袄穿了，再添上一条膏荷绉面品月缎脚松江花边夹裤，又鲜艳又雅净。"[①]随着高级妓女公共化程度的提高，城市成为了她们的舞台，而她们则是这一舞台中引人注目的形象。

清末民初的高级妓女所以能成为中国社会生活中引领时尚之先者，成为西洋文化文明引入大众社会的媒介，是有着先决条件的。首先，由于在中国传统社会中妓女的社会地位处于边缘，较少受传统势力的束缚，故而，她们能够大胆地反叛传统，接受外来的新事物。其次，由于职业的需要，高级妓女需要通过包装来更好地推销自己，这种包装越是奢华、新奇、时尚就越可能得到一种高价值的回报，西方的"奇技淫巧"由于具有这些特点而备受妓女青睐。此外，还与高级妓女身处上海租界这一特殊空间有关。一方面受租界的法律保护，妓女享有比以往更多的自由。另一方面，她们可以从租界处西人那里迅速获得新事物的信息，事实上，西洋器物首先都是由在华的西方人使用，然后才传到高级妓女那里并由其转化为新奇时尚的物品从而逐渐为市民大众所熟悉接受的。正是从这一意义而言，清末民初的高级妓女"起了一个引进西洋文化的媒介作用"，[②]与此同时，其对时尚的接受与追求又折射了上海城市的现代化进程。

不过，当我们借助于那一时期的画报、小报、各类的冶游指南、文学作品却发现清末民初的高级妓女及其所处的欢场空间所体现的时尚文化，事实上很大程度上是一种"媒体景观"，即它不断地通过当时的各类媒体或是文字或是图片来强化并夸大了这种时尚。如同当时流行的妓女拍摄的布景照，布景与道具往往是一些西方物质新技术的成果，如电话、照相机、汽车等，这些布景与道具所体现出的场景并非妓女真实的生活场景，但却反映了妓女对西方物质文明的向往以及当时更为广泛的其他社会阶层的时尚追求。同样，由当时各类媒体所渲染的高级妓女时尚豪华的生活，则体现了转型时期文人以及市民大众的普遍的享乐崇奢心态。在前面，我们提到高级妓女所体现的时尚并不仅仅体现于其自身的穿戴打扮，居住寓所等，同样还包括生活方式，行走方式，娱乐方式以及参与社会公共

---

① 韩邦庆：《海上花开》，张爱玲译，哈尔滨：哈尔滨出版社，2003年，第78页。
② ［德］叶凯蒂：《清末上海妓女服饰、家具与西洋物质文明的引进》，《学人》第九辑，南京：江苏文艺出版社，1996年，第403页。

生活的程度等多方面因素。时尚所体现的是一个广泛的文化空间，而在这其中我们不能忽略的还有媒体所起的重要作用。可以说，清末民初媒体的传播对高级妓女所体现的时尚文化起到了推波助澜的作用，而与此同时，媒体自身也是这一文化的组成部分。

清末民初的上海妓女可以说已经完全传媒化了，作为"一种炫耀的造物，是公共快乐的对象"，[①] 成为了全体民众的性想象对象。打开那一时期的报刊，所刊载的有关妓女的逸闻趣事、狭邪小说、照片图画等大有泛滥之势。当时的狭邪小说多是先连载于报刊上，而很多狭邪小说的作者本身就是知名报人，如韩邦庆、李伯元、孙玉声、张春帆等。因而，狭邪小说也成为了这一"媒体景观"的重要组成部分。由当时媒体所塑造出的妓女形象极富时尚气息，她们既是男人的欲望对象，又是普通女子的时尚模特。同时有关于她们的所作所为、生活习惯、穿着打扮等都成为人们感兴趣的谈资，在大众中流传，而这一流传过程本身也在塑造着城市文化。曾有学者指出，小报的产生与妓女有着很大的关系。"上海初未有小报，自申左梦畹生，高窗寒食生暨现在希社社长高太痴等评花品叶，仓山旧主鼓吹西部，于是始有小报。"[②] 即小报是为了满足洋场名士"评花品叶"的需要而产生。故而，捧妓的文章成为这一时期小报的重要内容。对妓女来说，通过小报的吹捧来扩大自己的声名，从而抬高身价；对小报而言，通过刊载有关妓女的文章图片以供大众消费，从而扩大销量，双方其实是各取所需。小报中，李伯元创办的《游戏报》以评选花榜状元而闻名，该报每日以妓女生活为主题，作大量以渲染为主的报道。1898 年，《游戏报》将花榜获胜的头三名妓女的照片贴在了报纸上方，更是将妓女传媒化了。而现代传媒力量的运用，影响力自是与以往仅将照片赠送客人或是悬挂于妓馆不可同日而语。此外，当时还有书局将娼妓的照片汇集成册出版发行，其中一册命名为《海上惊鸿影》，收集了五百个娼妓的照片。到了 1914 年上海有正书局又出版发行了《新惊鸿影》。妓女形象被大量地复制、传播，这在以往是从未有过的也是不可想象的。正是在媒体的这种大肆炒作下，妓女形象得到空前张扬，而高级妓女作为一种欲望化的对象，作为社会时尚的明星成为了普通大众的聚焦目标。

---

① ［法］波德莱尔：《1846 年的沙龙：波德莱尔美学论文选》，郭宏安译，桂林：广西师范大学出版社，2002 年，第 446 页。

② 陈伯熙：《上海轶事大观》，上海书店出版社，2000 年，第 276 页。

其实，不同档次妓女的人数如同金字塔一般，越是处于下面人数越多，而越是高级则人数越少。曾有人推算 19 世纪 70 年代上海妓女的人数，"长三以数百计，幺二以千计，花烟以数千计。"[①] 然而，当我们将视线转向最大多数的普通妓女身上时，我们发现在这一时期的传媒中，她们则被忽略了、边缘化了。有关她们的记载不仅数量少而且很简单，与对高级妓女的大肆宣传形成了鲜明的对比。另外，狭邪小说中也较少展现她们的生活状况，因而她们的形象多是模糊的。事实上，在普通妓女与高级妓女之间，无论是服务的内容、对象与价格方面都存在较大的差异。波伏娃曾指出两者的差别，普通妓女"是以她的纯粹一般性（作为女人）进行交易，结果竟争使她处于可悲的生存层面上"；而高级妓女"则竭力得到对她本人（作为一个个人）的承认，若能做到，她会有很高的抱负。"[②] 所以就一般性而言，前者多体现一种悲惨的、苦难的生活，而后者的生活则被视为是愉悦的、奢华的象征。相比较高级妓院华丽的陈设及高级妓女时尚的服饰，下等妓院则陈设简陋，妓女的姿色、妆饰也比较低劣。时人描述花烟间的情景道："小灯一盏设帘前，窄窄扶梯当户悬，堪笑红签门首帖，直书楼上有花烟。"[③] 这些花烟间价钱低廉，顾客基本是社会的中下层。我们知道，"五四"以来多数作家是将视点对准了中下等妓女，展示她们的苦难生活，从而来批判社会。而在清末民初，文人的焦点却是集中在高级妓女身上，想象着她们所代表的时尚奢华的生活，这种视点的差异其实是反映了不同的社会文化心理。可以说，清末民初，上海社会上下都弥漫着享乐崇奢的风气。人们尚新求异，追逐时尚，这一风气首先由商人阶层兴起，而后向社会其他阶层蔓延。故而，当时上海的市民大众普遍具有拜金、崇奢的心理，所谓的"笑贫不笑娼"即是典型体现。有钱的人争豪逞富、一掷千金、大展奢风；无钱的人则羡慕、向往着这种奢侈时尚的生活。高级妓女作为这种生活的体现者，同时又是欲望化的对象，自是成为市民大众好奇的焦点。而这一时期的文人们热衷于想象高级妓女的生活，既是满足大众的心理需要，同时对他们自身来说，也起到移情的作用。正因此，清末民初的高级妓女体现的其实是双重媒介作用，一方面，她们在追求时尚的过程中充当了西洋的文化文明引入大众社会的媒介。另一方面，关于她们生活方式的想象又成为了文人们以至于

---

① 江苏华亭县人持平叟：《禁娼辨》，《申报》，1872 年 6 月 10 日。

② ［法］西蒙娜·德·波伏娃：《第二性》，陶铁柱译，北京：中国书籍出版社，1998 年，第 639 页。

③ 慈湖小隐稿：《续沪北竹枝词》，《申报》，1872 年 8 月 12 日。

市民大众体验时尚生活的媒介。总之，在当时媒体的渲染下，清末民初的高级妓女在很大程度上体现了那个时代大众对时尚生活的想象与追求。

二、大街

如果说妓院是一种稳定性的欢场空间，那么，相比较而言，大街则是一种流动性的空间。准确地说，它并不是完全意义上的欢场，它更大程度上是作为妓女活动的背景，只有当妓女在此活动时，它才显示出欢场的意义。此外，妓院的存在是古老的，大街作为欢场空间则是随着近代的城市化、商业化的发展而出现的。因而，同传统欢场空间相比，大街就更加凸显妓女作为性商品的属性。事实上，晚清以来，欢场业的商业色彩已是越来越浓厚。不过就妓院而言，尤其是高级妓院，总还多多少少地遮掩这种交易属性。这一时期的高级妓院讲究诸多的规矩，比如，高级妓女一般不会许身于一位刚见面的客人，同妓女相识也有着一系列的程序。先要"打样局"，即第一次见面最好由该妓的熟客介绍，在局票上写明是代熟客叫局，如此该妓或肯来坐上片刻；再是"打茶围"，即熟悉妓女的第二步，去其所在的妓院抽烟、吃点心、闲聊；然后是"做花头"，即在该妓院组织一次宴会或赌局，这之后，才有可能和妓女发生性关系。而这些费用并不是每次当面付清，一般是先赊账，然后等到节边再一起支付，如端午节、中秋节、春节等。这些规矩其实是淡化和遮掩性交易的色彩，从而显示了"在中国的上流人士中仪式、礼节以及感情互惠的法则所具有的力量"。[①] 此外，高级妓院所具有的社交应酬、娱乐消遣等功能也在某种程度上弱化了妓女的性商品属性。然而，出现在大街上的妓女无论是高级妓女还是普通妓女，却都在强化自身的性商品特征。无论以何种方式行走于大街上，也不管她们是否愿意，她们都避免不了作为"被看"的欲望化对象。而将大街与女人相结合，也最能体现城市的欲望化特征，是城市文学常用的一种修辞手法。

清末民初的高级妓女社会公共化的程度较高，相比较当时的良家女性，她们较少受传统秩序与伦理道德的束缚，因而她们可以公开地抛头露面，可以自由地游走于沪上的公共领域与私人空间之间。而身着奇装异服乘坐马车在繁华街道招

---

① ［法］安克强：《上海妓女——19—20世纪中国的卖淫与性》，袁燮铭、夏俊霞译，上海古籍出版社，2004年，第34页。

摇过市，既是高级妓女行走城市的方式，同时又构成沪上的一大奇观，时人称为"飞车拥丽"。"妆成坠马髻云蟠，杂坐香车笑语欢。电掣雷轰惊一瞬，依稀花在雾中看。"① 描绘的即是男客携花枝招展的妓女，共乘马车，并肩欢笑，游观街市，飞驰而过的情景。这里的马车是由西方传来的交通工具，由于比当时的其他交通工具如小车、东洋车方便快捷得多而备受青睐，而乘马车兜风也由一种西洋人的习俗逐渐成为一种时尚在沪上流行开来。由此，高级妓女乘坐敞篷马车招摇过市不仅是西方文学作品中经常出现的画面，同样亦是清末民初海上媒体所记载的一大奇观。时人对此多有描述，"每日申正后，人人争坐马车，驰骋静安寺道中，或沿浦滩一带。极盛之时，各行车马为之一罄。间有携妓同车，必于四马路来去一两次，以耀人目。男则京式装束，女则各种艳服，甚有效旗人衣饰、西妇衣饰、东洋妇衣饰，招摇过市，以此为荣，陋俗可哂。"② 又如"尘埃倏起，雷霆乍惊，而红妆绿鬓已锵然一声穿花拂柳而过，令人送往迎来，目眩心迷。"③ 描述的都是沪上这一奇景。

自然，这一时期的狭邪小说中妓女乘马车兜风亦是经常出现的画面。《海上花列传》中，马车成为了高级妓女出行必备的交通工具，书中经常提到妓女乘马车兜风的情形。当时妓女乘马车兜风是有着固定的行走路线的，一般马车始于四马路（今福州路）即她们集中居住的地方，由静安寺至今人民广场一段马路（今为南京西路），当时称静安寺路，属于英租界范围，很早就修成宽阔平整的马路，足可供马车行驶，而愚园则在静安寺东北半里许。所以每到傍晚，妓女或单狎或陪客人乘坐马车从四马路一带出发，沿着静安寺路一直徜徉到静安寺附近，或往愚园，或往张园，或沿浦滩一带，几成惯例。④《海上花》第六回中，描写吴雪香与葛仲英的乘车路线也大致相当，先到大马路的洋行，买完东西后乘马车兜风，到了静安寺，游了明园，后沿黄浦滩转至四马路回去。第九回中罗子富、黄翠凤与王莲生、张蕙贞马车相遇后亦是由静安寺而前往明园游玩。所以在这里不厌其烦地介绍妓女的乘车路线，主要是这路线所包括的都是当时沪上繁华、热闹、富庶的区域。而高级妓女选择这一路线，则是由于这样的环境能更好地衬托其展示在

---

① 葛元煦：《沪游杂记》，上海古籍出版社，1989年，第51页。
② 谈宝珊绘：《〈新增〉申江时下胜景图说》（1896年）卷上，转引自陈平原、夏晓虹编注：《图像晚清》，天津：百花文艺出版社，2001年，第270页。
③ 池志微：《沪游梦影》，上海：上海古籍出版社，1989年，第161页。
④ 参见［德］叶凯蒂《清末上海妓女服饰、家具与西洋物质文明的引进》一文，该文对妓女坐马车出游的路线有一个更详细的描述，《学人》第九辑，南京：江苏文艺出版社，1996年，第395—397页。

他人眼中的时尚、奢华的形象。此外，还由于在这些地区游走可能会遇到未来的顾客。事实上，妓女高坐西洋马车兜风对她们而言并不只是一种娱乐消闲的方式，同时还是一种宣传自己、推销自己的手段。如《海上花列传》中的张秀英"自恃其貌，日常乘坐马车为招揽嫖客之计"。① 而《海上繁华梦》中的云寓，为招揽生意，亦是每日刻意坐部马车出去兜圈子、出风头，使得名气渐渐红将起来。《九尾龟》中的沈二宝，虽不是通过坐马车兜风来招摇，而是选择骑单车这一更新奇的方式，但目的都是一样的，都是以此作为招揽生意的手段。故而无论是乘马车还是骑单车，它们体现了晚清妓女以行走大街的方式来向公众炫耀自己、展示自己，传达出一定意义上的主体意识。

　　清末民初的高级妓女相比较当时普通女性而言，拥有较大的自由度和一定的主体性，因而她们成为公共场合中醒目的形象，成为城市舞台中亮丽的点缀。当她们穿着入时乘坐马车观看着城市风景的同时，她们自身也构筑了一道城市风景。即妓女在这里兼具了"看"与"被看"的双重功能，她们观看"人群"，同时又置身于"人群"中，成为被他人观看的景象。对很多妓女来说，她们是自觉置自己于"被观看"的位置，随时准备接受男性欲望的投射，甚至刻意突出自己供人消费的"性商品"功能。首先，在选择行车路线时，她们就已考虑到什么样的环境能衬托自己的形象及拥有大量的潜在顾客。"在她制定她的路线的时候，她当然考虑到她企图猎取的目标，考虑到如何表现自己与为谁来表现自己，已把这假设中的旁观者，抬高到未来的顾客的地位上。"② 其次，高坐马车上的妓女往往打扮得花枝招展，身着"各种艳服，甚有效旗人衣饰、西妇衣饰、东洋妇衣饰"，③以此吸引男性的色欲目光。从这个意义而言，晚清妓女具有双重性，一方面，她们熟悉商业社会的规则，有着清醒的商业意识，并懂得推销的技巧，是精明能干的女商人。另一方面，她们又是作为商品而存在的，她们极力推销的恰恰是自己的身体。作为商人而言，她们是主动的，她们主动将自己置于男性欲望的凝视之下，是一种主动的"被看"。另外，在这一过程中，她们对男性顾客也有着选择权，甚至会对男性投射自己的欲望，显示出一定的主体性。然而与此同时，作为

---

　　① 韩邦庆：《海上花落》，张爱玲译，哈尔滨：哈尔滨出版社，2003年，第22页。

　　② ［德］叶凯蒂：《清末上海妓女服饰、家具与西洋物质文明的引进》，《学人》第九辑，南京：江苏文艺出版社，1996年，第395页。

　　③ 谈宝册绘：《（新增）申江时下胜景图说》（1896年）卷上，转引自陈平原、夏晓虹编注：《图像晚清》，天津：百花文艺出版社，2001年，第270页。

一种性商品，她们又是被动的，选择权是掌握在处于"观看"位置的男性手中。妓女的能动性仅仅体现于给自己进行一些外在包装，诸如新颖的发型、时尚的服饰、夸张的举止等，来唤起男性的注意，并以此抬高商品的价格，从而在交换中获得较好的报酬。正因如此，附于妓女身上的新颖时尚说到底也还是一种交换的资本，一种为有机躯体服务的无机事物。如本雅明指出的，时尚不过是"确定了被爱慕的商品希望的崇拜方式"，时尚的本质"是与有生命的东西处于抗争中的，它将有机躯体与无机世界联系在了一起，它在有生命的东西上感受到了躯体的权利。屈服于无机物之性诱惑的恋物欲是时尚的命脉之所在，商品膜拜助长了这种恋物欲。"[①] 从这点来说，晚清妓女由时尚装扮起的自信无疑是畸形的表面的，并且只体现在对男性的性吸引方面。而她们选择以乘马车兜风的方式来展示自己、宣传自己，在体现了一定主体性的同时更是凸显了自身的性商品身份。高坐于马车上的妓女，始终都处在"被观看"的位置，处于男性目光的凝视下，借助妓女被社会规定的角色激发男性的情欲想象。故而常有"轻薄选事之徒奔走于车轮马足间，翼得一亲香泽者，时有徘徊不忍去之意"，[②] 体现的即是妓女作为男性大众的欲望对象。因此，当妓女行走于城市的大街时，她们是不具有本雅明所提出的城市"游荡者"的文化内涵的。体现在她们身上的主体性，由于是建立在"被观看""被消费"的基础之上，是建立在其作为"性商品"的前提之下，离开了这一基础与前提，妓女身上的主体性也就不复存在了。

对乘马车兜风的高级妓女而言，作为"被看"的对象凸显的是其"性商品"属性，而作为"看"的承担者，她们则体现了与城市密切的联系。正是通过晚清妓女的行走，我们在某种程度上感受到了昔日上海的繁华、发达，触摸到了城市现代化的脉搏。故而，乘马车兜风既是妓女们宣传自己的方式，同时又是体验城市的方式。正如丹尼尔·贝尔所说，

> 一个城市不仅仅是一块地方，而且是一种心理状态，一种主要属性为多样化和兴奋的独特生活方式的象征；一个城市也表现出一种使想囊括它的意义的任何努力相形见绌的规模感。要认识一个城市，人们必须在它的街道上

① ［德］瓦尔特·本雅明：《发达资本主义时代的抒情诗人》，王才勇译，南京：江苏人民出版社，2005年，第176页。
② 《虚题实做》，《点石斋画报·大可堂版》第十四册，上海：上海画报出版社，2001年，第196页。

行走；然而，要"看见"一个城市，人们只有站在外面方可观其全貌。①

前面已经介绍了高级妓女行走的路线基本是上海比较发达、繁华、富庶的区域，如外滩、大马路、四马路、静安寺路等。行走于这一路线，沿途会经过茶楼、饭馆、弹子房、跑马场、公园、报馆、出版社、洋行、长三妓院等，②这些区域或是商业中心，或是娱乐中心，或是文化中心，可以说是上海现代化最集中的体现。正是通过妓女的行走，上海作为一个现代城市的面貌逐渐清晰，尽管这一面貌可能并不完整。而晚清妓女的这一行走方式，在上海繁华大街上公开地展示自己，也成为了她们生活的一部分，成为了她们占有城市空间的一种手段，从而在城市的形象中附上了自己的形象。正因此，在妓女、大街与城市之间形成了密切的关联，晚清高级妓女以行走的方式向人们展现着上海的繁华与现代。与此同时，城市、大街又成为她们展示自己奢华时尚的舞台。在她们漫游城市繁华风景的同时，她们自身也成为了这繁华中的一部分。无论如何，乘坐西洋马车在繁华大街上驰骋的时髦妓女都构成了清末民初上海的一道靓丽风景，而这也是这一时期海派狭邪小说中经常展示的世界。

事实上，晚清高级妓女的行走路线就上海城市范围来说是不全面的，它提供的是一张有关上海的不完整地图，忽视和排斥了落后、贫穷和偏僻的地区。同样，对于大街上的妓女而言，除了乘马车兜风的高级妓女外，还有很多在昏暗的街头拉客的普通妓女。妓女街头拉客作为一种社会现象，实际上是在第一次世界大战期间开始变得日益突出的。当时有西方人记载，"很明显，到处都是中国的'街女'，或者更确切地说，是姑娘和孩子，因为年龄都几乎小得令人同情。她们化了妆，佩戴着珠宝，有时就站立在刺眼的光线下，但更多的时候是站立在近处门廊的阴影中，或是站立在弄堂口，而且通常是成群结队地由一个上了年纪的女人照管着。这个女人扮演了'商业代理人'的角色。"③"五四"以来，这些街头拉客的普通妓女开始大量出现在了新文学作家的笔下，成为了他们批判社会的工具。街头拉客的妓女种类较多，并没有一个统一的、明确的分类标准和称呼，俗

---

① ［美］丹尼尔·贝尔：《资本主义文化矛盾》，赵一凡等译，北京：三联书店，1989年，第154、155页。
② 参见［德］叶凯蒂《清末上海妓女服饰、家具与西洋物质文明的引进》一文，《学人》第九辑，南京：江苏文艺出版社，1996年，第395—397页。
③ ［法］自安克强：《上海妓女——19—20世纪中国的卖淫与性》，袁燮铭、夏俊霞译，上海：上海古籍出版社，2004年，第98页。

称"野鸡""流妓""街女"等。有的属于下等妓院，如花烟间、钉棚等，所谓"花烟间"是指客人边吸鸦片边嫖妓的地方，而"钉棚"则由其住处是用钉子将木板钉起来而得名。有的则不属于某家妓院，自己独自拉客接客，俗称暗娼，如周天籁《亭子间嫂嫂》中的顾秀珍、《月牙儿》中的"我"等。这些拉客妓女，生存环境普遍恶劣，街头拉客是她们主要的谋生手段。而在这一过程中，她们还面临诸多的危险，饱受来自多方面的压迫，或是贪财的鸨母逼迫拉客，或是无赖的流氓寻事纠缠，或是蛮横的警察追赶拘留。与乘坐西洋马车出现在大街上的高级妓女相比，街头拉客的普通妓女往往境遇要悲惨得多。如果说高级妓女是白天大街上的点缀，那么普通妓女则是属于夜晚的大街，代表着黑暗中的危险与肮脏。如果说大街上的高级妓女凸显的是高档"性商品"身份，那么普通妓女则强调"被侮辱与被损害"者的身份。尽管她们可能更不遮掩自己的"性商品"属性，在街头主动拉客，但在很多新文学作家笔下，往往淡化其身上的欲望化特征，而强调其生存的苦难与悲惨。如果说围绕着高级妓女的关键词是诸如时尚、奢华、亮丽等，体现的是城市的繁华与现代，那么形容普通妓女的词汇则主要是贫困、悲惨、肮脏等，反映的是都市的黑暗与病态。正因为在普通妓女身上可以集中地体现社会的阴暗面，故而，此类题材创作受到了许多新文学作家的青睐，而夜色中在昏暗街头拉客的妓女也成为了批判社会的经典画面。

如果结合这一时期有关妓女拉客的史料，我们发现，新文学作家在书写这类题材时无疑都淡化了这一群体的危险性因素，如带有暴力成分的强行拉客，妨害社会风化，传播性疾病等。新文学作家写妓女街头拉客，更注重挖掘这一行为背后的社会原因。新文学作家很多是抱着改良社会的目的来进行创作的，而妓女街头拉客则被他们视为了批判社会的有力武器。因而，他们通过诸多手法来强化这一行为对社会的批判力度，而弱化对妓女本人的谴责，妓女多被描述为无辜的、可怜的、被侮辱与被损害者的形象。如章衣萍《夜遇》中描写的拉客妓女是一对母女，"那灯光底下的洋车上的老女人，斑白的发，苍黄的脸，那不是同我的妈妈上下年纪的妇人么？而那满面脂粉的小女孩，正同我的妹妹有些相像。""那小姑娘，苗条的身子，尖削的脸庞，现出营养不足的神气。然而，眉目清秀，举止间还露出孩子气的天真。"[1]透过这样的肖像描写，呈现在我们眼前的妓女不过是一

---

[1] 章衣萍：《夜遇》，《情书一束·情书二束》，北京：中国广播电视出版社，1992年，第263、264页。

些可怜的无辜的普通人，因为生计而被迫走上卖身之路。故而，作者由此感慨，"我觉得眼前躺着的，是一个用自己的血肉，养活自己和母亲的可爱而可敬的弱女子。妓女与官僚的分别，不过妓女是牺牲自己的血肉以养活自己，官僚却是牺牲旁人的血肉养活自己罢了。"① 从而强烈地表达了对妓女的同情以及对社会的愤慨。在穆时英的《上海的狐步舞》中，作者以印象主义、感觉主义、蒙太奇等手法来组接上海不同社会阶层的生活画面，并通过强烈的反差来慨叹上海这一"造在地狱上面的天堂"。妓女在街头拉客与舞厅、高级饭店里上流人士的荒淫构成鲜明的对比，通过这种对比来强化小说的批判主题。《上海的狐步舞》中有两处关于妓女拉客的描写，体现的都是这一群体生存的悲哀与无奈，寄寓着作者深切的同情，其中一处为：

> "到我们家坐坐去哪！"站在街角，只瞧得见黑眼珠子的石灰脸，躲在建筑物的阴影里，向来往的人喊着，拍卖行的伙计似的；老鸨尾巴似的拖在后边儿。
> "到我们家坐坐去哪！"那张瘪嘴说着，故意去碰在一个扁脸身上。扁脸笑，瞧了一瞧，指着自家儿的鼻子，探着脑袋："好寡老，碰大爷？"
> "年纪轻轻，朋友要紧！"瘪嘴也笑。
> "想不到我这印度小白脸儿今儿倒也给人家瞧上咧，"手往她脸上一抹，又走了。
> ……石灰脸躲在阴影里，老鸨尾巴似的拖在后边儿——躲在阴影里的石灰脸，石灰脸，石灰脸……②

这段带有强烈感觉色彩的文字，将妓女拉客的辛酸、无奈表现得淋漓尽致。通过多种修辞手法的运用，如"石灰脸"与"阴影"的反复出现及词序颠倒，来强化妓女的悲惨境遇。"石灰脸"一方面是一种指代，另一方面又暗示妓女因生活困苦而导致的营养不良，而"阴影"则象征了妓女苦难的生存状况。此外，这段文字还两次出现了"老鸨尾巴似的拖在后边儿"，这其实是反映了老鸨对妓女的一

---

① 章衣萍：《夜遇》,《情书一束·情书二束》，北京：中国广播电视出版社，1992年，第265页。
② 穆时英：《上海的狐步舞》,《穆时英小说全编》，上海：学林出版社，1997年，第241页。

种压榨与逼迫。

另一处有关街头拉客则以写实的笔法，讲述了"作家"在街头被一老婆儿以看信为由骗至其家里，结果却发现了另一幕的人间悲剧：

> 胡同的那边儿有一只黄路灯，灯下是个女人低着脑袋站在那儿。老婆儿忽然又装着苦脸，扯着他的袖子道："先生，这是我的媳妇。信在她那儿。"走到女人那地方儿，女人还不抬起脑袋来。老婆儿说："先生，这是我的媳妇。我的儿子是机器匠，偷了人家东西，给抓进去了，可怜咱们娘儿们四天没吃东西啦。"
>
> ……
>
> "先生，可怜儿的，你给几个钱，我叫媳妇陪你一晚上，救救咱们两条命！"
>
> 作家愕住了。那女人抬起脑袋来，两条影子拖在瘦腮帮儿上，嘴角浮出笑劲儿来。①

这段描写更是突出了妓女生存的惨痛，在这里，街头拉客的行为已被淡化，强调的是这一行为背后的原因。正是通过如此描写，街头妓女成为了苦难的化身，成为了批判社会的工具。

此外，在一些新文学作家笔下，此类题材中的警察、巡警往往被视为了一种反面的力量。自 20 世纪 20 年代以来，上海的租界及其他区域都禁止妓院无照经营及妓女在街头拉客，并对此进行着或紧或松的管理，对在街头拉客的妓女给予各种形式的处罚，包括吊销执照、罚款、拘留等，如《月牙儿》中的"我"后来被抓进了感化院。由于新文学作品中，街头拉客的妓女往往是为生活所迫，生活对她们而言本已很严酷，却还要受到警察的搜查、盘剥、拘留，使得其处境更是雪上加霜。因而警察在一定程度上被视为了妓女悲惨生活的一种催化剂，在作品中往往充当着反面角色。如彭家煌《晚餐》中的私娼翠花，由于要养活一家子人，考虑到晚餐还没有着落，尽管处在政府禁令期间，依然冒险上街拉客。不料远处的巡警早就盯上了这一幕，等翠花将客人带回家后，以查户口为名将其带走。尽

---

① 穆时英：《上海的狐步舞》，《穆时英小说全编》，上海：学林出版社，1997 年，第 242 页。

管警察是在执行公务，但由于作者要突出妓女生存的悲惨，故而，对警察的行为多少含有否定意味，而这种否定更是直指当时不合理的社会制度。如《月牙儿》中指出的，"正式的妓女倒还照旧作生意，因为她们纳捐；纳捐的便是名正言顺的，道德的"，^① 而暗娼则是不道德的，因而要抓起来，以维护社会秩序与道德。由于新文学作家要借这样的题材来批判社会，因此，他们笔下的街头妓女，或是突出其形象的可爱可敬、或是强调其生活的困苦无助，或是揭示社会对其的欺辱压迫。总之，普通妓女的生活是苦难的悲惨的，是充满着血与泪的辛酸，作为社会底层的"被侮辱与被损害者"，她们身上最直接地体现着社会的黑暗与不公。

大街作为一种流动的欢场空间，其意义由于出现群体的不同而有着较大差别。乘坐西洋马车在大街兜风的高级妓女凸显的是其"性商品"身份和欲望化特征，体现的是城市的繁华与现代。而出现在昏暗街头拉客的普通妓女，强调的是其生存的悲惨，这种悲惨性在很大程度上淡化了其自身的欲望化特征及可能有的其他负面品质，突出了城市生活的阴暗面，并将批判的矛头指向社会。

三、舞厅

20 世纪 30 年代以来，舞厅成为了都市新的娱乐休闲空间，虽不能说随着舞厅的兴起取代了传统的欢场空间——高级妓院，但舞女的出现的确对高级妓女的消退起了一种助推作用。如果说清末民初的海派狭邪小说中是以书寓、长三等高级妓院为主构筑了沪上昔日的时尚，那么 20 世纪 30 年代以新感觉派为代表的海派小说则围绕着舞厅、夜总会、咖啡馆、跑马厅、电影院等展示着新的都市摩登。这种新摩登既是旧时尚的一种延续，同时又有所发展，具有新的特质。而这其中又以舞厅为代表，舞厅成为当时市民大众主要的娱乐休闲场所，并成为 20 世纪 30 年代上海娱乐业兴盛的标志。

上海舞厅最早出现可追溯至 19 世纪中期，不过当时的这些舞厅并不向中国人开放。第一次世界大战之后，出现了由外国人开办的舞厅，这些舞厅对顾客有一定限制，并规定要穿正规的服装。而中国人自己开设的最早的舞厅之一，据说是 1928 年前后开业的巴黎饭店的跳舞场，该舞厅因以黑猫为标志，又俗称"黑

---

① 老舍：《月牙儿》，《老舍全集》第七卷，北京：人民文学出版社，1999 年，第 285 页。

猫舞厅"。① 黑猫舞厅最初只有十几个舞女，她们算是上海最早的一批职业舞女。自从中国人开设的营业性舞厅开张后，舞厅便迅速成为上海新摩登的代表，从原本只属社会上流人士进出的场所，变成了一般市民大众只要付钱就都可进去享乐的空间。舞厅的发展一时呈迅猛之势，而舞女队伍也日益庞大。"一年以来，海上跳舞之风，可谓盛矣。其主动之者，由于国人之竞设舞场。一年以前，国人鲜有注意之者。自国人经营月宫饭店巴黎饭店以后，以为舞场经营之佳，遂竞相携办。"② 甚至于短短数月间，舞厅的数量就已超过二十家，成为了当时都市的一道新景观。

> 此数月来，跳舞之风，盛行海上。自沪西曹家渡而东，以及于沪北，试一计之，舞场始不下数十。以予所知，若大华饭店、若 Flantation、若卡尔登、若 Little Club、若巴黎饭店、若爵禄舞场、若新新舞场、若派利饭店、若安乐宫、若 Premier、若 Tavern、若月宫饭店、若爱亭、若龙、若金星、若闲乐宫、若 Mamoyama、若青鸟、若 Lerna、若 Log cabin、若 Eastern Cafe、若乐极（即 Lodge）等。为数已二十余矣。③

20 世纪 30 年代更是上海舞厅业的黄金时期，所谓的"四大舞场"，即"仙乐""大都会""百乐门""丽都"都是在这一时期开设或建造的。这一时期的舞厅亦有档次的区别，"头排"舞厅如"四大舞场"、新仙林、米高梅等，末流的则如大世界、大新、永安等游乐场附设的舞场。④ "头排"舞厅以其装饰的奢华富丽、音乐的时尚悦耳，舞女的性感摩登而闻名。时人对此评价道，"大华饭店之舞场，最为优美。地板既光可鉴人，而灯光尤极柔和之致。乐师所奏之音乐，亦不同凡响。……巴黎饭店，屋顶张以锦幔，四壁饰以花纸，亦极尽富丽堂皇之意。兼以地位适中，舞女优秀。……北四川路之乐极舞场 Lodge 极为扩大，音乐由黑人 Fowell 主持，舞女多为日本人，伺应亦极周到。"⑤ 当然，这其中最为著名的当首

---

① 参见孙耀东（口述），宋路霞（整理）：《舞厅·舞女·舞大班》，《万象》，第 4 卷第 11 期，2002 年 11 月，第 142 页。

② 黄叶：《舞场漫话》，《申报》1928 年 6 月 17 日。

③ 微尘：《上海之跳舞热》，《大公报》1928 年 3 月 17 日。

④ 参见姜斌：《民国时期的上海舞场》，《老上海写照》，合肥：安徽文艺出版社，1999 年，第 239—241 页。

⑤ 微尘：《上海之跳舞热》，《大公报》1928 年 3 月 17 日。

推有"东方第一乐府"之称的百乐门舞厅。百乐门舞厅的奢华现代即便是在几十年后依然让人难忘，三十多年后白先勇在台湾创作《金大班的最后一夜》，其便借人物之口，一位昔日百乐门的红舞女来感慨当年百乐门的气派华贵。小说处处体现了一种今昔对比，"好个没见过世面的赤佬！左一个夜巴黎，右一个夜巴黎。说起来不好听，百乐门里那间厕所只怕比夜巴黎的舞池还宽敞些呢"；"她在百乐门走红的时候，一夜转出来的台子钱恐怕还不止那点"；又如"虽然说萧红美比起她玉观音在上海百乐门时代的那种风头，还差了一大截，可是台北这一些舞厅里论起来，她小如意也是个拔尖货了。"[①] 正是这种今不如昔的感叹，使得小说充满着浓厚的怀旧气息，而百乐门亦成为昔日上海繁华的象征。

舞厅作为一种大众娱乐场所，原本只是供男女交际娱乐的，并不具有性交易性质。舞女主要是陪舞客跳舞，但由于会有一些舞女私下提供性服务，因而舞厅被视为了一种暧昧的空间，介于交谊性娱乐和性交易之间。再加上在一个两性分离已成惯例且两性间的身体接触被视为有伤风化的社会中，舞女的声名与地位其实是和妓女差不多的，并且也存在着等级差别。事实上，20世纪30年代的"头排"舞厅在很大程度上延续着以往高级妓院的功能，而红舞女也以一种不同的方式享有类似高级妓女的地位。20世纪30年代的"头排"舞厅，不仅是一种娱乐场所，对很多上流人士而言，光顾此类舞厅并不是为了跳舞娱乐，而是显示其社会地位的一种方式。同样，同红舞女交往，除了包含着欲望化成分，也还有着一种炫耀性心理。不过与高级妓院不同的是，作为一种大众化的娱乐场所，它事实上是对社会各个阶层开放的。去舞厅跳舞本身并不是一件特别花钱的事，即便是一些"头排"舞厅，只要不是去捧红舞女，花费一般都不会太大。不像高级妓院，由于与妓女交往有着一些固定的程序，通常有着一个征服的过程，因而对财力的要求也就较高。

此外，舞厅也改变了中国传统两性的交往方式，对大多数中国人来说，两性间的交往是有严格限制的，所谓"男女授受不亲"，更不要说是一种直接的身体接触了。以往即便是在高级妓院，两性间也避免在公共场合的身体接触。但在舞厅这一特殊空间中，尽管两性间的关系是以一定形式的礼节和某种程度的心理距离

---

① 白先勇：《金大班的最后一夜》，《白先勇文集》第2卷，广州：花城出版社，2000年，第52、54、55、60页。

来把控，但跳舞的过程总避免不了身体的接触。可以说，舞厅为这样一种接触提供了机会，因为只要离开了这一环境，陌生男女之间由跳舞而产生的身体接触就是不太可能和无法想象的。当然，这种接触有时是纯社交的、礼节性的，但更多时候是充满着欲望的色彩，而游走于这一空间中的女性也被视为欲望的对象。事实上，在这样一种空间中，体现的是以男性为主的社交娱乐，并倾向于男性快感的建立。女性不过是刻意建立起来的另一方，她们所以被突出，恰恰表明在这一以男性为主导的空间中她们是少数、例外的存在。然而这其中却有一些女性并不满足于被动的状态，她们充分利用这一允许有限放纵的空间，灵活自如地应付着男人，巧妙地周旋在与男人的进退离合的关系之中，从而在欢场权力关系中体现着一种主动控制局面的姿态。这一时期的不少海派小说都塑造了这一新型的欢场尤物形象，作为欲望化对象的她们却比追逐欲望的人更能游刃有余地穿行于都市的欲望空间，从而颠覆了传统欢场的两性权力关系，而舞厅则成为这些欢场尤物们任性表现自我的空间。

由于舞厅为两性身体的接触提供了一种机会，因而在多数保守的中国人看来，跳舞是有伤社会风化的行为，而舞厅也被视为是不名誉的准色情场所。故而在舞厅业刚开始兴盛的 1928 年，上海政府就几次下令取缔舞厅，以管理人们的娱乐生活及精神状态。不过事实上，市政当局无法能真正取缔舞厅，一方面是由于在任何情况下，人们都可以通过在租界开业来绕开这个禁令。另一方面，也是更主要的则是因为舞厅作为上海在向现代消费社会和休闲社会发展过程中出现的一种大众化娱乐场所，在很大程度上满足了都市人多方面的需求。舞厅既是一种休闲娱乐的空间，同时又成为现代人释放压力、排遣孤独的场所，因而具有鲜明的都市文化特色。

20 世纪 30 年代上海舞厅的兴盛，与当时社会弥漫的享乐之风不无关系，而这其实是自晚清以来社会风气的一种延续。在舞厅所营造的声色环境与享乐氛围里，人们特别容易沉溺于由各种感官刺激而产生的快感的满足中。这样的感官刺激是综合的，其中最主要的是视觉快感，包括舞厅华美的装饰、闪烁的灯光、性感的舞女，曼妙的舞姿等，都会给人带来一种视觉刺激。此外，还有听觉方面的，如时尚悦耳的音乐、舞女的娇声浪笑等，以及嗅觉方面的，如各种香水、烟味、酒味等。正是在这样感官刺激的包围中，人们沉迷其中而忘情享乐。此外，在舞厅所提供的快感享乐中，除了这一类感官快感外，还有一种体验性快感，这是舞厅娱乐与以往娱乐方式的最大不同。过去的娱乐主要以观看为主，例如上戏园看戏，而超过视觉快感的体验性娱乐顶多是上茶馆聊天。而舞厅娱乐则除了观看之外，还可以亲身参与其中一起跳舞，让自己也进入体验娱乐的空间里，从而获得与观看完全不一样的感受。而伴随这样一种体验性刺激，参与者会产生强烈的满足感和兴奋感。故而，舞厅作为一个制造快乐的空间，在这样的氛围里，人们容易忘却自我，纵情享乐，甚至于要让"一切感觉失掉了本能，这才是彻底的人生享乐"。当时许多海派作家都在作品中表现了舞厅里人们放纵享乐，醉生梦死的情形，如穆时英、刘呐鸥、叶灵凤、曾虚白等。曾虚白的《舞场之夜》便是这之中的代表作品，淋漓尽致地描述了舞厅里种种的快感、刺激：

> 管他是骨，管他是肉，只要是个人，我就心足。来，大伙儿来，这儿是无遮大会，是忘情天国！肉气，酒香塞你的鼻；乐调，人声聋你的耳；色彩，脂粉盲你的目；滑润，丰盈钝你的触：鼻塞，耳聋，目盲触钝，一切感觉失掉了本能，这才是彻底的人生享乐。
>
> 举杯，大伙儿举杯，且尽这片刻的欢娱，谁管他是骨是肉！[1]

事实上，舞厅的兴盛一方面折射了当时上海社会的享乐之风，另一方面也体现了都市人的一种精神状态。"人类迫切需要刺激，它表现为日益商业化的娱乐活动和两性关系中日益杂乱的倾向。"[2]通过这样一种寻欢作乐的感官刺激，表现了现代人在变形与异化的社会空间中所体现出的精神空虚与内心失落。舞厅不仅是一个享乐的空间，同时它又是现代人精神压抑的释放空间，通过一种极度夸张的刺激来宣泄内心的苦闷，缓解精神的压力。而舞厅所以能成为人们释放压力的空间，这与舞厅的封闭性有着很大的关系。正是在这种封闭性的基础上，才能营造出那种富有快乐与刺激感的氛围。而这种快感与刺激是理性化日常生活中的必要补充，它将因生活压力而产生的紧张转化为另一种形式的愉快的紧张，即以享乐为核心的兴奋。故而，富有刺激的舞厅活动其实是日常生活的一种延续。舞厅一

---

① 曾虚白：《舞场之夜》，张伟编，《花一般的罪恶：狮吼社作品、评论资料选》，上海：华东师范大学出版社，2002年，第83页。
② ［法］安克强：《上海妓女——19—20世纪中国的卖淫与性》，袁燮铭、夏俊霞译，上海：上海古籍出版社，2004年，第127页。

方面给予这些兴奋与刺激以合法化的安全空间，另一方面又通过营造一种非现实的空间来排斥现实世界。在舞厅亦真亦幻的氛围里，人们常常会有不真实感，而正是这样一种虚幻的错觉，使得人们容易忘记现实。如刘呐鸥在作品中形容的，舞厅是一个充满"魔力"的空间，在"魔力"的控制之下，人们在虚幻中忘情享乐。"在这'探戈宫'里的一切都在一种旋律的动摇中——男女的肢体，五彩的灯光，和光亮的酒杯，红绿的液体以及纤细的指头，石榴色的嘴唇，发焰的眼光。中央一片光滑的地板反映着四周的椅桌和人们的错杂的光景，使人觉得，好像入了魔宫一样，心神都在一种魔力的势力下。"① 由于 20 世纪 20、30 年代是上海都市现代化发展的黄金时期，伴随着经济的迅速崛起，都市的现代化程度越来越高。与此同时，都市人也越来越体会到现代文明所带来的人的异化感，他们迫切需要一种空间能缓解紧张，释放压力，而舞厅所具有的这一功能无疑成为了疲倦的都市人理想的选择场所。

海派作家尤其是新感觉派作家擅长描写舞厅，他们笔下的舞厅既是人物活动的重要背景，人物在此相遇相识，同时又是一个象征，象征着现代文明压榨下都市人的释放空间。而这之中又首推"新感觉派圣手"穆时英，作为"在精神和气质上都是一个道地的都市作家"，② 用舞厅来把握都市既是源于穆时英的生活经验，同样也源于他对都市的敏感。穆时英不仅善于营造舞厅的情调和气氛，同时还擅长表现都市人异化的心态。从而，舞厅成为了穆时英小说的核心，而穆时英则成为表现舞厅的"圣手"。沈从文曾批评穆时英的创作，认为"'都市'成就了作者，同时也就限制了作者"，作者"对于所谓都市男女的爱憎，了解得也并不怎么深"，其小说中男女的交往，无非是一种套路，"男女凑巧相遇，各自说出一点漂亮话"。③ 应该说，沈从文的批评一方面指出了穆时英都市小说的特色，但同时又具有片面性，而这种片面更多是源自沈从文自己对都市的排斥与隔阂。

如沈从文指出的穆时英小说中的男女多是偶然相遇于舞厅、夜总会、咖啡馆等流动性极强的公共空间，在这样一些公共空间中，充满着陌生人相遇的可能性。而相遇的人可能来自不同的社会阶层，具有不同的身份、经历与背景。一方

---

① 刘呐鸥：《游戏》，《刘呐鸥小说全编》，上海：学林出版社，1997 年，第 1 页。
② ［美］李欧梵：《上海摩登——一种新都市文化在中国 1930—1945》，毛尖译，北京：北京大学出版社，2001 年，第 31 页。
③ 沈从文：《论穆时英》，《沈从文全集》第 16 卷，太原：北岳文艺出版社，2002 年，第 234、235 页。

面这样的空间极易造成人物的表面性与匿名性，导致人物面目的模糊性，同时也造成了人际关系的不明晰和不确定感，带有着虚拟特征。另一方面，在一个充满陌生人的空间里，彼此都是对方最好的壁垒，人们反倒没有了心理压力，不受拘束，可以撕掉伪装的面具，尽情地发泄欲望、病态和疯狂，充分自由地享受自我。穆时英小说中的都市男女多体现为这种陌生人相遇模式，而聚散的空间也多为舞厅。这些都市男女往往没有自己的身世，甚至没有自己真实的名字，如"黑牡丹"及《夜》中自称"茵蒂"的舞女。他们不知从何而来，向何而去，在舞厅短暂的相遇后，接着便是分离。"陌生人的相遇是一件没有过去（a past）的事情，而且多半也是没有将来（a future）的事情"。① 舞厅正是一种被放大了的空间和压缩了的时间，时间只停留在现时这一个点。伊夫·瓦岱将现代性时间类型分为"空洞的现时与英雄的现时""累积型的现代性""断裂与重复""瞬时"四种。所谓的瞬时就是"纯粹的现时"，"它不再是一个空洞的现时，介于过去与未来的消沉的过渡期，而是一个充实的现时，它依靠自己而存在，既不需要依附某个或近或远的过去，也不折射到某个想象的未来之中。"② 瞬时的时间类型体现在人物精神气质上便是人物只注重眼前，及时享乐，挥霍和疯狂。穆时英小说中相遇于舞厅的都市陌生男女，体现的便是一种纯粹的现时，他们没有过去也没有将来，只把握、享受着现时的快乐。如《夜》中水手与舞女的两段对话：

> "你明儿上哪去？"
>
> "我自家儿也不知道。得随船走。"
>
> "可是讲他干吗？明天是明天！"
>
> ……
>
> "走了吗？"
>
> 他点了点头。
>
> 她望着他，还是那副憔悴的，冷冷的神情。
>
> "你怎么了？"
>
> "我不知道。"

---

① ［英］齐格蒙特·鲍曼：《流动的现代性》，欧阳景根译，上海：三联书店，2002 年，第 148 页。
② ［法］伊夫·瓦岱：《文学与现代性》，田庆生译，北京：北京大学出版社，2001 年，第 77 页。

"你以后怎么着呢？"

"我不知道。"

"以后还有机会再见吗？"

"我不知道。"

便点上了烟抽着。

"再会吧。"①

　　以上对话典型体现了都市人被异化的情感状态，过着一种只有今天而没有明天的生活。穆时英笔下的人物多具有这种精神气质，如《黑牡丹》中的"我"与"黑牡丹"、《Craven "A"》中的余慧娴以及《夜总会里的五个人》中的那五个人，等等。他们都是"被生活压扁了的人"，"被生活挤出来的人"，他们越是寻求刺激，越是寻欢作乐，却发现生活的苦味越多，寂寞越深。因为这些刺激不过是短暂的麻醉，往往在纵情享乐了之后，带来的是更大的痛苦与失落。而现代人便在这享乐与痛苦的循环往复中无望地生存着，各自"在悲哀的脸上戴了快乐的面具的。"② 循环反复不仅是表现舞厅的一种重要修辞手法，同时也是沉迷于舞厅享乐的都市男女精神出路的写照。在穆时英的《夜总会里的五个人》《上海的狐步舞》等作品中大量运用循环反复的修辞手法，通过镜头的组接与文字的反复，来表现舞厅里令人眼花缭乱的场景。下面两段描写舞厅的文字经常被提及：

　　蔚蓝的黄昏笼罩着全场，一只 saxophone 正伸长了脖子，张着大嘴，呜呜地冲着他们嚷。当中那片光滑的地板上，飘动的裙子，飘动的袍角，精致的鞋跟，鞋跟，鞋跟，鞋跟，鞋跟。蓬松的头发和男子的脸。男子的衬衫的白领和女子的笑脸。伸着的胳膊，翡翠坠子拖到肩上。整齐的圆桌子的队伍，椅子却是零乱的。暗角上站着白衣侍者。酒味，香水味，英腿蛋的气味，烟味……独身者坐在角隅里拿黑咖啡刺激着自家儿的神经。

　　……

　　独身者坐在角隅里拿黑咖啡刺激着自家儿的神经。酒味，香水味，英腿

---

① 穆时英：《夜》，《穆时英小说全编》，上海：学林出版社，1997年，第279、280页。
② 穆时英：《公墓·自序》，《穆时英小说全编》，上海：学林出版社，1997年，第614页。

蛋的气味，烟味……暗角上站着白衣侍者。椅子是凌乱的，可是整齐的圆桌子的队伍。翡翠坠子拖到肩上，伸着的胳膊。女子的笑脸和男子的衬衫的白领。男子的脸和蓬松的头发。精致的鞋跟，鞋跟，鞋跟，鞋跟，鞋跟。飘荡的袍角，飘荡的裙子，当中是一片光滑的地板。呜呜地冲着人家嚷，那只 saxophone 伸长了脖子，张着大嘴。蔚蓝的黄昏笼罩着全场。①

这两段文字分别描述了进入舞厅和从舞厅出来时的情形，而这其中并没有什么变化与不同，除了叙述者将描述的顺序颠倒过来。通过这种循环重复，除了暗示舞厅生活是一种无变化、无休止的重复，因而呈现出一种自我封闭与沉溺的状态，同时还象征了都市人的精神出路，在这一封闭而虚幻的空间里无望地挣扎着。

当然，穆时英作为描写舞厅的"圣手"，不仅仅体现在对技巧运用的准确娴熟上，更主要的还是其敏锐地感受到了现代人的生存压力及精神困境。因而他笔下的舞厅虽迷幻、炫目、喧闹，但却无法带给人真正的快乐，这也是穆时英笔下的舞厅与其他海派作家的不同，比如曾虚白的《舞场之夜》，表现的主要是一种感官享乐。穆时英在表现舞厅灯红酒绿、醉生梦死的生活同时，总不忘触及都市人内心深处的悲哀，从而具有一定的精神深度。如《夜》中关于舞厅里舞着的人的描述：

舞着的人像没了灵魂似的在音乐里溶化了。他也想溶化在那里边儿，可是光觉得自家儿流不到那里边儿去，只是塑在那儿，因为他有了化石似的心境和情绪的真空。

舞着：这儿有那么多的人，那么煊亮的衣服，那么香的威士忌，那么可爱的娘儿们，那么温柔的旋律，谁的脸上都带着笑劲儿，可是那笑劲儿像是硬堆上去的。②

由于舞厅与都市有着天然的联系，都市作为舞厅的背景和精神底色，舞厅则

---

① 穆时英：《上海的狐步舞》，《穆时英小说全编》，上海：学林出版社，1997年，第238、239页。
② 穆时英：《夜》，《穆时英小说全编》，上海：学林出版社，1997年，第274、275页。

是都市的一种享乐空间和异化的都市人的压力释放空间。因而，作为一种欢场空间，舞厅无疑打上了鲜明的都市文化特色。而海派作家也多从这一视角来表现舞厅，从而与左翼作家笔下的舞厅有着很大的不同，左翼作家一般是以批判的眼光来看待舞厅的，多将舞厅视为一种腐化堕落的场所。

晚清和民国时期，欢场空间的演变其实是与城市的现代化进程密切联系的。作为展示上海的一个特殊视角，欢场空间体现了不同时期城市的生活方式和意识形态的变化。清末民初的高级妓院在一定程度上充当了西洋的文化文明引入大众社会的媒介；而大街作为流动的欢场空间，代表了城市生活的两极现象，即繁华与贫穷同体，发达与落后共生；20 世纪 20、30 年代兴盛的舞厅则完全是都市的产物，是都市人的享乐空间和精神释放空间，最鲜明地体现着都市文化特色。因而，从这一角度而言，欢场空间在很大程度上体现着一个城市的精神内蕴。

（黄静，博士，安徽师范大学文学院副教授）

《色，戒》：现代都市新女性生存空间与生命形式的双重演绎

王永兵　刘扬天

　　《色，戒》原本默默无闻，得益于同名电影改编上映，获得了爆发式传播。一个普普通通的间谍故事，在被注入性别与政治、民族与国家、个人与历史等诸多因素后，意义空间陡然膨胀。借助于性别、政治、身份认同、心理分析等多重视角，读者从中提炼出忠诚与背叛、游戏与认真、善与恶、执著与顿悟诸多意义元素，它们或对立或互补，刹那间让平凡而稳妥的人生变得波诡云谲、险象环生。因此，小说主人公王佳芝与易先生之间的故事并非普通男女的情爱故事，张爱玲在这桩文案的背后寄寓了太多的想象与沉思，幻想借助于现代理论对此进行意义建构固然有点荒唐，但也是一种开发与创造，布鲁姆说"阅读总是一种误读"[①]，正是借助于误读，读者不仅建构而且还创造了更丰富的文本意义。为此，我们不妨引入空间理论来"误读"《色，戒》，以便更好地理解其中的各种关系，尤其是性与政治、性别与权力政治关系，因为空间不仅是公共生活的基础，也是权力运作的基础，小说当中的性别与空间互为表征，理性操控与情感冲动的区分体现为现实空间的区隔和装置，作者对于女性空间的书写在彰显人性的意图下虽鲜占笔墨却又无处不在，对于小说的叙事进程起到不可忽视的作用。

一、现实空间：舞台上的权力欲望与身份认同

　　刺杀易先生的行动就是一场舞台上的大戏，作者有意将这场大戏的表演空间安置于绮丽又肃杀的现代都市，随着剧情的展开，舞台背景一路变化，从香港迁移至上海，继而蔓延至太太们的麻将桌上、福开森路的公寓、静安路的凯司令咖啡馆，最后定格在一家不起眼的印度人开的珠宝店。这种场景的设置在张爱玲小

---

① ［美］哈罗德·布鲁姆：《误读图示》，朱立元、陈克明译，天津：天津人民出版社，2008年，第1页。

说中显得十分突兀，张爱玲擅长用无数精妙绝伦的细节来反衬现实的庸常，其早期作品的场景设计总能烘托出一派沉香袅袅、烟云旧梦的气氛。《色，戒》在艺术表现上力求简洁明快，故事场景被刻意压缩，借助于人物对话和心理活动，一个个带有旧上海标志地名铺陈于文本之间，与活跃于其间的故事人物一起构成一个时代的象征和缩影。

场景与物件的有机搭配，以此彰显人物的身份、地位以及行为动机，这是《色，戒》一大亮点。小说开头王佳芝和一帮太太在易先生家麻将桌旁的场景的设计颇为经典。一上来就是张爱玲擅长的服饰和家庭陈设描写，虽然是战时的孤岛，物质的匮乏与这方天地似乎无关。沦陷区的金价奇高，粗金链子却被汪伪政府的官太太拿来代替大衣的纽扣，甚至成为时兴的统一着装，人手一套。徐此之外，牌桌上太太们的戒指展示会更是令人印象深刻，火油钻市价十几到几十两黄金不等，易太太夸赞马太太三克拉的火油钻，又嗔怪易先生不肯给自己买十几克拉的。易太太随口一句"粉红钻有价无市"被王佳芝听者有心记到最后，在暗潮涌动惊心动魄情势下，她看着店员拿出的粉红钻，庆幸这件奇货给自己挽回了面子。如此穷奢极欲的物质生活，构成了沦陷区奇异的物理空间。这场大戏以戒指始，以戒指终，难怪有学者说"女人与钻石"的故事是这个作品最形而下的解释①。《色，戒》的英文版先于中文版出现，它的名字恰好是《Spy Ring》，此处的 Ring 既指戒指，又指间谍的圈子和团体②。作为小说中的重要意象，这个由戒指和戒指之间连成的明线，组成的金光璀璨的网，构成了一个充满诱惑力的、带有商品社会冲击的物质空间，将王佳芝包裹其中。张爱玲并不是第一次描写坠入都市陷阱的女学生，但不同于葛薇龙自甘沦于物质的深渊，王佳芝作为这场舞台大戏的主角，带着更为强势和主动的姿态入局。毕竟作为具有家国意识的学生群体，能计划这样一桩惊天动地的大事件，最初的动机自然出于所谓的"民族大义"，但在具体的实施过程中，面对赤裸裸的金钱和权力诱惑，王佳芝也清醒地认识到她的难堪与被动，她觉得自己的翡翠戒指让人见笑，不如不带，为了勾引易先生她不得不违心地学会讨好和卖乖将自己伪装成世俗女子。这些脱离他人的引导，对现状的重新认识，和家国情怀之外属于个人的犹疑不确定，正是她人性

---

① 戴锦华：《时尚·焦点·身份——〈色·戒〉的文本内外》，《艺术评论》2007 年第 12 期。
② 宋以朗：《书信文稿中的张爱玲——2008 年 11 月 21 日在香港浸会大学的演讲》，《中国现代文学研究丛刊》2009 年第 4 期。

的枝蔓跨越政治的铁栅栏，攀缘纯金的藩篱悄然生长。到后来，形而下的欲念战胜形而上的道义，作者让王佳芝在钻戒这点上与易太太达到了瞬间的平衡：你有戒指、我也有了戒指。但这个平衡只维持了一瞬，因为王佳芝从这份平衡中，觉出了易先生对她的爱，为了这一点本不存在的虚伪的爱，她最终付出了惨痛的代价，在搭上自己和同伴的生命的同时，抛弃神圣的家国情怀和历史使命。仅仅是因为一枚戒指，王佳芝就从一个本应该为民族解放而出生入死的英勇战士堕落汉奸的情妇，如此反常的情节设计和身份转换，让读者在震惊之余不得不感叹作者偷梁换柱的艺术手段，尽管时过境迁张爱玲的文学创作依然如故，在国家和个人、革命与情欲之间，张爱玲始终选择的还是后者，一个女人的色相既不是其牺牲的理由，更不是其成功的依靠，让一个弱女子凭借色相牺牲身体去完成一桩惊天动地的历史使命，不仅是女性个人的悲剧，更是民族国家和时代的悲剧。在看似可悲的个人选择中，个人意志就此彰显。这样最后时刻的身份体认就又回到张爱玲一贯淡于政治浓于人性的个人风格，回到个人与历史、人性与异化的古老主题。

除了太太们的服装和珠宝，作者着重描写了易先生家里的窗帘。土黄的颜色衬以特大的砖红色凤尾草花纹，沉稳厚重而又珍贵特奇：窗帘料子作为战时舶来品在上海缺货，可他们家"整大匹用上去，又是对花"，不可不谓之豪华。同时，文本看似无意地提到，这个窗帘周佛海家里也有一样的。对于周佛海的提及一定不是闲笔，在一个杜撰的故事中出现真实的历史事件人物，仿佛茫茫大海上的坐标，将事件迅速定位至那个表面繁华内里血腥的空间场景下，在具体翔实的都市物理空间中达到一种历史的真实。据资料考证张爱玲在结识胡兰成之前，曾与苏青拜一道访过周佛海，为当时不满受冷遇而倡言"弭兵"因此被汪伪政府羁押的胡兰成说项。在这个华丽的背景下，作者第一次描绘男主角易先生的外貌："生得苍白清秀，前面头发微秃"、有点"鼠相"，但据说也是贵气的象征。以客观的眼光来看，这样一个矮小秃顶的中年男人，在外貌上唯一的优势似乎就是"苍白清瘦"，甚至王佳芝眼中的"苍白清瘦"还不知道含了多少个人取向的水分，毕竟就连大众审美中一般用来形容外貌缺陷的"鼠"，在她眼中竟然贵气逼人。后来当易先生火速为王佳芝定下那只粉红钻戒时，她突然明白"权力是一剂春药"的真实含义。这个在王佳芝看起来十分有魅力的矮小男人并非因为外表长得贵气而是因为手中握有权力，在权力和金钱面前，王佳芝自甘沉沦。而这正是女性在权力和欲望组成的空间中的普遍处境：在都市权力场中王佳芝们唯一能做的就是等待，等待被挑选、等待对方的电话、等待被带进公寓、等待男人的高档礼品。王佳芝在没有完成刺杀易先生任务之前早就被其俘虏，匍匐在权力和财物面前，易先生家里豪华的陈设、他付账时开单的派头，甚至他的官方汽车——"背后没有驮着那不雅观的烧木炭的板箱"，这一丝一毫的细节皆是特权的象征，它们组成了王佳芝在上海短暂梦幻泡影的物质背景，也被她作为一个观察者尽收眼底，使她看待易先生时戴上了自己都不曾察觉的滤镜，同时自然就有了不合时宜的期待。王佳芝只是一个女学生，在这个危情暧昧，充满了物质和肉体欲望交织的舞台之外，她看不到 76 号制造的血腥惨案、看不到汪伪政府的卖国行径，或者说学生中流传的"屠夫"和"恐怖主义者"哪里有自己亲手触碰的物质和肉体来得真实，以至于在提醒易先生躲过暗杀后，她只是担心同伙会不会把她执行了，丝毫没有想过易先生在逃出生天十分钟后一个电话就封锁路口将他们一网打尽。一个在都市空间中一直听之任之的被动的女人，选择相信自己的所见所感、选择遵从内心情感的体认，结果连自己的生命也给葬送了。那个她信任的、在凤尾草花纹的巨幅窗帘前仿佛置身大人国的矮小男人，构成了这个城市的权力图景。权力可以使相貌平平瘦小的男人魅力四射，可以使美人在顷刻间香消玉殒。更重要的是，王佳芝自以为追求爱情、追求自我，用珍贵的东西换来的平等，只不过是别人权力的饕餮盛宴上的残羹冷炙：用血腥手段换来的权力可以失而复夺，而青春和年轻的生命一旦失去后就永远不会再来。权力与地位悬殊差异所造成的"身份/位置"迷失是张爱玲重点表达的主题，同时她还提醒读者：权力与欲望的同构、物质享受与精神追求的错位，使女性作为独立个体的存在的可能性被压缩到最低限度。

二、社会空间：潦草剧本之外被设定的性别位置

"空间不仅是物质的存在，也是形式的存在，是社会关系的容器"[1]，张爱玲笔下的这场发生于上海滩的刺杀行动是一场大戏，虽情节简单潦草，但过程与结局却惊心动魄。无论叙述者，还是剧中人王佳芝都将刺杀易先生的行动视作一场戏。这场大戏终究以失败收场，戏中人入戏过深以致假戏真做，不仅害了自己，也让整个行动小组全军覆没，看似偶然的结局实际上有着太多必然的因素，王佳

---

[1] 郜元宝：《都是辩解——〈色·戒〉和〈我在霞村的时候〉》，《文艺争鸣》2008 年第 4 期。

芝的软弱动摇说到底归因为社会空间的塑造力量。

小说文本多次以王佳芝的口吻提到"戏"。一句"她倒是也演过戏，现在也还在台上拼命，不过没人知道，出不了名"，前者指王佳芝在学校表演的爱国历史剧，后者则是现实中上演的刺杀行动。这句话极其简练地点明了王佳芝作为故事主角和戏剧女主角的双重身份。作者在此设置了戏中戏式的场景嵌套：作为小说故事的整出戏是作者设计的，而计划刺杀易先生的戏则是由这个爱国学生团体设计安排的。这样精心巧妙的安排归功于作者三十年的潜心打磨。舞台空间的搭建对于男女主人公的身份界定与处置、都市女性生存境遇的刻画与强调，以及王佳芝心理变化的推动，都起到了重要作用。

人生如戏、戏如人生，王佳芝作为学校剧团的当家花旦，"戏"的意识贯穿与其行动过程始终。第一次成功接触易先生被她视作"一次空前成功的演出，下了台还没下装，自己都觉得顾盼间光艳照人"，这样的满足感究竟是属于哪一个舞台的王佳芝的答案昭然若揭。和梁闰生培养性经验也成了作为演员的必要准备，完成之后戏得以"继续演下去"。临行动了，她也是这样安慰自己："上场慌，一上去就好了。"在计算从珠宝店下楼的时间时，她也是"从舞台经验上知道，就是台词占的时间最多"，而易先生带女人买戒指游刃有余几乎没有几句"台词"的行为使她不安。对于戏剧意识的突出强调，除了体现作者在文本形式的追求，也表明王佳芝作为女间谍的业余和稚嫩。这种业余，更是无意中突出了现实环境的残酷无情，将这样一个手无寸铁、毫无经验的女学生推向惊心动魄的谍战现场，其唯一可以利用的武器似乎就是她的美貌和机敏。人在危机关头总会本能地求助于自己以往的经验，王佳芝作为学校剧团的一员，戏剧经历是她作为学生进行"社会化"蜕变的中间地带，是岭南大学的王佳芝与香港的麦太身份之间的交点。但是戏都是演的，说穿了它是假的，这样内心的铺垫使得王佳芝意识到大戏即将落幕，从而义无反顾地奔向她所认定的真实，这种心理的转变在社会舞台空间的搭建下变得有迹可循。

王佳芝在慌乱时刻求助于剧团表演经验，但她的慌乱并不全来源于经验不足，刺杀计划如果作为一场戏，它的编排整体充满了莽撞、潦草和儿戏。戏剧的开场来源于大家七嘴八舌定下的美人计，王佳芝作为校剧团当家花旦，当选也顺理成章，这样一个涉及人命的大事自此就在轻松的讨论中被定下。王佳芝作为这场戏的唯一女主演，却不同于传统意义上的舞台演员，她没有全部的台本，一切都靠即兴发挥。不知道男主角的反应情有可原，但她甚至不知道己方的安排和计划。舞台对她来说充满了未知：咖啡馆门口"想必"有人望风、那辆出差汽车"也许"就是接应的，舞台剧变成了未知的华丽冒险，这些不确定的因素充满了讽刺意味。有些话别人不告诉她，她也就不问，因为吴姓地下工作者出于谨慎，只和邝裕民单线联系。这个理由似乎是合理的。按照这个思路，王佳芝在这个草率计划下被蒙蔽、被安排似乎都有理由。因为学生一拍脑门的计划里缺少一个女学生饰演麦太，所以身为剧团花旦的她当仁不让；因为联系上了吴姓地下党，夭折的计划起死回生，他们来求她，于是王佳芝又一次义不容辞，因为饰演麦太不能看上去毫无经验，于是学生里唯一有嫖娼经历的梁闰生成了她的启蒙老师，王佳芝在这场戏剧中，就像一块美丽的拼图，虽然不可或缺，但她的肉体和精神却无人在意，从而成了刺杀大戏中唯一一个被凝视、被物化的对象。学生们老早就暗地里计划安排她和梁闰生培养经验，在她背后讨论她、嘲笑她。甚至在她牺牲了贞洁，计划却停滞了之后，得到的只有学生异样的探究的眼光和疏远。一方面她做出了身体牺牲、内心创伤被漠视，另一方面由于破窗效应，她的私人身体领域以一个已使用的状态被置于公共空间之上，成为一个工具和筹码，自然也就收获别有用心的窥探和觊觎。这个策划者学生团体，除了赖秀金之外，只有王佳芝一个女生。在一群男性为主导书写的刺杀剧本里，当他们堂而皇之地计划着如何使用一个女性的身体时，作者也在书写着女性群体在社会空间中性别位置的落差。

在这场拙劣的刺杀大戏中，王佳芝是身不由己的女演员，一旦回到上海滩这个大舞台，她便如鱼得水般地活跃起来，感到"每次跟老易在一起都像洗了个热水澡，把积郁都冲掉了，因为一切都有了个目的"。这样的成就感显然不仅仅来自计划的推进，还来自王佳芝作为个体自我的满足感。除了物质生活的享受与满足，在肉体被需要被享用时，包括最后易先生买戒指时在她眼里"温柔怜惜"的微笑，让在情场和战场的王佳芝无法招架，成为她自以为人格被尊重、被认真对待的佐证。用生命为错信付出代价的王佳芝已无法睁眼看清易先生的令人毛骨悚然的内心独白。在经历了一番惊心动魄的逃亡后，他的心理活动暴露出了他对王佳芝的死毫不遗憾。而对于王佳芝，此时她这才生是他的人，死是他的鬼。死亡成了易先生对她的终极占有，成就自我权力之下的自我陶醉，成为维护情报头子不可撼动地位的铺路石。空间是任何公共生活形式的基础。空间是任何权力运作

的基础 ①。和内在包裹的戏剧相似的是，更大的舞台上的戏剧中，王佳芝在男性手上又一次成为了一块拼图，只不过这次不仅要失去贞洁，还要搭上生命，才能达到男性心中理想的状态。内外两个不同的舞台上，对于女性肉体的猎捕、对精神和肉体价值的最后榨取却如出一辙。女性的生理结构，本来就意味着物种的利益与她们自己的目的是分离的 ②，在集体 / 个人、男性 / 女性的双重维度下，女性个体的目的却到了非死亡无法使其彰显的地步，体现了女性作为第二性难以摆脱的尴尬处境。

三、心理空间：自我的无望胜利

空间意识并不简单表现于物理层面，而更多地链接到小说人物的心理层面，去展现人物深层的心理诉求。同时，心理空间也不单是区别于物质空间的想象空间，而需要一定的现实场景作为依托，通过空间之间的内在联系、空间本身的内部变化，去推动情节的发展。这更接近美国后现代地理学家索亚所定义的第三空间，它是一个"可知与不可知、真实与想象的生活世界，这是由经验、情感、事件和政治选择所构成的生活世界，这是由经验、情感、事件和政治选择所构成的生活世界。它是在中心与边缘的相互作用（既具生产性又制造问题）下形成的，是抽象的又是具体的，是充满热情的、观念的与实际的空间，是在空间实践中，即在（空间）权力不平衡发展的领域，（空间）知识向（空间）行动的转变过程中，在实在意义和隐喻意义上区别出来的"③。而通过分析《色，戒》文本，可以发现在情节越跌宕紧张之处，心理空间的占比就越多，反之则是实际的物质空间描写占比更多。创作者越到最后节奏紧凑之处，越多地运用了自由联想、内心独白、时序错乱、心理分析等一系列心理空间的展现方式。而在计划进行的关键阶段，越发凸显出人物内心的欲求和物质生存空间的"双重欲求"的失衡，而王佳芝最后具有象征意味的背叛革命的举动成为填补自我心理空间浅层欲求的一种选择。从心理空间的角度分析，"自我"和"革命"两股命题在王佳芝的心理空间中

---

① ［法］亨利·列斐伏尔：《都市文化研究译丛　空间与政治》，李春译，上海：上海人民出版社，2015年，第185页。
② 孟君：《中国当代电影的空间叙事研究》，北京：商务印书馆，2018年，第13页。
③ 包亚明：《后现代性与地理学的政治》，上海：上海教育出版社，2001年，第13—14页。

互相挤占、此消彼长，最终"自我"赢得了胜利，而生命的代价也使自我的胜利变得具有讽刺意味，并实现对于传统革命叙事模式的消解。

对于革命一方而言，王佳芝在社会空间中随时处于被物化的地位，他人对她的定位只是一块合适的拼图、一个美丽的棋子。而从心理空间的角度分析，王佳芝自身对于革命本身的态度，也从来都不甚积极，甚至是懊悔和逃避的。在执行计划的过程中，作者多次运用了时序错乱的心理描写手法，从时空的闪回中，我们可以看出王佳芝在革命准备阶段经历了作为剧团当家花旦的当仁不让、第一次成功扮演麦太的春风得意、被迫献出贞操却又赶上计划停滞的懊悔、计划继续后对同伴的疏远和最终的义不容辞的心理变化。可以看出她没有政治参与意识，没有远大的理想抱负，革命计划的实现与否对她而言并不意味着任何正向的激励机制，真正感到自我满足是成功地扮演麦太。现实舞台为她提供了窥探另一个金碧辉煌的世界、拥有另一种人生的可能性。而随着被迫付出身体代价之后，她一直都被迫地在革命的浪潮中随波逐流，一边被男同学用异样的眼神窥探一边继续被"革命"消费，而她能做的也只是默默地疏远他们，并在需要她的时候义不容辞。从等待易先生的司机来接她的这段闪回中，可以看出革命在王佳芝的心理空间中并不占据多大的分量，但她却在无数个可以退出的时刻继续义不容辞了。这究竟是大环境还是个人因素所致，我们现在无从得知。但是人性的复杂在王佳芝的心理和选择之间的一致与相悖中体现得淋漓尽致。

场景回到印度人开的不起眼的小珠宝店，心理空间的展现就更加地密集，对于王佳芝来说"紧张得拉长到永恒的这一刹那间"，此时，文本的叙事时间远远大于故事时间，时空的跳跃也更加地频繁，与其说是刻意地运用闪回，不如说这些时间线上的事件犹如在同一个平面摊开在王佳芝的心理空间中。王佳芝的意识开始频繁在眼前的刺杀计划和自我的情感体会之间来回切换。甚至从跳跃的心理描写可以感受到，王佳芝的潜意识在拼命压抑着这股自我的意识，迫使自己的注意力放到眼前的任务上来。在看到那枚珍贵的粉钻时，自我的意识首先感到如释重负，觉得这爿店替她争回了面子，随后革命的意识提醒她枪声响起之后，眼前这一切就都粉碎了。尽管内心保持警醒，但她始终拒绝接受现实，原因"第一是不敢朝这上面去想，恐神色有异，被他看出来"，第二个原因是王佳芝自己不愿从扮演易先生情妇的幻梦中醒来。这些可能也暗示着此时自我意识在心理空间还未占据上风，仍处在被压抑的状态。随后的心理状态也与之对应：当拿起戒指，她感觉到："有半个她在熟睡，身在梦中，知道马上就要出事了，又恍惚知道不过是个梦。""知道马上就要出事了"对应着前文的"马上枪声一响，一切都粉碎了"，"又恍惚知道不过是个梦"是补充了前文省略的第二点原因，此刻多停留一秒就意味着她所扮演的虚假却带着光环的身份得以多延续一秒。

从心理空间来看，王佳芝自我意识不仅对抗而且还消解了其对公共的革命意识。这种空间的震荡与失衡在两人在结账后灯下单独相对时达到顶峰。在刺杀行动一触即发的状态下，作者难得展现了易先生的心理，使其与王佳芝的心理空间产生对照与错位。站在读者的角度来看，在革命进行到如此千钧一发的情势下，王佳芝还在揣测人情关系而不是任务，已经与现实空间产生矛盾的夹角。虽然此刻王佳芝不再探究自己是否爱对方，但却在从易先生那抹带着悲哀的微笑中品味出一种温柔怜惜的情感时，莫名地感受到了他爱着她。与此同时，易先生却沉浸在中年艳遇的奇遇中，自得于自身权势和魅力，而露出了自我陶醉的微笑。此刻双方的心理形成了可知与不可知的对照。王佳芝知道一切只是任务，却从他温柔怜惜的微笑中莫名坚信不疑易先生爱她；易先生不知道一切是任务，送粉钻意味着艳遇的得手和得意，而他的笑也只是对自己的陶醉。两人都陷入相似的自恋状态中，而产生对对方的致命误解。

心理空间反映了王佳芝的天真与稚嫩。这样的天真除了缺乏个人阅历主观因素之外，外部环境的残酷、易先生的无情，却给她造成了无数感知的死角，形成笼罩她认知道路上的阴影。革命一词意味着牺牲和崇高，但讽刺的是王佳芝和她的革命伙伴互不信任。姓吴的地下工作者从不告诉参与者们完整的计划，甚至最后瞒着同伴在电影院给自己安排了后路，成了唯一逃过劫难的人。王佳芝在放跑易先生后，担心的不是易先生的报复，而是自己会不会被革命同伴执行了。这种天真反映出的不仅是环境的残酷，还有女性在大时代中受制于集体、男权、物质、阶级等各种强大外部力量，而变得十分渺小和无能为力。

《色，戒》的魅力显然不可能局限于一个天真愚蠢的美丽女人因为错爱放跑了凶狠敌人致使一帮爱国青年被残酷杀戮的严重事故。虽然作品因为改编的同名电影成为一个现象级的文化符号，其中包含了大众对于这个故事的最浅层认知。王佳芝让易先生"快走"的原因，不是她顿悟自己爱对方，而是感知到对方爱自己，因此自己投桃报李做出了付出生命的回应。这种莫名的笃定可以用弗洛伊德的继发性自恋的结构模型来解释：力比多从本我出发，到达对象后，再重返自我 ①。王佳芝最终目的不是革命，而是为了在物质的诱惑、情感的不对等、生存的恐惧等一系列失衡的状态下，去争取一瞬间自我层面的平衡和满足。自我无法平衡，内心的空间显然无法承载生命，更何况革命这一公共命题。在这一阐释路径下，人性/异化、个人/历史成为主题，革命不再与爱情获得对等的分量，从而革命与爱情叙事模式的神圣性也得到消解。

结语

张爱玲用三十年时间对《色，戒》进行反复打磨修改，最终凝练成篇，为读者重塑了 20 世纪 40 年代初上海物质和权力架构起的物理空间和身份、性别交错的社会空间，以及公共与自我对抗的心理空间。显示了女性寻找自我存在、确认身份位置的生存困局。对于王佳芝，人们往往会忽视她在无名舞台上卖命的孤勇、在剑拔弩张时刻的镇定、对于人情的眷恋等内心世界的幽深复杂，而津津乐道于一个为了小我的物质欲望、为了一己之私情不顾民族大义的变节者的媚俗故事；对于故事原型郑苹如，她刺杀汉奸丁默邨的真实事迹因为同名电影的上映而重新回到大众视野，但大众往往不甚在意她的英勇无畏与民族道义，而是专注于其作为《良友》杂志封面女郎背后的上海滩的繁华与怀旧；至于电影《色，戒》，直到现在网络上第一关联词"无删减版"背后勾起的仍是网友前赴后继对于其中色情场景的窥探欲望。女性角色、女特工、女演员，她们在文本内外被看、被使用处境构成一种奇特的互文，而女性的自我追求、自我实现，只能由王佳芝、郑苹如们，用生命谱出一曲在特定频率才能听见的微弱挽歌。随着评价体系的多重建构，有关人道主义、性别与身份认同等超越政治非功利性的论述压倒国族立场，包括对作者本人忠奸之辩的有关讨论。随着市场经济的转型和消费主义的兴起，怀旧主义外衣下一个关于金钱、物质与欲望的故事，才是作品为人们所津津

---

① 王志强：《"自恋"的出场澄清——对弗洛伊德"自恋"理论的文本考察》，《海南师范大学学报》（社会科学版）2015 年第 12 期。

乐道、大获成功的核心。男女主人公身份、性别、立场相异统统可以作为为了情节服务的有张力的卖点。只要对物质的崇拜或批判、对权力的约束和推崇、对女性性别政治的斗争，依然是生生不息，被人们经久热议的话题，对于《色，戒》的讨论就永远不会停止。同时，《色，戒》对于女性空间的书写，在"地理学"的转向上，使女性书写的场域和创造力得到了有效的改观，不仅扩大了写作的疆界，化解了过于私人化带来的危机，且有力地介入当下的现实。①

（王永兵，安庆师范大学人文学院教授；刘扬天，安庆师范大学中国现当代文学专业 2000 级硕士研究生）

---

① 陈惠芬：《空间、性别与认同——女性写作的"地理学"转向》，《社会科学》2007 年第 10 期。

柏拉图的面具与阐释的招徕：论徐则臣的《王城如海》

操乐鹏

当一个小说家被贴上众多看似纷繁复杂的标签和光环时，往往也是其人其作遭到简化乃至误读之际。命名，既是一种规训，也是一种遮蔽。它构成一段具有强大牵引力的前理解，把不同面向的解读收编到既定的轨道。徐则臣及其小说，与所谓的"70后作家""精神史诗""都市边缘人""京漂"等关键词之关联，亦不外如是。一层层批评话语的包裹，越来越远离小说之本相。假若不愿意在诸如代际身份、题材内容之类标签与标签的重复衍生中与作家隔空喊话，那就不妨直接从文本中选择某一切口，以期待与小说本体的短兵相接。

即如徐则臣的《王城如海》中，"柏拉图的面具"隐喻着男性知识分子叙事主体的双重自恋，既作为知识阶层鄙薄其他阶层，又以男性身份压制女性；文本中被强行掺入了大量可资诠释的细节设置、人物设定与情节安排，作者企图以此提前向读者和论者作出阐释的招徕。其小说虽富人物类型与题材内容之宽广，实馁精神义蕴及生命关怀之深长。人物和故事被意义压垮，小说的自主性由此亦遭到侵犯。

一

先从《王城如海》的一段场景说起。

"韩山的火就起来了。罗冬雨还在梯子上，举着两只手往高处的墙上挂面具，棉毛衫也跟着往上抻，露出了一圈白嫩的腰。罗冬雨说：'愣着干啥？递面具啊！那个，那个，柏拉图的面具。'韩山不知道哪个是柏拉图，也不想知道哪个是柏拉图。他觉得那一瞬间身体里的欲望跟随着愤怒噌噌噌像血压一样往上冲。他盯着罗冬雨那一圈干净的白腰，两步上到最高一个大理石台阶上，拦腰把罗冬雨从工具梯上抱了下来。罗冬雨吓得啊啊叫，已经被韩山放倒在二楼的木地板上。他把纸盒子扔到一边，开始脱罗冬雨的衣服。罗冬雨躺着，棉毛衫只能撩到肚皮以上，他转而脱罗冬雨的家居裤。罗冬雨喊：'大嘴熊，你干什么？韩山，你要干什么！韩山，要死了，你干什么呀你！'韩山觉得全身的血液都集中到两个地方：一是脑门，他相信此时他的脸比平时要大两圈；另一个地方是裆下，他觉得裤子里藏着的那玩意儿硬得像根变速杆……"①

需要补充这段文字的前后语境：余松坡是一位先锋戏剧家，与其妻女一家三口定居北京；罗冬雨是余家居所的保姆，罗的父母在苏北农村；罗冬雨的男友韩山同样从苏北小镇来到北京，他的工作是送快递；大嘴熊是平日里罗对男友的昵称；纸盒子里装的是韩山带来想送给罗的夜光手表；面具是余松坡的收藏，236个面具分布在余家的各个位置。罗冬雨正在例行每两周擦拭一回面具的工作。韩山的好兄弟彭卡卡在送快速时出了车祸，韩山希望在罗冬雨处寻求抚慰，便带着本想送给罗的夜光手表来到了余家。于是，不知情的罗冬雨遂被韩山强迫。接下来，做爱过程中，余松坡女儿果果的幼儿园老师打来电话，告知罗冬雨果果咳嗽加重。罗冬雨掀开了韩山，出门去接果果回家。留下委屈无奈的韩山将精液射在了柏拉图的面具上。

这一段落，实则蕴涵着徐则臣小说创作的诸多症候。徐则臣小说世界中人物类型覆盖面极广，从大学生、海归、知识分子到水果摊主、房屋中介、护工、倒腾假证的、送快递的……作者借此表述的思考也可大致分为两层：一是聚焦知识分子的精神存在，二是关注城市底层、边缘人物的生存境况；在这二者间游移不定的模糊地带，则有力触及乡下人进城与城乡意识形态的议题。《王城如海》中，以余松坡、祁好夫妻——知识分子，他们的保姆罗冬雨——卫校毕业的进城务工者，保姆的男友韩山——城市快递员，保姆的弟弟罗龙河及其女友鹿茜——在京大学生等一系列人物网络，徐则臣依旧是想勾画出王城北京各阶层的众生相，也在不同层面上昭显了乡下人对城市的欲拒还迎的暧昧心态。罗冬雨努力学习、积极适应城市生活，严守余家的家庭规矩，对自己能够分享余松坡梦游这一

---

① 徐则臣：《王城如海》，《收获》2016年第4期，第143页。

精神疾患的秘闻颇感荣幸。她还进行电脑培训，帮助余松坡录入文稿，每天做瑜伽，翻看余松坡书橱里的书。罗冬雨显然认为自己几近于城市人，甚至为了城市的规则，而或多或少尝试与弟弟、男友划清界限，如不愿让韩山直接去余家找她。可事实上，罗冬雨城乡之间蝙蝠式的身份依旧尴尬。祁好的养生食谱无法引起罗冬雨的丝毫兴趣，在苏北农村，毕竟温饱才是最稳妥的。书籍也只属于余松坡，打字也只是安身的技能之一，知识并不向罗冬雨敞开。相较于罗冬雨的依违两可，韩山对城市和城里人的愤恨态度直截了当！城市不仅吞噬了他的同事兼哥们彭卡卡，也霸占了他的女友。

　　不得不说，上述这些题材和故事在许多 50 后到 70 后小说家笔下均能找到，在各类非虚构、社会学著述中也早已屡见不鲜，它并不能成为独特的徐氏印记。就像徐则臣许是率先塑造和描绘过其他当代作家很少涉及的人物类型，如办假证者，可仅凭此也无法为其小说意涵增添砝码。所以，作家如何以小说的方式面对和呈现城乡意识形态下人的物质与精神处境，将是更值得追问的话题，也是小说家必须接受的检阅。循此，"柏拉图的面具"这一细节，就显得尤为吊诡。

　　显而易见，徐则臣是刻意将柏拉图的面具与罗冬雨韩山的做爱场景并置，以柏拉图式的精神纯爱对照罗韩二人的肉欲之爱。这里存在两处对柏拉图的误解。其一，柏拉图在《会饮篇》中谈论的爱，指的是恋童癖式的"一个有智慧的、成熟的男人对年轻男孩之美的爱"[1]，并非意指男女之爱。其二，按照福柯的考辨，柏拉图并没有"在堕落的肉体之爱与高尚的灵魂之爱之间划出一条清晰、明确、不可逾越的界限"[2]。因此，这种情节设置在学理上确有不妥。退一步说，如果暂且抛开柏拉图的实际蕴义，柏拉图的面具所暴露出的叙述主体凝视、窥探以至审判人物的暧昧姿态，无疑更值得玩味。

　　柏拉图的面具作为一种隐喻，叙述主体就躲藏在面具后居高临下地探视人物，俨然以上帝自居，又如老大哥般无处不在。这种作家叙事的姿态并不始自 2016 年的这一长篇《王城如海》，而是潜藏在徐则臣的诸多文本中，构成了其小说创作的基本结构形态之一。如在 2008 年的短篇《长途》中，研究生陈小多为了完成其课题计划，跟随比他大七岁的叔叔陈子归跑长途（陈子归一开始跑长途汽运，后

---

①　［意］翁贝托·艾柯：《丑的历史》，彭淮栋译，北京：中央编译出版社，2012 年，第 25 页。艾柯同时也说：这种恋童癖行为，"希腊社会大体上是能接受的"。
②　李银河：《性学入门》，上海：上海社会科学院出版社，2014 年，第 86 页。

改行船水运)，并以 DV 记录之。摄影作为一种具有侵略性和捕食性的文化行为，是对异于自身世界的窥淫欲的满足，其中内蕴着的是"既热忱又刚好可以忍受。既好奇又淡漠"的态度①。就像柏拉图的面具注视着罗、韩的欲望，陈小多的 DV 也对陈子归的男女生活关注有加。

手执 DV 的，抑或头戴柏拉图面具的，是处在审判者席位之上的城市知识分子，而城市边缘人只能沦为被窥视、被审判的对象。驾着装满快件满城跑的快递员，其饮食男女二事都很难得到满足。他们合理的性生活居然也要遭到审问！与之对照，余松坡与祁好的相识相恋以及二人那长达十分钟的热吻，被作者浓墨重彩地加以正面描述。余松坡也可以在家中双眼像 DV 般盯住穿着睡袍的罗冬雨那"光裹圆润的脚后跟"②。脚作为一种女性身体修辞，余松坡此处的贪婪和欲念不言而喻。《耶路撒冷》中，有关初平阳和舒袖、杨杰和崔晓萱、易长安和林惠惠等几段性爱场景，作者都是多么不遗余力地沉浸其中极尽表现之能事啊。为何祁好、舒袖、崔晓萱的欲望勃发就是正常、正当的呢？为何余松坡、初平阳们恰恰可以免除柏拉图的审视呢？或者余松坡们本来就是"柏拉图的面具"的同伙？城市的既得利益者将性权利据为己有，却心安理得地为其他人预设了藩篱和屏障。此外，徐则臣的小说世界中，男性是唯一的主宰，女性遭受着来自男性猎奇般的凝视和压抑。在作者的设定中，舒袖与初平阳分手后嫁人生子，却只有在与初平阳两次幽会与性爱中才能找到个人的价值所在。

由是，柏拉图的面具背后，体现出的是男性知识分子叙事主体的双重自恋：一方面是作为知识阶层内心深处对其他阶层的鄙薄，一方面以男性身份压制女性，审判他人而赦免自身。当然，这种叙事姿态也非 70 后的徐则臣所独有。作为 60 后的格非，其笔下男性人物同是常以性的眼光打量、窥视女性。谭端午窥到绿珠无意间露出的底裤，"清楚地分辨出她大腿根部的肌肤"（《春尽江南》）③，卜侃注视着麦泓的乳房（《雨季的感觉》），杜预盯着被脱光的莉莉（《傻瓜的诗篇》），"我"看着女教师的胸罩（《时间的炼金术》）……这正是和余松坡一样的癖性。作为 50 后的贾平凹，其笔下的带灯作为女性知识分子，她对元天亮的情感态度充分暴露了女性主体性的下滑，权力崇拜意识、男性崇拜意识极大僭越了知识分子

① ［美］苏珊·桑塔格：《论摄影》，黄灿然译，上海：上海译文出版社，2014 年，第 63 页。
② 徐则臣：《王城如海》，《收获》2016 年第 4 期，第 120 页。
③ 格非：《春尽江南》，上海：上海文艺出版社，2012 年版，第 71 页。

的独立意识。带灯之于元天亮，正如舒袖之于初平阳。巧合的是，元天亮和初平阳，均是以作家本人为原型，二人也都怡然自得地自居为女性的中心。带灯对元天亮和丈夫的态度可谓天壤之别，元天亮走向"圣人"化的同时，也是其丈夫不断"庸人"化的过程。而这种情感逻辑同样发生在罗冬雨身上。在韩山的强迫中，罗惊觉"自己要嫁的男人竟如此丑陋和陌生。而在某一刻，不管她是否愿意承认，她的确想到了余松坡，如果是那个温文尔雅的文化人，此刻他会是什么样呢"。据此，如果还非要把徐则臣的小说冠之以70后的精神史诗、重建信仰的冒犯之书，那么，这其中，我们能看到的，将更多是中国男性作家内心的一以贯之的隐秘猥琐。

二

在考察过柏拉图的面具如何暴露出作家主体的精神缺失之后，还应当检讨面具这一细节在小说中的位置及作用，借以寻绎作家行文运思中的惯用手段或模式。文前所引段落，是面具这一细节在《王城如海》中首次出现。直到小说结束，"面具"在小说中依次又出现了六次，顺次如下：

②……他（罗龙河）对余家满怀好奇，他甚至希望能够成为余家的一个物件，比如沙发、椅子、楼梯的扶手或者墙上的某个面具，谁都不打扰……

③我（余松坡）编排过很多实验戏剧，但我从来不敢做一个实验把自己编进戏里，戴面具也不行。

④罗龙河不能理解，哪个读书人爆发了会对自己书房下如此狠手？他能收藏那么多书和面具，基本可以证明这些东西起码是他的半条命，那么砸法，不过了吗？

⑤祁好打开门回到家时，余佳山正在和墙上的面具作战。

⑥罗冬雨慢慢地往上走，差不多可以抓到拖把头的时候，一个在墙上摇晃了半天的白色Larva面具掉了下来。

⑦接到余松坡的报警和陈述，他们勘察了余家案发现场。面具和碎片落在楼梯和地板上……①

---

① 依次见徐则臣：《王城如海》，《收获》2016年第4期，第165、167、174、182、183、186页。

面具出现的第①处，是柏拉图的面具下韩山强迫罗冬雨的前后情节。某天半夜余松坡精神隐疾爆发，几近砸毁了自己的书房。罗龙河被罗冬雨叫来帮忙拾掇书房，即引出第②、④处的面具，前者是罗龙河对余家的好奇，后者是见到余松坡精神正常后的困惑。罗龙河在书房中偶然翻到了余松坡多年以前被误诊为癌症时所写的一封遗言。第③处的"面具"是余遗言中的话，使用了面具的原意，并非是指收藏的面具，那时的余松坡应该也没开始他的收藏活动。遗言中，余松坡对往事进行了忏悔：在当年高考落榜后，为了能够和同乡余佳山争取仅有的一个入伍资格，而举报余佳山与八九事件有关。余佳山从此遭受厄运，进而疯癫。罗龙河知悉此事，又碰巧发现余佳山就在北京天桥卖装着新鲜空气的白色塑料袋，遂引诱余佳山到了余松坡家中，不怀好意地幻想着二人之间的见面。疯癫的余佳山将面具当做牛鬼蛇神，是为第⑤处。祁好回家后，也认出了余佳山。罗冬雨、罗龙河、祁好、余佳山扭打在一起，即是第⑥处。祁好在混乱中受伤，罗冬雨姐弟仓皇出逃，余松坡回家后报警，第⑦处也是面具在小说中最后的露面。

不难发现，236件收藏中真正有名有姓的面具只有柏拉图和威尼斯 Larva 两个。面具的七次现身中，也只有柏拉图的面具真正承担起重要的隐喻和结构功能。柏拉图的面具正是面具出现的第一次。如此看来，作家是先有意对罗、韩的性爱进行居高临下的窥望，后构想出柏拉图的面具以代作家行使审判之权，再之后出现的面具就是这一意图必然的辐射以及对前文细节必要的缝补。柏拉图的面具甫一现身，就完成了自己的最高使命，却也使得后文中的面具颇有鸡肋之感，缺少如盐入水般的圆融。

自福楼拜及之后，在小说中插入过量的细节，已成为一种常规。不必像期待墙上挂着的枪在之后必然会响那般，查理·包法利的帽子尽管享用着一大段冗长、繁琐的描写，可帽子只是帽子。这是"现实本身自带的一种无关性"，生活"难免有一些过剩，有一些无缘无故，生活给我们的永远比我们需要的多"①。超量满溢的、看似无关紧要的细节带给小说充实的质感与飞扬的灵动。徐则臣则不然；柏拉图的面具可不仅仅是柏拉图的面具。质言之，在徐则臣的小说创作中，意义往往先于细节。这种意义焦虑症带给从细节、人物到主题及至整个小说难以

---

① ［英］詹姆斯·伍德：《小说机杼》，黄远帆译，郑州：河南大学出版社，2015年，第62页。

承受的负荷。

徐则臣急不可待地往小说中灌注宏大的形而上意义，最突出的莫过于其中的宗教和救赎主题。《耶路撒冷》中，初平阳一直想去耶路撒冷；秦福小的奶奶秦素文早年是妓女，文革中受尽歧视和欺凌的秦素文被耶稣所感召；秦素文不识字，可却能读懂圣经。《王城如海》中，罗龙河翻捡到余松坡的遗言，这一节的标题是"罗龙河找到一本书，像圣经一样厚"，意在将余松坡的忏悔与圣经相联系。小说中此类生硬的基督教书写，说白了不过是程式化的伪宗教叙事罢了。"那些皈依基督教的国人形象，或者坏事做绝，或者孤苦无助，最后于偶然间听到了一个威严且具安抚性的声音，投向主的怀抱，真心忏悔、赎罪，完成新生过程后一变而为虔诚的教徒"。先验的基督的拯救，却反而稀释了原本的救赎主题。似乎"只要皈依宗教，经过清洗，诸种污点便转化为道德上的优势，其勇气、品质等往往高于常人"[①]。初平阳、余松坡身上散发的自我优越感，恐怕很大程度上正是由此而来。他们感受到了自己的同情心和痛苦感，便以为自己不是"痛苦施加者的共谋"[②]。展现 70 后一代的成长历程，是徐氏小说的另一大主题，也常常被认为是徐则臣小说最具辨识度的一面。小说中的人物自然是以 70 后为主角，初平阳还在报纸上开了特写 70 后方方面面的专栏。可若是遮住人物的出生年月，人物的代际特征立马变得模糊起来。

或许是为了获取小说的历史感和沧桑感，徐则臣不厌其烦地将重大历史和当下现实事件嵌入情节和人物，大有不如此不能成小说之迫切。父辈祖辈可与文革、知青、唐山地震等历史挂钩，如秦素文与文革，杨杰的母亲是从北京下放的知青。70 后一辈则与当下相关联。《王城如海》中的雾霾、幼儿的咳嗽，就是最切近现实的写照。《耶路撒冷》更加"蔚为大观"，应有尽有：抵制家乐福、北京申奥、512 汶川地震、1999 年反美游行、非典、H1N1 流感、乡镇教师讨工资、拆迁、堵车、地方文化建设……假如还记得鲁迅如何评价清末谴责小说连缀话柄，"以成类书"，不得不说，徐则臣的小说，正好足以为鲁迅所言的"辞气浮

---

① 白草：《当代小说中基督教因素的隔膜》，《文学报》2014 年 2 月 27 日第 21 版。白草在文中指出了众多当代小说中基督教书写的模式化。《耶路撒冷》也进入此套路中，白草认为《耶路撒冷》"受制于由苦难到救赎的观念，叙述上表现出一个特点，即为强烈主观情绪推动之下的概念化演绎，代替了人物自身的发展。描写越突出，情绪越强烈，越像是教化和宣传"。

② ［美］苏珊·桑塔格：《关于他人的痛苦》，黄灿然译，上海：上海译文出版社，2006 年，第 94 页。

露""笔无藏锋"① 做一当代小说注脚!

高密度的事件,严重挤压了小说人物的生长空间。作者还想在人物的一举一动、一言一行中确立与意义的一一对应。如大学教师吕东进入精神病医院,象征着人物的异化;杨杰的两个名字,代表着人的分裂状态;初平阳回到淮海与向往耶路撒冷,暗示着出走与回归的心路;余佳山装满空气的白色塑料袋,显然是对十面霾伏的北京的讽喻;余松坡的先锋戏剧《城市启示录》意味着对现代城市的反思……一切似乎都有意义,可一切意义又那么直白无力!人物几近淹没在意义的大潮中。甚至人物的声口都趋于同质化,《耶路撒冷》中铜钱说"到世界去",天赐说"找不到自己",多么像出自初平阳之口。人物的所作所为都牢牢控制在作者手中,作者从不情愿让他笔下的人物和情节有丝毫溢出既定意义范畴的可能。

三

总体来说,徐则臣小说的故事及其叙述并不复杂,更远离复调。为了缓和作家本人的意义焦虑症,文本中掺入了大量可资诠释的细节设置、人物设定与情节安排。看似纷纭,实则是一览无余。这些阐释点都不是从文本中生发开来,而是作者强行注入小说。人物和故事其实很难承载如此之多的意义重荷。意义必将压垮小说。

苏珊·桑塔格的反对阐释,针对的是批评家无休无止地对文本的垦掘和破坏。反过来说,当作家有意留下阐释的标识,生怕读者和论者看不到文本的意义和价值,这种作家的意图势必也是不可取的。当昆德拉拒绝索尔仁尼琴的小说时,他说"我已经预先认识了他所说的一切"②。同样,当已经知晓徐则臣预先投射的意义时,为何还要翻看他的小说呢!"一个创造性的文本的任务在于充分展现出其结论的多元性及复杂性"③,而并非作者提前向替读者和论者作出阐释的招徕!昆德拉对小说的定义依然有效:小说就是小说,小说"就我们人类的境遇说出了任何社会学或者政治学的思考都无法向我们说出的东西"④。这既是对批评者的警示,也是小说的彻底自主性对额外意义的反抗。

(操乐鹏,博士,浙江工商大学教师)

---

① 鲁迅:《中国小说史略》,《鲁迅全集》(第九卷),北京:人民文学出版社,2005年,第295、291页。
② [捷克]米兰·昆德拉:《相遇》,尉迟秀译,上海:上海译文出版社,2010年,第69页。
③ [意]艾柯等:《诠释与过度诠释》,王宇根译,北京:生活·读书·新知三联书店,1997年,第172页。
④ [捷克]米兰·昆德拉:《小说的艺术》,董强译,上海:上海译文出版社,2011年,第147页。

近年来国产域外行旅片的景观设置分析

叶永胜

　　电影是空间艺术，其地理-景观元素作为人物活动、情节的背景是电影文本中的必然装置。电影自诞生之初的卢·米埃尔兄弟到其后无数影片对不同地域景观的拍摄，吸引并满足了观众对异域的猎奇和想象。新世纪以来，随着经济的发展和生活水平的提高，休闲旅游经济蓬勃发展，2014 年中国出境游人数突破 1 亿人次，且逐年增长，到疫情前的 2019 年已达到 1.68 亿人。中国已经成为世界第一大出境游市场。观赏异域风光，了解民俗民情，成为国人的一种休闲消费方式。电影业也适时地推出境外游为题材或者叙事背景的影片，借助异域风情，展示中产生活方式，在全球化空间流动中构建文化与身份想象。我们将这类以旅程为主要内容和线索的影片称为"行旅片"，这些影片具有公路片的一些要素，来表现人物的旅途行走，对大地、自然、都市等空间的感知，获得某种生命体验。国外也不乏这类影片，如《爱在黎明破晓前》(1995)、《托斯卡纳艳阳下》(2003)、《爱在日落黄昏时》(2004)、《摩托日记》(2004)、《在世界尽头相遇》(2007)、《午夜巴黎》(2011)、《在路上》(2012)、《沙漠驼影》(2013)、《林中漫步》(2015) 等等。域外景观是该类影片的重要装置，本文试图对近年来的十几部国产影片进行分析，论述其景观设置的手法与意义生产方式，并揭示其鲜亮外景下的精神苍白症候。

一、文化消费与身份想象

　　既然是行旅片，设置旅行／故事空间的路线与旅途风景地是影片的第一考量。作为类型化的商业性影片，在银幕上展现标志性的域外（在地）的景观，以异域风情为叙事单元黏附有关探险或者爱情的故事线，从而满足观众对在银幕上进行异域都市漫游的想象。这些影片（参见下表）中的异域外景地，景别上极少用内景，几乎全为风光旅游片式外景，如明信片般以远景、大全景突显环境。剧中人物的主要动作就是在风景前表演，其活动场域主要为高楼、街道、景区标志式地景。

时间	影　　片	外景地	主要人物／演员
2010	杜拉拉升职记	泰国芭提雅岛	杜拉拉／徐静蕾、王伟／黄立行
2011	夏日乐悠悠	马来西亚浪中岛	游乐乐／彭于晏、夏米／杨颖
2011	假装情侣	昆明，挪威	陈文／黄渤、沈露／江一燕
2012	泰囧	泰国清迈	徐朗／徐铮、高博／黄渤、王宝／王宝强
2012	巴黎宝贝	巴黎	马小顺／邓超、Emma/Jane March
2013	非常幸运	新加坡、香港、澳门	苏菲／章子怡、大卫／王力宏
2013	我想和你好好的	泰国甲米	蒋亮亮／冯绍峰、喵喵／倪妮
2013	等风来	尼泊尔	王灿／井柏然、程羽蒙／倪妮
2013	北京遇上西雅图	纽约、温哥华	文佳佳／汤唯、Frank／吴秀波
2015	巴黎假期	法国巴黎	林俊杰／古天乐、丁晓敏／郭采洁
2015	恋爱中的城市	五大恋爱圣地（佛罗伦萨、布拉格、巴黎、上海、北海道小樽）	杨幂／郑开元、江疏影／李贤宰、张榕容／黄轩、江一燕／张孝全、白百何／阮经天
2015	命中注定	意大利欧式风情	方圆／汤唯、冯大理／廖凡
2015	北京·纽约	美国纽约	蓝一／刘烨、茉莉／林志玲
2015	唐人街探案	泰国	唐仁／王宝强、秦风／刘昊然
2015	有一个地方只有我们知道	布拉格	金天／王丽坤、彭泽阳／吴亦凡
2015	横冲直撞好莱坞	美国好莱坞	黄晓明、佟大为、赵薇
2016	奔爱	日本小樽、土耳其欧亚大桥、美国66号公路、挪威阳光小镇、塞班岛马里亚纳海沟	章子怡／彭于晏、周冬雨／佟丽娅、张译／梁静、陈妍希／王千源／吴莫愁

时间	影 片	外景地	主要人物/演员
2016	我最好朋友的婚礼	意大利米兰、伦敦	顾佳/舒淇、林然/冯绍峰
2016	那一件疯狂的小事叫爱情	阿拉善、夏威夷	江洋/陈伟霆、梦小言/唐艺昕
2016	大闹天竺	印度	武空/王宝强、朱天鹏/岳云鹏、吴静/柳岩、唐森/白客
2016	北京遇上西雅图之不二情书	澳门、洛杉矶、拉斯维加斯、伦敦	焦娇/汤唯、罗大牛/吴秀波
2017	不期而遇	美国	范小闲/张亮、李心/张雨绮
2020	囧妈	俄罗斯	徐伊万/徐峥、卢小花/黄梅莹

例如影片《杜拉拉升职记》中呈现了杜拉拉（徐静蕾）和王伟（黄立行）等在泰国度假胜地芭提雅岛游玩的场景，水上市场的美食，海滩的美景，为泰国旅游做了一次植入广告。《泰囧》则把人物活动空间设置在了泰国第二大城市清迈，其古老的寺庙等文化遗迹成为吸引游人的旅游资源。《非诚勿扰》后半部分几乎成了关于"北海道"的风光片；《将爱情进行到底》中充满浪漫情调的法国波尔多郁郁葱葱的葡萄园；《假装情侣》中挪威的皑皑雪山和绚烂的极光；《巴黎假期》中的浪漫之都巴黎的经典美景；《北京·纽约》中的自由女神像、布鲁克林大桥、帝国大厦等标志性景观；《夏日乐悠悠》中马来西亚碧水白沙、风光旖旎的热带度假胜地浪中岛；《有一个地方只有我们知道》中的欧洲古城布拉格；《恋爱中的城市》取景布拉格、上海、巴黎、北海道、佛罗伦萨5座城市，用城市的美景和爱情的温馨演绎"恋上一个人、爱上一座城"；《那件疯狂的小事叫爱情》被称为呈现出"国家地理杂志级"的唯美画面。

这些影片多采用旅游观光视点，对异域风光刻意地呈现。外景地仅流于平面化、他者化的符号表象，并没有被建构为生动立体、不可匮缺的现实空间。影片是"第三世界"对"西方""世界"的凝视，传达的是仰慕与优越感的杂混情绪。对于去国外旅游的观众，影片中出现的旅游城市地标会唤起对这些地方的回忆，产生故地重游的熟悉感；而没有去旅游到当地的观众也能借此领略城市风光，借助影片构建的现代大都市镜像得到满足。《非诚勿扰》中一路上所展现给观众的景点，无论是小教堂、寺庙、酒馆，还是蓝天深海、豪华邮轮以及最终暗示旅途终点的断崖，都是主人公秦奋通过自己的"勤奋"努力就可以获得的欲望客体。影片中较少长镜头，而是采取模拟旅行车视点的运动镜头，高速快捷地浏览"北海道"，所谓"一日看遍长安花"，一百分钟尽览胜地风光！

这种镜像展览既非《庐山恋》式的现代化稚嫩想象，亦非《黄土地》《大红灯笼高高挂》式对中国文化的批评与反思，宣传的是一种小资的"中国梦"，任何"成功人士"都可以随意穿梭于一般人所无法抵达的空间，并惬意消费这些景观。中国电影与跨国资本的物恋化景观生产，虽然这次不是特意为满足（西方）他者观看而拍摄，但这种定位国内观众，引领大众到此一游的异域风情消费化、景观物化的表现徒具光鲜靓丽的外表，而缺少"行旅片"行走叙事的内核。

异域的行旅片所表现的还是一种全球的空间化流动与文化身份想象。德国学者乌尔里希·贝克将这种跨国多地生活的现象归纳为"个人生活经历的全球化"，并认为这是个人生活领域中全球性的重要特征。[①] 影片所展现的是中产阶层在跨地理、跨国经验中所建构的文化认同，虽然各风景地显示的历史、文化有所差异（这正是行旅的原初目的与意义），但从文化差异的表现所显示的是全球同一性的表现，不管东方／西方、第一世界／第三世界、基督教／佛教、古典林园／现代大厦，都是主角们寻求浪漫、冒险、逐梦的背景，在光怪陆离的景观前景，凸显的都是全球化资本中产大众的迷茫与梦想，同一的精神症候。

质而言之，行旅片域外景观中的人物行动，只是某种身份表演的存在，展现中产阶级的现代生活想象。影片所展示的中产生活，与那些美轮美奂的国际都市景观一起，"为这些观众搭建起抽离现实琐碎事务的栖息地，同时也暂时满足了他们窥探发达国家都市场所和城市中产阶级海外生活的渴望。"[②]《北京遇上西雅图》虽然表面上通过文佳佳的故事批判了拜金主义，《北京·纽约》中二男一女的情感抉择，《巴黎宝贝》中女主的被设计和操控，尤其是《假装情侣》和《将爱情进行到底》中国内的严酷现实与域外的纯真浪漫形成对比，不言自明地显示了理想的生活方式。《有一个地方只有我们知道》中奶奶与孙女两代在布拉格的情感与选择给了所有人一个生活的提示。这些故事最大程度地贴合了现代女性的内心，她们现实中遇到的困境，每一个观众都有可能遭遇，而她们的选择，契合了银幕前观影者的内心欲望，通过置身异域的文化身份与生活想象，抚慰了她们／我们的生

① ［德］乌尔里希·贝克：《什么是全球化？全球主义的曲解：应对全球化》，常和芳译，上海：华东师范大学出版社 2008 年，第 77 页。

② 章宏、吴潇阳：《"多重接近性"视角下的国产电影跨国多地拍摄》，《当代电影》2017 年第 2 期。

活困倦与精神焦虑，获得了替代性的满足。

异域旅游电影通过搁置本土，将人物场景故事移置异域，在不可避免地被同质化和标准化了的异域人文与自然景观，昔日处于现代性边缘位置的"他者"进入现代性的"中心"，以中产的身份标签文化快餐地景观消费，为普罗大众描画了生活愿景。但在系列风景明信片背后，曾经的"他者"置身"中心"的经历和体验，主体内心的震荡与冲突，却被有意无意地忽视或抹除。

二、冒险抑或情感疗愈之地

跨国行旅，旅行者进入一个陌生的地理空间，在惊艳于异域风情时，置身于不同的历史、风俗、法律、宗教等异质文化领地，会产生文化不适或晕眩，观光之旅亦会是一场历险、冒险的旅程。有些影片就借助公路片的形式叙述一场华丽的冒险之旅。《非常幸运》中章子怡饰演的漫画家苏菲与王力宏饰演的特工严大卫在新加坡展开追杀争夺的异国大冒险；《唐人街探案》中的唐仁沦为离奇凶案嫌疑人，不得不和秦风在泰国街头躲避警察追捕、匪帮追杀和黑帮围剿，同时还要寻找"失落的黄金"、查明"真凶"为自己洗清罪名；《大闹天竺》中盛唐集团总裁之子与保镖、朋友到印度寻求遗嘱，一路凶险重重危机四伏；《横冲直撞好莱坞》中的黄晓明、佟大为、赵薇三人组被警方通缉全城搜捕，为了洗脱罪名，"二货天团"翻转洛杉矶、好莱坞、比华利山，开始一场惊险刺激的好莱坞冒险之旅。

作为商业性影片，异域行旅片不具备"旅行写作"的深度追问，它不会去着意表现"分离的文化相遇、碰撞、相互较量的社会空间"，"帝国的凝视"中的民族意识与他者界定，反思被生产的知识和权力之间的结构性关系而"使知识生产和人类关系去殖民化"等 [①]，对于旅行者作为异邦人在异域与陌生文化相遇时的"心理惊骇""文化震惊"也不作深度揭示，更不会轻率表现文化对比中的不对等现象。影片只是将这些明星面孔从国内空间移置到风光旖旎的异域国度，随着他们惊而不险地追逃躲寻，上演一场场赏心悦目的银幕游戏。

当然，也有人选择到异域去修复疗伤，旅游，不仅是物质的，也是精神的；是功利的，也是审美的；是自然之旅，社会之旅，也是心灵之旅。在异域行旅片

---

① 参见陈晓兰的《旅行写作、帝国叙述、异域再现》，《中国比较文学》2016 年第 1 期。该文从旅行写作与帝国叙述、旅行写作史的建构、旅行写作的真实与虚构几个层面，对当代英美旅行写作研究予以评述，对西方学术界研究跨国旅行写作的一些观点进行了介绍。

中，人物通常从（国内的）日常／世俗麻烦中抽身，作为"他者"被凝视的异域则被描画成一个远离工具理性的、具有精神召唤意味的世外之地，外部的异域景观为主体内部世界提供了一个温情、暂时、便捷的宣泄出口，修补精神创伤。

《非诚勿扰》中秦奋与笑笑的北海道之旅，异域景观充当了一个时代病症的解决者，秦奋内心原本所附着的秩序、精确、功利主义得以祛除，而笑笑则在这次遗忘之旅中试图悬搁过去，内心得以继续净化。《巴黎宝贝》中，玩世不恭、空虚浅薄的男主人公富二代马小顺在这个感性、温情的浪漫之都最终完成了情感的回归，学习如何独立承担责任。在这些影片中，异域景观作为工具理性对立面出现的自然人文景观，与纯真的爱情／友情合力拯救了被理性缠绕、并在精神世界逐渐滑落的主人公。幽美宁静的自然景观拉开了人物与工具理性、充斥阴谋算计、物欲外溢的凡俗日常的距离，荡涤了现代世界肉身的异化因子，净化心灵，重返伊甸园的原初本性。《假装情侣》中，挪威雪山的纯净世界与急功近利的保险推销拉开了距离，正是这段距离，使一段虚假的爱情最终成真。《奔爱》中的几对男女在风光优美的异国他乡疗愈情伤、修复感情，在无尽的蓝色天空下"奔爱"。

《等风来》将一群有着各自的人生问题的旅游团空降到世界上最幸福的国家——尼泊尔，他们的"幸福之旅"经历了一系列事件，在这个过程中他们开始有了体悟，每个人都找到了最真实的自己。影片最后，富二代王灿请大家去玩滑翔。美食专栏作家程羽蒙站在悬崖边，背着伞紧张着何时才能起飞，王灿告诉她说："无论你有多着急或者多害怕，我们现在都不能往前冲，冲出去也没有用，飞不起来的，现在你只需要静静地，等风来。"这是旅途给他带来的感悟。当树林随风摇动时，每个人都顺利地飞上了天空。在天空盘旋时，旅行团成员们都获得了认知，这一路的旅行也好，自己本来的生活也好，其实都不用急着做出任何决定或改变；当站在人生的悬崖边时，不如先不要动，不要向前冲，要做的或许只是静静地，等风来。虽然他们随后都要再次面对原来的生活，但是这次旅行让他们找到了真实的自己（重生），他们会有不一样的心境或者选择。

这些影片基本上在过去-本土与现在-异域的时空变换与对比中展开，或明或暗的两段式结构（问题-解决）。主创人员将人物身上的问题嫁接到域外规避或削弱伦理道德敏感性，既凸显当下中国本土的焦虑与困扰，又极大地满足了观众对社会心理的代偿，对社会矛盾予以想象性解决。在《泰囧》的开始，商业人士徐朗在严苛的科技理性与濒临失败的婚姻生活面前选择了前者，而在随后一场充满竞争的旅行中，时刻以规则、精确和唯目的论为指导的徐朗在含混、安静、缓慢的异域处处碰壁，具有精神净化象征的泰国景观和本真质朴的王宝成为将徐朗拖出冰冷理性泥淖的重要力量。实际上，纵观整部影片，充满了象征意味，徐朗是一个在理性与感性中摇摆不定的角色，被工具理性支配，高博则是被刻板合理化缠绕的竞争者，而王宝则与异域景观一样，其功能定位于"秩序的他者"，他与徐朗的种种冲突正是现代性对立二分矛盾的体现，而王宝与泰国景观的深度融合——旅游愿望的圆满实现——则显现了异域在世俗"救赎"方面所发挥的重要作用。这种我们可以称之为"理性病症"的治愈与否取决于"病患"摆脱理性至上，融入本真世界的程度。在旅途中，徐朗最终被王宝治愈，而高博则继续承受煎熬。《囧妈》中的小老板徐伊万，缠身于婚姻和商业纠纷，家庭事业遭遇双重危机，在和老妈去往莫斯科的六天六夜旅程中，经历了争吵、出走之后，在生命危险的边缘，彼此开始理解，产生顿悟，和解，从当初的焦灼恢复平静的日常状态。

由于叙事时间的限制与叙事重心的设置，本土的焦虑、失序一般作为前史或者序幕，很快交代或者中间插入，重点是异域叙述，但是，"异域旅游电影两段式结构是谋划将现代性矛盾作为一个隐而不显的前提，其主题重心由于这种设置并不能充分现代性的自我批判和否定，因为异域旅游电影实际上是将本土的现代性状况作为不加分析的含混整体并将其推至为后景，这意味着它默认并接受了这种事实，进而将其束之高阁之后，转而去寻找一种暂时性的缓解办法，即展览模拟和本真的异域景观。"①

三、苍白的景观

异域行旅影片表面上风光旖旎、美轮美奂，宣发也是侧重于这方面，实际上苍白贫血肤浅，没有生命，没有情感，附加在风光之上的故事虚假、矫揉造作，人物形象纸片化。影片中的流动性景观再现不是一种文化传播、文化交流与对话，并没有打破区域地理边界，跨地行旅并非是一种文化自省反思。只是中国人在××（纽约、曼谷、东京等等）而已，游客与在地之间没有互动。

影片具有视觉冲击力的景观化呈现，未能烘托出深刻的现实文化意蕴，只是物质性地理空间，没有精神层面的呈现。没有把"中国人"被抛在异域的状态、

---

① 慈祥：《异域旅游电影的现代性悖论》，《四川戏剧》2014 年第 10 期。

感觉表现出来，景观只是娱乐化的道具，不具有与社会、个体精神层面发生化学反应的机能。旅行者置身于异域，对异文化的观照，所生成的异域形象是表面化的"异国情调"，捕捉的文化因素没有经过内省，其感受是肤浅的，主创人员与剧中人物都是过客视角、心态，浮光掠影，没有个人体验，题材本身所蕴含的在地文化、自我与他者、看与被看、本土与异域等话题都未能有展开。

影片只是资本的狂欢。全球化景观只是消费的奇观，资本神话，不具有历史的、生活世界的意义，不是东方/西方、边缘/主流的叙事方式，没有以他者眼光表现出全球化时代流动人的普遍性/地方存在的特殊性的关系思考，影片表现的是个人/他人关系，看不到关于民族、性别、阶级、种族等在全球化进程中形成的新的关系的反思与批判。影片只是带着去过此地的人们重温旅游印象，或者是按照大众刻板印象不出意外/不失所望地呈现异域的标志性景观。如《北京遇上西雅图》1、2两部影片对这些城市的著名地标进行了集中的展示：纽约的帝国大厦成了重要的故事背景，澳门的威尼斯人赌场、述仔大桥以及高耸的澳门塔构成了人物的主要活动场景，洛杉矶的好莱坞标志、漫长的海滩和山林中的别墅则为中国看房团营造出一种精英人士的生活氛围，拉斯维加斯霓虹灯闪烁的繁华夜景以及电影中大牛带爷爷奶奶游览的弗锐曼街电子天幕和百乐宫酒店音乐喷泉，一同勾勒出了一座令人兴奋的不夜城；男女主人公最终相遇的伦敦，则不出意外地依次出现了大本钟、议会大厦、伦敦眼、泰晤士河夜景以及伦敦塔桥等英国的旅游"名片"……摄影机有意识地将镜头对准那些旅游手册里频频提及的标志性景观。

与公路电影侧重人文地理景观对内心世界的改造相比，旅游电影显然偏向了风景的一瞥式展现，其中外部环境只是为内部世界提供了一个温情、暂时、便捷的宣泄出口，并最终再次返回电影的浓厚的商业化诉求。影片以情节和情感作为凝视引导，观众就是在虚构的剧情中经历了一场刻意安排的"舞台化真实"的旅游。厄里对旅游摄影的描述，"对一个事物拥有了知识就是部分地拥有了权力，即使权力仅仅只是在那一瞬间……最典型的表现之一就是旅游地文化的'自我异国情调化'。"① 就是在异域场景的不断展览和转换中，异域旅游电影为观众进行了一次对于陌生知识温情脉脉的催眠式培训，这同样与其在故事中所暗示的异域呈现

---

① 刘丹萍：《旅游凝视：从福柯到厄里》，《旅游学刊》2007年第6期。

本真、由此修补精神创伤的意味形成尖锐的矛盾①。

爱森斯坦曾说："风景有时被当做插入成分剪辑在影片中，有时是作为某场戏的开场，但更多的情况是，风景被直接纳入动作的展开，既起着绘画又起着戏剧的职能。"② 而异域行旅片将景观作为一号，却未能充分赋能，表面漂亮热闹，实则苍白失血；尤其是风光的刻意呈现，导致人这一主体的失落。行旅片"行走叙事"是反思与成长的心灵旅程，人物的"寻找"是超越、救赎与告别，旅程是自我审视、确认和反思的精神之旅，心灵成长净化，重新定义自身。人物在异域空间的探寻由此来延伸自己的生命时空，抽离出自己原有的生活轨道和生存空间，寻找生命的真义、真实的自我，探讨生活、生命形态的另一种可能。但是异域风情与偶像明星的组合，脱离了中国的时代与大众生活，影片"热衷将男女主角所处阶层描绘成西方式上流社会：他们衣着全是名牌，生活场景主要是伦敦和米兰。由于他们不是普通人，而是能够摆脱时代与社会羁绊，可以随时到世界任何地方去生活的人，所以他们的喜怒哀乐也就失去了折射时代与社会的作用，他们就像时装杂志的封面人物，美轮美奂，但全无生气"③。当然，它们可以辩解说，这就是商业化类型影片，在轻松、幽默、温情的氛围中来一场"舞台化真实"的旅游，引导观者做一场白日梦；虽然没有营养，但是悦目养眼！或许如此，但是它也可以同时致力于好看与深邃，这并不是不可调和的矛盾。

（叶永胜，东莞理工学院文学与传媒学院教授）

---

① 慈祥：《异域旅游电影的现代性悖论》，《四川戏剧》2014 年第 10 期。
② ［苏联］C. 爱森斯坦：《并非冷漠的大自然》，富澜译，北京：中国电影出版社，1996 年，第 290 页。
③ 郭松民：《评〈我最好朋友的婚礼〉：只移植了故事的外壳》，《新京报》即时新闻 2016 年 8 月 12 日。

从《智齿》看 21 世纪香港警察电影中的宿命论叙事

郭文轩

郑保瑞作为香港 21 世纪新生代导演中的佼佼者，不仅被著名导演杜琪峰选作接班人，更是凭借其作品中天生的"暴力""恐怖"元素，被何故在《郑保瑞的"恐怖主义"》一文中比作是东方的大卫·林奇。虽然在 2014 年后，随着香港导演进军大陆的"北上"浪潮兴起，郑保瑞的电影风格开始趋向于大陆观众易于接受的商业化类型，但是在其最新指导上映的电影《智齿》中，郑保瑞在大胆采用黑白电影色彩渲染方式的基础上，沿袭了经典香港警察电影《无间道》中的"孤魂"式警察形象塑造模式，并且重拾起了杜琪峰时代香港警匪电影中的暴力美学叙事风格，进而形成了对香港警察电影中宿命论叙事的回溯。此片也因为极具代表性的风格特色获得第 15 届亚洲电影大奖和第 40 届中国香港电影金像奖的多项提名，片中女主角扮演者刘雅瑟更是荣膺香港电影导演会 2021 年度最佳女主角。由此可见，《智齿》既是郑保瑞对杜琪峰暴力美学风格的完美再现，也是对香港警察电影引以为傲的宿命论叙事范式的成功继承，在近几年上映的香港警察电影中毋庸置疑地占据着独特地位。

一、宿命论的东方式解读

宿命论一词来源于古代美索不达米亚平原文化，通常表现为通过神话和寓言故事等媒介，向人们预示在时间和空间中人类命运所具有的某种定数式的规律性变化。而现在学界所说的宿命论，则较多地沿袭、引用了马克思在对德谟克里特、黑格尔等人的原子论和绝对精神理论进行批判的基础上所提出的命运对抗理论。马克思在《1844 年经济学哲学手稿》中提出"自由自觉的活动是人的本质"，但是应该建立在对客观规律的高度重视和不断斗争之中，而这里所提到的客观规律就是指传统哲学理论中建构起宿命论框架的"物质必然法则"[①]。在中国传统文

---

① 谷潇：《德国古典哲学积极自由思想研究》，辽宁大学 2018 年硕士学位论文，第 103 页。

化中，对马克思关于宿命论中所提及的"物质必然法则"的描述则更加具有神秘学色彩。从政治上先秦诸子百家所提倡的"天命"思想，到宗教文化中佛教和道教信奉的因果轮回，无一不体现着中国哲学思想领域关于宿命论的思考与应用。苗元一在《中国历史宿命论研究》一书中提出，人们所说的"天命"实际上是社会发展规律的主观意志体现，因而中国哲学思想中的宿命论更多地被应用于政治的管理和思想的规训①。随着人类文明的不断发展，"宿命论"作为一门学说在综合中西方哲学思想内涵的基础上，不断地扩充着自身的范畴和意义。依托自然科学和伦理道德的进步，人们对于宿命论的认知也开始从单纯片面的社会历史规律和宗教思想内容转移到对于人性的探讨之上。

正如杜琪峰在接受采访时所说："生命是无常的，因为生命里很多东西是抓不住的，是无法控制的，是突如其来的。所以我希望观众看完我的电影以后，一定要活在当下，珍惜现在这一刻。"②在此基础上加上受现代东方"宿命论"哲学思想的影响，21世纪的香港警察电影自杜琪峰开始，影片的情节内容、拍摄手法、人物设置和情感表达等方面开始沿袭1981年章国明指导的《边缘人》中的灰色叙事风格，逐渐形成了对警察这一特殊形象进行社会性和动物本能中复杂状态进行探讨的习惯，进而构筑起其独具特色的宿命论叙事模式。它们不同于西方电影诸如罗兰斯基的《苔丝》，是通过对人物悲剧命运的塑造这一消极表达方式来展现社会不公平制度下的宿命论调，而是藉由角色间的因果关联和富有象征性的镜头语言的使用，在关系自身命运的关键抉择及带来的后续影响中赋予其特殊的"宿命色彩"。反观21世纪以来的香港警察电影，自影片伊始便通过简短的画面向观众直观地传递明确的情感基调与思想流露，成为一种主题先行的创作特征。因此相较于西方电影中的宿命观，香港警察电影中人物所具有的宿命色彩更多地交由人物的内在转变达成，即偏向于中国理学思想中陆王心学所提倡的"致良知"。由于人性充斥着欲望主导下的复杂性，影片中的警察人物往往会受外界影响而做出与角色所处社会位置相矛盾的举动，在观众凝视视角的观察下，这些行为会不断地被放大、被重复，继而在人物的内心世界造成善与恶的缠斗。当此种正义与邪恶间的游离反馈到人物的行为方式上，施加暴力与反抗暴力成为了展现精神压力

---

① 李岱泽：《杜琪峰电影中的宿命论哲学研究》，哈尔滨师范大学2020年硕士学位论文，第16页。
② 张燕：《映画：香港制造——与香港著名导演对话》，北京：北京大学出版社，2006年，第236页。

的最佳方式。在此种情况下，警察的社会身份已经无法保持单纯的符号性质，残酷的社会现实和他人的负面影响使得人物的命运不断地离析出悲剧性元素，角色开始向着人性中的黑暗深渊坠落，最终走向死亡式的结局。郑保瑞导演在《智齿》中就巧妙地运用了这种创作观念，将林家栋饰演的警察阿展放置在已经遭受现实打击的被害者位置上，并且赋予他警察的特殊身份，使得他作为警察的责任与作为被害者家属的复仇冲动形成强烈的矛盾冲突，继而在新的案件侦破过程中展现出复杂的人性内涵搏斗；并且故事的情节构造被设置为莫比乌斯式循环，在倒叙的叙事逻辑中不断加深其宿命论烙印，最终达成东方式宿命论叙事范式的建构。

二、宿命论叙事的构成

（一）人物角色的"宿命化"特征

纵观 21 世纪具有代表性的香港警察电影，从 2002 年的《无间道》、2004 年的《新警察故事》，到 2009 年的《窃听风云》、2010 年的《火龙对决》、2012 年的《寒战》和《毒战》，再到近几年在大陆上映的《使徒行者》《怒火·重案》《追虎擒龙》和《智齿》，从影片中警察主人公所处的社会环境和人生处境来看，大致上可划分为卧底警察和失意警察两种类型。

在宿命论中，人的发展规律是由人的个体性格发展规律和社会普遍发展规律互相影响决定的，但是在残酷的社会现实面前，人的个体性格往往被外界因素所压制。卧底警察作为警察群体中较为特殊的存在，他们受到生活环境的影响程度之大相较于普通警察显然是更加具有代表性的。以 2002 年上映的《无间道》为例，"无间道"一词出自《涅槃经》第十九卷："佛曰：受身无间永远不死，寿长乃无间地狱中之大劫。"本指佛教故事所提八大地狱中最苦的一个，亦即民间传说中十八层地狱的最底层。在电影中则喻指卧底警察陈永仁身处黑社会贩毒团体，时刻担心自己的身份被戳穿，就仿佛被困在无间地狱里，又永远无法进入轮回。

陈永仁作为警校的优秀毕业生，原先的生活是充满光明和正义的；但是随着他接受卧底任务、打入韩琛贩毒集团后，他的生活变得扭曲而黑暗——黑社会老大的不信任、曾经恋人的离去、内心痛苦的无法释放都使他日益觉得自己要变成一个彻头彻尾的黑社会。但是与此同时，警方上司黄志诚与他不间断的联系则时刻使他警醒自己的真实身份。在这样的角色设定下，人物的命运在冥冥之中就带有了部分悲剧色调，继而随着故事的发展，陈永仁也迎来了死亡的最终结局。作为王海洲笔下香港警察电影中最具代表性的"灰色警察"形象，陈永仁的身上被投射了卧底警察群体的神秘性和矛盾性，他表现出在反体制思想的影响下，此类影片以构建压抑的生活环境和社会环境来表现人物扭曲的心理状态的创作思路。导演们通过角色开场自带的悲剧元素引导观众的期待视野，将卧底警察的身份使命与角色遭遇生存困境时的动物本能进行情节冲突化设计，进而将角色命运送至早已设计好的方案中，最终在矛盾解决的尾声中"引导"人物走向宿命化的结局。

而作为香港警察电影中另一种具有代表性的人物形象，失意警察在角色宿命化的成因方面则与卧底警察有所不同。影响卧底警察命运的因素大致上来源于外界环境对人物内心的长期侵蚀，而造成失意警察命运偏离正常轨道的则是某一次重大意外发生后，主人公经受的长期精神折磨。这种内心的变态发生在人物的内部，所以在此类故事中导演更加注重刻画角色的内心世界，试图通过人物自身的选择证明个体的性格发展无法逃脱社会发展规律的拨弄，以期形成个体面对命运时强烈的无力感。在这一点上，《智齿》较为明显地吸收和借鉴了陈木胜在《新警察故事》中对陈国荣的人物设计，在警察阿展身上安排了亲眼目睹怀孕的妻子被撞成高位截瘫的人生打击，从而将其困在克制复仇欲望的巨大精神牢笼中。导演郑保瑞将阿展放置在不得不面对肇事凶手王桃的尴尬场景中，实际上也是逼迫阿展不断面对自己的心魔，郑保瑞通过安排阿展接手与王桃相关的案件，巧妙地借用阿展的警察身份将二者之间施害者和被害者家属的关系，达成至帮助者和求助者—求救者和施救者的转变，最终在拼尽全力的拯救过程中完成对王桃的谅解以及与自我的和解。从这个角度来看，香港警察电影中对失意警察形象的结局设计往往会达成对人物经历的某种遗憾弥补，即对造成命运悲剧的矛盾冲突的解除。比如《新警察故事》中陈国荣通过再次拼抢比赛的方式战胜阿祖，也最终战胜了自己的心魔，从而拥抱美好而光明的新生活。

（二）叙事方式的"宿命论"设计

在上述具有代表性的香港警察电影中，杜琪峰、陈木胜、麦兆辉等导演无一例外地都选取了采用第三人称视角对主人公进行人物经历层面的剥离式叙事，即里蒙·凯南在《叙事虚构作品》中所提到的自由间接引语式叙事语态。得益于第三人称叙事在时间和空间选择上的高自由度，他们通过选取角色来到命运终章前最为关键的时间段中的某个节点进行切入，在推动现行时间线的正常发展前提下，运用闪回和蒙太奇等手法对角色之前的经历进行有选择的交代。这也就要求在叙事方式的选择上，此类电影要跳脱出一般现实主义电影的常规叙事视角，更多地采用预叙、倒叙、预叙和插叙的叙事方式，从而在影片中营造出"宿命论"思想里的因果论色彩。

香港警察电影中对叙事方式的使用最具代表性的作品是 2002 年上映的《无间道 3：终极无间》。刘伟强和麦兆辉在延续前作剧情故事的基础上，构建起陈永仁和刘建明各自在其中运行的两条轨道线：一条是陈永仁死前六个月的生活经历，一条是在陈永仁死后刘建明的所作所为。这种时空交错的叙事手法给观众带来了极大的观影挑战，但同时也染上了极强的宿命论色彩。这种"宿命感"来源于故事的叙事视角建立在陈永仁已死的既定事实之上，故而无论他做出怎样的选择，其命运结局都已经盖棺定论，情节的发生不再具有未知性和可变性。"对于此类题材电影作品而言，预叙手法的采用必然会削弱部分情节的悬念性。将事情的最后结果提早预示出来……虽一定程度上减少了未知性带来的阅读乐趣，主要人物的结局透露也减少了读者对结局的悬念，但却会让读者将焦点转移到故事情节上，更加关注情节是如何演绎发展的。"[1] 因而故事中所有的变量虽然依旧在发生着改变，但是这种改变对卧底警察陈永仁来说都不再具有影响因子，观众所能做的只有煎熬地陪伴、重温他的死亡时刻。个人的命运在冥冥之中早已确定，甚至已经呈现于观众面前，所以对陈永仁死前经历的回溯或许早已失去了意义，就如同凡人永远无法更改昆古尼尔向着目标前进的事实，导演们试图营造的巨大的无力感成功地充满了观众的内心，也持续地影响着观众完整的观影体验。

这种不同叙事角度的切换手法在后来的香港警察电影中被大量使用。比如在《窃听风云》中最后时刻才揭露的梁俊义的假死、《枪王之王》中围绕关友博作案方式的推理与现实论证，以及《怒火·重案》中对造成邱刚敖由警变匪的回忆性描述等，其实质都是在现行时间线上通过倒叙或者插叙的蒙太奇手法，重新建立一条与现行时空平行发展的过去时间线，而两条时间线索互相补充、互相解释、互相推进，使主人公在现行事件的发展过程中承担过去发生事件带来的后果和影响，从而构建起牢固的因果论关联，造成故事情节推动下的人物命运的可推导型发展。值得注意的是，这个推导的结果往往被设置成主人公死亡式的消弭，而这种消弭对于观众情感来说是不可接受的，因而在可预期却不愿其发生的煎熬中，

---

① 蒋欢：《试论蔡骏悬疑小说中的预叙叙事艺术》,《文艺评论》2020 年第 5 期。

电影思想内涵层面关于个体与命运不可抗性的宿命论意蕴得以潜移默化地被观众接收。

（三）镜头语言的"宿命感"表达

大卫·波德维尔在《电影艺术：形式与风格》中指出，电影的镜头语言实际上是一种信息传递能力极强的表达媒介，它能够通过富有情节性和内容性的画面设计，向观众传达出超越故事层面的更深层次的思想内涵[①]。从香港电影发展史来看，无论是吴宇森、成龙，还是杜琪峰、温子仁，他们的作品都体现出了对于好莱坞和欧洲电影拍摄模式的学习和模仿，因而可以说香港警察题材电影对于宿命论叙事镜头语言的探索，也是建立在对西方电影镜头语言的借鉴与研究之上的。那么反观西方电影的镜头语言，其中对于宿命论思想的镜头语言表达大致体现在细节设置、伏笔镜头和呼应镜头等方面。

和吕克贝松《这个杀手不太冷》中里昂精心照看的那盆绿萝一样，一些反复出现的具体物件对人物命运的发展也充满着指向性含义。在电影《智齿》中，郑保瑞在王桃被山田收强暴和意图杀害时，镜头中反复出现一张母亲带着儿子的照片（1-1），而这张照片在山田收的命运线中即代表着他的过去、现在和未来——被他视若珍宝地戴在胸口的与母亲的合照以及照片中他的母亲缺失的左手，表明他将自己对母亲近乎变态的爱转移到别的女人身上，同时也解答了为什么他要将

（1-1）

[①] ［美］大卫·波德维尔、克里斯汀·汤普森：《电影艺术：形式与风格》，曾伟祯译，北京：北京联合出版公司，2015年，第64页。

绑架来的女子的左手切断。而正是这张不断出现的照片，给即将被杀的王桃提供了自我拯救的短暂时机，最终也帮助王桃成功逃脱被杀的悲惨下场。郑保瑞导演通过这张不断出现在镜头中的照片，为山田收的作案动机和命运发展做了无声的注解；也仿佛在告诉观众，帮助王桃的或许也不仅仅是她自己，也有早已命中注定的、照片上的母亲对儿子所犯罪孽的制止与救赎。

在警察题材电影中，枪支作为警察身份的象征，在对人物命运的影响作用上往往具有较大的艺术创作空间。丢枪和寻枪，则往往被视作人物内心矛盾状态的体现。影片《智齿》中，新晋警员任凯在阿展因复仇欲望丧失理智时卸掉了他的配枪，而阿展意图夺回自己的配枪则可以被视为他对于自己警察身份的认知与坚守；当任凯因为与歹徒搏斗而丢失配枪时，寻枪就不仅是整个故事推进的线索，更是后来阿展身亡的伏笔。枪作为警察与歹徒战斗的武器，本身具有夺走他人生命的力量和权力，因而在一般电影中常常与警察的特殊地位联系在一起，从而具有某种神圣色彩。但是在《智齿》中，关于枪的镜头语言却是被桎梏在办公桌内或者泥泞肮脏的路边（1-2），进而当被丢失、忽视的枪被他人拿走时，警察如何寻枪就成为了一个具有多重象征意义的行为。

（1-2）

除此之外，伏笔镜头和呼应镜头的使用对于电影中宿命论叙事的建构也有着重要的作用。比如在杜琪峰监制的电影《树大招风》中，香港三大贼王之一的卓子强一直想要联合另外两人：季正雄和叶国欢，一起做一件惊天动地的"世纪大案"。因而整部影片虽然被分成三个人物的情节叙事，但是暗中又铺设了一条他们三人最终能否联手作案的叙事线索。但是在香港局势的变化面前，三人临死前甚至连正式的见面都没有达成。但是在影片最后，镜头回到他们曾经吃饭的一家酒店，在过去的某个时间里，他们其实已经完成了见面（1-3）。在这种包含着内容性和解答性的镜头语言中，个人努力在命运选择面前的无力感和荒诞感被直观地传递给观众，给影片增添了"宿命论"色彩中造化弄人的戏剧性风格。

（1-3）

而在《智齿》中，郑保瑞为了营造出强烈的宿命论色调，不仅仅创造性地对电影的黑白色调进行了镜头色彩上的回溯，还在影片的开头与结尾精心设计了一段纯粹的呼应式镜头。任凯走进病房，告诉床上的女人：展哥和她说对不起。随即镜头回到从病房房门的小窗口向内窥探的视角，任凯变成另一个男人（已经死去的阿展），紧接着故事又以阿展的视角徐徐展开。至此观众并不能明了电影的叙事逻辑，而任凯、王桃脸上的伤从何而来也无法在镜头中找到答案，只有随着故事的发展，在影片开端便出现的几个重要人物相继出现后，它们之间的因果联系才能让观众明白其中的缘由。影片最后，镜头重新回到任凯与王桃对话的场面；此时阿展向王桃说对不起的原因已经交代完毕，从过去延伸到现实空间中的线索终于被截断，王桃只有无可奈何地哭泣。值得注意的是，郑保瑞导演在影片的最后展现了一个耐人寻味的画面——阿展与自己的妻子相依偎地走入繁华的街道。这个镜头画面既可以被解读成死去的阿展终于与妻子在天堂相聚，也可以被当作是妻子出车祸前与阿展的幸福日常。但是不论从何种角度进行解读，都与影片残酷而现实的故事情节形成了鲜明的反差，更加凸显出人的个体生活在客观现实面前的脆弱和无奈。同样的镜头语言在影片《无间道》的结尾处也可以被找到：刚刚进入警局的黑帮卧底刘建明在给报案人做笔录时，发现报案人望着自己身后发呆，他先是本能地紧张起来，在观察后发现报案人只是走神，于是如释重负地歪歪脑袋笑了出来。结合整部电影中刘建明的人物命运，可以很清晰地解读出这一组镜头语言背后对人物今后生存状况的暗示，也与刘建明和陈永仁在天台上对峙的那一幕经典场景中说出的——"我想做个好人"遥遥呼应。

三、宿命论叙事的发展意义及影响

电影作为一种科技时代新兴的艺术媒介，其表达方式和思想内容不免受到时代发展的影响。21世纪以来，香港的社会环境和国际环境都发生了巨大的变化，其造成电影内容和思想倾向的变化也是极其明显的。20世纪90年代以来，以杜琪峰、麦兆辉和林超贤等人为代表的一批香港导演逐渐将创作重点由大场面制作转为对于场面调度的细节性把控，在叙述方式上力求打破常规的二元对立模式，向着叙述线索的多线并置靠拢。在此基础上，对人性复杂程度的揭露与探讨渐渐成为香港警察电影在21世纪最为显著的特点，而宿命论叙事中关于个体性格规律与社会发展规律之间巨大矛盾的具象化展现则完美契合这一主题，因而成为出现在香港警察电影中次数最多的艺术风格形式。

郝玉佳在《2006—2017年中国内地犯罪片创作研究》中提到："以往的内地犯罪片关于影片人物创作，带有鲜明的性格烙印，价值与性格倾向单一。在不断追逐求新求变的当下，这种非黑即白的脸谱化人物设置过于平面化，很难吸引到年轻群体的关注。"[①] 相较于传统警匪片中的伟光正警察形象，宿命论叙事视角下的警察身上携带了复杂的现实主义色彩。在这些香港警察电影中，角色身上所具有的社会职业和身份位置被模糊化和边缘化，人物内心在社会环境的影响下发生的内在变化反而成为导演们乐此不疲的探讨对象。这就直接导致观众开始对电影中传递出的"人性"状态产生兴趣，传统意义中的"善""恶"对立观念发生变化，并且在对影片中人物命运的感知上表现出强烈的"宿命论"悲观色彩。而之后的众多电影诸如：《魔警》中的王伟业，《天下无贼》中的王薄以及《无人区》中的肖潘等，都开始采用这一观念进行人物设计，在刻意模糊人物立场的基础上强调命运限制下个体性格的反抗。这样的设置在提升人物角色可读性的基础上，极大

---

① 郝玉佳：《2006—2017年中国内地犯罪片创作研究》，湖南大学2018年硕士学位论文，第5页。

地贴合了当下人们的审美倾向，同时也反映出了影片思想内涵的深刻性。

除此之外，宿命论叙事视角下对于叙事线索的多线并置要求，也为近几年的香港和内陆电影创作提供了创新性思路。多线叙事手法最早出现在 1916 年大卫·格里菲斯的代表作《党同伐异》中，但并没有在香港电影界引起广大的反响；一直到 20 世纪 90 年代，香港电影开始在杜琪峰等人的引领下尝试"一主多支"的情节叙述方式。也一直到此时，多线性叙事扩大影片所表现的范围，使其内容更加多面和丰富的优势才得以凸显①。2000 年以来，许多大陆导演的创作也采用了多线叙事的手法，比如宁浩的"疯狂"系列电影、饶晓志的《无名之辈》、贾樟柯的《山河故人》等。这种多线并行的叙事方式最大限度地调动影片中的时空叙述可能，将诸多相关线索进行叠加，在加大影片悬疑色彩的同时铺叙了后续情节的"大反转"，让人们得以更加直观地感受人性选择的复杂性和黑暗性，进而与宿命论中的相关内容遥相呼应。

从唯物主义价值观来看，宿命论学说虽然缺乏自然科学领域的材料支撑，但是在艺术创作领域俨然成为炙手可热的研究、借鉴对象。21 世纪以来的香港警察电影中，宿命论被巧妙地与人性抗争和社会影响结合起来，在电影的创作手法、情节内容和人物设计等各个方面展现出其独特的魅力。香港警察电影中的宿命论叙事已经形成一个较为成熟的艺术特征，其对于香港新一代导演和大陆电影创作者的影响依然在进行，而以郑保瑞的《智齿》为代表的此类题材电影新作也可以被视为影视创作者们研习的优秀对象。

（郭文轩，西安外事学院人文艺术学院教师）

---

① 孙肖：《探究电影的多线叙事并置结构》，《艺术科技》2016 年第 8 期。

都市边缘人的张扬与暗然

许纪慧

一、《我爱杀马特》

在 JK 服、汉服及各类 COSPLAY 风格服装随处可见的当下，个性化的打扮，在很多大城市中，早已不是新鲜事。可在 10 年前，大众对于"奇装异服"的容忍度可没这么高，最能唤醒我中学记忆的，便是非主流群体，杀马特发型。

前不久，纪录片《杀马特我爱你》在一些线下放映会出现，让"杀马特"这个或许早被人遗忘的词再次扎眼。留着杀马特造型的少年们到底是谁？他们为何这么做？后来他们又为什么仿佛一夜之间骤然消失？

这些也是该片导演李一凡，在 2012 年首次看到杀马特群体后，一直思考的问题。不过，让他后来也颇感讽刺的是，他最初拍摄杀马特文化的动力，竟然是杀马特和美国的朋克文化一致，并认为这帮孩子是在反抗消费主义。

事实真是如此吗？这一切得从杀马特群体到底是谁问起。

纪录片一开始，用竖段分屏形式展示了两个信息，一个是年轻农民工人潮涌动的场面；一个是曾经的杀马特群体挨个讲述自己辍学打工的年纪，平均为14 岁。

他们都来自中部或者西部的农村地区，从原来物质极度贫乏的农村，潮涌到物质极大丰富的城市，可等着他们的却是经济和时间上的双重匮乏。

带着 200 块就懵懂地进入沿海城市，一下车行李就被骗子拎走；虽然接受过几年小学教育，但是公交车不会坐，银行卡不会用，连续几个月待在厂房里孤独加班；由于从小生活在熟人世界中，即使进入城市，他们也很少持有防备心，被陌生人借走 1000、2000 块，大都以找不到人惨淡收场。

最讽刺的是，在城市错综复杂的结构中，他们有时连回家的路都找不到。

而这些，几乎是每个农村孩子进入大城市打工的第一节课。

　　在被小工厂老板挑肥拣瘦地遴选之后，他们真正的苦日子才刚刚开始：每天十几个小时的上班时间，流水线上不能出错、不能慢半拍的工作节奏，以及充满有毒物质和巨大噪音的工作环境。

　　而他们的月收入，只有1000、2000块。就算再拼命加班，也所得甚微，这个标准，在2004年是每小时1块8，到了2018年是十几块。

　　除了没日没夜的辛苦，还有随时缺胳膊断腿的危险。由于工作强度大，且工人们操作的大都是切割打孔的危险机器，一旦稍有睡意或者走神，便会断手指、穿手掌。

　　可一旦出现这类问题，小厂主几乎不会赔偿。有人劝工人们去找劳动局寻求法律援助，但对于文化程度低下的他们来说，连劳动局是什么都不知道。

　　大城市的孤独无助，工厂里的高强度劳作，工作中的危机四伏，以及受伤生病后的毫无保障，这些年轻的第二代农民工，能得到农村老家的些许温暖吗？照样不可能。

　　大多数父母，只是一味地让他们赚钱，面对倾诉和哀求，父母们只会觉得他们是在矫情且不能吃苦。毕竟，在外打工就为一个字：钱。

　　这所有的一切，让很多工人走向绝望。他们那可怜的工资，就算是拼一辈子，也不可能买得起动辄上百万、上千万的一套房子。

割腕自杀，压抑孤僻，渐渐成为这些农民工二代无法逃避的穷途末路。

2010年1月，至2010年11月，富士康公司13名员工接连跳楼，成为这部纪录片虽然没有提到，但无疑成为注脚的悲惨事件。它让我们开始反思，这些一向毫无存在感的农民工为什么突然选择以自杀的方式，出现在公众视野里。

而杀马特造型，恰恰是他们在自杀之外，看似唯一的选择。

就像"杀马特教父"罗福兴所言：这种头发给人一种勇气，感觉有种震慑的力量，而且在大家印象中，这就是坏孩子，而坏孩子才不会被人欺负。有时候我自己就想成为这样一个坏孩子，所以首先就要打扮成这样。

1995年出生的罗福兴，同样是一个农村孩子。小学五年级沉溺网吧时，他发现了日本"视觉系"乐团中的酷炫造型。随后他就到村头的理发店做了一个类似的爆炸头，加上在他以抹口红、挂耳环、涂文身、划破牛仔裤的各种手段辅助下，装扮出了最原始的杀马特造型。

2006 年，罗福兴通过电脑的摄像头，将自己的这一造型拍摄并上传到网络，开始引起了大批网友的注意，并被称为"酷比时尚"。随后，罗福兴在查"时尚"一词时，始用"smart"（时尚）的音译"杀马特"，作为这一造型的名称。

加上由他所建立的 QQ 群聊"杀马特家族"的急速传播和扩展，让全国一大批城市农民工纷纷效仿。

在女生眼中，杀马特造型让自己变得独特，有存在感，开始受到其他人的关心体贴。因为她们深深懂得，人们不会关心一个外貌平平的普通人。

而男生则恰恰相反。杀马特的爆炸头和冷酷风，能让他们把自己武装得很强硬，就像刺猬一样，让人家碰不到。这样就能把脆弱的自己封闭起来，不被别人欺负。

加上那时候，对于月入 1000、2000 的农民工来说，置办一套杀马特服装只需 100 元，让他们也能玩得起这份"时尚"。

不管是男生的封闭，还是女生的示弱，他们本质上都一样，为了摆脱工厂流水线上的螺丝钉形象。他们不愿困死在收入微薄、毫无尊严的工作中，所以选择用最吸人眼球的造型，突出自己的存在。

有些人在不了解杀马特群体的真实身份和处境前，会拿美国的朋克文化和嬉皮士运动加以类比，这自然令人感到"何不食肉糜"的讽刺和不适。然而在某种程度上，他们却有相似之处。

嬉皮士们反抗的是美国主流社会的固化生活，对资产阶级的伦理秩序和宗教传统发起挑战；而杀马特群体反抗的则是工厂制度下，毫无希望的生活现状，和对阶层跨越的彻底绝望。

不过，所不同的是，美国20世纪60年代的那批嬉皮士群体，在20世纪80年代照样回归主流文化规约下的中产阶级家庭，过着拥有独立庭院、衣食富足的生活。他们是基于理念的叛逆，在叛逆大潮退去之后，他们的父辈还为其保留一亩三分地。

可杀马特们没得选，他们那一点点可怜的炫耀和张扬，是冒着没有工厂招收、没有基本生活收入的危险，奋力地声嘶力竭。他们是基于生活愿景破灭之后的叛逆，却只敢卑微地在小群体里舔舐疗伤。

因为他们深知一个悲哀的事实，自己是农民工二代，是留守儿童。

对于70后、80后的第一代农民工来说，去大城市打工是一个过渡，一个拼命在异乡挣钱而终究归乡的过程。他们已经结婚生子，熟悉农村的生存模式，所以从不眺望大城市的摩天大厦，也不奢望现代化的都市住宅。不生希望，便不会失望。

可90、95一代的农民工二代不一样，他们大多在尚未成年的性格养成期跋涉到城市中，受尽辛酸悲苦，却自知难以在城市扎根落户。结婚，生子，工作，生死，生命中的大事没有一样他们可以明确地置于城市，或是农村。

这也是为什么杀马特造型，对于青年农民工们如此重要的另一层原因：社交。

不管是石排镇的旱冰场，还是公园，每到五一、十一长假时，都会聚集着大量的杀马特青年，他们在此交流发型，添加QQ群聊，但更重要的是交男女朋友。

当家世、文凭和工作收入都不可能为这些青年们，添加吸引异性的砝码时，杀马特的夸张造型，成为最直接，也是最有共情体验的识别符号。

然而，这一不管是在现实中，或是在网络世界里，仅仅局限在小众农民工圈子里的狂欢派对，还是逃不过主流舆论群体的围剿。

2009 年后，网民对"杀马特家族"QQ 群的恶意解散，黑粉假扮杀马特成员在公众场合制造黑料，以及暴徒在现实世界中对杀马特成员暴力相加，一时将杀马特群体推上风口浪尖，完全妖魔化。

这也是为什么，其后十年，我们再也不曾在大众视野里看到杀马特，因为他们无一不惧怕这种暴力和歧视，纷纷剪短头发，穿回正常服装，乖乖"从良"了。

导演李一凡在拍摄完所有素材后，才知道自己当初抱着拍摄"中国朋克群体"的目的，有多么的讽刺和可笑。杀马特们让他明白，这是一群最可怜的孩子，他们在时代的夹缝中寻求一顶色彩斑斓的头发，可依旧像是中世纪的女巫一样，被绑在舆论的绞刑架上，被各种形式的暴力，烧毁了。

这部纪录片，让我们想到 2018 年日本 NHK 电视台拍摄的《三和人才市场》，一部同样聚焦在深圳打工的农民工群体的纪录片。只不过，这里的农民工分层既非第一代，也非第二代，而是一群尚未结婚，年纪在三十至四十岁的青年男性。

他们从一开始抱着上固定长期班，打工回家娶妻的平凡愿望，到希望一步步破灭，成为日结 100 元不到的"三和大神"，终日得过且过地混日子。该片道出了城市化这台巨型压路机急速推进的过程中，其履带缝里的个人悲哀。

同样的现实主义纪录片，还有前不久上线的陈为军的《城市梦》，讲述了河南农村的一家三代，在武汉城市里的艰难生活。它并非如《三和人才市场》或《杀马特我爱你》一样，聚焦于城市视域下的农民群体，而是从单向度转为双向互动，让农民小商贩的对立面——城管，出现在镜头面前。

尽管，此片的最后，王大爷一家得到妥善处置，可农民入城之后的逼仄生活空间，以及他们从未有过安全感和归属感的失落情绪，依旧表露无遗。

农村人到城市中如何生活？他们怎样面对在两种截然不同的生存空间里定义自己？这是中国近四十年以来的时代症候，也是如陈为军、贾樟柯、李一凡等导演们，始终想要呈现的影像命题。

从这个角度来看，《杀马特我爱你》已然不是为了找寻过往非主流文化群体的奇观片，而是纪录20世纪90年代的农民工二代，近十年以来的痛苦挣扎。

纪录片最后，是罗福兴这个开创杀马特文化的25岁青年的感叹，随着摄影机对工人公寓庭院里的跟拍，道出了他们这个群体最无奈的感叹：

我发觉我第一时间想到的竟然是进厂，所有的人想到的都和我一样。我们出来干嘛？进厂啊！难道没有别的了吗？没有别的，你只有这一个选择。但这个选择你肯定会觉得很无聊，肯定会找一些有趣的东西——头发就是一个有趣的东西。你没有其他更有趣的东西，玩车你玩不起啊！那我只能玩头发……

镜头最后在四面都是工人住处的高楼中旋转，一直旋转，让人眩晕，让人喘不过气。

二、《浊水漂流》

从20世纪80年代主流商业片的纸迷金醉，到当下小成本文艺片的社会关怀，香港本土电影经历了一次脱胎换骨的变化。《一念无明》《沦落人》《叔·叔》以及《翠丝》，悄无声息地形成了一股潮流，我们暂且将其称为"香港边缘新电影"。而由李骏硕执导的《浊水漂流》便是这一潮流的新作，如何看待这部影片的美学风格？以及所谓的"边缘"又体现在何处？这正是本片给予我们最大的启示。

栅栏构图与"街友"困境

某种程度上，《浊水漂流》的主线其实和张艺谋的《秋菊打官司》并无二异，两者都是有关底层小民遇到挫败之后，企图找公权力讨回公道的故事。然而，它们的不同之处在于，《秋菊打官司》着力塑造秋菊执拗的性格，而《浊水漂流》则辐射到一个群体，用散点透视的手法描摹露宿"街友"的困境。导演李骏硕频频以栅栏式的构图捕捉人物，展现出独特的美学特征。比如在男主角辉哥祭拜完儿子，被租赁灵位的店铺老板催债的桥段中，中景画面内，辉哥和店铺老板在远处的正中央，而在辉哥之前的两道门框构成了四根栅栏，将刚出狱不久的辉哥再次"关押"。

两道门框栅栏下，辉哥被禁其中

类似的构图还发生在影片的另外两处。一处是辉哥、社工何姑娘和另外两位"街友"在棚内的谈话，只见中近景画面中，辉哥被四根隐性的栅栏围困其中，分别是上下失焦的床铺，以及居于左右两侧的"街友"；另一处则是辉哥重病卧床，周围好友劝告他去医院看病的场景，此处的辉哥在镜头下明显失焦，而后景中的五位好友构成了五根栅栏，将辉哥团团围住。

床沿和街友组成的隐性栅栏

失焦下的辉哥，面前五根"栅栏"

在以上三处栅栏式构图中，有的场景意味着辉哥形单影只、孤立无援，而有的场景却恰恰相反，凸显出辉哥在人际关系中备受关怀。然而栅栏式构图的美学意味并不仅仅指向个体的具体处境，而是昭示出群体的普遍遭遇。尽管片中的露宿者们以天为被、以地为床，拥有无远弗届的广阔空间，可实际上他们永远身陷囹圄，动弹不得。这一悲剧底色其实在影片最初的场景中早已揭示：辉哥在牢狱办完手续后正要离开，却在转身之际朝着狱警道出真谛："外面只是一个更大的监狱罢了"。

高楼压迫与个体惶惑

如果要问近些年来，何种视觉元素在大陆和香港的电影里皆大受关注？那么直插云霄的高楼建筑绝对会位列前三。这不单单是因为中国人的骨子里对于固定居所的痴迷，更在于现代化大发展对于个体命运的深刻影响。因此，也就不难理解为什么在《浊水漂流》中，会出现如此之多的摩天大楼、立交桥建筑了。更进一步来说，辉哥等一干"街友"之所以会露宿街头，不仅仅因为吸毒、犯罪等自身原因，更为深入的乃是深水埗区从"穷人区"变成"富人区"的缘故。导演李骏硕在片中，时常将高楼和个体的关系处理得引人深思，手法独特。

比如在辉哥和陈妹乘坐渡轮，眺望对面整排高楼的场景时，两人处于画面的右下方，而左上方的现代建筑重重压在两人身上；而在另一处场景中，何姑娘在街头伫立，仰望着对面正在建设中的大楼，蓝色的安全网仿佛要吞噬掉这个善良的女孩；最让人印象深刻的一处场景，则是木仔操纵着起重机，将辉哥从地面升到半空中，只见大远景景框中，辉哥居于画面的正中央，但他却如同尘埃般微小，和四周闪烁着灯光的楼盘形成鲜明的对比。

整排高楼大厦挤压着辉哥和陈妹

何姑娘在楼盘面前若有所思

在这些有关高楼和个体共处同一画面的场景中，前者总以一种无言的压迫感置于后者面前，而后者在面对前者时却只能惶然唏嘘，除了稍作骂咧之举，他们没有任何对抗的能力。此间袒露出的困惑不解、难以自安的巨大落空感，总能让人产生共鸣。加之影片数次使用城市建筑的空镜头，在蒙太奇的变换之间，不禁和安东尼奥尼的《蚀》有着手法上的相似性，那种独属于都市空间的疏离意味顿时油然而生。当然，高楼和个体除了在大小层面的显著对比外，更为重要的是其延伸出来的讽刺意义：即在如此之多、如此之巨的高楼面前，辉哥等人却依旧无容身之所。

暖色变奏与生死欢愉

在所谓的"香港边缘新电影"中，灰色的基调和冷色的影像成为其标签之一。不过在《浊水漂流》中，有一些标志性场景却反其道而为之，以暖色调的影像试图传递出更为决绝和惨烈的情绪。比如在木仔和新认识的年轻暗娼交欢之际，画面中布满了深红色的灯光，近景景框中，暗娼在画面的正中间，被左侧的佛灯笼罩，在暧昧性感之余竟显出一份复杂的神圣感。辉哥为木仔讨来的"破处之夜"，既是父爱的戏谑体现，同样也是男性成熟的世俗标准。因此，在这段布满暖色色调的云雨之境中，那种底层个体之间的相互宽慰、人性深处的共情感受混杂一处，令人五味杂陈。

而在影片结尾，辉哥最终死于大火，暖色调的红黄之火又有着另一重含义。只见远景画面中，辉哥的帐篷在熊熊大火中焚烧，而火光映照在了前景的铁丝网上，再次唤醒了"监狱"这一重要主题。与此同时，火光还蹿到右边的水泥桥梁上，巨大坚硬的梁柱在烈火中纹丝不动，象征着辉哥的最后反抗——烈火，在现代性建筑——桥梁面前依旧败下阵来。此处的暖色显然没有丝毫的温情之意，而是将底层"街友"的愤怒和无奈统统映照出来。由此，《浊水漂流》完成了一次色彩上的变奏，在全片散布着萧条冷色的气息之下，暖色成为了点缀之光，它道出床笫之欢不只有欲望，还存在怜悯救赎；也发出死亡之火不只有悲惨，还有反抗。

（许纪慧，笔名鲜有废客，影评人）

双重危机视域下粤港澳湾区传统文化传播研究

雷　扬

　　5.6 万平方公里的粤港澳湾区不平静。在政治层面，香港被英国殖民 156 年，澳门被葡萄牙殖民 112 年，港澳华人的身份认同经历了长期的混沌和失序。作为外来权力控制下的地区，港澳与中国本土政治秩序存在着天然的隔阂，其政治生态、政治话语游离于中国本土治理体系之外。在文化层面，一方面，港澳地区在中国近代局部殖民地条件下和当代资本主义经济条件下形成了特殊风格的华人区域文化；另一方面，港澳地区与广东地区同气连枝，同属于岭南文化一脉。碰撞、交流、拼接、杂交形成了一个五光十色、纷繁复杂、多元交融的粤港澳湾区文化圈。社会及文化意义上区分的两种制度、两种生活方式带来不确定的政治认同和身份认同，形成了粤港澳湾区色彩斑斓的社会心理图景。

1　双重危机：文化传播的现实土壤

　　当下的粤港澳湾区社会面临着双重危机——外部的话语霸权和内部的"忧伤"心态。以美国为首的西方国家拥有传播技术和文化软实力双重比较优势，其"新冷战"的意识形态文化传播从外部侵染粤港澳湾区总体安全。压抑、焦虑、怀疑如同阳光下的阴影，从内部影响粤港澳湾区的社会心理结构。

1.1　话语霸权与外部风险

2018 年 3 月，美国前总统特朗普签署针对中国的"301 贸易调查"行政备忘录。由此，尼尔·弗格森描述的"中美国"（Chimerica）经济共生时代走向落幕。托马斯·弗里德曼慨叹："你听到的撕裂声，是两个巨大经济体开始脱钩的声音。"中美经济的紧密联系不复存在。

中美贸易战硝烟弥漫的背后，是中国的崛起和世界经济体系、政治秩序结构性的变化。"百年未有之大变局"将金融霸权、币缘战略、公共卫生安全、国家主权、种族问题、地缘政治甚至文明的冲突一股脑地推向了历史的前台。

2019年4月，美国国务院前政策规划事务主任基伦·斯金纳将美中冲突界定为"一场与一种完全不同的文明和不同的意识形态的斗争"。2020年以来，特朗普政府多次将美国甚至全球"新冠疫情"的流行归咎于中国，而拜登政府则不断强化"新冠病毒是人为制造的，并且从中国实验室泄露"的说法。2021年2月，美国政府炮制和散布中国政府在新疆进行"种族灭绝"的谣言。4月，美国国家情报总监办公室发布《2021年度威胁评估》报告，将中国列为美国面临的"首要威胁"。5月，谈判历时七年的《中欧全面投资协定》遭到欧盟冻结。6月，美国参议院高票通过《2021年美国创新与竞争法案》的一揽子法案。该法案开启了美国法律层面的制华战略，将"对抗中国"导向了每一个维度。法案要求不限制美国官员与台湾同行的互动、推进香港"民主"、就新疆"强制劳动"及其他问题对华实施制裁；要求政府拨款15亿美元，对抗中国"掠夺性的国际经济行为"，"反制中国影响力资金"……

大国博弈，火星四射。著名学者纷纷公开发表言论，约翰·米尔斯海默作出明确判断："我们已经在新冷战之中了。"而尼尔·弗格森则宣布："第二次冷战在2019年已经开始。""这场新冷战会变得更冷。"

文化是意识形态的根基和前提，意识形态是文化的核心。作为中国最特殊的政治边陲，香港是东西方的桥梁，是国际大都会，澳门是世界赌场，是全天候国际机场，华洋杂处、社会成分十分驳杂。港澳均是国际自由港，资本、人员、信息的流动都畅通无阻。港澳地区在较长时间内一直存在非常活跃的公民社会，很多社会组织与国外组织合作密切，或者组织本身就是国外组织的分支机构，资金往来复杂，活动频繁。这就为"新冷战"的意识形态文化传播提供了便利条件，为粤港澳湾区的意识形态工作带来新压力、新挑战。习近平强调，"意识形态工作是党的一项极端重要的工作"。他到广东调研时指出，要立足改革开放和意识形态领域斗争"两个前沿"，深刻认识意识形态领域复杂严峻的形势，切实紧绷意识形态斗争这根弦。当下，以美国为首的西方国家拥有传播技术和文化软实力双重比较优势。面对挑战，迎难而上，打破"新冷战"的话语霸权，是消御粤港澳湾区外部风险的首要问题。

1.2　社会结构与内生危机

改革开放四十年，中国在一穷二白的基础上建设社会主义现代化强国。广东作为中国改革的前沿阵地，其生产力和生产关系都发生了重大变化。就如孙立平所言："中国社会转型，浓缩了人类历史上几乎所有的重大变革。它超越了常规的社会变迁，具有文明转折的意涵。"[①] 由于超常规的变迁和不平衡、不充分的发展，农业社会、工业社会、后工业社会在粤港澳湾区交叠、并行于同一时空语境。面对复杂的社会境况，作为粤港澳湾区民众内心镜像的社会心态就如一根紧紧绷住的弦，一刻也不能放松。

从事实层面看，四十年的转型让中国的经济社会结构经历了波澜壮阔、沧海桑田的巨变。深圳建特区时人口不到 3 万，如今人口超 2000 万，创造了人类历史上迁徙的奇迹。截至 2021 年底，中国大陆 24 座万亿 GDP 城市里，粤港澳湾区占据 4 席。香港统计局的数据显示，1997 年香港 GDP 为 13445 亿人民币，2021 年则为 23740 亿。世界银行的数据显示，澳门回归二十年，GDP 增长了 8 倍。经济社会高速发展，让粤港澳湾区人民的生活习惯和行为模式也产生了巨大的变化；从价值层面看，多元文化、多种思潮不断涌现，古今中外的价值观念、意义系统混杂交融。伴随着事实和价值层面重大变迁的是粤港澳湾区精神世界动荡不安和社会心态的急剧嬗变。周晓虹将这一独特转型时期的社会心态嬗变称为"中国体验"。一方面，复兴与梦想、机遇与挑战、自信与自强、改革与发展激发着粤港澳湾区人民心底最炙热的情感，去攻坚克难，积极地向第二个百年奋斗目标前行；另一方面，在这种独特的时空语境下，焦虑、压抑、怀疑让粤港澳湾区人民的内心忐忑难安，方文将之称为"中国体验"的忧伤维度。这种忧伤渗透进生活的方方面面，让粤港澳湾区人民深度卷入，成为集体社会心理现象。

文化安全作为总体国家安全观的有机组成部分，对外肩负抵御来自"新冷战"文化冲突之使命；对内担当建设社会文化规范之责任。其中，管理好潜藏在社会变革背后的内生危机，是粤港澳湾区文化安全的基本盘，其重要性毋庸置疑。

---

① 孙立平：《社会转型：发展社会学的新议题》，《社会学研究》2005 年第 1 期。

2 忧伤困境：社会心态的历史演进

在日常化和生活化的意义战场上，当下社会"忧伤"的集体心态难以成为文化安全的屏障。因此，分析隐藏在社会深处的"忧伤"心态的演变逻辑，突破社会心理困境，是消解粤港澳湾区文化内生危机的关键。

2.1 理性与压抑

按照弗洛伊德的分析，理性来源于控制。人类原初之时，按快乐原则生活。然而，资源匮乏导致人要抑制自己的欲望以避免和群体冲突。此后，人类发展了理性功能，以区分好坏、真假、利弊。人类理性的理论表达始于古希腊哲学，理性被看作区分事物真伪的认识机制。

17 世纪以后，以牛顿力学为代表的一系列重大自然科学发现证明了人类能够以理性为中介去认识和改造世界。在启蒙运动中，人的理性不断"为自然立法"，科学与理性紧密结合，最终脱离神学的束缚。作为苏格兰启蒙运动的主角，休谟将事实和价值区分开来，他在《人类理解研究》中指出："人类理性（或研究）的一切对象可以自然分为两种，就是观念的关系和实际的事情"①。这种认识体系为康德和黑格尔的理性主义开辟了道路。康德则认为启蒙的前提是自由的"充分运用理性"。他将人类理性分为理论理性和实践理性，并加以批判。在其著作《纯粹理性批判》中，神的存在被理性彻底推翻了。此后，神性退却，理性逐渐占据统治地位。黑格尔将理性提到了世界本源的高度。在他看来，理性是绝对的力量，"理性是世界的灵魂，理性居住在世界中，理性构成世界内在的、固有的、深邃的本性，或者说，理性是世界的共性"②。恩格斯认为启蒙运动者就是要把过去一切不合"理性"的东西抛进历史的坟墓，并建立一个"理性王国"。在《反杜林论》中，他对法国启蒙运动做出了描述："宗教、自然观、社会、国家制度……一切必须在理性的法庭面前为自己的存在辩护……思维着的知性成了衡量一切的唯一尺度"③。在韦伯那里，理性成为西方资本主义发展的决定性力量，在他看来，是理性造就了欧洲文明的一切成果。"只有在合理性的行为方式和思维方式的支配下，才会产生出经过推理证明的数学和通过理性实验的实证自然科学……以及合理性

---

① ［英］休谟：《人类理解研究》，关文运译，北京：商务印书馆，1972 年，第 26 页。
② ［德］黑格尔：《小逻辑》，贺麟译，北京：商务印书馆，1980 年，第 80 页。
③ 《马克思恩格斯选集》，北京：人民出版社，2012 年，第 391 页。

的社会劳动组织形式——资本主义"。[①]

　　鸦片战争是中国历史的转折点。战争失败后，李鸿章等人开启了中国第一次国防与军事现代化，中国大范围引进西方的自然科学和理性。然而，之后的甲午海战证明，器物层面的科学引进不足以拯救中国。康有为、梁启超又宣扬西方资本主义制度，试图从器物背后的思维逻辑上维新。到了"五四"运动时期，理性是报刊中传播频率最高的词汇之一，而科学则被视为拯救苦难中国的现实路径。1978 年 3 月，邓小平旗帜鲜明地阐述："科学技术是第一生产力。"2013 年 7 月，习近平强调："科技创新是提高社会生产力和综合国力的战略支撑，必须摆在国家发展全局的核心位置。"在中国，发展科学技术有着特殊的重大意义。它是和国家富强、民族复兴的伟大梦想紧密相连的。而支撑科技发展的行为方式和思维方式——理性，便伴随着国家发展的核心战略深刻地影响了中国人社会生活的方方面面。

　　理性自诞生那一刻开始，压抑便如影随形。最初，资源的匮乏必然导致对本能的压抑，理性的压抑表现为对原始欲望的控制和生产性劳动的疲累。之后，理性表现为革命性的力量，并在商品经济发展中转变为科学技术理性，为社会创造了巨大的生产力和物质财富。马尔库塞指出，在科技理性改变了之前的社会结构和社会运行方式，形成了新的工业社会结构以后，便丧失了其革命性和超越性。理性逐渐变成了控制社会、征服自然、压抑本性的工具。由于工业社会的存在高度依赖于经济的持续增长，这就在一方面需要效率、创新和求变来保证发展，另一方面要求制度化、规范化、纪律性来确保秩序。发展和秩序之间的矛盾和张力被理性原则加以组织和控制。然而，基于秩序追求的严密科层管理给自由戴上了理性的枷锁，劳作原则、控制原则给爱欲本能套上了理性的牢笼。不断地创新和求变需要人穷尽心智，理性规程下的高效率生产无疑会扭曲人性。

　　粤港澳湾区是中国工业最发达、资本经济活力最强的地区之一，科技的进步扩展到社会生活的各个方面，创造出现实神话，进一步证明了技术的合理性。马尔库塞认为，文化的否定、超越向度是文化的本质所在。然则，一方面，科学理性、技术理性、逻辑理性在粤港澳湾区高度膨胀；另一方面，文化的逻辑屈从于技术的合理性。技术合理性不断清除"高层文化"中的对立性和超越性因素。这

---

　　① 苏国勋：《理性化及其限制：韦伯思想引论》，上海：上海人民出版社，1988 年，第 91 页。

就导致压抑只能采取医学科学的诊疗方案，而无法用文化意义来疗愈。

2.2 竞争与焦虑

自鸦片战争始，中国在与西方列强的竞争中全面失败，从一个有着五千年文明史的"天朝上国"沦为半殖民地半封建的国家，尊严尽丧。洋务运动、戊戌变法、辛亥革命、五四运动……中国人为改变中国落后的状况前赴后继、殚精竭虑。抗日战争，中华民族到了生死存亡的时刻，危亡感和焦虑感纠结在每一个中国人心中。"落后就要挨打"的集体记忆深深镌刻进中国人伤痕累累的内心。这种焦虑促使新中国开足马力进行"追赶型"现代化建设，一刻也未曾停歇。周晓虹将这种"追赶"行为逻辑下的社会心态描述为："一个国家或民族在近代以来的唯恐'落后'的焦虑被传导为13亿人唯恐'落后'的个体体验……作为后发性现代化的国家，这种焦虑贯穿我们自1840年以来整个的近代历史。"[①]

按照丹尼尔·贝尔在《后工业社会的来临》中的阐述，工业经济向服务业经济转换是后工业社会的典型特征之一。国家统计局数据显示：在中国，第三产业对GDP的贡献率于2012年首次超过第二产业，达到45.5%。此后逐年上升，2020年达到54.5%。伴随着经济结构的转型，中国已呈现出后工业社会的特征。信息成为重要的生产力要素，和物质、能量一起构成社会赖以生存的三大资源。知识逐渐占据社会决策和政策制定的中心位置。互联网将个人、企业和经济体紧密连接。

作为"世界工厂"的粤港澳湾区，是世界电子信息制造业的中心，拥有世界最成熟和完善的产业链与供应链，其5G等通信技术产业领先全球。值得一提的是，信息的本质是变化快、不确定性强。只有在不断地更新和变化中，信息才能引起人们的注意。然而，海量信息却造成了人的信息匮乏，因为人的识别能力是有限的，面对庞杂的信息往往茫然无措。海量与匮乏之间的窘境，成为粤港澳湾区社会焦虑滋生的空间。在工业社会里，人们往往结合事物的存在来判别真理和甄别信息，而如今工业体系基础上形成的原则、制度受到信息的挑战而发生价值分裂，判断、选择和取舍之间充满着张力。真相和谣言的竞争弥散于各个信息空间，成为滋养社会焦虑的温床。

在信息社会里，知识改变了社会的底层框架，也为人的生存建立了新的竞争

---

① 周晓虹：《焦虑：迅疾变迁背景下的时代症候》，《江苏行政学院学报》2014年第6期。

法则。知识的供应者和使用者与知识的关系，越来越具有商品的生产者和消费者与商品的关系所具有的形式，即价值形式。知识的价值以文化资本的形态呈现。布迪厄认为文化资本的积累通常以再生产的方式进行，以具体的家庭和学校教育来实现。知识只有被转译为信息量才能进入新的渠道，成为可操作的要素资源。不同家庭的知识、素养和品位大相径庭，不同学校的教育资源储备、文化技能水平迥然有别，它们的"转译"能力千差万别。知识积累的进路从来都是曲折而坎坷，教育竞争的形势从来都是严峻而残酷。这种再生产以外在化形式反映到文凭、成绩和素养上，竞争的压力与社会的焦虑便如影随形。

2.3 转型与怀疑

粤港澳湾区历来是内地改革开放的领头羊、新兴地。改革开放以前，中国经济体制实行计划经济，社会体制实行单一公有制、政治身份制和单位行政制。国家意志对社会的控制力极强，个人能够自由支配的资源有限，人员自由流动的空间极小。改革开放以后，生产关系向市场化转型，带来所有制的调整、单位制的松弛和权力的下放；生产力则向现代化转变，表现为产业结构的演进、技术革新、资本有机构成的提高和城乡关系的调整。

根本性的制度变迁导致基于乡土中国的"熟人社会"逐渐解体，而城乡中国和城市中国的"陌生人社会"逐步形成。在以地缘和血缘关系为主要特征的区域型"熟人社会"里，文化语言相同、风俗习惯一致、行为规范相近。人们在场交往、知根知底，井然的秩序产生自然的信任。然而，社会转型带来了高流动性，人口、资源、社会地位、价值期待、社会情绪等各种要素都在时刻不停地流动。人们从封闭而熟悉的环境中脱离出来，进入开放而陌生的社会。他们要面对陌生的环境、陌生的人，他们要适应脱域机制和缺场交往。原有的人际信任模式不复存在，吉登斯认为：现代社会"不仅是一个风险社会，而且也是一个信任机制发生有趣而重要的方式转变的社会"[1]。

信任依赖于稳定的秩序，秩序依附于稳定的制度。粤港澳湾区是中国社会转型最激烈的前沿。发展与秩序之间高度紧张，粤港澳湾区社会在"发展才是硬道理"与"稳定压倒一切"这对矛盾中高速前行。改革不断打破原有的规则，灵活

---

① Giddens, Anthony. Living in a Post-Traditional Society, In Ulrich Beck, Anthony Giddens & Scott Lash (eds.). Reflexive Modernization, Stanford, California: Stanford University Press, 1994, (186).

性经常在与原则性的博弈中胜出，变动成为粤港澳湾区人们生活的常态。鲍曼认为，在前现代社会生活的人，通过"高密度的社会交往"克服危险、保护自己的安全。但是，建立在"高密度社会交往"上的稳定性，无法移植到一个扩大和流动的社会中。社会转型和人口的迅速增长，动摇了稳定性基础，失序逐渐弥漫在社会之中。当信任在激剧的转型中失去了坚实的倚仗，怀疑便盘踞在人的内心，成为社会心态中另一个让人忧伤的维度。

技术体系的变革让前现代社会下的信任体系饱受冲击，变得支离破碎。微信、支付宝和逐步发展的区块链技术改变了关于"信任"的时空结构和基本规则，交易行为达成的原因是互联网技术作为信用支撑，而不是人和人的相互信任。即便关于"信任"的技术系统不断迭代，假冒伪劣商品还是充斥着社会空间，每年央视的3·15晚会依旧播出让人触目惊心的黑幕。在交易的过程中，人们对专家见解的可靠性和广告宣传的可信性充满着怀疑。"信任如同多米诺骨牌在所有的社会生活领域发生崩塌，从传统的人际关系到现代的符号与专家体系，以及最日常的消费领域和最根本的制度与政府层面，无一幸免"。[①]

3　话语建构：人类命运的意义争夺

习近平"人类命运共同体"继承和发扬了毛泽东"三个世界划分"的话语体系，其视野远达人类命运的终极意义，既为超越霸权话语提供了理论滋养，也为心理脱困提供了实践支撑。

3.1　"新冷战"思维的话语解构

自20世纪90年代开始，美国政府将约瑟夫·奈的"软实力"概念用于外交战略。实际上，在冷战时期美国中央情报局局长杜勒斯就曾宣称："如果我们教会苏联的年轻人唱我们的歌曲并随之舞蹈，那么我们迟早将教会他们按照我们所需要他们的方法思考问题。"伴随着美国资本主义的全球发展，美国的话语霸权迅速扩张。美国的文化产业占据全球的主导龙头地位。好莱坞、音乐、迪士尼、可口可乐、麦当劳、NBA、牛仔裤……美国的流行文化风靡全球。20世纪末，美国国防部委托兰德公司撰写的《美国信息新战略：思想战的兴起》报告中明确指出："在当今国际政治斗争中……国家争夺的是对新闻、信息的话语权，而更重要的是

---

① 周晓虹：《中国体验》，北京：社会科学文献出版社，2017年，第157页。

对全球思想的占领，在全球范围内建立一个在思想上、政治上属于自己的网络思想帝国。"尼克松曾在他的《1999不战而胜》中直言不讳："我们要不战而胜，就必须决心以不进行战争的方式使用我们的力量"，即通过意义系统和价值系统的入侵，达到强制同构的目的。作为互联网技术的发源地，美国在网络信息收集、处理和传播上具有明显的比较优势。2015年7月，白宫在《国家军事战略》报告中提出："美国作为互联网的起源地，对领导网络化的世界，具有特殊的责任。"奥巴马政府在《美国公共外交与战略传播战略》中则提供了操作指南："应尽可能创造性地运用互联网、网络聊天、博客和视频等在互联网上讲故事的机会宣扬美国的政策和方针。"

作为世界第一大经济体的美国，一方面利用其互联网技术的比较优势，不断在全球进行文化输出、主导网络空间、建立话语霸权；另一方面围绕"冷战"思维营造国际舆论氛围、建构话语体系，让"新冷战"的故事呼之欲出。事实上，用中国的话语体系解构"冷战"的意识形态，我们有成功的经验。在"冷战"时期，世界各国无可避免地卷入社会主义和资本主义的意识形态之争。毛泽东指出，"美国在世界上有利益要保护，苏联要扩张，这个没法子改变。"很多国家被迫在美苏为首的两极阵营中作出选择，中国更是面临着美苏两个超级大国的封锁垄断和打压。毛泽东针对"冷战"格局提出了一个宏大的世界体系的结构分析，叫作"三个世界划分"，为世界各国深入剖析国际关系提供了新的参照系。1974年2月，毛泽东在会见赞比亚总统卡翁达时阐述了"三个世界划分"的思想："我看美国、苏联是第一世界。中间派，日本、欧洲、加拿大，是第二世界。咱们是第三世界。""第三世界人口很多。亚洲除了日本都是第三世界。整个非洲都是第三世界，拉丁美洲是第三世界。"[①] 此后，中国跟第三世界的发展中国家紧密地团结在一起，跟第二世界国家广泛交流、发展经济交往。中国形成了外交格局上"一条线，一大片"的重大突破，也为世界国家反强权依附提供新的道路。

就这样，毛泽东就用"三个世界划分"的中国话语体系，解构了美苏二元对立的"冷战"意识形态。如今，习近平提出的"人类命运共同体"是新时代下对中国特色社会主义传统"三个世界划分"的继承和发展，也是超越"新冷战"思

---

① 《人民日报》编辑部：《毛主席关于三个世界划分的理论是对马克思列宁主义的重大贡献》，《人民日报》1977年11月1日。

维的话语体系。

3.2 文化传播的话语体系

世界历史格局剧变，中国成为世界第二大经济体。拜登政府明确提出"竞争、合作、对抗"来作为对华政策的基本框架。然而，在气候变化等少数问题上寻求中国的合作，掩盖不了美国将竞争和对抗作为对华政策主流的事实。拜登公开宣称将与中国展开"极为激烈的竞争"（extreme competition）。布林肯在不同场合多次重申拜登"联合盟友对抗中国"的策略，要将"志同道合，同样对中国不满的国家"联合到一起，与中国展开"长期性、战略性"竞争，这样美国的行动将会"更有效、更强大"。

而"人类命运共同体"的话语体系言简意深、内涵丰富，是中国特色社会主义文化传统的新发展。它包含了习近平反复强调的中国永不称霸、不扩张的战略选择；包含了中国永远是发展中国家、不做超级大国、属于第三世界的身份定位；也包含了人类社会崇高的理想目标以及和平、发展、合作、共赢的价值主张。"人类命运共同体"的话语体系中蕴藏着多姿多彩的中国故事。在这些故事里沉淀着中华民族源远流长的文化底蕴、生生不息的精神理念和丰厚深沉的道德涵养，蕴含着人民至上的价值追求、雅俗共赏的审美情趣和博大精深的思想智慧。"人类命运共同体"的话语体系中饱含着铿锵有力的中国声音。在这些声音里积淀着反对霸权主义、强权政治、冷战思维的中国力量，映现着真实、立体、全面的中国镜像。

法国媒介学创始人德布雷在研究"基督教在古代世界的传播实践"中发现，基督教从诞生到发展的过程中，遇到诸多学说和不同宗教的强力挑战。其成功的关键在于：一方面，走自下而上的群众路线，实现受众的最大化。"一般来讲，从低处可以传播得更好。解码成本低，听众却更广。通过低处进入罗马帝国，这是基督教的优势，或者说是它的成就……在社会上通过底层贫民、手工业者、女性、移民——总是最没有文化的阶层——传播"；[1] 另一方面，基督教的教义贴近生活，通俗易懂，能获得情感认同的传播效果。基督教的教义既没有逻辑，也没有几何，"是给老奶奶的故事，给唱诗班的孩子们的寓言。"[2] "在文学上通过最

---

① ［法］雷吉斯·德布雷：《普通媒介学教程》，陈卫星、王杨译，北京：清华大学出版社，2014 年，第 146 页。
② 同上书，第 144 页。

不庄重的形式——传记而不是形而上学、书信而不是论文、布道而不是课程——传播"。① 毕竟柏拉图、笛卡尔、康德、黑格尔、胡塞尔的理论晦涩抽象，远不如通俗的言语更让人容易接受。而且，"一个神话比一个概念更快更强地打动人。如果你们想让他人感动，不要向他们推荐一个定理，给他们讲一个故事。定理可以被反驳，或者激起反对。一个故事则不：它是无法'被证伪的'"②。而布道这种形式本身就是一种有温度的人际传播。德布雷认为，基督教最终的胜出应归咎于其媒介战略的胜利："基督教在古代世界的宣传事实上确认了情感对理智的胜利、直觉的诱惑对推论的确信的胜利、主观对客观的胜利，也是实践的利益对理论的无私的胜利。"③

粤港澳湾区在超越"新冷战"的语境下守好中国意识形态的"南大门"，基点就是讲清楚"人类命运共同体"话语体系的深刻意蕴，核心就是坚持以人民为中心的话语线路，主旨就是为粤港澳湾区人民冲破内外危机提供中国传统文化方案。按照德布雷的媒介学逻辑，将新冷战政治和日常生活剥离开，贴近生活、贴近实际、贴近群众。这种文化传播策略解码成本低、传播效率高、受众广泛，是消解粤港澳湾区人民心灵压迫的现实路径。

4 文化甄别：传统文化的当代价值

王元化先生留下一句让中国人警醒和思量的话：这世界不再令人着迷。透过"忧伤"的心态看那忙碌的现实生活，会发现人生的价值散落在那些被遗忘的角落，而人生的意义变得越来越模糊。

希尔斯在《论传统》中指出：传统是一个社会的文化遗产，是延续三代以上、继续影响当代人生活的、并被赋予当代价值和意义的文化力量。传统是人类智慧在历史长河中的积淀，是世代相传的行为方式，对社会行为有强大的规范作用和道德感召力。按照希尔斯的逻辑，中国传统至少包括古代传统、五四传统和中国特色社会主义传统。张岱年认为文化是一个动态系统，"文化是一个包含多层次、多方面内容的统一体系。主要包含思想意识、表现文化的实物和制度风俗三个

---

① ［法］雷吉斯·德布雷：《普通媒介学教程》，陈卫星、王杨译，北京：清华大学出版社，2014 年，第 146 页。
② 同上书，第 148 页。
③ 同上书，第 145 页。

层次。"①

消解社会心态的重大问题，需要终极关怀、人生意义和价值理想。9·11事件用极端的方式证明了，古老的轴心文明所关心的终极意义并没有落伍。人们越来越认识到，西方的价值体系并不能化解这些冲突。而"中国主流传统文化不重视彼岸世界，始终关注的焦点是人类社会的有序和谐与人生理想的实现"②，中国传统文化体系，正是化解现实矛盾、振奋社会心态、重建价值体系的重要精神资源。

4.1 实用性的中国智慧

面对持续竞争的焦虑，每个人都有承受的极限。人性有怯懦的一面，强者也有疲倦的时候。然而，在中国的智慧里，焦虑并不是一个无解的难题。

中国古代传统文化思想包容而具有弹性，可为焦虑的心灵提供良方。张岱年认为："刚健有为"的思想是儒家处理各种关系的人生总原则。③刚健有为的精神包括自强不息和厚德载物。一方面，君子自立。在"富贵不能淫，贫贱不能移，威武不能屈"的独立人格指引下，努力不止、刚强不屈，朝闻道，夕死可矣。知其不可而为之，不向命运低头，成就自己；另一方面，君子立人。效法大地宽厚的胸怀，包容不同的人和物，让天地万物各遂其生。同时，士志于道，儒家的"忠恕之道"又是弹性之道。"忠道"是能力强者的扬善之道："己欲立而立人，己欲达而达人"；"恕道"是能力弱者的克己之道："己所不欲，勿施于人"。儒家讲进取，也讲"穷则独善其身，达则兼济天下"。

如果进取带来的挫折和焦虑太强，中国古代传统文化中还有儒道互补，进退有序。路漫漫其修远兮，吾将上下而求索。读书而明白人生的道理，然后去实践，不在乎成败，而在乎奋斗的过程。而老子讲"上善若水，水善利万物而不争"，"过刚者易折，善柔者不败"。庄子讲以理化情，顺乎自然。《道德经》有云："道常无为而无不为"，认识自己，按照自己的本性去做，就算有为。不去设定功利的目标，反而有为。在现今社会，人们被年薪、职位、房车这些可量化的世俗标准所羁绊，竞争追赶，疲累而焦虑。若能自立、立人，善包容、有弹性，拿得起、放得下，便能进退自如，获得内心的安宁。若能从外在的环境、得失和欲望

① 张岱年、程宜山：《中国文化精神》，北京：北京大学出版社，2015年，第4页。
② 陈来：《守望传统的价值》，北京：中华书局，2018年，第220页。
③ 张岱年、程宜山：《中国文化精神》，北京：北京大学出版社，2015年，第15页。

中超脱出来，不与别人比较，合乎自然地去做去生活，便能自得其乐，获得内心的自由。

中国特色社会主义传统文化注重实践，脚踏实地。信任是在实事求是的过程中收获的。在国家层面，社会主义传统重视集体主义，贯彻群众路线。党和政府是群众的保护者，发挥集体的力量办大事，为群众提供确定性和稳定的未来。在扶贫工作中，"不能落下一个贫困家庭，丢下一个贫困群众"，在抗疫工作里，"人民至上，生命至上"。历史反复证明，中国共产党执政的国家信得过、靠得住。在组织层面，党组织依靠群众，从群众中来，到群众中去。"一方有难，八方支援"，群众依靠组织的力量躲避风险。在个人层面，在社会主义传统里，基于共产主义价值信念的同志关系就代表了普遍主义的人际关系，这种普遍的价值标准和道德理念超越了之前以血缘、地缘为基础的差序格局的信任状态。同志关系体现了平等性、普遍性和公民性，具备互相帮助的特点，是一种普遍信任的社会关系。

冯友兰认为："中国哲学的传统，它的功用不在于增加积极的知识，而在于提高心灵的境界——达到超乎现世的境界，获得高于道德价值的价值。"[①] 中国传统文化的智慧里，焦虑和怀疑终将消弭，境界的提升会让心灵超越"忧伤"的困境。

4.2　超越性的中国审美

从中国传统文化中获取超越性的美学体验是排遣压抑的绝妙途径。朱光潜曾谈到对一棵古松的三种态度：实用的、科学的和美感的。它们是不同类型的认知系统。实用的最高目的是求善，科学是求真，美感活动则是求美。朱光潜认为："人的美感的活动全是无所为而为……在无所为而为的活动中，人是自己心灵的主宰……美感的经验是人生中最有价值的一面。"[②]

理性是实然状态，价值才是应然状态。中国古代传统文化讲究善与美相结合，"尽善尽美"和"内圣外王"才有价值。"君子如玉，如切如琢""里仁为美""充实之谓美"，品德高尚，才能称之为美。内在的修养和外在的功用均成就非凡，才可称之为圣。自然景物的美，也被赋予了道德人格。菊，花之隐逸者也。莲，花之君子者也。而松竹梅的美，美在意境和风骨的统一。就连居住城市的命名也反映形而上的优秀品质和精神。西安：国土西边，长治久安；长春：长白山下春常

---

①　冯友兰：《中国哲学简史》，北京：北京大学出版社，1985 年，第 8 页。
②　朱光潜：《朱光潜谈美》，上海：华东师范大学出版社，2012 年，第 6 页。

在；北平：平定了北方，从此安宁平静。

中国古代的美存在于精神世界，扎根于日常生活。文化、艺术、生活、器物浑然一体，自然与实用紧密结合。北方沿袭了汉唐文化的雄浑博大，南方继承了宋明文化的细腻精致。古代的服饰美轮美奂，工艺、纹样、色彩、佩饰千姿百态、各有意涵；古代的建筑崇尚自然，宫殿、民居、园林、坛庙造型中和、意境幽远；古代的器具精致典雅，青铜器、陶瓷、玉器、漆器外观华美、经久耐用；古代的家居陈设清新微妙，琴、棋、书、画匠心独运、智慧雅致。

中国古代的美不仅在诗意的栖居里，也在文学和绘画里。庄子的自由是精神层面的自由，是审美意义上的自由。它存在于文学的境界中，在《逍遥游》里，无论是大鸟还是小鸟，它们都做了自己喜欢做的，它们都是同等的幸福，它们都是自由的。"采菊东篱下，悠然见南山"就是超越天人的妙道。中国古代的绘画则讲究容纳万物的格局和气韵生动的精神。在山水画杰作中，总能发现一个人优雅地与山水自然融为一体，俯仰天地之美、参悟天人之道。花鸟画的题材则是托物言志、借物抒情，花鸟、树木、草虫、禽兽皆以寓兴、写意为归依。传世人物画如韩熙载夜宴图、洛神赋图、清明上河图等不仅满足于外形和内容的丰富，更重要的是追求内心的超越与传神。

中国特色社会主义传统文化既承继了古代传统美学的伦理精神，又发扬了马克思主义美学的实践理念。马克思、恩格斯指出："劳动生产了美"，邓小平指出："文艺为人民服务，为社会主义服务"。社会主义传统的美化身为一个形象、一个英雄，践行的是时代精神。电影《雷锋》凸显了商品紧缺时代勤俭节约、无私奉献的精神，电影《铁人王进喜》展现了先生产、后生活，艰苦创业、爱国奉献的精神，电视剧《渴望》体现了市场经济初期任劳任怨、埋头苦干的老黄牛精神，电视剧《外来妹》展示了转型下岗时期外来妹自力更生、奋斗拼搏的女强人精神。李泽厚指出："马克思主义美学的艺术论是以艺术的社会效应作为核心和主题。"①这些经典的影视作品曾风靡大江南北，塑造了"向内求善""向外求真"的时代楷模。这些榜样引导人、塑造人、鼓舞人，凝结为一代又一代人的集体记忆。

在中国的传统文化里，美就在身旁。沉浸于美的世界里，就会到达宁静致远的真我之境，压抑将不复存在。沉醉于美的感觉里，就会获得内在精神的超脱，

---

① 李泽厚：《华夏美学·美学四讲》，北京：生活·读书·新知三联书店，2008年，第249页。

压抑将无踪无影。

5　故事传播：智媒时代的互动对话

随着媒介技术的兴起，一个由影像引领的传播时代来临。德布雷指出："每个新媒介都会绕过先前的媒介所培育的媒介者阶层。通过通俗的圣经和教义的认可，出版物绕过了天主教的圣职和司铎……通过卫星和通讯社，电视绕过了思想阶层和出版界的专业知识"①。影像传播时代的兴盛，培育了一个世界范围的"新媒介者阶层"。通过互联网构建起来的影像实践，让"新媒介者阶层"的信息传播和媒介交往呈现出视频化、互动化、智能化、社交化的特点。新的阶层自然形成新的社会意识，并进一步产生新的社会想象、媒介实践和文化消费。

显而易见，"新媒介者阶层"是粤港澳湾区传统文化传播要抵达的终点。因此，分析"新媒介者阶层"及其社会意识的基本特点和底层逻辑，就是制定传统文化传播策略的关键所在。

5.1　互动对话：中国智慧的群体传播

粤港澳湾区"新媒介者阶层"中的同一主体具备多重身份。基于数字技术的互联网全面介入人类的日常生活，将人类普遍地置于数字生活空间之中。在这个虚拟的数字世界里，同一主体具备多重身份：既是生产者，又是消费者，既是传播者，同时也是接受者。这些身份，可能是合法性身份，可能是抗拒性身份，还可能是规划性身份。与现实世界不同的是，这里没有哪种身份是本质性的，在传播的过程中，既不确定也不稳定。

粤港澳湾区"新媒介者阶层"中的不同主体拥有多元话语。不同地域、不同行业、不同年龄层次、不同知识结构的多元主体通常会对同一故事秉持着迥异不同的看法，进而呈现出纷乱杂陈的话语图景。在多重身份与多元话语的语境下，互动和对话成为必须。互动是一种参与式的主动传播，也是传播获得持久关注的关键所在。"当你们需要吸引某个人关注一个特定的问题的时候，你们有三种办法来实现：一个坏的，是通过语句；一个好一些的，是通过演出；一个特别好的，是通过互动……如果你们能让观众参与这个正在进行的故事，进入屏幕或者像戏

---

① ［法］雷吉斯·德布雷：《普通媒介学教程》，陈卫星、王杨译，北京：清华大学出版社，2014年，第253页。

剧演员一样互动，让他感觉结局依赖自己……这样你们就赢得了一切"①。互动能让"新媒介者阶层"的身份锚定在积极能动的参与者这个定位上。对话则开放性地容纳了信息交流、情感沟通、利益互惠和价值共享等诸多路径。通过对话，才能让多元话语体系交相辉映，相互理解、印证，甚至竞争、冲突和融合。对话的本质为建立共同体而存在和演进。目的是为了建立信息共同体、利益共同体、情感共同体、价值共同体最终是命运共同体。通过对话，才能让多元主体最终统一在一个共同体之中。

吕小军，男子81公斤级举重，三届奥运会冠军。在他夺冠的第一时间，Facebook就将一篇题为"永远的吕"的文章置顶。在社交媒体INS上，吕小军夺冠最新消息的点赞数在10分钟内就超过了2500。外国粉丝在评论区留言："他现在37岁的高龄，军神永远的神"。2009年到2021年，吕小军在奥运会、世锦赛上先后11次夺冠，7次打破世界纪录，他是全球健身圈的顶级流量。网络检索Lv Xiaojun，会发现数个播放次数百万以上的视频。而"YouTube"上突破500万播放量的那条，只是他在2019年世界举重锦标赛训练中心练习的简单记录。

吕小军的故事里蕴藏着刚健有为的中国智慧。一方面，包容互补。他将训练理念完全不同的健身流派：健美、健身、力量举、CrossFit乃至强人运动统一到一个价值共同体之中。另一方面，君子自立。作为奥运历史上年龄最大的举重冠军，他的个人经历和记录影像里充满百折不挠、努力不止、自我挑战的中国能量。他如切如磋、如琢如磨，造就了强大的中国力量，让观看者精神舒畅、热血沸腾。

吕小军的故事还充满互动。他真诚朴质、低调谦逊，奥运赛后外国裁判都找他要签名。"吕小军的热身环节，就是我整堂力量训练的内容。"——这句调侃在"YouTube"上获得了6000多个赞，有人互动："我在他热身到一半的时候，就结束训练了。"——又获得3000多个赞。还有知名体育博主Garage Strength视频解析吕小军，并号召健身爱好者："我们可以研究吕小军的动作方式与发力，从而应用到健身器械的开发上。"

体育是全世界共通的语言，这让吕小军的故事自然而然地绕开了西方的话语

---

① ［法］雷吉斯·德布雷：《普通媒介学教程》，陈卫星、王杨译，北京：清华大学出版社，2014年，第153页。

霸权。吕小军的传播实践是没有管理主体的群体传播。通过互动对话，多元主体产生身体行动，深度介入中国传统文化传播，无论是在港澳地区还是广东地区，都能为人民注入激情、激励和自我挑战的精神力量。

5.2 智能推送：中国审美的组织传播

北京冬奥会是另一个传统文化传播的样板。如果说吕小军是"士志于道"的当代实践，那北京冬奥会则是"美在身旁"的实际阐释。吕小军的故事里凸显了中国智慧，北京冬奥会的故事更富于中国审美的特点。作为国家行为的北京冬奥会，其有管理的组织传播，向世界展示了中国传统文化的美。

北京冬奥会自开幕式起，展现了"以人民为中心"的审美观念和艺术化的日常生活。"雪飞燕""雪如意""雪飞天"等中国典故呈现出田园牧歌式的雪花美学，"二十四节气"、书法、篆刻、剪纸、印章展现了美轮美奂的中国元素。中国国家队队服充满中国风的韵味和美感。其设计元素取自中国传统文化中的水墨山水《千里江山图》，以"山河映朝霞"和"河山初春霁"为理念展开诗意设计，展露出中国文化崇尚自然、至繁至简的审美精髓。永不凋零的冬奥之花使用中国的非物质文化遗产——绒线编结工艺而成，体现了中国日常生活化的审美情趣。奥运奖牌源于中国古代同心圆玉璧，共设五环。五环同心，同心归圆，表达出"天地合，人心同"的传统文化内涵，凸显了中国文化的浪漫之美。数字技术编制的巨大红色中国结，极具视觉冲击力。绿色环保浪漫自然的"飞扬"火炬上的祥云纹和着雪花皆源于中国传统文化：雪花纹是剪纸技艺，祥云纹则是从非物质文化遗产中的"织锦"工艺。中国结和火炬均是用科技拓展了中国传统美的边界。

社交媒体本身并不具有本质主义的文化模式。作为承载流动性、多样化内容的平台，算法推送是保证社交媒体传播力的重要机制。对港澳地区，那些与意识形态相去较远、中和的立场有助于维护平台内容和用户生态系统的稳定。显然，算法偏向审美功能更符合平台的立场和利益。而冬奥会中展露出道法自然的中国审美以及气韵生动的精神超脱无疑为港澳民众提供了治愈压抑、焦虑的中国方案。对于港澳的西方社交媒体平台来说，无论是偏向内容分享的 YouTube，还是侧重建立关系的 Facebook，这种高价值的疗愈要素都会被识别、提取和挖掘，再通过算法推送，进一步增强用户黏性，转化为流量生产力。对广东地区，除了美的内容信息，在传播的构造里加入关系信息和情感信息，是组织传播价值实现至关重要的因素。基于人的社交圈进行需求的分析和衍化，将冬奥会这个社会话题进行分众化、个性化推送，从朋友圈的多形态表达中洞察广东人民关于传统文化的隐性需求，最终实现冬奥会的中国审美与情绪传染和价值观的结合，提振文化自信。

总而言之，全球性文化权力和意义空间争夺的背景下，粤港澳湾区的传统文化传播面临内忧外患——"新冷战"的话语霸权、"忧伤"的社会心态。"人类命运共同体"话语体系的内涵极其丰富，既为超越"新冷战"的话语霸权提供了理论滋养，也为中国传统文化传播提供了实践支撑。以"人类命运共同体"理论为中国传统文化赋能，关注人的内心、走群众路线、贴近民众的日常生活，是粤港澳湾区传统文化传播的基本策略。在视频化、互动化和智能化的社交媒体平台上生产和传播更多与吕小军、冬奥会类似的中国故事，在故事里讲清楚中国审美和中国智慧，为民众的心理困境提供现实方案，是粤港澳湾区传统文化传播的根本逻辑。

（雷扬，中国长江三峡集团有限公司博士后，中国人民大学博士后，东莞理工学院教师）

生产与消费：小镇青年的媒介行为分析 ①

刘 菁

　　广大青年既是追梦者，也是圆梦人，他们在辽阔的中国大地和浩渺的网络空间挥洒青春、书写人生。中国青少年研究中心赵霞、孙宏艳将小镇青年界定为生活在我国地级市、县城及建制镇的18—35岁的青年，其研究成果被"共青团新闻传播"公众号转载。快手报告中的小镇青年指的是18—35岁，三线及以下城市用户，县城、镇区、乡村及城乡接合部用户。极光大数据将小镇青年定义为三线及以下城市18—26岁青年。而企鹅智酷报告中的小镇青年指年龄在15—24岁，生活在三到六线（县级）城市地区的人群。一些互联网公司报告里小镇青年相对低龄化，其主要原因是互联网生态和硬件迅速向18岁以下群体普及，使其成为移动互联时代媒介行为的重要主体。

　　国家统计局发布的《2018年国民经济和社会发展统计公报》数据显示，全国大陆常住人口城镇化率为59.58%。根据"第一财经·新一线城市研究所"对中国338个地级以上城市的最新排名，一线城市4个，新一线城市15个，二线城市30个，三四五线城市共289个，一二线城市占比14.5%。中国城镇化发展的结果不仅涌现了数量比占优的小城市，也见证了人口、产业和经济的流动转移和重新聚集。小镇青年面临着更多的工作机会和可支配收入，也迎来了更为丰富多元的媒介接触和使用场景。作者对一些知名互联网公司、市场调研公司和媒体利用后台数据或调研网络已发布的报告进行分项比较分析，结合五位来自湖北省恩施土家族苗族自治州来凤县的青年深度访谈，以媒介对小镇青年亚文化的相关报道为补充，将定量调研和定性研究的结果对照验证。最终本文试图在中观层面的媒介

　　① 本文系2016年度北京市委组织部青年骨干个人项目"京津冀区域认同建构中的大众传媒功能研究"（401053761727）和2019北京市教委社科计划一般项目"人工智能与北京广告业的融合创新研究"（SM201910009003）的阶段性成果。

行业用户画像、宏观层面的媒介标签与微观层面的青年自述之间寻找差距及其原因，以期对小镇青年的媒介行为有一个全面而不失个体的分析及展现。

一、小镇青年的媒介选择和接触

与一二线城市青年相比，小镇青年有更多的闲暇时间可供支配。赵霞、孙宏艳的调查结果显示，"上网是小镇青年业余生活的第一选择。无处不在的网络让小镇青年能够更加方便地享受文化生活，了解更大更精彩的世界，同时网络也塑造着他们的生活方式和发展空间。"[1] 快手《2019 小镇青年报告》指出：60% 的小镇青年主要的休闲方式是线上休闲。24 岁以下小镇青年的娱乐形式更丰富，年龄越大越喜欢宅着。

首先，在媒介及媒介产品类型上，小镇青年有哪些偏好？极光大数据发布的《2018 年 8 月小镇青年消费研究报告》发现小镇青年最爱手机游戏和网络视频；在各项兴趣爱好中，小镇青年唯独美容美妆的比例高于一二线青年。[2] 企鹅智酷《2017 小镇青年泛娱乐白皮书》以日均投入时长"2 小时以上"的渗透率为依据，指出小镇青年"媒介的选择"从高到低依次是：网络游戏、阅读、影视、音乐、直播和动漫。从渗透率中位数（排除不参与数据）看，日均时长分别是网络影视 1—1.5 小时、网络阅读 31—60 分钟、网络游戏 1.5—2 小时、网络音乐 31—60 分钟、网络动漫 11—30 分钟、网络直播 11—30 分钟。[3]

其次，对于这些媒介产品，小镇青年更看重什么功能？《中国经济周刊》的记者发现，小镇青年更在意手机应用的工具性，一般不会另行下载类似应用。他们中很少有人使用网易云音乐、今日头条等个性化深度服务类应用，这与一二线城市青年以服务型应用为首选的情况形成对比。[4] 这篇报道在一定程度上说明了小镇青年在媒介的选择和使用上还处于比较粗放的阶段，偏向"大而全"，对根据算法进行推荐的个性化、精细化的媒介产品并没有培养出太多热情。

再次，小镇青年对媒介使用的付费情况是怎样？极光大数据发现小镇青年虽然最爱手机游戏和网络视频，但其支付意愿和花费金额低于一二线青年。企鹅智

---

① 赵霞、孙宏艳：《小镇青年群体特点及对共青团工作的启示》，《中国青年社会科学》2019 年第 2 期。
② 极光大数据：《2018 年 8 月小镇青年消费研究报告》[EB/OL] http://www.199it.com/archives/766095.html.
③ 企鹅智酷：《2017 小镇青年泛娱乐白皮书》[EB/OL] http://www.199it.com/archives/655999.html.
④ 侯隽：《"小镇青年"成商业大佬"新宠"》，《中国经济周刊》2018 年第 7、8 期。

酷发现，小镇青年对网络影视和游戏的付费转换率最高，都在 50% 以上；网络阅读和动漫的付费转化率最低，不足 20%。在网络影视、游戏、音乐、动漫和直播领域，小镇青年的付费转化率都高于全体手机网民平均水平；其中游戏、音乐和动漫最为突出。在游戏、动漫和直播领域，小镇青年甚至高于一二线城市年轻人。[①] 综合可见，小镇青年对网络游戏和视频"又花时间又花钱"，对网络阅读和动漫有"愿花时间不花钱"。这说明视频网站和游戏公司的盈利模式比较成熟，对产品的版权保护力度比较强。而文字和图片类的媒介产品还没有形成有良好用户基础的收入来源，也更容易遭遇盗版。

（一）影院观影

"小镇青年"作为媒介市场的消费新势力并引发热议是从电影开始的。2012 年至 2015 年，全国三四五线城市的电影市场份额逐年递增，分别为 28.2%、30%、32.1% 和 36.7%。相反，一二线城市的电影市场开始下行，2015 年分别较上年下降了 2.3%、6.3%。[②] 具体到影片来看，2015 年《捉妖记》24.39 亿的票房中近八成由小镇青年所创造，《何以笙箫默》《左耳》近七成票房来自三四线城市。2016 年《美人鱼》的大卖也有小镇青年的功劳。2017 年《战狼 2》的票房突破 56 亿元，其中 80% 的票房来自二线以下城市。2018 年票房近 20 亿元的《前任 3：再见前任》，其观影人群中 24 岁以下观众占 68.9%，来自三四线城市的达 47.4%。通过对几个国产硬片的票房助推效应，小镇青年的影响力甚至扩散到电影明星的合同条款里。公司注明为了进行新片宣传，明星必须要去成为票房主力的三四线城市，因为影迷和支持者们在那里。[③]

1. 国产电影类型偏好明显

小成本电影《心迷宫》放弃对三四线城市的宣传，《山河故人》在三四线城镇是零排片，很大原因在于发行方和当地的影院认为小镇青年可能对艺术片不感兴趣。相比之下，《捉妖记》的男主角井柏然在 20 天跑足 15 个城市做宣传，包括银川、绍兴等三线城市，而《煎饼侠》《万万没想到》也是狂走小镇路演策略，并最终取得了 11.6 亿元和 3 亿元的票房收入。[④]2018 年阿里妈妈用户研究团队指出，

① 企鹅智酷：《2017 小镇青年泛娱乐白皮书》[EB/OL] http://www.199it.com/archives/655999.html.
② 曾世湘：《小镇青年渐成电影票房主力军，未来发展三线城市空间巨大》[EB/OL] http://media.people.com.cn/n1/2016/0124/c14677-28079295.html.
③ 侯隽：《"小镇青年"成商业大佬"新宠"》，《中国经济周刊》2018 年第 7、8 期。
④ 徐鹏：《"小镇青年"与中国电影票房之间的喜和忧——浅析 2015 年国产电影票房市场》，《北方传媒研究》2016 年第 1 期。

小镇青年更偏向于喜爱青春、动画和战争类型的电影。这体现了小镇青年对快乐和爱情的向往，对视觉奇观和特效的追捧，对立志题材的认同，以及对艺术片和特定类型影片的文化积累相对较少。

2. 陪伴观影是重要的观影动机

极光大数据报告显示，小镇青年与一二线青年的到电影院观影的原因非常类似，知名大片上映为首要原因，其次，朋友聚会活动、喜欢的电影上映和约会都是重要原因。这一特点也在本人对来凤县翔凤镇 19 岁青年小徐的访谈中得到验证。

湖北省恩施土家族苗族自治州来凤县位于湖北省西南部，以凤凰降临栖息的美丽传说得名，是巴楚文化重要沉积带和土家文化重要发祥地。根据来凤县人民政府门户网站信息显示，全县国土面积 1342.05 平方公里，总人口 33.11 万人。据小徐介绍，来凤县只有一家相对比较大型的影院——"高德影院"，共有 4 个影厅，全部可以进行数字 3D 电影放映，总共能容纳 500 多人。票价在 50—70 元左右，充值 1 千元可以办最高级会员卡能享半价优惠，充值 500 元可打 7 折。当地人一般都会以家庭为单位办一张五折的会员卡，大家一起相约看电影，没卡的也能问亲戚朋友借。除"高德影院"以外，再有的就是一些私人小影院，以投影的形式放录像。票价差不多每人 30 元，一个房间满五六个人就给放映。影片可以点播，包括正在影院上映的电影，"可能是盗版吧"。喜欢看喜剧片和动作片的小徐从来不去这些小影院，因为"那里环境比较差，基本上都是约会去的比较多。"

除了和家人朋友一起去电影院之外，小徐选择在优酷和哔哩哔哩（以下简称 B 站）看电影。他的优酷会员开了连续包月。之所以选择优酷，"一是因为同学朋友开了其他视频网站的会员，我们能共享账号"，更主要的原因是他喜欢的动漫除少部分有免费资源，其余仅在优酷有会员播放和更新。

（二）传统电视、网络视频和 OTT 平台

电视收视时长下降和收视人群老龄化已是不争的事实。小徐家有一台有线电视，但"我们家的人都很少看电视了，就算看电视剧也不会守着电视看，都会选择在电脑上看。"CSM 媒介研究 52 城市的数据显示，近年来电视大屏的非直播收视快速增长，并在 2019 年第一季度达到 22.8% 的市场份额。

阿里妈妈用户研究团队推出的《小镇青年零食饮料酒水行业洞察及营销建议》

发现，小镇青年在在线视频上的活跃时间是电商平台的 3 倍，这些深度沉浸、长段的时间是品牌营销的绝佳时机。而晚上八点到十点是家庭欢聚的时刻，小镇青年家庭一边合家看电视，一边吃零食，是最常见的场景。[1] 极光大数据发现，小镇青年对网络视频的付费金额和付费意愿较低。近半数小镇青年没有在网络视频上花费，认为付费合理的比例为 31.5%，显著低于一二线青年。在使用频次分布上，小镇青年与一二线青年类似，超六成小镇青年每天都会观看网络视频。在使用偏好上，小镇青年最偏好 B 站和芒果 TV。

与在电脑、平板与手机上观看视频相比，电视收视对小镇青年的吸引力主要存在三个方面：家庭场景、大屏效果以及海量版权内容的点播。IPTV 和智能电视提供了更好地与用户产生互动的家庭场景，是"客厅经济"和"卧室经济"的新入口。大屏效果带来的是影院般的沉浸式观看效果。LG 推出的最新产品原型有可以卷起来携带的 65 英寸的显示屏，小米电视可提供 75 英寸的产品线生产。包括互联网电视在内的电视厂商纷纷发力，力图充分开发三四五线城市。据群邑智库的数据显示，2015 年，互联网电视在北上广深的销售量只占到了总销售量的 3%—4% 左右，而在农村要达到 35% 的体量。[2] 一旦解决了渠道下沉和版权收视的问题，针对小镇青年的 IPTV、OTT 互动平台将是观看网络视频和满足广告主需求的下一个蓝海。在此基础上，电视将具有和互联网争夺年轻受众的核心竞争力。

（三）短视频

"互联网女皇"玛丽·米克尔发布的《2019 互联网趋势报告》中显示，从 2017 年 4 月到 2019 年 4 月，中国短视频 APP 日均使用时长从不到 1 亿小时，增长到了 6 亿小时。[3] 2007 年至今，群邑智库选取以三四线城市为代表的下沉市场进行了名为"山海今"的人类学调研项目，发现小镇青年移动端的每日触达率逐年递增。而快手成为了小镇青年娱乐的绝佳表达出口。[4]

1. 观看重"有用"，上传偏娱乐

小镇青年学习意愿强烈。快手大数据研究院掌握快手平台上 2.3 亿小镇青年

---

① 阿里妈妈：《小镇青年零食饮料酒水行业洞察及营销建议》[EB/OL] https://t.cj.sina.com.cn/articles/view/5650798041/150d055d901900em91.

② 《2016 年智能电视市场格局分析》[EB/OL] http://www.sohu.com/a/79025968_247520.

③ 腾讯科技：《2019 互联网女皇报告中文完整版》[EB/OL] https://36kr.com/p/5214606.

④ 群邑智库：《2019 山海今媒介和消费趋势》[EB/OL] http://www.199it.com/archives/776463.html

的多维数据，其报告显示，技能、科普、美食、乐器等"学习型视频"的观看占比，小镇青年是城市青年的 8 倍，而一二线城市青年的知识付费多集中于职场、专业知识等领域。[①] 观看短视频之余，在各地景点打卡上传视频也成了小镇青年的风尚。小徐以前的高中同学小郑原本学习还不错，突然有一天就说自己不想读书了。高二辍学后，小郑经常在抖音上发一些旅游、美食类的日常生活短视频，但观看的人数很少。

小徐不再看快手，因为"给我的感觉很 low，里面拍的一些像连续剧一样的，没有演技没有特效，剧本逻辑也有问题"。他下载了表姐推荐的抖音，一段时间后也觉得没意思，"感觉他们全是同一个套路，教人撩妹，要不就是把很老的段子演一遍"。小徐觉得抖音里有趣的灵魂很少，但有用的知识不少。比如教语法、文都考研等对学习有帮助的，或者"嘿，你还好吗"等传授生活小技巧的短视频，看了"感觉挺长见识"。

来凤县的小张经常通过短视频自学剪辑技能，并使用"爱剪辑"之类的免费剪辑软件练手。他在 B 站上传了《逃生》游戏的录制实况，因为感觉剪辑效果不太好，最终上传了原视频。小张这些未经剪辑的视频，播放量最多时超过 1000，一般都是几百，"做了五六个感觉太累就放弃了"。

2. 带货能力强

短视频不仅推动小镇青年向更主动的发布者角色转变，还成为他们营销自家产品的有力工具。小镇青年能够熟练使用互联网，熟悉主要微商渠道的话语体系，在带货上得心应手。阿里妈妈用户研究团队发现，短视频同款的零食在去年渗透率达到了 3.4%，超过了 50% 零食子品类的渗透率。

来凤县的小梁从 2018 年开始利用朋友圈为自制美食代言。最开始她还是习惯用图文的形式。3 月 23 日她发九宫格配文"亲自采摘水芹。有机新鲜野菜。经过反复清洗确保干净卫生。采摘新鲜的柚子叶包裹野菜粑粑。里面的腊肉超级多。用料扎实肥瘦相当！欢迎各位宝宝订购。让您吃得放心。外地可抽真空快递"。3 月 24 日，小梁增加了"九妈手工美食"微信二维码图像，并配文："新鲜出炉的社饭。拌饭的时候一屋香喷喷。老妈的手艺。干净卫生。配料扎实看得见！味

---

① 快手大数据研究院：《2019 小镇青年报告》[EB/OL] http://www.chinanews.com/sh/2019-05-06/8828706.html.

道无敌，数量不多。最后三十斤。卖完接受预订！"当天，她还上传了两条短视频，分别是采摘和清洗柚子叶，画面可见当地传统的背篓。之后小梁保持每天平均一条短视频的上传节奏，既有"好乖的腊肉""好香的包心""在家现磨，不是在外面买的粉粉"，还有"好舒服的手工水饺，全部原味肉，四级葱"。小梁家的手工美食很受欢迎，不少订单甚至来自一二线城市。恩施小吃"土掉渣烧饼"曾经风靡全国，连锁店遍地开花。而以小梁为代表的小镇青年，则以更加方便快捷、低成本的短视频营销方式，为中国人的舌尖打造一个接一个的网红美食爆款，反向输出一二线城市。

（四）网络游戏

小徐也是一名网游爱好者，"一般陪同学一起玩的就是LOL英雄联盟和吃鸡游戏"。游戏里有时候遇到有人加好友，小徐会告诉对方自己的QQ号码然后约好一起玩。小徐对游戏平台很熟悉，"国产游戏一般在wegame上面就能找到，国外的游戏就在steam，Uplay，orgin上面玩"。

极光大数据发现，小镇青年与一二线青年的月平均花费分布类似，仅五成左右在手游上花钱。小镇青年在手游上的花费主要用于购买道具、皮肤和服装，其中，重度手游玩家月均花费高达250元，为手游花费的主力群体。在偏好类型上小镇青年和一二线青年都最爱动作类游戏，占比均高达六成。甚至在排名前三位的手游产品上，二者也达到了一致，分别是《绝地求生：刺激战场》《王者荣耀》和《掌上英雄联盟》。这说明手游市场头部产品在青年人群中已经形成了强大的用户网络和品牌效应。企鹅智酷数据显示，移动电竞在小镇青年中的渗透率低于一二线城市青年。从上述极光大数据可知，小镇青年中有众多重度游戏玩家，他们能否成为移动电竞的下一个蓝海，很大程度上依赖于电竞O2O生态圈的打造与完善，尤其是电竞线下场馆布局、赛事举办和场景体验。

（五）网络文学和动漫

"《小时代》我在网上看过几章……我觉得它就是给那些地级市啊、县级市啊，或者城乡接合部的那些人看的，然后给那些人展示一下大上海的繁华和奢侈品的一个教程吧。"[1]这是2008年韩寒在《他的国》新书发布会上的答记者问，将郭敬明《小时代》的目标受众划归为小镇青年。2016年，网民"电影大爆炸"跑了30

---

[1] 吴波：《骂完架韩寒"下水玩PK"》，《广州日报》2008年11月22日。

公里，参加由郭敬明同名小说改编的 IP 电影《爵迹》首映。看完他不禁在网上吐槽，"整个《爵迹》的设定和审美，特别的起点中文网。嗯，应该能满足不少六线小镇花季青少年们的疲惫生活中的英雄梦想。"①

1. 网络文学 IP 效应明显

起点中文网是国内最大的原创网络文学阅读与创作平台，它从互联网小说攫取内容，推行 VIP 收费制，把优秀的原创作家推荐并销售给用户和其他版权公司。小徐喜欢的网文作者有江南、番茄和天蚕土豆。他读过《龙族》《雪中悍刀行》，但很少去起点中文网看，"因为需要付费，但可以在网上搜到免费资源。"虽然小镇青年对网络文学的支付意愿不高，一旦这些作品被孵化成 IP 并延伸至电影等领域，小镇青年又成了消费主力军。小徐的女同学们最喜欢看的就是有 IP 改编的古装题材。

来凤青年小谭在 2019 年参加了电影《上海堡垒》的校园分享会，并更新了五条动态。其中一条写着："虽然是老贼九年老粉，我还是得说一句，《上海堡垒》这片看预告就有些许之烂片味道，各位三思而行。导演的代表作居然是……《蜗居》？？当然，我还是会去看的。我不当韭菜谁当韭菜！"并自我评论"另外有个重要剧透：江南会在电影里特别出演"。评论的好友里有问"龙五啥时候更新完""吹风去杭州西湖科学吗""让他快点更龙族"等。小镇青年的网络文学消费行为已经在一个更大的链条上实现了免费增值模式，即网文阅读寻求免费，对相关的电影或游戏延伸产品有主动的支付意愿。

2. 动漫消费流向视频网站和漫展

小徐通常是被一些精彩的视频剪辑所吸引，然后就去找原版视频。他喜欢的日本漫画《JOJO 的奇妙冒险》和《一拳超人》就是这样选择和使用的。小徐很少花钱去买单行本，最多充个视频会员，"因为 B 站只有第 4—5 季，只有优酷有 1—3 季"。小徐一周平均花半个小时在动漫上，也就是视频网站每周更新的一集。

相比之下，来凤县的小刘是重度的动漫迷，她还是一个 coser。小刘特别喜欢 cosplay，她和一群兴趣相投的朋友组了团队，不仅在线上合作，也会线下见面一起拍照，还会约漫展。小刘把 cosplay 的照片发到微博、微信和 QQ 上供人分享，

---

① 电影大爆炸：《〈爵迹〉的起点中文网美学，能满足小镇青年的英雄梦想吗？》[EB/OL] https://www.tvsou.com/article/1c233ad9d38c32917771/.

只为兴趣，不为盈利。《2017小镇青年泛娱乐白皮书》指出，B站在小镇青年和一二线城市青年中的渗透率基本持平。随着越来越多的动漫作品涌入视频网站，次元文化在小镇青年中的渗透率将会提升。

（六）音乐和照片 APP

虽然个体媒介行为存在较大差异，但访谈中接触的五位来凤青年都喜欢分享音频和照片。他们听歌用 QQ 音乐，很少有人去用网易云。他们唱歌到"全民 K 歌"，基本都是翻唱。他们喜欢拍照，从最初的数码相机到智能手机，很少用单反，并用天天 p 图等操作比较简单的 APP。他们把音乐链接和照片放到 QQ 空间、微信朋友圈和微博，还会 @ 好友主动分享。他们喜欢的歌曲包括民谣，比如《秋酿》《鸽子》《老街》，以及《说散就散》《浪费》《彩虹》《有何不可》等热门情歌，还有古风歌曲《盗将行》等。

（七）社交媒体

社交媒体在小镇青年中使用频次很高，并呈现出微博、QQ 和微信三足鼎立的态势。《2018微博用户发展报告》指出四线及以下城市用户占比上升，除港澳台及海外地区，中国大陆一线、二线、三线、四线及以下城市用户的占比分别为 16%，24%，25%，31%。[①] 微博用户向小镇用户的倾斜并不是偶然，而是微博有意识地把以新闻、社会内容为主的信息平台向社交网络转型，并大力打造三四线城市青年感兴趣的垂直细分领域的结果。

在全国性的社交媒体之外，来凤也有本地的社交媒体——来凤百姓网。来凤百姓网由十人左右的工作室运营，初创资金部分来源于一些当地居民人均1—2万元的集资，相当于一个众筹项目。来凤百姓网主要有逛社区、找信息、特惠购、爱生活这四大版块，以接地气的产品满足小镇青年的需求。当地青年可以在上面贴图灌水、聊天交友，还有各类交易和招聘信息。

（八）直播

在直播接触行为方面，极光大数据的报告发现小镇青年观看网络直播的频次较高，每天看3次或以上的比重显著高于一二线青年。腾讯智库的数据显示，直播重度用户小镇占比超一二线城市：15.6% 的小镇青年每天看直播超过一个小时，每天观看时长在两小时以上的小镇青年明显高于一二线城市青年。

---

① 新浪微博数据中心：《2018微博用户发展报告》[EB/OL] http://data.weibo.com/report/reportDetail?id=433.

在 APP 使用偏好方面，极光大数据指出斗鱼直播和虎牙直播是小镇青年最偏好的直播 APP。这一点小徐表示赞同，"搞笑的，游戏的和美妆的都看过"。腾讯智库发现快手在小镇青年中的渗透率比一二线城市青年高出了 3.7%，而其他直播平台几乎都是后者居多。

在直播互动和付费方面，企鹅智酷指出小镇青年的参与感强，通过互动刷存在感。在观看直播的过程中，72% 的小镇青年用户有互动行为，其中最常见的是关注主播、发弹幕、评论和送免费礼物，15.3% 的小镇青年有付费行为。而参与线下活动的比例为 1.3%，说明小镇青年对直播的参与行为主要在线上，直播的线下社交需求还未激发。极光大数据也指出，仅不到三成小镇青年会打赏主播，显著低于一二线青年。

二、小镇青年媒介行为的功能和效用

如今的小镇青年生活在一个传媒相互融合又竞争合作，虚拟生活与真实生活相互勾连又彼此区隔的时代。大卫·阿什德在《传播生态学：控制的文化范式》一书中谈到了传媒对个体的功能：传媒提供了创造和想象的空间，也提供了流通于社会空间中的建构空间再现和意义的象征资源。媒介的逻辑日益被人们用作观察世界、建构其存在、展开其行动和互动的格式和策略。[1] 小镇青年在媒体虚拟化的消费与生产行为之下，对应着他们在现实的家庭环境和真实的社会生活中面临的复杂处境和具体问题，以及他们期冀能从媒介生活中获得的帮助或补偿。

（一）媒介观照下的主体认知和身份认同

英国学者齐格蒙特·鲍曼在《流动的现代性》一书中，将快速的人口流动和陌生的社会环境所代表的社会称为"液化"社会。在"液态"社会中，小镇青年赖以实现主体认知和身份认同的家庭秩序、生活惯例乃至社会结构都在发生重构，正如电影《乘风破浪》里开始经历巨变的亭林镇。这使得个体的身份建构缺少了传统的指导者和固定的参照物，不得不从他者身上寻求主体，并可能陷入不确定下的动荡。克里斯蒂娜·沙赫纳指出，"青少年恰恰处在生命中的这样一个阶段——他们正在寻找新的定位、新的生活目标和新的身份。在所有的偶然性和不

---

① ［美］大卫·阿什德：《传播生态学：控制的文化范式》，邵志择译，北京：华夏出版社，2003 年。

确定性之中，他们就是那些不得不起草新的生活指导的人。"①而生活中触手可及的媒介成为青年寻找并发现自我的"他者"的不二之选。斯图亚特·霍尔认为大众媒介的首要文化功能是"提供并选择性地建构了'社会知识'、社会影像，……透过这些，我们也才通过想象见过他们的及我们的生活，使之合并为可资理解的'整体的世界'"。②

全媒体时代的来临极大地鼓励了青年们成为传媒产品的消费者、生产者、传播者和评价者。他们各式各样的媒介行为创造了一种对个体和媒介关系的反观，为自身提供了一面"观察世界、凝视自我"的镜子，方便他们通过媒介来试图发现自我，建构认同。在此过程中，受众及媒介通过"点赞、转发、评论、打赏、置顶、推荐、删帖、封号"等方式来表达关注和态度，促发青年制定后续的媒介行为策略。

（二）代际冲突和文化差异下的补偿和反抗

在社会急剧变迁的大背景下，家庭内两代人之间的价值观、生活态度、知识体系和社会行为模式越来越多地出现差异、隔阂乃至冲突。由上至下的单向文化传承方式受到了挑战，新的代际传承模式必然出现。③相较于家长的长辈，小镇青年对新媒体技术和设备拥有更多的接触体验和使用技巧，对青年亚文化的媒介表达也更能产生传播热情和文化认同。这些使得小镇青年在面对家长权威和代际差异下的矛盾冲突时得以通过媒介行为获得情绪释放和抚慰。

根据皮埃尔·布尔迪厄的理论，文化的建构是意识形态化的。某些遭诋毁的娱乐形式与处于前青春期的年轻群体联系在一起，而其他的各种品位、价值观和等级制度则被确立为在文化上属于成人的、体面的和优先的选项。文化差异歧视的结果是将审美差异转变成了社会支配和从属关系。④2005 年胡戈凭借对电影《无极》的戏仿视频《一个馒头引发的血案》而走红网络，成为网络恶搞的领军人物。"一步两步，一步两步，一步一步似爪牙，是魔鬼的步伐。摩擦，摩擦，在这光滑的地上摩擦"，2014 年陕西宁强县的青年庞麦郎堪称现象级网红。《我的滑

① ［奥地利］克里斯蒂娜·沙赫纳、樊柯：《数字空间中的主体建构——网络的各个侧面》，《文艺研究》2014 年第 6 期。
② ［英］汤姆森：《文化帝国主义》，冯建三译，上海：上海人民出版社，1999 年。
③ 吴鲁平：《青年研究的理论范式转型及其学科意义》，《中国青年政治学院学报》2014 年第 2 期。
④ ［英］约翰·斯普林霍尔：《青年、流行文化与道德恐慌——从下等戏院到匪帮说唱，1830—1996》，王华、孔潭、骆益译，北京：中国青年出版社，2018 年。

板鞋》被称为"洗脑神曲",B 站上到处都是庞麦郎的鬼畜视频以及对他的各种评价。成名后的庞麦郎陷入了对经纪公司和媒介的强烈不满与戒备惶恐之中,他反抗无果,很快淡出了公众的视野。

(三)流量变现和话语权博弈

小镇青年在身份建构的背后也活跃着致富的原始冲动。许多移动互联网时代产生的媒介产品都是基于市场经济而产生,并提供以经济效益为导向的娱乐休闲服务。青年亚文化由于其新颖的创意和多元化的风格很容易引起传媒的关注和市场的收编。媒介既是青年人寻找、表达和建构自我的工具,也是广告主收获注意力和商品市场挑选亚文化符号的场所。来凤青年小刘以自制手工美食的朋友圈短视频带动了家庭物质生活的改善与升级。喊麦达人 MC 石头自称"平时工作就是搬砖"。当他的作品在 B 站、微博和豆瓣等网络社区受到了广泛关注后,MC 石头代言了网络广告,接了商业演出,也在搜狐视频自制的网络剧中客串演出,极大地改善了自身的经济条件。

芝加哥学派的霍华德·贝克尔在《局外人:越轨社会学研究》中提出了"贴标签理论"。小镇青年在媒介上寻求自我、解决问题和获取经济收益的同时,肩负着多项调研报道中"消费新势力"的业界期待,还承受着社会对其"标签化"的认知。2013 年美国的《外交政策》双月刊网站专门对中国"杀马特"群体所折射的集体性的疏离现象和阶层分化问题进行了分析。2018 年俄罗斯世界杯期间,大部分中国企业对知乎、BOSS 直聘的"土味"营销方案却流露出"羡慕"与"赞赏"的态度。① 从对杀马特的群讽到土味广告的流行,小镇青年和知识精英之间的话语权博弈充满了张力。

三、小镇青年媒介行为的局限和突围

当下的青年群体生活在"全程媒体、全息媒体、全员媒体、全效媒体"迅速迭代之下的传媒生活圈之中,即是"作为主体的观看者和参与者",将媒体的选择和使用、媒体产品的消费和生产作为形成与展示个人风格的主要途径;又作为"被观看的客体",接受其他群体——尤其是"曾经的青年"和"文化的精英"的审视和评判。小镇青年的媒介行为在舆论指向、文化积累、空间环境等方面遭遇

---

① 谢芸子、郭垍:《烂广告的锅要小镇青年背?》,《中国企业家》2018 年第 14 期。

瓶颈，需要政府提供相关政策，支持其健康发展和价值提升。

（一）道德恐慌下的舆论压力

从话语层面看，"小镇青年"这一词汇兴起于对提升中国电影票房的惊呼，彷徨于对拉低国产电影品质的指责。抑扬兼备的舆论环境之下，折射出掌握话语权的专业人士对新兴势力崛起的不适应，克丽丝丁·德罗特纳将其界定为"媒体恐慌"。克丽丝丁·德罗特纳认为自 19 世纪中期以来，年轻人作为消费者，已经在商业休闲领域中掌握了文化权力，并且达到如此的程度：许多商业媒体都成了年轻人的专享媒体。作为媒体使用的副产品，年轻人获得的技术能力和文化能力对其所处社会的既有权力关系构成了潜在威胁。[1] 青年人成为媒体恐慌的标靶，一方面象征着不同的代际和阶层通过媒体声量争夺话语支配力量的斗争，另一方面也折射出社会不确定性和科技认知能力局限下的焦虑。

（二）文化素养和媒介体验

文化素养的培养和媒介体验的升级需要时间和空间。小镇青年的文化素养和媒介体验与一二线城市青年还存在一定差距，原因是多方面的。首先，小镇青年能够获取的线下文化资源相对匮乏，比如音乐厅、大剧院、独立书店、漫展、电竞中心等，限制了小镇青年就近获得高品质的文化消费体验。20 世纪末，在中国电影从省市县三级垂直发行放映模式向院线制发行放映机制转型的过程中，相当一部分三四线城市以及绝大多数县级市根本就没有院线，小镇青年长达十余年压根就没有电影可看。[2] 这在很大程度上影响了小镇青年对进口影片的接触、对复杂叙事方式的理解与不同类型电影的消费积累。

其次，小镇青年能够选择的线下优质教育资源相对集中在一二线城市，而线上资源良莠不齐，对小镇青年的筛选眼光和自学能力提出了很高的要求。比如来凤青年小张，网上免费的视频剪辑教程和软件一时间不能满足他对短视频制作的兴趣，几次下来就偃旗息鼓了。第三，主体欣赏水平和媒介产品品质处于相互建构与型塑的运行之中。低水平的媒介生产会陷入否定与放弃的恶性循环。小徐在看了一些 APP 的短视频后觉得"套路深，很无趣"，也就不怎么用了。第四，小镇青年还需要扩展视野，接受多元优秀文化的滋养，加强与一二线城市青年的交

---

① ［英］约翰·斯普林霍尔：《青年、流行文化与道德恐慌——从下等戏院到匪帮说唱，1830—1996》，王华、孔潭、骆益译，北京：中国青年出版社，2018 年。

② 胡谱忠：《小镇青年、粉丝文化——当下文化消费中的焦点问题》，《文艺理论与批评》2016 年第 4 期。

流互鉴。

（三）指向未来美好生活方式的小镇经验和媒介传播

"到 2020 年，中国上层中产和富裕家庭将达一亿户，其中小城市家庭将占到全国此类家庭的 50% 以上，增速亦将超过一线城市"，波士顿咨询公司与阿里研究院联合发布的报告指出："企业必须关注中小城市，而不是将脚步停留在大城市"。① 作为下一个经济增长的热点区域，小镇聚焦了来自各方参与者的目光。"赢得青年才能赢得未来，塑造青年才能塑造未来"，《中长期青年发展规划（2016—2025 年）》对发展青年文化提供了战略设计。媒介凭借其特色化的功能属性在青年的成长中有着重要的影响，应该通过核心价值观的引导和高质量的传播服务，为小镇青年努力实现健康发展和建设美好生活贡献力量。

（刘菁，博士，北方工业大学文法学院广告学系讲师）

---

① 侯隽：《"小镇青年"成商业大佬"新宠"》，《中国经济周刊》2018 年第 7、8 期。

2023 文旅文创消费的商业特征

黄启贤

三年来第一个火爆的春节文旅，被业界一致认为报复性消费终于来了。

春节期间消费最火热的还是在酒店住宿、餐饮小吃两个板块，这个已经是不值得去研究和分析的商业事例了。这两个行业不存在赚不赚钱的问题，只是谁赚钱谁赔钱的问题。

在年度周期内讨论年度发展趋势是伪命题，一年周期内的经济运行态势在年度之初已经是具备非常明了、清晰、显性的特征。所谓的预测、趋势不过是一种夸大的描述。这种趋势并不会以年度肇始时间来划分，大多数情形，所有的发展趋势都一直在进程中的了。在文旅消费行业，以元旦、春节这两个节庆时点的消费和流量来预判全年的消费趋势显然不可能有正确的结果和指导。

1. 文创公司退缩产品开发主业，盈利重心偏移到传统业务领域竞争

以文创产品开发和零售的文创公司将会面临更大的困境，定制开发业务越来越偏向专业设计公司和供应链企业，绝大多数文创公司无法融入全新的消费品营销模式和渠道，产品供应链所需要的资金压力将会严重损耗文创公司的发展力量。

优势（强势）渠道进一步要求强化文创公司铺货能力，在这些渠道中，几乎所有产品有关的风险都由文创公司来承担，这已经严重背离文创产品市场营销规则。

产品取胜的市场策略已经近乎尽头和绝路，只有少数已经实现规模化和系统化作业的文创公司可以生存，但是，这些优质文创企业在创意设计方面形成系统化的竞争能力，同时也达到了发展瓶颈，扩大化和规模化作业并不能带来大规模的盈利增长。

文创公司的盈利中心已经从产品销售单一来源转移到产品定制、设计服务等

新红海领域，越来越多的文创公司会成为类礼品企业。面临传统业务的竞争，但是其资源整合及订单能力明显弱于传统礼品企业。

基于传统文化及节庆类产品会成为更多文创公司发力所在，将会诞生一批"新文化礼品"企业，基于他们的核心竞争力基本上集中在产品策划与包装设计方面，供应链不足导致他们仍然难以走出传统文创产品领域和商业模式。

2. 文旅文创领域将会全面呈现全产业的业务和模式向未来进化

"所有的都值得重来一遍"这句喊了很多年的经济预言，在疫情期间已经蠢蠢欲动，终于开始释放巨大市场爆发力。无论是在文旅商业还是在城市商业，新品牌、新模式纷纷成为各类商业综合体首开店的重要指标构成和品类，各种创新业务层出不穷。

沉浸式体验、旅程、入驻、购物、娱乐等项目不断充斥各地文旅景区和项目，绝大多数都是从策划出发到资本终局的"商业闭环"思路，都不具有成熟的商业逻辑和符合市场持续运行的商业模式，这也带来了大面积的加盟风险，也带来消费场景短命效应。

这种商业进化力量始终会改变消费场域和生态，也会催化消费力量和消费者心理预期的进化，预计将会由不少于30%—40%的文创设计公司或文创产品集成零售商，50%以上的手工艺者、生活美学空间经营者、风物产品运营商，相关创新体验、生活家居用品、时尚饰品、潮牌玩具、零食与手工食品等产品细分领域的特色零售商会加入新品牌、新零售的尝试和拓展，只要运营得当，他们将会成为这场新文旅商业进化中最后的胜利者。

优质和充分内容的直播可能弱化这些实体店铺来自互联网电商的竞争，将会拉动他们的营业收入增长，也会快速拉开他们与传统零售商的距离。

3. 一小部分文创企业已经善于将文创思维转换成为核心竞争力

长期以来驻足于文化内容的非市场化生态导致了整个文创产业在各个领域处于叫好不叫座的状态，几乎没有能够实现基础的盈利。根源在于一方面政策语境需要一个新兴产业成为政绩话术，另一方面在实际的经济体系内并没有文创产业应有的市场定位，这种矛盾的市场角色和毫无话语权的行政主管体制导致了文创产业"金玉其外，败絮其中"。以文创为主业的企业终将逐步凋零，经营业务必须重新在市场竞争中找到全新的发力点和核心业务板块，真正地以消费为导向创造产品模块。

文创将以纯粹的经营思维和理念，融入企业经营管理和业务发展的全流程，所有团队成员都应当具备这种文创思维之下的全面创新意识，即善于用文化、创意去挖掘、构建企业产品价值，善于设计策略去发现和解决市场机会与存量变现的问题，更多地展开创造性、突破性、颠覆性和未来性的解决方案，将知识价值和创意价值转换成为产品价值，将文化力、创意力转换成为产品力、竞争力。

大部分文创企业将会彻底失去基本的竞争力量，彻底失去与时代同步的生存机会。

4. 文化 IP 赋能全业务运营，探索和深耕新商业路径

文化 IP 成为未来所有商业的主导力量重点在于它激活潜在消费能量，集聚消费流量，由未知到未来。产品、服务、项目和品牌的价值通过 IP 的内容和运营显现，并成为所有业务都需要关注和打造的焦点和竞争着力点。

文化 IP 的赋能主要体现在通过所提供的内容被消费者认知认同，与消费者建立情感联结，形成情感专属区，进而实现黏性和忠诚度，这种赋能属性超越产品的功能属性，形成产品溢价。

在商业路径上的，文化 IP 转换成为映射消费者生活方式的消费场景和消费者个性价值观的消费场域，这些都会催生与以往商业创新完全不同的商业路径。消费者被放在最重要的位置之上，消费者的感受更加被重视；过去商业时代复杂的管理流程、服务观念都会被简化，直达消费者心理舒适区成为新商业的根本。

大多数商业探索虽然是具有内容创新的特征，但对未来预期却是从浓厚的投机心态出发，缺乏围绕基础商业逻辑的研判和解构，其中不成熟的商业尝试居多，更多的人从中获得有益的感悟、迭代和进化，这是新经济周期初期创新商业的成功实验。

5. 市场和消费细分倒逼产品和模式在细分中不断创新

新一轮经济周期下的产品和服务的提供并非创新力量在发力和创造，而是新生代消费力量自主意识与社会群体多样化发展驱动的结局。产品和市场的消费细分在存量市场和大规模存货出现的时候，一直不断地在萌发和裂变，只有那些有预见性的创业者抓住了机会在单一产品、消费、服务和市场领域快速地形成垄断型的市场地位。他们更早地抓住了产品价值机会与市场窗口，并且能够应用文化 IP 的运营建立了独特的、完美的模式，将自身提升到后来者难以企及的巅峰。

细分产品、市场和服务在手工艺、非遗、民艺、手作等领域尤为突出，原因

在于基于细分策略的微小商业体不需要系统的、成熟的商业思维和体系就可以实现，特别是那种依赖个人技能和心性就可以完成的创业与经营。

面对大市场，这些细分商业与经营业务微不足道；面对个人，却是一个商业大世界。这也是未来商业的主旋律。更多的细分寓意着广泛的需求和流量从中获得满足，未来也会形成更加全面的创新融合，将新消费、新商业推进到一个全新的高度，彼时，新经济周期的繁荣才会真正地显现。

6. 传统的和低端的文旅消费会持续很长时间，仍然是文旅商业的主力阵营

文旅市场绝大部分消费者在购物等二销上的支出一直处在低端消费项目和常规产品，还需要很长的周期才有望看到创新产品的曙光，"明知无用"的惯性消费在旅游人群中的比例巨大，这种购买力的释放对于文旅商业并不会带来品质提升，低价位、低品质和传统旅游商业运行将会持续很多年，并且很难被创新业态替代。

这种经济上的痼疾因为大比例国民消费认知和目的造就丰沃的商业土壤和粗鄙的旅游商业业态，创新意愿缺乏，创新进入障碍同步存在。

看似市场机会，实际上根深蒂固的商业和消费理念加重了创新产品和商业突破的阻力，在原本季节性流量暴涨的文旅行业，创新意味着巨大的和错过商业旺季的风险，在文旅消费市场的创业创新，几乎不存在隔年重新来过的机会，失败就意味着一整年颗粒无收。

所以，只有经历创业成功的商业机会和品牌才可以在文旅市场博得爆发式增长的窗口。城市商业和文化街区则面临餐饮类商业抢夺流量的巨大压力，创新品牌则面临高端商业综合体的奢侈品购买力的竞争。文创的轻奢之梦注定是一场场"春梦了无痕"。

7. 国内潮玩品牌冲击日美品牌市场加剧，但是头部品牌效应减弱

越来越多的潮玩、时尚和消费 IP 被文创设计师、插画师们创立，他们都会将目标设定为超越和对标国外同行，但是大多数 IP 始终停留在形象、故事和人设的创作，与消费链接关联不大，并且在设计上创意和想象力不足，特别是缺乏"影视工业"的创作思维和逻辑路线，同时 IP 产业化思考、系统和市场运营规划、技巧大大落后于日美品牌，但是超越日美已经不再是梦想，是迟早的事；但是，这并不妨碍国内潮玩品牌全面开花。

IP 形象设计服务依然是插画师、潮玩设计师可靠的机会和收入来源，网络信

息无法提供潮玩创作者正确的消费指引，设计师自我价值至上使得这个群体并不能很精准地感悟消费潮流，"盲创"加剧了市场竞争的难度，这是增量市场初期正常的特征，更懂和更迎合中国消费者的 IP 和潮玩会越来越多。

国内创业企业"三年宿命"的效应在国内潮玩品牌重现。潮玩品牌严重依赖和期望资本青睐，其间最严重的后果就是 IP 形象人设与故事积淀不足以支持快速增长的市场规模和预期，无法抗衡 Z 世代独立的、分散的和不断转换的购买倾向，难以建立持久的黏性消费和购买力。

众多家居用品、玩具、饰品、文具、鞋帽、箱包等企业都会增加原创设计或授权合作，成为文创、潮玩题材的热门机构，这种改头换面不会改变和提升其真实的传统制造业或贸易企业的竞争力，难以带来持续增长性。

8. 基于垂直、成本和利润 DTC 还处在种草阶段，不会改变文旅文创商业格局

面对巨大的营销成本和流量成本，文旅文创在商业上一直没有解决产品触达和销售链接，文旅消费场景近百亿人次真实、有效高价值和直接触达的流量却不能带来对应的销售 GMV，单一高个性化、高价值文创产品的触达消费者的总量在庞大的消费市场面前微不足道，不过是文创人自己的"小世界"，远未触达商业深处和本质，距离文创人所要创造的未来生活方式更加遥远。创新机会和商业窗口无处不在，这都是成就未来商业巨擘的蓝海市场。

成功的以消费者为中心的 DTC 商业营销模式几乎都离不开文创思维与文创设计力量，他们以消费产品为切口，一步步抢占属于文创人的领地。"走别人的路，让别人无路可走"。

未来的消费经济主体不会在文创产业内部产生已经是非常明了的事实，传统制造业、服务业以及新零售、新电商企业正在应用垂直细分战略构建商业矩阵，形成各个产品领域的垄断地位、头部地位，巨量创新设计投入远非一般文创公司可比，他们已经在 DTC 方面斩获不菲成绩。文创人对于数字智能的认知既脱离技术本质，更不懂得产业运行应用，变成流于表象和投机追逐快钱。

文创公司的产品力、设计力完全可以弥补应用 DTC 营销获客能力太弱的不足之处，以用户为中心、强化渠道建设和运营直达消费者，延长消费周期，加速创新激活购买力，都是文旅文创业者需要面对的机遇和命题，系统性、可追溯、可追踪、快落地、强变现等都是文旅文创企业需要全面提升的战略思考和执行力。DTC 本身没有固定的模型，对于文旅文创企业来说其文化基因、产品力足以支撑

无数个成功的模式。

9. 文创公司纷纷转型，强化定制、设计服务与供应链管理的 2B 业务

文创产品生产制造企业跨界拓展文创设计与自主品牌，产品高利润并不足以产生利润总量的增长，止步于库存持续增长，更多文创产品 ODM 企业会回归供应链主业，强化主打产品的生产制造能力，并试图扩展供应链整合或平台化服务。

礼品定制或产品开发服务成为文创公司新的主业，但是依然是存量属性和可替代的竞争，并不会形成创新性的竞争力；具备强 ODM 能力设计公司应当加大机会与各类超级 IP、知名商业品牌绑定合作，成为其全品类、全产业链的专属服务供应商，有助于建立稳定的业务保障，也可以快速建立特定业务的垂直服务屏障和竞争壁垒。服务类细分市场创新的关键在于价值挖掘与融合提升，而非简单的产品、平面视觉、包装等任务型设计。

无论是传统的互联网电商还是 DTC，围绕产品成本、产能、工艺、周期、供应等供应链核心要素，成为市场竞争看不见的战场，显性的、固定成本早已经可以被数智系统测算得很精准，在行业内差别很小，边际成本、隐性成本导向的边际效益和溢价成为市场最关键竞争力量。

产业链生态及其溢出速度决定供应链的边际成本，区域产业品质与制备水平决定产品力的优势效益，设备迭代和人才聚集与培训决定供应链的创造价值能力。文创公司迫切需要提升其供应链管理服务意识与融合程度，它们是否能够在供应链集群建立与生产制造形成双向赋能、加持，成为文创企业在未来 2—3 年内生存的关键。

10. 品牌自营将成为文旅文创商业一种现象级和潮流级春水涌动

很大一部分文创公司已经在艰难的市场环境中找到了生存立足点和发展之路，创始人及其审美与产品创造力就是最强大竞争力，面对高度市场化的竞争和强人脉的官商勾连，文创人明白只有靠自己才会有畅快淋漓的创业自由。

文创人原生的各种生产要素，个体、单一思维、单个力量、等同于一人的团队等等，注定了只适合微小商业体和直接运营，无需什么战略、管理、规划，随机、灵活、迅速、激进是这些微小实体最有效的经营方法和策略。

这种"自雇自足"的小微经营实体，小而美，容易生存，空间巨大，坚守"把店做小，把店做老"的百年信念将会获得成功，实际上，长沙、东莞、广州几

年来围绕饮食类消费已经形成普及现象，每年这些城市至少诞生数千个各类创业小微实体，大部分都1—2年内已经走进加盟连锁经营阶段。

更多体现生活美学与生活方式的文创商业随着文化赋能的深入，会是下一波创业浪潮和加盟潮流。在内容、产品、展陈、视觉、营销沟通等层面，完全能够实现以消费者为中心，直达消费者心灵，占领消费者心智等高度营销成效，文创商业成为文旅商业、文化街区和城市商业最强有力后备生力军已经是必然的趋势。

11. 大多文创人和文创公司在元宇宙、web3.0、数字孪生面前都还是刀耕火种

元宇宙、web3.0、数字孪生、人工智能虽然远未实现有效应用和落地，但是这是未来整体社会与经济的最重要的构成已经是毋庸置疑的了。

在产业领域、社会生活领域这些未来科技都纷纷在搭建技术架构和推进技术研发，高速路网已经在逐步完善和进阶，这些技术始终是亟须创新型内容、商业载体和运行模式来填充，否则就只有高技术的空壳。

大多数文创人对于元宇宙、web3.0、数字孪生的认知还停留在模糊的文字概念阶段，NFT已经是他们可以触达和尝试的最远的技术成果了。低层次、浅薄的技术认识和思维注定了文旅文创与技术的结合大部分都只能停留在技术挪移与硬件建设的框架性成果，技术赋能和驱动效应还难以显现，特别是技术应用所需要的创想力绝非知识或创意可以实现的。

可以想象得到，这一轮经济周期，文创依旧是被抛弃的，文旅在很长时间内都会存在内容和商业构建远远落后于消费预期的状态。极少数成功的案例并不会带来扩散性的成功，模仿、抄袭从来不是文旅行业成功的捷径。

文旅文创行业的元宇宙、web3.0、数字孪生的应用还是要从资源端的顶层开始构建内容产业链、产品供应链输出，即将竞争力置于顶端，以内容长尾分发和渠道长尾链接的方式达到普及和规模化，以知识和创意的专业化分工弥补产业下游的创造力不足，专业强化营销端与消费的链接和效能，这才是文旅文创数智时代可行的策略。

12. 文创回归商业本质，遵循基本的商业规律和交易惯例

大部分文创人一直觉得自己是需要特别关照和对待的人群，对应地，他们觉得自己的产品不是为了赚钱而来，或者说只为了一小部分懂得自己的人而做。这种坐井观天、故步自封的创业理念已经到了尽头，文创始终是社会经济、商业和

消费的一个分类，不存在，也不应该可以不遵守商业规则和管理的情形，没有人会为没有价值的产品和服务买单，那些极小众的消费人群所带来的购买力并不足以成就一个可持续的商业。

不做无用功，不做卖不掉的产品；如果卖不掉自己的产品，要么产品不对，要么就不该去做创业做文创；不要说"我只管做产品"，而要想"怎么去销售产品"；不要以为产品独一无二、高品质、很贵等这些违背基本商业逻辑的念头。

开公司就要想着怎么活下去，做产品就要想着怎么卖掉。产品策划、产品设计必须符合市场和消费者需求，越来越多的文创公司认识到商业是文创发展的基础，那些较早醒悟过来的文创公司已经在文旅及新商业领域风生水起，也不乏成功实现财务自由的文创创业者。赚钱是经济永远的命题和主旋律。

文创恰恰是能够赚更多的钱，更快地赚钱的路径。文创的竞争力已经退回到做生意的本领这个商业本质话题。不赚钱，毋宁死。文创公司回归商业本质等同于获得了盈利加速器，否则，一定是一条道走到黑。

（黄启贤，东莞木棉红文化创意产业有限公司总经理）

六年，我们在善馀堂修什么

——善馀堂修缮总结 [①]

袁艺峰

宏观视野之下而言，修缮善馀堂最重要的背景不是它百年的历史，而是莞城老城区的衰败。除了目之所及的直接感知，团队历时一年半的莞城建筑遗产调研的数据也清楚显示，从 2005 年开始，历史城区内进行了较大规模的拆迁，拆迁面积约 0.28 平方公里，约占历史城区的 11.7%，历史肌理在短时间内被大面积破坏。随之而来的不是新生，而是停滞、人口流失，拆迁区的颓败景象向周边区域不断蔓延。善馀堂的修缮计划在这样的背景下而论，当然不是螳臂当车的"肌理修复"，而是"城市触媒"（Urban Catalysts），所以我们把计划命名为"善馀营造"。所谓"触媒""营造"，是希望把在地经营的理念贯彻到修缮的全生命周期，借此鼓励、促发一种"慢慢来"的城市有机更新策略。

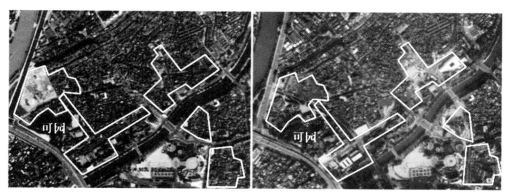

图1　2003 年（左）与 2017 年（右）莞城历史城区（局部）卫星图，可见红圈范围内的肌理变化

① 东莞理工学院校级质量工程通识教育课程建设"公共选修：岭南传统建筑赏识"（1001/2063014140）成果。

经过长期磨合，团队以东莞理工学院建筑学与文化产业管理专业的师生为主，另有仍然住在善馀堂里的居民。善馀堂大宅内分为独立的五户，我们主要介入的是其中一户，业主已迁居广州多年，我们与之取得联系，在获得对方信任后以"修屋代替租金"的形式签约租用十年，作社区空间和青年空间之用。而修缮和后期运营所需的启动资金，一方面我们尝试申报各种社会基金和学校项目，可惜不是失败告终便是资金太少；另一方面我们通过发起众筹，设计善馀堂系列文创产品、将"莞城文物径"导赏活动产品化，持续举办沙龙、工作坊等活动引起不同社群关注，最后得到众多热心朋友和企业支持，终筹得不算充足但尚能把项目推动下去的资金。而众筹的另一大意义是作为一种宣传，第一次大规模地把我们的计划推向大众，并在此过程中不断审视项目本身的立足点，保证计划的自主性。

一、"沟通"作为介入的前提

我们直接介入的只是善馀堂的五分之一，其余部分仍有两户居民居住，而且他们是名副其实的原住民——谭家后人。这种状况对大多数以商业为目的或者动机只在"物"本身的建筑保护项目来说都是巨大障碍，使之望而却步。但对于我们这个以"营造"为理念的团队，或者将文化保育目光投向社区的观察者，"与原住民共住"却是一个关键亮点。与香港蓝屋的"留屋留人"类似，而有别于国内大多建筑遗产利用的"去原住民"通病，善馀营造力图使我们新介入的力量成为原住民日常生活的良性因素。

但就算是"留屋留人"的香港蓝屋故事馆，也是利用建筑的底层展开活动，不至于干扰楼上住户日常生活，以免产生公私的矛盾，而我们最大的困难在于，善馀堂本是家族大宅，是一个对内私密的日常生活空间，而善馀营造定位却是社区和青年空间，所带来的公共性将直接介入原住民的私人生活领域：共享的大门、天井、入户楼梯，甚至是洗手间。这当然不是我们故意想挑战难度，而是一个不得不面对的问题。那么善馀堂的公共性何来？无论是我们在法理上拥有了部分使用权、从谭家祖上谭云轩的遗嘱上找到"但求有益于公，无私于己便是"的遗训、整个项目的公益性质，都无法构成公共介入原住民私人空间的正当理由。

唯一可行的是，沟通。

经过与原住户长达数年、贯穿整个项目的沟通与相处，我们"公益"的价值立场得到了业主的支持，达成"以修免租"的协议；在修缮和运营空间的过程中了解邻居们的意见和需求，尽量协助他们，例如，我们呼吁参观者如有需要可以向入口巷门摆摊的谭家阿姨购买饮料；大小活动后收集的塑料瓶也会悉数送给阿姨，虽然微不足道，但却是一种善意的表达；修房子的时候尽可能减少对邻居的影响；且把大门入口斜坡铺得更缓（尽管这有违某些修缮原则），方便阿姨每天早晚小摊推车的进出；为尊重居民的意见，取消了打开哥特式尖窗的计划；公共天井和楼梯间增加了自由开关的照明；工程期间顺道为邻居更换朽坏的木梁、修补漏水的屋顶……你会发现，在阳光明媚的日子里，善馀堂入口地堂上总挂着居民们晾晒的衣服，与他们碰面也总得聊聊日常八卦，哪里漏水，厕所又堵了诸如此类。

当然，事情并非总是那么顺利，例如，一个初衷在于改善邻里关系的新建厕所却激发了多方矛盾，工程一度停摆，最后经过不断的沟通与协调，磨破嘴皮，才不至于前功尽弃。但恰恰因为此事，我们更多地了解了他们心底的想法，他们也开始理解我们不遗余力于这个破房子的目的，渐渐将缠于心底的结解开。只有让居民感受到我们的善意和对他们的尊重，并且认为在让出部分私人空间的同时能够在精神或实际上受益，公共介入的正当性才能慢慢建立。

二、关于建筑遗产保护与修缮

2017 年 10 月，善馀堂修缮工程竣工，其后定期开放参观与举办活动，我们会向到访者介绍善馀堂的历史和善馀营造的情况。此外，修缮过程作为某种理念的表达也会被重点介绍。修房子本身其实并不难，有诸多的规范可供参详。但如果将此时此刻的修缮行为与善馀堂过去的历史和未来的活动作为一个整体考虑再反思每一个细节，其实均有无限可能。修缮不只是简单一句"修旧如旧"就能概括过去的，正如城市不是"大拆大建"就能脱胎换骨。

（一）解读建筑的历史

"解读"应该是修缮的第一步，老房子就像老人家一样，其所经历的一切塑造了他的精神特质。对之进行解读，有助于我们的修缮设计免于教条刻板，以便更好地继承历史空间的时间维度。

从屋主谭云轩的遗嘱可知，他大约生于 19 世纪 60 年代，即第二次鸦片战争前后，当年中国积弱，时至他弱冠之年（20 岁），无论是国运还是他本人都仍是"时运不济，一事无成"，他"窃思君子志于四方，哪肯屈守乡园"，于是远赴

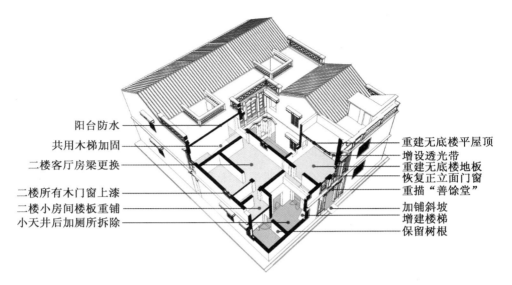

图 2　善馀堂修缮位置示意图

阳台防水
共用木梯加固
二楼客厅房梁更换
二楼所有木门窗上漆
二楼小房间楼板重铺
小天井后加厕所拆除

重建无底楼平屋顶
增设透光带
重建无底楼地板
恢复正立面门窗
重描"善馀堂"
加铺斜坡
增建楼梯
保留树根

越南，作客东京（河内），白手起家。据谭家后人忆述，谭云轩凭借他的勤奋和才智，终在越南发家致富。清末，革命党频频在海外传播革命思想，据相关史料记载，谭云轩在越南期间曾捐款资助孙中山的革命。而大约同期，年近花甲的他和正室苏氏正筹划在家乡东莞莞城建造一座大宅子，供他们的几位儿子落叶归根，图纸在越南完成，由其在莞的亲属负责操办建造事宜。善馀堂兴建过程中辛亥革命爆发，民国建立，谭云轩曾支持的革命终修成正果。其后国内风起云涌，庚款学生陆续归国带来的西学观念和革命思潮一道与传统价值形成激烈碰撞。民国八年，即 1919 年的 5 月 4 日，因不满"巴黎和会"中方代表同意日本在山东的特权，北京学生走上街头，"五四运动"爆发，"新文化运动"随即而起，西风东渐。

图 3　善馀堂窗楣上的建造年代

而正是这一年，带着新潮西式立面的善馀堂在东莞正式落成，这样的风格用在民居中在当年尚是全国罕见。

志在四方不肯屈守乡园、支持孙文的反清革命、带着新潮西式立面的家宅，都表明了善馀堂谭氏绝不墨守成规的进取精神。而与善餘堂竣工同年爆发的"五四运动",更成了青年追求革新向往自由的精神象征。所以,如果要赋予善餘堂一个"历史意义"和"精神特质",革新、进取大概是最佳选择,而不是一句笼统的"传统文化"。反观当下的修缮项目,比起单纯的原貌复原(Anastylosis),通过修缮去回溯、展现、延续某种历史空间的精神内核,应该是更佳的选择。

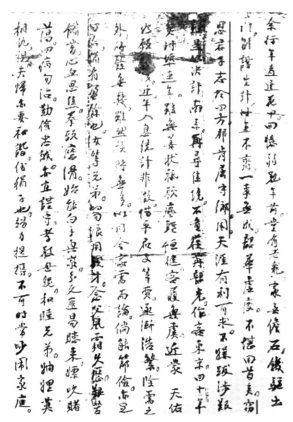

图4　善餘堂屋主谭云轩的遗嘱(局部)民国十年(1921年)

(二)修缮细节的讨论

需要强调的是,在法理上,善餘堂并非文物保护单位,而是级别次之的"历史建筑",前者的修缮规范严格,而后者除对正立面的要求近乎文物外,其余部分相对灵活。

1. 最少干预

善餘堂的正立面是其建筑遗产价值最高的部分,两侧简洁的中式清水青砖墙与琉璃花格窗烘托出中间精美的西式折衷主义风格立面,可惜其装饰灰塑已经局部风化，抹灰也脱落不少。我们没有权限也没有足够的资金对其进行复原翻新，不过这倒也不错，因为这些风化现象并无结构隐患，且已经风化了的位置我们也没有十足把握知道其原貌，所以我们只是细心清洗掉其表面青苔，拔掉杂草，用灰沙调补裂缝，减缓其表面剥落风化的速度。此处所遵照的是"最少干预"原则，即以最少的措施防止遗产价值灭减，而不祈求原貌复原。

图5 善馀堂 2014 年（左，修缮前）2017 年（右，修缮后）

但"最少干预"不代表除了简单清洗保养外毫不作为，除了防止价值灭减，若施加简单而审慎的措施可以提升或展现遗产价值，也可以解析"最少"的意涵。对正立面的处理，有三处主动的"干预"：一是二楼门窗的复原，拆除了在原来门窗损坏后封堵洞口的杂砖，并按原貌复原（尽管由于制作的质量问题，最后成品的尺寸和样式都和原貌相去甚远，此为整个工程一大遗憾），二是在清洗墙面的过程中意外发现了文革时期的"忠"字标语，于是我们细心刮除后来掩盖的灰沙，将其最大程度显露，以揭示善馀堂百年历史中的重要一页。三是根据客观痕迹重描了本来已经斑驳的"善馀堂"三字及其落款，由此我们第一次得知题书者为清末书法家仇颂康，而此前他的名字被埋没在厚厚的青苔里。而重描堂号更重要的意义，也许是一种精气神振作的象征，就如一个人面容即使苍老，但眼神必须清晰明亮。

图 6　善馀堂门额修复过程

2. 可识别性

从西式立面的罗马券柱式大门洞进入善馀堂后，是一个建筑学意义上的灰空间，即既非室内亦非室外，有顶但开敞的空间。这是一个重要的过渡，形成室外空间——过渡性灰空间——入户空间的丰富空间序列。此处既往是谭家各户小孩玩耍，大人纳凉的重要场所，也是临时避雨之处，类似骑楼，谭家称之为"无底楼"。但无底楼在 2014 年遭遇致命一击，因漏水严重，屋主担心坍塌危及下面行人，无奈将之连顶带底拆除，随之拆除的还有无底楼底部精致的天花。2012 年我第一次目睹被拆前的无底楼天花，是继西式正立面后给人的第二个深刻印象之处。

无底楼被拆除后，不仅缺少了一处停留休憩、躲雨的地方，连建筑的空间序列和精致的天花所带来的回忆也消失了。我们相信这是谭屋居民重要的集体回忆，于是决意将无底楼连同其下天花一并恢复。但由于天花的雕花工艺所费不菲，故此部分工作由我与学生自行制作，先依原样绘图，再利用学校的激光切割

图 7 依据照片重绘的善馀堂无底楼及大天井速写 作者 / 杨静

机分段雕刻。为了表明此非原物，不混淆历史信息，我们将花纹的前、后中间两处改绘成"2017"标明年份和"善馀营造"的标志表明作者。这是历史建筑修缮中"可识别性"的体现，我们既要复原原物以重温集体回忆，但仍须清晰诚实地告诉后人这是后来复原的，并非原物。①

另外，作为重要的出入口，此处长期缺乏照明，于是我们在天花雕花后的暗槽加装了一圈灯带，晚间当灯带点亮，无底楼下通道便被赋予光明，闪亮的雕花带也成了以往所未曾有过的新气象。

图 8 善馀堂无底楼天花复原过程与效果

---

① 《威尼斯宪章》第十二条：缺失部分的修补必须与整体保持和谐，但同时须区别于原作，以使修复不歪曲其艺术或历史见证。

3. 叙事性

无底楼下面两侧是其中两户的入户门口，左侧是我们所在的一户，门口两侧贴上新对联"积善之家，必有余庆"（即"善馀"堂号来源）。对面则是"文革"时候保留下来的红漆对联"大海航行靠舵手，干革命靠毛泽东思想"，横批"忠于毛主席"，这与正立面斑驳的红漆"忠"字一道作为红色年代的印记被特意保存下来。曾有一位爷爷带着他的两名孙子到善馀堂参观，见此对联，便开始向他00后的孙子讲起那段红色年代的故事。与这些大时代印记一同被保存下来的还有20世纪90年代谭家小孩在青砖墙上贪玩用蜡笔画下的稚嫩儿画，对善馀堂而言，谭家小孩的彩色童年不比国家政治的红色年代单薄。

被保留下来的不只是各个年代的人类痕迹，就连数年前侵蚀善馀堂的祸首——长在屋顶的榕树的根也被留下，当年榕树长在已无人居住的一户楼顶，迅速生长蔓延，强大的根系往下穿透两层楼板和一层地板，直插入地。我们进场时榕树主体已被砍掉，剩下一楼房间里攀爬在墙角的树根，仍可让人联想到当年榕树对建筑破坏力之惊人，于是我们将之保留，外喷白漆使之融入墙体背景，成为一组有趣的装置展品，意在向参观者展示善馀堂被植物破坏的历史，不至于再浪漫地认为屋顶长树是一幅具有"沧桑感"的和谐画面。

对"始建风貌"的执迷所导致的"风格式修复"（即强调恢复单一历史时期的状态与风貌的修缮手法）往往会抹去历史复合的痕迹，假装时间没有推进过一样。在善馀堂的修缮过程中我们特别强调历史痕迹的叙事性（Narrative），精心筛选具有叙事价值的历史痕迹予以保存甚至处理后再现，从而使参观者可以清楚读到建筑所承载的历史故事。

然而我们也不可能什么都保留下来，总有某些痕迹在取舍权衡后会被去掉，例如大约在20世纪90年代由出租用户在小天井加建的厕所和炉灶。这并非我们想抹去这段历史（事实上拆除后仍然可以见到相关痕迹），而是相较于日后的使用需求和整体空间格局、空间感受而言，留下加建物的意义相对较小，当两者不能共存，我们只好将之拆除。

4. 可逆

释放出来的空间承担着一个重要的新使命——加建一条通往二楼的楼梯。这种无中生有的做法在历史建筑保护中须慎之又慎，我们之所以要执意为之，是因为原来一二楼的垂直交通仅靠一条两户共用的"百年老木梯"，考虑到日后我们

图 9　善馀堂内所保留的叙事性痕迹

的空间时有外来参观者，若全由旧木梯接待，不仅大大加剧木梯的负荷进而产生安全隐患，而且会严重干扰到对面住户的清静与隐私。而经过仔细勘察，最适合增加新梯的位置是小天井，为此而必须部分拆除的二楼走廊实质上已是后期改造的水泥地面，所以我们新增的楼梯并不会拆毁任何"原物"，保证原真性（authenticity）不受破坏。而新加的楼梯采用钢木结构，一方面在形态和材质方面区分于原物，即前文"可识别性"体现，二来当未来万一被拆除，不会像用水泥制品一样产生过多废料和对建筑本体的不可逆的伤害，此为"可逆原则"。

新增楼梯的设计过程中，最为棘手的问题是如何在如此狭窄的地方设计出一条既能舒适上下又不破坏天井空间氛围的梯子。在多种尝试后仍难觅两全其美的方案，最后考虑到日后参观者应该以青年人为主，故稍稍舍弃爬梯时的舒适度，坡度比正常的楼梯陡，以求保护天井的空间氛围。而碰上老人、小孩或其他不便的人士参观，即可利用原有木梯上下。梯子投入使用后，许多人直呼梯子太陡，然而大多数还是能顺利上下，只是需要倍加小心。而他们知道梯子设计背后的意义与取舍后一般都会比较理解，且会更明白我们对维护邻里关系的用心。然而，不少使用者在梯子上步履蹒跚，或者不得不走旧楼梯而干扰到邻居，2019 年，这

图 10 善馀堂小天井内后加楼梯的两次方案

种情况得到改善，经过两年的观察与体验，我们最终还是决定放缓楼梯坡度，虽然略有挡住琉璃窗花，但尚可接受，第二次设计的楼梯走起来已经可以被大多数人接受，使用率也大大提高。这个保护与利用的较量，最后在试验、调整后得到了一个比较让人满意的平衡。

二楼是我们会客、举办活动的地方，此前一直处于危险状态：屋顶正中大梁因白蚁蛀蚀而在多年前的一个雨夜轰然砸下落在二楼楼板，屋脊随即失去支撑而下陷开裂，其他桁条也有不同程度白蚁蛀蚀损坏情况……在请教过几位专业人士后，我们采取了相对保守的疗法，因为尽管主梁掉落缺失，屋脊开裂，但整个屋面仍然滴水无漏，可见当年施工质量之高，如果采取较为激进的揭瓦换梁做法，重铺瓦片时根本无法保证能达到以前的工艺水平，且有损原真性。保守疗法是直接从屋内补装缺失的大梁和更换掉其他几条桁条，尽管"保守"，看似容易，但由于木材太大、施工空间既窄又高，实是难度极高之工事。

图 11　善馀堂二层客厅修缮过程与修缮后效果

整个谭屋最为特殊的空间大概是无底楼。落成之初，谭屋分成五户，各有独立的生活空间，但大概谭云轩希望各兄弟能有更多往来，以使关系更为和睦，特意将二楼设计成可以环绕走通的状态，而连接左右两户的关键所在便是无底楼。它原本并不属于任何一户，应该是公共的房间，但时过境迁，五户中的三户已经搬离，二楼的绕屋通道亦已封堵，无底楼所有权划入我们的业主一户，以褒扬该户老太太在多个重要关头仍然不离不弃守护大宅。然而正如前文所述，2014年无底楼被拆除，只留四面墙壁。

无论是为了恢复空间格局或是基于无底楼的特殊性，抑或增加使用空间，都是重建无底楼的充分理由。楼板承重结构采用与原木梁相同尺寸的槽钢代替，这是历史建筑修复上常用的手法，以延长其使用寿命。地板则用木隔板加轻薄的现浇混凝土，这是无足够资金使用原工艺原材料情况下的折中做法，混凝土板并未嵌入原有墙体，保证"可逆性"。考虑日后活动需要，面层铺木地板，可供席地而

图12　善馀堂无底楼修缮过程与修缮后效果

坐，营造温馨舒适的氛围。墙面重新批荡，打开正立面被杂砖封堵的门窗洞，按原样恢复木门窗。只可惜正如前文所说，木匠并未依图施工，使得复原效果与原状相去甚远。可当时米已成炊，也只可暂时接受，望日后再加以改正。

5. 原真性

整个修缮项目最值得讨论的也许是无底楼屋顶的复建问题。

被拆除前的无底楼屋顶为双坡瓦顶，最为正常且"正确"的做法是依据前者原貌复建，但在综合考虑后我们并不倾向原貌复建，理由有：一，无底楼将成为日后青年活动的重要场所，复建后的空间应该为此提供新的氛围，故即使恢复双坡形式以符合原有形制，也未必需要采用原来的传统工艺；二，复原双坡屋顶形式虽然可以符合旧有的形制，但平屋顶却可以增加使用面积，而且是一高处的露台，对于日后使用大有好处。对于一座百年老宅，面对新生，究竟原貌的形制和新的需求孰重孰轻，其实极难取舍。在判断难下之际，一个萦绕已久的疑惑再次浮现：屋面原貌真的是坡顶吗？

岭南地区传统建筑的屋顶最大的学问是防水和排水，为了让雨水尽快排走，也避免雨水冲刷墙体，一般坡屋顶的檐口是不会直接撞到山花后墙上的，而是在檐口与山花之间另有平屋顶（常作为露台），以便排水。所以，我们所知的2014年前直撞山花的坡屋顶是否后改之物而并非原状？带着这个猜测我们对无底楼进行了细致的"考古发掘"：凿开墙壁高处的批灰，果不其然，露出了一排整齐有序且被杂砖封堵住的圆形梁洞，而梁洞上方更露出了只会用于平屋顶的黏土大阶砖断砖痕迹，三面墙体均有相应的印记，唯独是后墙由于是后期重建的墙体所以并无痕迹。

这无疑印证了我们的猜测，始建之时无底楼确为平屋顶形式。而我们发现梁洞里偶尔留有焦黑的木屑，洞壁亦发黑，也许平屋顶是毁于一场火灾，其后主人将之改建为坡顶（平顶工艺比坡顶复杂）。发现了平屋顶的证据后我们再次向谭屋最年长的后人求证，他们均表示未见过无底楼为平屋顶的状态，依年龄推断，即表示，平屋顶的原貌可能只维持了二、三十年即被毁，改成坡屋顶。而平屋顶的史实长期不为人所知，直至被掩盖了六、七十年的痕迹被揭开。也许屋顶是平是坡对于大部分人其实无关痛痒，但对于善馀堂本身的历史却是一个重要信息，而且它可能隐藏着更多其他的信息，例如，火灾、为什么会火灾、屋顶上会发生什么活动，等等。而且，这一"考古"发现也支持了复原平屋顶方案的"正当性"，果然，善馀堂的设计者和我们，都觉得这里需要有一块平屋顶的露台。

图 13 善馀堂无底楼屋顶痕迹

图 14 善馀堂无底楼历年变迁 左至右：1919（始建）/2012（长期状态）/2014（遭拆除）/
2017（发现始建时痕迹）/2017（本次重建）

接下来的问题便是设计怎样的平屋顶，显然原工艺我们是做不到的（资金和材料技术所限），且原工艺也并非我们在这个工程里的一贯原则。但既然我们做不到原工艺复原，就必须做到可逆，所以施工工艺基本与无底楼楼板相似，即槽钢加木隔板加不入墙的现浇薄钢筋混凝土板，这样一旦日后拆除，也不留痕迹，不破坏原结构。由于新发现的平屋顶痕迹具有很重要的叙事价值，故设法保护是必然所需。恢复标高相同的平屋顶就必然会掩盖掉原有痕迹，但我们并不希望楼板标高发生变化，所以在复建的楼板与正立面之间留出一条宽150 mm的空隙，露出原有平屋顶的痕迹，其上下重新批荡，以突显裸露的痕迹作为展示对象的地位。其上在砖缝处嵌入钢化玻璃，不至于破坏墙面的青砖。而这种后加结构离开原有墙面的做法也最大限度地减少了对正立面的影响，因为楼板外面的墙，正是整座建筑的装饰精华所在——正立面的山花。

图15 善馀堂无底楼透光带

某种程度上，这种对原貌痕迹的保留、展示，比起简单的恢复原貌，更符合对"原真性"原则的理解，它不试图回到过去，而是展现过去，更是面对未来。

　　留出的缝我们称之为"透光带"，因为它的另一作用是让自然光进入室内，其两侧和中间各有一个三角形，两侧三角形是为了留出更多的侧面痕迹，交待原来平屋顶的转角构造，中间的三角形则是为了给下面仰望者提供一个观察山花的视线通廊，即从室内仰望，可以见到山花的背立面轮廓，这是一种对山花正面印象的呼应。可惜施工时因为结构原因中间三角形面积不断缩小，最后只能望见山花一角。

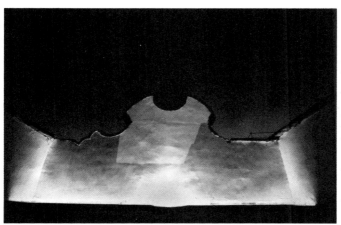

图 16　善馀堂无底楼透光带光影效果

有趣的是，阳光穿过透光带投下的光影随着时间的推移而变幻，而当太阳升至穹顶直射入室内，此时光影与墙壁平行，中间三角尖的投影位置在一年四季均有不同，夏至日最低，慢慢迁移至冬至日最高，如果你多些心思，静观其变即彷如目睹时光流逝。登上复建后的平屋顶露台，人们终于可以在此亲手触摸到那个在地面仰望遥不可及的山花（的背面），如果是夜晚，室内灯光又会穿过透光带映射到山花背面，一抹淡黄，可作为楼顶适宜的照明。

重新批荡后的山花后墙虽然少了些古朴味儿，但新批荡给山花带来新保护的同时，可作为极佳的投影幕，晚上在此放映电影，山花的意义由正面的装饰反转为背面的观影，观众在楼顶席地而坐，新的活动由此发生，正面是静态的古典的装饰之美，背面则是流动的现代的启蒙之光。

三、总结：以价值为中心的历史保护

历史保护是当代社会极其审慎地进行文化塑形的方式之一，因此任何保护理论都必须从文化何为以及文化为何的思考模式出发，我们将善馀堂定位为青年空间，即意在引导青年力量进入历史空间，既为历史空间注入新血液，即"城市触媒"的本意，也为青年提供一种历史视野，定位身份认同。这是一种"以价值为中心的历史保护"（Values-Centered Preservation），此策略下的保护行为既需保护历史建筑所有有助于形成历史场所感的"遗产价值"，正如前文遵照《威尼斯宪章》提出的"最少干预""可识别""可逆"等原则所进行的修缮行为，也强调发掘并激发历史空间所具有"当代价值"潜力，如小至修复邻里关系、孕

图 17　善馀堂无底楼楼顶的户外电影播放活动

育青年活动，大至"城市触媒"、有机更新，这是 20 世纪 70 年代末的《巴拉宪章》对十多年前的《威尼斯宪章》的拓宽，《巴拉宪章》提出"文化意义"（Cultural significance）作为保护实践的核心目的，何为"文化"？正如美国学者兰德尔·梅森所说：文化是一个过程，而非一连串的事物（culture is a process, not a set of things），所以，古迹的"当代价值"即为文化意义的重要一环，而非只是单纯的物质整体性。

最后，以一句阿洛斯·李格尔的话送给各位耐心看到此处的读者，作为全文结束：

"如果并不存在这样一种永恒的艺术价值，只有相对的、现代的价值，那么一处文物的艺术价值就不再持续地具有纪念性，而是会被一种当代价值所代替，只要文物除了其历史和纪念价值以外，还可能有一种实用性的、时下关注的意义，那么文物保护工作就不得不作出考虑。"

参考文献

①《中华人民共和国文物保护法》，2007 年。

②《国际古迹保护与修复宪章（威尼斯宪章）》，第二届历史古迹建筑师及技师国际会议，1964 年。

③《奈良真实性文件》，世界遗产委员会第 18 次会议，1994 年。

④ 澳大利亚 ICOMOS（ICOMOS 澳大利亚委员会）：《巴拉宪章》，1979 年。

⑤ 国际古迹遗址理事会中国国家委员会：《中国文物古迹保护准则》，2000 年。

⑥ 东莞市莞城区人民政府：《东莞市莞城区控制性详细规划》，2005 年。

⑦ 东莞市人民政府：《东莞市历史文化名城保护规划》，2014 年。

⑧ 兰德尔·梅森、卢永毅、潘钥、陈旋：《论以价值为中心的历史保护理论与实践》，《建筑遗产》2016 年第 3 期。

⑨ 袁艺峰、郑宜武：《东莞历史城区保存现状及保护对策》，《遗产与保护研究》2016 年第 3 期。

（袁艺峰，硕士，东莞理工学院教师）

"生态儿童文学" 研究专辑

编者按：与家人一次寻常的出游，男孩艾尔肯的意识体进入一条地图鱼身上，从而拥有了鱼儿的身体，在河里适应新身体时，他居然被一条个头细小的普通鳗鱼一口吞下，但没过多久，他又被另一条鳗鱼从嘴巴吐了出来——此时，艾尔肯发现自己已经置身苍茫大海，且混迹于一大群迁徙的鱼潮当中……

这是花城出版社新近出版的儿童文学作品《海灵系列Ⅰ：黑井与浠奇蓝的梦》的开篇情节，奇幻、惊险，引人入胜。与《海灵系列Ⅰ》同步出版的，还有《海灵系列Ⅱ：白雾之海》。两部《海灵系列》，洋洋洒洒50万字，将一个梦幻绮丽、波诡云谲的海灵世界生动呈现。令人惊讶的是，如此庞大、复杂的世界架构，并非出自一位经验老到的成熟作家之手，而源自一位名不见经传的文学新人——土生土长的东莞作家香樊，这两部《海灵系列》是他七年磨一剑的处女作。

一出手就是两部"大部头"，很有"不鸣则已，一鸣惊人"的味道。有文学评论家称，香樊的这两部作品问世可以说是近十年来广东文学界一个不大不小的奇迹，是生态儿童文学创作的新收获。

从文学创作的角度来说，香樊算是"大器晚成"，已过中年才推出自己的处女作。自小爱好文学的他，虽零零散散写过一些小短篇，但从未公开发表，就连亲朋好友也不知道他深藏于内心的文学梦。

涉足儿童文学，看似偶然，实则必然。学建筑设计专业的香樊，在创业、经商之余，始终童心未泯，是个铁杆动画迷，说起《火影忍者》《海贼王》《创龙传》等日本漫画，以及宫崎骏的动画电影等，如数家珍，"特别感兴趣，现在一把年纪不再年轻，还在看。"与此同时，受爱阅读的儿子影响——为了与儿子保持同频共振，香樊阅读了大量国内外经典文学作品，对《小王子》《爱丽丝梦游仙境》《小飞侠彼得·潘》《魔戒》《哈利波特》等作品推崇备至。不难看出，这些动画和文学作品，有一个共同特点——充满天马行空的想象，带有浓浓的奇幻色彩，历险精神。这也为香樊创作《海灵系列》打下了良好的基础。

香樊原本计划以三部曲的形式架构《海灵系列》。然而，在顺利写完第一部《黑井与浠奇蓝的梦》，开始写第二部《白雾之海》时，发现三部曲不足以支撑起整个故事。于是，三部曲变成了五部曲。目前第三部《龙女之殇》正在创作中，预计今年完成。《海灵系列》五部曲预计将于 2025 年完成，但可以预见的是，承上启下的第二部是最曲折的。不满足于仅仅停留在人与自然和谐相处的生态环保层面，香樊在创作《白雾之海》时，将主题拉高到人与自然生命关系的哲思，加之这部要构建起一个完整的具有规则可循且内外交困的海灵世界，极其考验他的驾驭能力。

在写完第二部后，香樊发现不行，有问题，但改来改去始终没有改好，无法改到自己满意，他陷入了深深的自我怀疑，甚至想过放弃。直到痛下决心，将写好的第二部推倒重写，才走了出来，才有了现在的《白雾之海》。香樊这种孜孜以求、精益求精的创作态度与精神，对一个文学新人来说，尤显难能可贵。《黑井与浠奇蓝的梦》《白雾之海》面世后，业内专家的一片好评，无疑是对其七年磨一剑的最大肯定。

本辑选取三篇评论文章，论述其在生态儿童文学创作方面的新收获，显示创作尊重自然与生命生态的意识以及创作所具有的时代意义。

生态儿童文学创作的新收获

——香樊《海灵系列》阅读札记

柳冬妩

　　东莞作家香樊的《海灵系列》，包括花城出版社刚刚出版的第一部《黑井与浠奇蓝的梦》、第二部《白雾之海》和正在创作的第三部《龙女殇》，是生态儿童文学创作的新收获。所谓"生态儿童文学"，可以说"生态"是其价值关联中最密切的一个维度。从生态诗学的角度，香樊的创作敞开了童年梦想的价值空间。今天，生态环境危机已成为全球范围内所瞩目的焦点问题，"海灵系列"的生态主题，具有指向现实与未来的深远意义。

　　海洋生态在香樊的"海灵系列"里，是一个充满无限张力，意义空间非常开阔的表现场域。蓝色的海洋是孩子心中永远的梦，是儿童文学取之不尽的创作源泉。香樊以海洋世界为背景，塑造了一个拥有海灵视觉、知觉和感觉的小男孩艾尔肯的形象，讲述了他与海洋灵类一起与破坏海洋环境的恶势力进行斗争的故事。海洋的自然资源，为香樊的儿童文学创作，提供了丰富的想象空间。海洋自然资源独特的美学价值与儿童文学特殊的审美诉求之间，有着奇异的暗合。这二者间深层的关系，在香樊的"海灵系列"创作中得到深入的挖掘。海洋在香樊的创作中不是平面的存在，而是浸透了作家的情感与艺术之思。海洋的"意象"感相当强烈，仅从他呈现出的众多自然现象的名称就可略见一斑。

　　《黑井与浠奇蓝的梦》第七章也以"黑井与浠奇蓝的梦"名之，写艾尔肯对黑井问题的探究。黑井是人类在深海开采石油所留下的隐患，是香樊小说里的一个重要隐喻。曾经有人类在辽阔的海洋上搭了个巨大的架子，他们管这叫"深海油井"。一天，一股龙卷风突如其来，把油井露出水面的大架子摧毁了，一些来不及逃跑的人类也因此葬身海底，由此造成黑水的大量涌出，被污染的海域有不少海族无辜失去生命。小说通过艾尔肯的视角，对黑井的描写颇具匠心："所谓的黑井，其实就是一个天然形成的海下洞井，它坐落在一片坦荡的海底平原之中，阔大而深沉。而此处最碍眼的，则是曾经的人类活动所留下的痕迹：沿着不规则圆形的洞井四周，断断续续的有一圈锈迹斑斑的金属构件——艾尔肯猜测，这是用来加固井口洞壁的——自幽暗洞井之下，几道扭曲变形的大金属管倾斜着探出洞口，虽然有洞壁的依靠，但这些大管还是一副摇摇欲坠的模样。洞井口周边的海底地上，散落着各种乱七八糟的金属垃圾，一并的锈迹斑觅，黑井的内壁和外面长着一些植物，长在洞井内的几近枯死"。植物的这种状态，显然是黑井的污染所致。黑井深处不仅常年难见天日，还有阵阵怪异的酸腐气味冒出。一条住在附近的黑猫鱼说："好久以前，我曾见过黑井里伸出长着吸盘的巨大的黑色触手。"海洋变幻莫测，蕴藏着无穷的秘密，它为人类提供了丰富的宝藏，同时潜藏着巨大的危险，而这种危险有时正是人类所造成的。众所周知的环境恶化、资源过度开采和严重的生态灾难，黑井便是其沉重的后果。

面对黑井造成的恶劣的生存环境，香樊用他充沛的想象力，描写海族们对大自然的拯救行动。这是《黑井与浠奇蓝的梦》第八章《海之戏法》所重点叙述的内容。针对海魇魔试图利用黑井的特殊性来破坏海洋的自然生态，海族们举行会议，集思广益，征求大家的意见，试图彻底解决黑井所带来的隐患。一众海族讨论了半天，却依然没有找到什么好法子。他们意识到解决黑井问题，最终还是要靠人类的力量。艾尔肯为此发起了"海之戏法行动"：如果能用上灵力，炮制一场魔术般的海洋生态奇观，让各种鱼儿在这里聚集，让海藻长出海面，人类最是好奇，一旦发现这片海域的独特之处，说不定就会有科学家前来研究，到时候，黑井的隐患一定能被发现的！"海之戏法行动"实施一些日子后，确实引起了人类社会的广泛关注。但海之戏法结束之后，艾尔肯的蓝色之梦并未实现，黑井旳泄漏依旧不间断地发生，海族动物们的努力付之东流。艾尔肯的探索与追寻，他在海上特殊的使命与感情，却给我们带来了无边的想象与感动。黑井是故事的发生场域，也是参与故事的角色；既是情节发展的枢纽，又是见证人物经历的旁观者；既是冷冰冰的客观存在，又是充满生命温情的叩问。

珍爱自然和保护自然的生态意识，是香樊儿童文学作品里最重要的精神向度之一。在他的小说里，文学与海洋的关系，其实是"文学与人"关系的一个补充与延伸，无论是直接描写海洋，还是对海洋动物、植物的描写，在很大程度上表达了人与自然和谐相处的生态伦理观。尊重自然与生命生态的意识，显示出香樊创作所具有的时代意义。

（柳冬妩，广东省文艺批评家协会副主席、一级作家）

魔变 & 少年的奇幻之旅

——香樊奇幻小说印象记

袁敦卫

一

维族少年艾尔肯，生长于新疆西部阿克苏地区的闻苏（一个被作者有意隐藏的地名，它的真实面目将在小说第三部揭示）。他的爸爸是地质学家，妈妈是民族舞蹈家。像许多大城市的孩子一样，艾尔肯厌倦每日"到学校上课"、听爸爸妈妈"唠唠叨叨"的生活，他受"冒险故事"的熏陶，憧憬另外一个世界，以摆脱目前的所有刻板，"肆意闯荡"，"追求别的只属于自己的什么东西"，至于到底是什么东西，他现在也说不清楚。

在维吾尔语中，"艾尔肯"的意思是"自由自在"。不分民族和种族，或许所有的孩子都可以叫"艾尔肯"吧？

艾尔肯的父亲回海南老家探亲时，从一家水族馆带回来两条鱼：一条是生长于淡水中的地图鱼，也叫图丽鱼，身上有酷似地图的绮丽花纹，艾尔肯给它取名"小艾尔肯"；一条是不知名的"小丑鱼"尼莫——这个名字很可能来自《海底总动员》的主人公小丑鱼"尼莫"。艾尔肯认为，"所有的小丑鱼都可以叫做尼莫"。

为了奖励艾尔肯不再拉扯同班女同学塞可娜的辫子，一家三口从闻苏出发向西挺进，驾车沿着314国道前往乌恰。乌恰是中国最西端的县城，西北部与吉尔吉斯斯坦接壤。他们跨过阿克苏河，迎着昆仑雪山一路西行，来到图木舒克市的小海子水库，水库上游就是叶尔羌河。

在岸边的一块大石板上，待在水箱里跟着一家人出来旅游的地图鱼小艾尔肯突然开口说话："艾尔肯，快把我放进河里。"艾尔肯万分惊奇。虽然他早就感到这是一条充满灵性的鱼——它听得懂自己说话，但无法相信它竟会开口！再三确认之后，艾尔肯这才相信眼前这条鱼不仅是一条神奇的鱼，更担负着某项重大的宇宙使命，如果不尽快把它放进河里，将"引发严重后果"！

惊奇、为难、伤心的艾尔肯终于将水箱倒过来，连同里面的水将小艾尔肯倒进了河里。他恋恋难舍，跨进河里想给小艾尔肯一个男子汉式的离别的拥抱，"当他的手指触碰到地图鱼的时候"，小艾尔肯吐出一个小气泡，这气泡迅速"膨胀开来"，瞬间就裹住了艾尔肯全身。

艾尔肯变成了另一条地图鱼。

父母抱着他那具好似"睡着了的身体"慌乱离去；原本熟悉的嗓音消失，他喊出的每一句话都变成气泡；他的两手化为胸鳍，他在水中的平衡感逐渐增强，他掌握了向上浮动的诀窍，他被一条黑色鳗鱼吞进了肚子，又被另一条彩色鳗鱼从嘴里吐出来……如此渴望"另外一个世界"的艾尔肯，终于发现自己置身于完全陌生的海洋。

二

海洋，意味着自由，也意味着无数未知的危险。

初入海洋的艾尔肯经常想："能在海里生活，简直就是世上最最美妙的事情。"这里有千姿百态的海族生物，有大小海灵，有海魔、海怪、海妖，还有鱼中的哲学家。人类的文学家写过很多关于海族生物的诗，而"由鱼所作的关于人的诗"却极其罕见：

> 你睡眼朦胧，不知何去何从
> ……
> 我活得像海母轻盈，过得像海马赤条
> ……
> 回不去尘俗里，我是只鱼中之哲
> 都走吧，抛开一切虚影
> 留我独自絮絮叨叨
> 在心里发笑

艾尔肯毕竟是人类，海洋生活固然多姿多彩，既有"青草味的小鱼"，也有

"小鱼味的青草"，却无法抑制他的思乡思亲之情。从头到尾，他都渴望获得足够的灵力，"回归人类世界。"

艾尔肯在海洋世界游荡了几年，成长为海族中重要的一员。海灵们把海洋分为五大海系：东木海、西金海、地中海、玄海和赤海——似乎与道家五行相对应；每个海系又分为若干大小不等的海域，每片海域都有一位海灵，"维系海洋的平衡和海洋生命的生生不息"。但是海灵有时会发生一种可怕的变化："自我魔化"，"浑身散发出浓烈的憎恨意识"，"变成海魇魔"。海魇魔会狂热地吸取海灵之力——这种灵力既不会再生也无法复制，只能"通过灵力的交接完成迭代"，因此海灵一旦魔化，就会吞噬更多的海灵，导致海灵之力衰弱，海洋体系失去平衡，乃至毁灭。

艾尔肯一旦"找到海灵魔化的根源"，就能顺利回返人类世界。

漫妞儿就是这样一个因海灵自我魔化变成的海魇魔，被五大海系的大海灵用"五鱼封禁之术"困囚在白雾海——即美国和加拿大东部几十万平方公里的海域。

这是三百年前的事。

从人类变身为鱼的艾尔肯需要跟着他的海灵伙伴们去白雾海寻找失踪的赤海海灵泷泽——他本是漫妞儿的爱子，既没有魔化，也没有被海魇魔吞噬，但他就这么悄无声息地失踪了。

他们在白雾海能找到泷泽吗？有艾尔肯和众多小海灵相助的五位大海灵能否抵挡海魇魔磅礴的灵力？艾尔肯是否找到了海灵魔化的根源？他能否重返人类世界？他那具好似"睡着了的身体"躺在家里，如何处置？……在这些奇幻故事背后，是香樊对海洋文明和陆地文明、人类世界与非人族类、灵化生命与魔化生命多重关系的深沉思考，已经远远超越单一的环保主题。

三

我认识香樊（原名香惠强）已有六七年。他是地地道道的东莞人，与我同生于 20 世纪 70 年代，经历却大不相同：他主要经营企业，而我主要研究人文科学。近期花城出版社重磅推出《黑井与浠奇蓝的梦：海灵系列Ⅰ》和《白雾之海：海灵系列Ⅱ》，是他首次出版作品，以上奇幻情节均来自这两部儿童奇幻小说。按照香樊的创作计划，这套系列作品共有五部，总篇幅超过一百万字。花城出版社将其列入主题出版计划，可见对这一系列的喜爱和重视。更何况，吸引他们勇敢"下注"的只是一个几乎没有前期作品的陌生创作者。

对我来说，香樊的这两部作品问世不能不说是近十年来广东文学界不大不小的奇迹：

第一，香樊没有读过大学。他20世纪90年代从广东省建筑工程学校（现广东建设职业技术学院前身）建筑设计专业毕业后——这常常让我联想起从华北水利水电学院（现华北水利水电大学前身）水电工程系毕业、创作了《三体》的刘慈欣，就出来闯荡社会，几乎完整经历了改革开放四十多年来的珠三角社会变迁，是为数不多的具备"内视角"观照珠三角时代转型的本土见证者。按常理可以断定，他的文学修养更多得益于校园外的日常生活而非科班训练。

第二，在二十多年的创业、经商之余，香樊喜欢阅读文学作品，尤其是儿童文学作品，对许多经典之作如《小王子》《爱丽丝漫游奇境记》《小飞侠彼得·潘》《草房子》的细节都能信手拈来。他虽然零零碎碎写过一些作品，但从未公开发表，朋友交流，也几乎无人洞察他深藏的文学抱负。在外人眼里，他就是一个低调、稳重，不乏独立思考的"东莞老板"，与文学似乎八竿子打不着。而事实上，在我认识他的前一年，他的孤独创作就已悄悄展开了。

第三，作为当代文学研究者，我对他的语言功力表示赞赏之余，更多的是惊异：惊异于他的语言瑰丽，凝练，绝不拖泥带水，俨然接受过系统的专业训练；虽然偶有几处句法略显呆板，但不影响整部作品大气端庄、转换流畅。

第四，最值得称道的应该是香樊的文学想象力。在近五十万字的作品中，他以艾尔肯为中心线索，用灵动之笔勾画渲染了一个浩茫、奇谲、繁复、生猛的海族世界，既有纵横大格局，又有疏密小场景，情节前后贯串，情感内外牵连，想象令人惊叹——"灵力记忆泡""鳗鱼洞跃迁""灵力召唤""五鱼封禁之术"……幻彩纷呈，充分彰显了儿童奇幻文学的当代魅力。

香樊告诉我，他平常最喜欢各种纪录片，尤其是关于海洋生物的纪录片，读过许多海洋科普作品——纯粹出于兴趣，这无形中为他创作"海灵系列"提供了丰富的素材，可谓水到渠成。我颇有感慨地对他说，你跟职业作家的差别在于：你是准备好了才写，而他们是为了写才准备。

这或许也是香樊不经意间创造文学奇迹的另一个原因吧？

（袁敦卫，东莞行政学院文化与社会教研部教授）

走向深蓝

——香樊海洋系列童话艺术

彭羚冰　田根胜

2022年岁末，新冠疫情如海啸般肆虐，在亲人与朋友的呻吟声中，躲在家之一角看完香樊的海灵系列童话的前两集——《黑井与浠奇蓝的梦》《白雾之海》，很有感触。主角艾尔肯在探寻海灵魔化的根源与维护海洋生命体系免于失衡的过程中，从一个懵懂的小男孩蜕变成一位以维系海洋生命生生不息为使命的海灵，随着故事的层层推进，当那个色彩浓烈灵性活现的海灵世界跃然脑际时，我不禁想，这样的故事放在当下，可以给我们所处的幽闭与混杂的世界生长出许多沁人心脾的遐想与奢望。我甚至觉得，那些缥缈的而又显赫的灵力是可以帮助到新少年摆脱被动的对象化窘境，并从中获得一种自由探索的认知体验。

人类文明进程中的"儿童观"，历史上有三种代表性的——教育主义儿童观，自然主义儿童观与童心主义儿童观。海灵系列童话是一部以广袤海洋为背景以各式各样海洋动物为叙述主体的长篇小说，在这部作品中，作者通过一位同时拥有人类、鱼类和灵类视觉的角色，观察波澜壮阔的海洋和海洋生命与人类社会发展之间的矛盾关系。从内容上很容易看出，香樊的儿童观更倾向于自然主义。一个写作者，当他要创作儿童文学时，除却灵魂深处的童心共通、基于文学的技法层面外，儿童文学是有其独特艺术要求的，按照皮亚杰"发生认识论"儿童心理发展四阶段，形成了幼儿文学（婴儿文学）、童年文学、少年文学三个明晰的儿童文学阶段。通过对《黑井与浠奇蓝的梦》《白雾之海》这两集故事的梳理，尽管主角艾尔肯在故事中登场时只有十岁，属童年阶段，但随着角色的成长和故事内容的发展形态，海灵系列更倾向于少年文学这个阶段。

之所以分析上面这些，当然为了更好地解构香樊的海灵系列童话。我认为，香樊的海灵系列童话，除了独具魅力的故事形态外，其叙事形式是很有意味的。

一

苏联人类学家普罗普在 20 世纪 20 年代研究了大量俄罗斯民间流传的童话，并在其《民间故事形态学》著作中发现，西方民间故事的基本形式是"追寻"。在我看来，香樊的海灵系列童话的叙事也可以列入追寻的架构之中。小说主角艾尔肯与家人的一次寻常出游中，在海灵灵力的介入下，他的意识体进入一条地图鱼身上，继而由内陆河流一下子去到海洋——自此，他以地图鱼的形态开启云波诡谲的海洋之旅，企求寻找回家、恢复人类之身的办法。小说也因此从日常的人世间，一步跨进极富想象的海洋视域，进入一个充满匪夷所思灵力的理想空间。自然而然，童话叙事结构的空间性也由此展开，并呈现出两个层次：表层叙事的运动空间、幻想符码构成的神话空间。

在追寻的架构下，表层叙事的运动空间是故事情节逻辑发展的存在。为了寻找无故失踪的海灵东木海之光，更为了让艾尔肯融合五大海洋体系的瞳灵之力，艾尔肯在东木海大海灵白似水（幽灵狮子鱼）的授意下，并在凤尾鱼红湉湉（东木海小海灵）以及大鱿鱼漠尔（地中海海灵）的陪同下一起踏上漫漫海途。在地中海，他们合力擒获海魔魔鮟鱇鱼多瀑，并成功解救被杀人蟹群袭击的海洋生物考察队；在玄海，他们目睹独角鲸一族被"意识深处的邪恶力量所控制"的虎鲸围猎的惨剧，并在玄海冰塬上找到惨剧的始作俑者；在西金海，艾尔肯得到大海灵溦浆与心沙鱼的暗中支持，终于融合了西金海瞳灵横水的灵力；与此同时，赤海的大海灵溇星却带来了赤海瞳灵离奇失踪的噩耗，艾尔肯不得不进入迷茫诡谲的白雾海……从东木海、地中海、玄海、西金海再到白雾海，随着空间的逐次展开，时间、地点、行动、情感，甚至心理，故事在这些具象构成的空间获得自由的伸展。

幻想符码构成的神话空间，是以具有"海灵灵力"等海洋奇神怪物的介入为主体所形成的复合空间结构。我们清楚，童话是作家提供给儿童的一种游戏方式，而由幻想符码构成的神性空间正是他们进行游戏释放心理能量的理想空间。一方面，小说给我们提供了海洋地理、历史、动物、植物、海洋学等诸多内容，展示的是千姿百态包罗万象的海洋文化；另一方面，小说又呈现了海洋里不为人知的远古诸神（龙女灵洼、人面赤鲻等）、荒诞不经的奇神怪物（记忆鱼、海怪、天真水妖等）以及各种光怪陆离的海洋地貌与海洋传说，通过这些，编织出犹如远古的海洋神话，让读者由幻想空间的符码进入童话叙事，即进入了一片充满各种可能的叙事之林。在这片可能的叙事之林里，非理性、荒诞、夸张、离奇等就成为了叙事的典型继而变得实有其是，这也应和了童话思维与神话的相通性。

二

与叙事空间性相对的是时间，时间是一切叙事文本在成形、形成与完成过程中所需要面对的最重要的关键因素之一，一切文本都是时间的产物。在中国传统小说中，世界上的事情大多依时间的先后的次序组合在一起，故以叙述故事为主要特征的叙事文学，多被普遍地以自然时序作为自己的结构形式。从外在结构上看，香樊的海灵系列童话《黑井与浠奇蓝的梦》《白雾之海》的故事情节，叙事的时间更多地以一种线性时间展开，这是符合少年儿童的审美接受心理的。而且，这个叙事时间与故事时间之间是有一个频率关系，即一个事件在故事中出现的次数与该事件在文本叙述的次数之间的关系。白似水有一番话通过漠尔的复述让艾尔肯明白，海灵不是神，唯一可以做的，是尽最大努力去维系海植和海族的平衡，然后，祈求时间能站在海灵这边，在最终的失衡到来之前，找到那个躲于黑暗深处的妖物，并降服它。而要做到这些，据《海洋说》交代，须合五海之瞳灵之力，得龙王之眼界，明因果之奥义。于是，艾尔肯踏上五大海系的奇幻巡游征途，故事频次也由此铺展开来。

但是，童话叙事的构成在它的想象空间里，一方面，时间的意义在于它可以重新结构世界，即世界在时间的重新结构之后将出现新的姿态；另一方面，有所谓的时间"畸变"，即将生活的时间、历史的时间、物理的时间兑现为童话叙事的时间。香樊的海灵系列童话极富创造性地引入《海洋说》很有意味的是，它不仅把五大洋的历史地理、山川地貌、奇珍异兽等信息如博物志般予以呈现，拓展了历史时空，而且也成为文本主角的信息源与行动指南。这样，任何一个角色既在实境的时间结构中穿行，同时也在虚幻的时间结构中游荡。

如果从叙事的时间形构看，香樊的海灵童话可算是"传奇时间"。对此，巴赫金的小说理论中有过非常细致的论述，他认为"传奇时间"与"物理时间"是不一样的，在传奇时间里，如《西游记》里的人物性格几乎没有成长也没有变化。海灵系列童话中，拥有地图鱼形态的艾尔肯与凤尾鱼红淜淜、大鱿鱼漠尔等等的海洋灵类一起和导致海洋失衡的各种因素作斗争，避免海洋生命被无辜毁灭，从

《黑井与浠奇蓝的梦》到《白雾之海》，时间将一个个故事情节——海洋动物大迁徙、神秘洞窟中的龙女、被海魇魔伏击、唤醒海灵之力、海之戏法、追寻杀人蟹的踪迹、擒获海魇魔多瀑、玄海冰塬上的险象环生、西金裂谷的感悟、白雾藻的恶变、龙女灵洼复活邮轮的匪夷所思等等——串成一条内容贯通的依次展开的故事线，历险经历跌宕起伏，奇遇一个接着一个，叙事从繁复到精彩，引领读者在阅读的深入中无限放飞幻想，这是完全契合儿童生命本身就有的浪漫主义幻想意愿。据悉，海灵童话第三部《龙女之殇》也即将推出，这也是传奇时间叙事的好处——有效丰富和拓展故事空间，让故事不断成长，变成"世界"。

三

柏拉图曾把叙事话语分为纯叙事与模仿两种形式。如果按照这种划分，香樊的海灵系列童话显然属于纯叙事，因为它是纯粹想象性的语言，是对不曾有过的世界的话语与安排，具有开创性。而就叙事风格而言，大到情节设置，小到词语的运用，海灵系列体现出了童话的奇幻之美。

首先是科幻、魔幻、灵异糅合所呈现的奇幻之美。引用一段故事中由玄海大海灵亲口向艾尔肯讲述的并没有记录于《海洋说》的海灵史为例：

"在遥远的海灵称之为后龙王时期的年代——那时，龙王已经进入沉睡，海灵则是新生伊始。在那个时期，海洋与现在完全不同，其运行根本没有规律可言——时而凝滞不动宛如死海，时而巨浪滔天吞噬陆地高山。依赖于海洋生活的一众海族也大多如此——紊乱无序的繁衍让同族之间互为食物，最终导致族亡种灭。除了极少数的从更古老的上古时期遗留下来的物种外，生命的绝大多数都处于无我无它无念的混沌状态。繁荣海洋生命是海灵存在的意义之一。于是，在《海洋说》的指引下，滇一独自深入地底，他破开至刚至强的巨岩，忍住烈焰洪流的炽烤，最终去到大地的至深腔腹——那是一个万物无法生存、时间无法计量的所在，在九大焰灵的看护中，滇一取回了星辰晶石。自此，海洋世界的崭新篇章开启了。

"星辰晶石拥有不可思议的力量，在初代强大的海灵之力的加持下，这种力量似乎无所不能，它开始改变一切：洋流形成，死海现象没有了；陆地与高山不再遭受海水的浸灌拍打，变得美丽富饶；四季出现了；建立了方向——就是你们人类所说的磁极，生命体因迷失所在而无法生存于苍茫大海的现象没有了……偌大的海洋里，海族们不再只限于一小片一小片海域的割据，它们在交流中生生不息，在竞争中不断演化。一切似乎都沿着海灵们对海洋的美好愿景往前推进。

"随着时间的流逝，通过吸收和融合滇一的海灵意识，星辰晶石居然可以按照玄海初代的意志独自运行——也就是说，它学会自我成长了。然而，这并不是什么好事，星辰晶石很快便呈现出可怕的一面，它逐渐形成了一种作为一切力量之源的自我意识，越来越不想受到外来力量的制约。此时，无论滇一，还是其他的四位大海灵，他们都非常清楚：这样的力量一旦失控，后果谁都无法预测。这么着，其余的四位大海灵冒着丧失灵力的风险，合力在赤海的星光湖下找到了幽游雪贝——它能隐藏自我，它能折叠力量。

"生命的有序演化，取决于维系其演化的力量的平衡。相对于放任力量暴走，让力量平衡就困难得多，在暴走的岁月里，生命还来不及发展便告终结。星辰晶石的自我意识既已觉醒，纵然集合所有海灵的灵力，也是无法抹除的，为了让那样的事情不会有发生的一天，滇一听从了古早蛙的建议——他把自己的意志镌刻在《海洋说》里，连同他的大部分灵力，一起封印在星辰晶石之内。让自身的意志永远与星辰晶石合二为一，是滇一唯一的选项。"

通过这样的叙述，作者将虚幻的情节与深沉凝重的海洋环境问题进行颇具诗性的结合，将海灵世界的历史追溯到如同神话传说的遥远年代，精心构筑一个以"孩子的单纯和某种神圣的东西"为审美维度的世界，让读者进入想象中的原生地带，回到一个"由不平衡到平衡的世界"，这样一种对美好事物的期待是对超自然力的憧憬，是童话的迷人之处，更是童话的魅力之处。至于鳗鱼洞跃迁、幽游雪贝、玄海冰巢、七彩冰晶、海之戏法、西金裂谷、心界、赤鲔岛的近月之夜、地中海的使者树、西金海的海心沙、黯海的高密度等情节俱极富想象力，充满玄幻，耐人寻味。

其次是独具特色的知性语言增添了童话的奇幻之美。小说中描写的地中海游吟歌者漠尔，便有大量歌谣的运用，撷取其中一段：

……喝彩声逐渐平伏下来，一段富有摇摆韵味的萨克斯般的吹奏适时响起——漠尔的大海螺能发出任何类似管乐的声响，妙不可言。这首是漠尔的《那时，家》，在地中海早已广为传唱，艾尔肯当然也是熟悉的，让他想不到的是，旋律才刚响起，身旁便有一些鱼儿跟着低声哼唱。想来，这首曲不知何时也流传到西全海了。漠尔唱得自由而从容，宛如汩汩涌出的清泉毫不迟疑地沁入听众的肺腑，当他唱到"那时，水草屋里长满了水草，珊瑚树上结满了珊瑚；那时的海螺房啊——不，海螺房里不需要一屋子海螺，海螺房与我四海为家，游遍天下……"时，不少海族已经放声跟唱，忘情地摇摆着或大或小或长或短或圆或扁的身躯……

除了舒缓叙事过程的节奏、让作品的妙趣点点滴滴沁入读者体内外，这样的描写更多的是体现海洋动物们的情感与生活，让海洋动物变得更有温度，不再触不可及，当然，其营造的画面也是极具少年儿童审美趣味与认知心理的。再深究一些，海洋动物的名号也很有意味，如狼鱼门牙凉、海马首领马蹄溧、老蝙蝠鱼泗边沾、大宝螺洸闪闪、水滴鱼波波、老棱皮龟沙沙濡、水滴鱼波波、玲珑花海（珊瑚）、黑边鳍真鲨沙禾尚、烙饼章鱼，以及魔鬼鱼咕噜云咕噜牙咕噜齿等等，这些命名"近取诸身，远取诸物"，不仅形象传神地反映海洋生物的形貌特征，也凝练了他们的气质、性格与习性，是读者对海洋生物的自然属性、社会属性与精神属性进行认知的产物。其蕴含的不仅是语言现象，也是海洋叙写中的文化现象，更重要的是迎合了儿童的审美趣味和心理，使得拟人、化物的手段软化，形象浑然天成，值得玩味。

村上春树说过：优秀的故事必须把阅读者的精神转移到另外的场所去，哪怕是暂时也好，说得夸张点，就是必须使阅读者跨越"这边的世界"与"那边的世界"的高墙，必须巧妙地把他们送到那边去。当我阅读《黑井与浠奇蓝的梦》和《白雾之海》时，作为成年人，我每每也有身临海灵世界的切身之感。毋庸置疑，海灵系列是一部幻想特质鲜明具有浓厚传奇色彩与浪漫气息的童话佳作。在此，期待香樊的海灵系列童话小说有更杰出的呈现。

（彭羚冰，东莞理工学院文学与传媒学院教师；田根胜，东莞理工学院文学与传媒学院院长，教授，东莞市文艺评论家协会主席）

读书·荐书

　　关于城市的研究，学术界的产出越来越多，人们从历史、经济、地理、功能布局、交通规划、生活、文学、影像等等方面展开探讨。这里笔者选取 2020—2022 年间所接触、阅读的一些著作进行简介，以飨读者，虽挂一漏万，但它们提供了不同的研究对象、研究视角与方法，确证开卷有益。

1. 蔡熙《狄更斯城市小说的现代性研究》，中国人民大学出版社 2020 年 7 月

　　本书是嘉兴学院文法学院蔡熙教授的国家社科后期资助项目成果，主要内容共分八章，分别探讨了都市空间与街道美学，狄更斯的现代性文学空间，狄更斯的城市现代性特质，"文学伦敦"的现代性主体，狄更斯小说的现代形式，以及视觉叙事、空间叙事和声音叙事等现代叙事艺术。在传统的研究视域中，狄更斯仅仅是一位现实主义作家。

　　本书第一次对狄更斯的城市小说的现代性进行了深入的阐释和发掘。狄更斯的城市小说反映了色彩斑斓的城市生活，浓缩了鲜活的城市经验，渗透着对城市问题的深切忧郁，揭示了现代都市生活短暂易逝、孤独冷漠的特征。狄更斯的城市小说所提供的经验与开辟的方向，对于我国当前的城市文学和城市文化的发展仍有着重要的启迪意义。

2. 陈忠《城市社会的哲学自觉》，复旦大学出版社 2020 年 9 月

　　本书是国家社科基金后期资助项目成果，作者"人文城市学"的第二卷。

　　本书按照从实到虚、从外在到内在、从宏观到微观的思路，较为深入地探索了当代城市社会六个方面的问题：一是城市社会的文明属性问题，城市与文明的关系问题；二是城市社会的空间属性问题，城市与空间的关系问题；三是城市社会的正义属性问题，城市与政治的关系问题；四是城市社会的人性基础问题，城市与主体性、共同体的关系；五是城市社会的生命本质问题，生态城市的合理营

建问题；六是城市社会的文化属性问题，城市与情感的关系问题。

本书的特点：一、更加强调从哲学与人文的视角切入城市社会特别是中国城市社会推进中遭遇的重大问题；二、更为强调从城市批评史、文明批评史的视角自觉营建有中国自身特点的城市哲学、人文城市学理论；三、更加强调哲学、城市学、文明史等的多学科对话，在跨界对话中呈现城市社会的哲学与人文持质。

3. ［美］艾伦·布朗《城市的想象性结构》，李建盛译，北京师范大学出版社 2020 年 10 月

本书分八章深入细致地探讨了城市作为现代文明日常生活的至关重要的象征和想象性质。作者把城市看作是一个必须努力保持其集体身份认同的共同体，这种共同体能够抵制那些威胁城市自身意识分裂的突出问题。

艾伦·布朗与众不同的理论研究方式超越了人们所熟悉的思考城市问题的常规方式，致力于回答如下基本问题：城市如何存在、居民如何界定他们与城市的关系、谁拥有对城市的发言权、城市的象征性质是什么？城市以何种方式解决诸如异化、参与、共同体等等社会问题？城市如何可能既让人兴奋又让人疏离？该书在城市文化探讨领域做出了新的突破，作者的问题意识和理论思考让人们重新质疑有关现代城市话语的许多概念内涵。

4. 张惠苑《20 世纪 80 年代以来中国文学中的城市研究——以地域文化为考察中心》，人民出版社 2020 年 12 月

本书是杭州师范大学副教授张惠苑所主持的国家社科基金项目结题成果。

20 世纪 80 年代以来城市文学一直是文学研究的热点。研究者尝试着从各个角度对它进行深入阐释，其中对"城市中的文学"研究成果斐然，但是关于"文学中的城市"研究，比较系统、深入的研究成果却寥寥。在众多文学中的城市研究路径中，以地域属性为中心来考察文学中的城市，不仅可以突破以往现代性下城市文学研究的思维困境，而且可以让城市文学研究回归其最本质的属性，考察孕育中国城市文学的母体——城市在文学中的真实呈像。这种研究不仅开拓了城市文学研究的新路径，同时也展现了中国城市在文学呈像上的本土性和丰富性。

著作第一章主要讲述现代性下城市文学研究的困境，以及以地域属性为中心考察文学中城市的意义。中国的城市文学研究的主导方向就在现代性指导下的城

市文学研究，以地域属性为中心考察文学中的城市，是以文化持有者的内部眼界去阐释和重建文化现象。它可以突破现代性的禁锢，找到更为本真的文学真相；论文的第二、三章，是从怀旧和消费两种视阈考察不同地域城市在文学中的呈现。论文的第四章是对不同城市共通的文化特征进行深入挖掘；第五章是对文学中城市书写的反思。

5. 侯深《无墙之城：美国历史上的城市与自然》，四川人民出版社 2021 年 4 月

本书作者侯深，中国人民大学历史学院副教授，师从美国有名环境史学家唐纳德·沃斯特先生，致力于美国环境史、城市史的研究工作。

本书为"论世衡史"系列的其中一册，以美国历史上的城市发展及其与自然的关系为研究视角，具体研究并探讨这样一些问题：美国城市的核心意象是什么？激进的城市如何与诗意的自然共存？巨型城市的发展带给人类怎样的未来？"购买自然"能否消弭城市发展中的"生态悖论"？"赌城"拉斯维加斯能否摆脱沙漠带来的"生态陷阱"？美国环境改革如何帮助"钢都"匹兹堡实现两次复兴？

兴起于 20 世纪 60 年代的美国城市史学经历了数十年发展之后，已渐趋式微，而城市环境史的研究方兴未艾，在美国史学界产生了巨大影响。本书试图梳理城市环境史将自然与城市在历史背景下进行结合的详细过程，捕捉最寻常又最持久的自然力量如何形塑了城市的形态和个体的思想，通过对该领域的发展趋势、所取得的成就以及存在的问题的详细考察，并深刻认识到孵化指导城市走出其"生态悖论"的新思想的迫切性和必要性，探讨了"无墙之城"为核心意象的美国城市的形成与发展、困境与使命。

6. 齐骥《城市文化更新——如何焕发城市魅力》，知识产权出版社 2021 年 5 月

本书是中国传媒大学文化产业管理学院齐骥教授的新作。

本书以大历史观为背景，以全球城市史为底色，以探究城市更新的文化动力入手，深刻洞悉城市空间的文化再构，城市历史的文化再生，着墨城市生活圈的文化营造，通过全球城市更新的文化实践，力图回答在城市星球中，我们需要一个怎样的文化城市，需要一种怎样的城市文化生活的叙事图景。

7. 宋旭琴等《世界湾区城市群比较研究》，哈尔滨工程大学出版社 2021 年 5 月

随着《粤港澳大湾区发展规划纲要》的出台，有关湾区城市群的研究引起了人们的关注。湾区经济是一种重要的滨海经济形态，也是当今国际经济版图中的突出亮点，湾区城市群的经济活力和创新能力在全世界都是首屈一指的。当前，我国的经济正面临国际和国内双重压力的挑战，亟须培养新的经济增长点。因此，研究世界湾区城市群的经济发展和崛起动因对我国湾区城市群的建设有着非常重要的借鉴意义。湾区城市群的建设能否成为中国区域经济发展的领头羊，让人拭目以待。

本书比较全面地阐述了世界湾区城市群比较研究的基本理论，深入浅出地介绍了湾区的概念及特征，湾区经济的内涵及意义，世界湾区城市群的形成机理、发展模式和发展路径，湾区经济的崛起，城市群的形成、空间结构及演变进程，并对世界三大湾区的基本概况和发展特征、湾区城市之间的优势特征进行对比分析，以期能够为我国发展湾区经济提供经验与启示。

8. 李永东《民国城市的文学想象与民族国家观念》，人民文学出版社 2021 年 5 月

本书为西南大学文学院李永东教授的国家社科基金项目研究成果，并入选 2019 年国家哲学社会科学成果文库。

著作以民国城市的文学想象为研究对象，探讨城市想象与民族国家观念的内在关系。涉及的主要民国城市为南京、重庆、北京、天津、成都等。该著在研究方法和学术观点上力求有所创新，观点有新意，拓展了城市想象研究的路向。本书抓住城市身份和作家身份考察民国国都（北京、南京、重庆）和租界城市（天津、上海）的文学想象，阐发出城市想象与民族国家观念相互建构的关系。丰富了城市想象与民族国家的理论，运用城市互观的研究方法，对重庆、天津等城市想象的研究得出了新颖的结论。

9. 徐锦江主编《文学城市：文化想象与本土实践》，上海人民出版社 2021 年 10 月

本书属于徐锦江主编的《城市软实力研究系列》，由上海社科院文学研究所中

国文学研究室编选，内收蒋守谦《城市文学：一个有意义的文学命题》、陈晓明《城市文学：无法现身的"他者"》、张鸿声《"文学中的城市"与"城市想象"研究》、张惠苑《囚禁在现代性下的城市文学——对 20 世纪 80 年代以来城市文学研究的反思》、陈平原《"五方杂处"说北京》、叶中强《以拒绝"都市"的姿态走向都市——沈从文的"都市"语义及其"京派"身份再省》等论文，从文学的视角审视城市软实力中的重要资源、潜能和活力，并通过理论阐释、城市实践、上海经验和全球前沿四个方面来讨论城市软实力，特别是城市文化软实力提升的重要路径和动力来源。

10.［美］约翰·雷顿·蔡斯、玛格丽特·克劳福德、约翰·卡利斯基《日常都市主义》，陈煊译，中国建筑工业出版社 2021 年 10 月

《日常城市主义》英文版于 1999 年出版，在业界获得巨大的反响和广泛共鸣，成为城市与现实生活中的经典之作。道格·凯尔博（Doug Kelbaugh）将"日常都市主义"视为当代城市主义的三大主流范式之一。

本书编著者们将美国近半个世纪以来规划干预的城市项目进行了总结，提出了现代化城市所普遍面临的新挑战。在城市设计的历史、理论和实践的背景下，呼吁探索城市作为一个社会实体，必须响应日常生活和邻里的关注，并提供在城市社会和政治城市工作的分析和方法框架。日常都市主义提供了一个似乎出人意料，但又和大多数人有关的概念。提出关于日常生活概念，其更大的意义在于其所映射的一套新的城市设计价值观。而当下我国面临着对城市自身发展规律认知的缺失、建成环境成长机制的匮乏、管理尺度的重新界定等等，均难以为现阶段规划管理和实践活动提供有力的理论支持、方法指导及技术服务。城市文化和实践被认为是发展中国家的一个重要特征，日常都市主义所带来的深远影响已经在社会、经济、文化、政治领域成为全世界广泛关注的研究热点之一。编著者将日常都市主义带入 21 世纪，审视这一方法在未来中国所遇到的挑战、实践，甚至是批评性的反应。

11. 夏晓虹主编《晚清北京的文化空间》，北京大学出版社 2021 年 11 月

本书将晚清北京视为一个"文化空间"，探讨其间各个社群在各种场合运用多

样表达方式的共生关系。作者们带着鲜明的问题意识，充分利用报刊、档案等原始材料，深入晚清的历史情境，研究具体的文化人物、事件、机构和相关的文学文本，力图交织呈现晚清北京这一特殊历史横断面的文化生态和城市性格。

不同于主要作为新知识、新生活方式集散地的上海、天津、广州等口岸都市，"晚清北京"的意义更在于新旧共生、士庶交涉、旗汉杂居，传统政教与近代文明相交融。这一文化空间，既不失其固有的政治资源，更在清末"中西学战"、新旧社会冲突、上下关系变化、中外习俗更迭等一系列文化转型过程中具有特别的象征意义。

这本文集容纳了多位作者从各个角度对于晚清北京的观察，既不是纵向的历史梳理，也不是就某一特定主题横向铺展，而是在"晚清北京"这一历史框架之下，通过研究具体的文化人物、事件、机构和文学文本，以个案剖析观照社会变迁，具有鲜明的问题意识。所涉主题看似分散，但细看后便会发现，不论是所利用的报刊、档案等原始材料，还是所探讨的话题和所形成的观点，各篇之间呈现出相互交融、彼此呼应的形态。每一篇论文都好似深入历史情境中探取的一块显微镜下的"切片"，通过彼此间的交织、映照、互衬，共同呈现出"晚清北京这一特殊历史横断面的文化生态和城市性格"。

夏晓虹认为，晚清北京的城市文化特色，是由历史的影响与现实的刺激交汇形成的。北京被称为八百年古都，尤其是清朝三百年的统治，构成了北京城的基本格局，也塑造了北京人的文化品格。满汉共存、士庶交涉、新旧折中，大体可以概括晚清北京的城市文化特征。从有形的文化形态而言，本书已经涉及的女学堂、报刊（包括女报、白话报）、阅报社、报载小说、演说、时装戏、公益社团、警察、公园等，以及更多未曾涉及的现代高等教育、马路交通、供水系统、城市管理等，晚清北京已经开辟的种种文化空间，都直接影响到我们今天的日常生活。

12. ［英］阿比盖尔·威廉姆斯《以书会友：十八世纪的书籍社交》，何芊译，北京大学出版社 2021 年 11 月

本书作者威廉姆斯是历史学者，牛津大学圣彼得学院教授，研究方向为十八世纪历史。本书入选《华盛顿邮报》50 本"受欢迎的非虚构图书"，是一本优秀的、有深度的书籍史著作。

在 18 世纪的英国，由于印刷业的蓬勃发展，书籍成为自我提升、家庭娱乐和邻里社交的重要工具。本书聚焦 18 世纪英国中产阶层的阅读生活，关注他们如何获取并阅读书籍，阅读如何影响他们的生活，以及大众阅读偏好与书籍出版甚至是文学体裁发展间的互动。作者用文学性的笔触，重现了 18 世纪的阅读场景，进而使我们窥见当时的社会心态与文化风尚。

威廉姆斯调动了大量史料，百科全书式地为我们展现出 18 世纪书籍所承担的中上层家庭与公共生活交往中的一些重要功能与相关的社会图景，个中细节尤其有趣并引人深思。通过许多意想不到的细节描画，威廉姆斯尽可能地展现出 18 世纪的人与现代人的认知模式的差异。这些书籍社交的片段实则指向更核心的几个宏大的问题：对 18 世纪的人来说，公共生活究竟意味着什么？家庭在公共生活中扮演着怎样的角色？进一步地，自我如何建构？私人领域又经历了怎样的发展？更具体的问题也许是，大规模流行的书本是否刺激了 18 世纪的人感知模式的滑移？即从对声音和图像的感知偏向对文字和逻辑的感知？尽管在 18 世纪的会客厅里不只有书籍，绘画和音乐也必不可少。

13. 孟繁华《中国文学当代文学研究：城市文学的兴起与实践——以深圳文学为中心》，作家出版社 2021 年 12 月

本书为现代文学评论家孟繁华的新文学评论集，着力于挖掘城市文学的内核，探索城市文学的发展方向，关注中国城市化对文学发展的影响，聚焦以都市文化为核心的新文明在文学领域引发的变化。

书中收集了作者的多篇文学评论，以深圳文学为中心，从文学批评的理论视角出发分析作家们对都市生活的表达，展现中国城市文学的艰难探寻和构建的过程。大体分三个部分：一是作者对城市文学的理论思考；二是对深圳作家的评论；三是几位其他作家与城市文学有关作品的论述。本书不仅展示了当下城市文学创作的丰富性，同时也探讨了其在构建时期的诸多特征和问题，试图挖掘中国城市生活中最深层的意义和最有价值的文学形象。

我们正在面临和经历的新的城市生活，是一个不断建构和修正的生活。不确定性是其最主要的特征。作为一个新兴的快速发展的城市，深圳最具代表性，从某个方面也可以说深圳文学是当下中国城市文学的一个缩影。作者以彭名燕、曹征路、邓一光、李兰妮、南翔、吴君、谢宏、蔡东、毕亮等几代作家的讲述深圳

历史与现实的作品为切入点，肯定了中国城市文学取得的一些成绩，评论分析了当下城市文学的特点和存在的问题，为中国的城市文学的进一步实践和发展，做出了有益的探索。

作者认为，建构时期的中国城市文学，表现出了它过渡时期的诸多特征和问题。探讨这些特征和问题，远比作出简单的好坏判断更有意义。城市文学尽管已经成为这个时代文学创作的主流，但是，它的热闹和繁荣也仅仅表现在数量和趋向上。中国城市生活最深层的东西还是一个隐秘的存在，最有价值的文学形象很可能没有在当下的作品中得到表达，隐藏在城市人内心的秘密还远没有被揭示出来。

14. 曹玉华、毛广雄《大运河文化带节点城市文化创意产业空间演化研究》，东南大学出版社 2021 年 12 月

本书以大运河文化带节点城市之一的苏州为研究对象，从一般到具体、从理论到实践、从外围到内核，对城市文化创意产业发展及空间问题进行系统全面的分析。研究内容从两个角度展开：一是理论基础。通过梳理和总结国内外文化创意产业发展的相关理论，并在继承的基础上力图补充和创新文化创意产业空间演化方面的研究，对城市尺度的文化创意产业发展机理和空间演化规律进行解释，设计出一条共性与个性相结合、具有较强可行性的研究思路。二是实证分析。选取苏州市作为案例研究对象，通过建立数理模型，评价和分析苏州市文化创意产业的发展现状和空间分布特征，并基于细分行业类型，运用空间计量经济学的相关分析方法对苏州市文化创意产业空间演化过程进行具体分析，提出文化创意产业集聚发展的思路与对策，拟为大运河文化带建设提供理论支撑和决策参考。

15. 张阳《新世纪中国城市电影类型化创作研究》，中国电影出版社 2022 年 1 月

张阳，任教于中国戏曲学院导演系，青年导演、编剧。

城市电影和同样经常被提及的"新都市电影"有何种渊源？两者的差别在哪儿？城市电影是否具有类型化的创作倾向？假设城市电影具有类型化创作倾向，导致这种现象出现的原因是什么？类型化创作与当下城市发展之间有何种想象关系？电影与城市的想象关系是否能给中国电影产业的发展带来反思？……本书尝

试找到这些问题答案。

本书对城市电影研究从题材内容层面上升到类型化角度进行研究，这为中国城市电影市场化发展的丰富现实提供了理论可能性。张阳在书中提出目前市场上已经出现了四种类型的城市电影。一是专注于表现年轻女性生存话语和"个性命运发展"的女性电影，如《失恋33天》《女人不坏》《滚蛋吧！肿瘤君》《明天会好的》等等。作者认为，城市电影在创作过程中寻找的是一套自己的"诉求""期待"和"愉悦"体系。女性电影将自己的"诉求"定位于展现城市中女性的生活、情感、事业和信仰，"期待"影片呈现的文化生活、视觉符码与观众认知结构中的女性定义产生契合，从而带来彼此间的"愉悦"体验。二是黑色电影，将城市与疏离、孤立、危险、道德堕落和压抑的切实存在联系起来，人物的疏离感表现在他们独自一人在城市空间里重复的动作以及与其他孤独的人物角色偶然相遇。如《钢的琴》《浮城谜事》《边境风云》《白日焰火》《烈日灼心》《老炮儿》《追凶者也》《暴雪将至》《爆裂无声》《心理罪》《风中有朵雨做的云》《南方车站的聚会》《除暴》等等。三是公路电影。四是武侠电影。张阳"将武侠电影归属于城市电影类型化创作范畴"。新世纪以来城市电影与各类型电影杂糅叙事已成趋势，也是当代类型电影叙事发展的路径之一。作为中国原生类型，武侠元素在不同时期、不同题材的电影中都有所体现。他认为，"武侠电影的核心命题是'侠义'精神，通过'以暴制暴'的哲学展现一个侠义的世界"，这样的叙事形式在当下以城市为背景的新武侠电影中不断涌现。如《叶问》《十月围城》《一个人的武林》《杀破狼2》《追龙》等。

以上所引张阳对现有中国城市电影类型化创作的分类及阐述可能还有很大的理论提升空间，但仍能看出张阳对城市电影这种另辟蹊径的研究极具开创性和挑战性，当然也会引起争论。无可怀疑的是，中国电影的持续繁荣和走向世界需要基于市场规则的类型电影的发展和繁荣。

16. 凯风《中国城市大趋势：未来10年的超级新格局》，清华大学出版社2022年1月

本书首先分析一线城市的共同特点和北上广深各自不同的定位，第二章讲南北方省会城市不同的价值和发展趋势，第三章讲三四线城市的产业、房价和人口，第四章讨论沪广深三大成熟都市圈外是否还有第四大都市圈兴起的可能，第

五章从更宏观的战略角度探讨未来城市的机遇；接下来着眼点从城市转向人，第六章从人口变迁的角度看城市的扩张和坍缩，第七章从买房、教育、高考、择业、定居、养老不同层面分析哪个城市是"最优项"。

全书观照城市发展从宏观到微观，从现象到原理，从数据分析到得出结论，系统地梳理了中国城市发展的大趋势，基于当下立足未来，全面分析了当下城市化晚期的热点问题，从不同的维度、数据和框架做了支撑说明；从经济、人口、政治、历史、财政和政策等多维度分析了一线城市、强省会、三四线的问题、都市圈的未来、国家的城市战略等，构建了本书的基本框架。

17. 葛永海《中国城市叙事的古典传统及其现代变革研究》，商务印书馆 2022 年 3 月

本书为"丽泽人文学术书系"之一，作者是浙江师范大学人文学院教授、博士生导师葛永海。

城市叙事是当前研究的热门，而追溯其古典传统，试图贯通古今，以城市叙事为核心做贯穿整个中国文学史的研究，从而对现当代文学提出建设性意见，则构成本书的学术特色。本书将"城市叙事"的概念界定为：发生在城市空间中、带有城市属性的故事情节的叙事内容或段落。并将之与普泛意义的"城市书写"和特殊阶段的"城市文学"作了内涵上的区分，"城市叙事"区别"城市书写"之处在于，它偏重于以故事情节为中心，而不是城市书写的普泛形态；同时，它与"城市文学"概念也有所不同，很多情况下，一般所说的"城市文学"往往指的是一种内容形态，即具有工业文明特征和现代性质素，它属于"城市叙事"的特定阶段和高级状态。

"城市叙事"究竟是什么？"城市叙事"主要指什么？城市如何成就城市叙事？这是本书研究的内在逻辑理路。它聚焦于中国城市叙事的"历史演进论""传统特征论"与"现代转型论"三大核心论题。首先将发生现代转型前的城市叙事历史划分为宋前、宋元、明清、近代四个阶段，确立为"都城圣咏""市井俗调""城镇和声""都市变奏"四个时期，首次系统论述了中国城市叙事的发展轨迹和演进脉络；其次，通过对演进过程的完整梳理，探求城市叙事发生、发展的各种形态以及演变规律，从叙事形态、心理向度、空间意义等方面对古典城市叙事的特征进行较为全面深入的分析探讨；最后，落脚于中国城市叙事的古今演变研

究，系统阐释城市叙事之主题、模式等的古今之变，揭示从"乡土情结"到"都市意识"之叙事心理转变的文学与文化意义。

本书通过对中国城市叙事发展的渊源追溯和价值反思，可为当代城市文学创作和研究提供历史借鉴和学理启示。同时，该书横跨文学与城市学两大领域，城市叙事研究对城市学原理的借鉴和转化，有助于推动学科的交叉融合和理论创新。

18.［美］保罗·M.霍恩伯格、林恩·霍伦·利斯《欧洲城市的千年演进》，阮岳湘译，光启书局 2022 年 4 月

本书是城市研究的经典著作，首版于 1985 年，融合多次学术研讨会成果，挑战单一视角，结合人口学与经济学进行量化分析，灵活运用中心地体系与网络体系两大经典研究模型，展现欧洲城市化千年历程，重思现代城市生活的本质与可贵。

两位作者以具体城市为案例，展示了城市是如何起源的，以及是什么制约了它们早期的发展和后来的增长；城市生活如何应对人口和技术的变化，又是如何激发了多元文化的形成及更新。这项研究涉及经济史和社会史，主要依靠人口统计学和地理学。作者认为，人口统计学为研究大部分城市居民和其他受到城市化影响的人口尤其是相对远久的年代提供了可靠系统的数据资料，而地理学有助于适时将空间感和历史感结合起来。

很多研究都将这千年时段划分为前工业化时期和工业时期，而该书将近代早期生产模式与人口、经济增长的周期变化联系起来，有创意地采用了三分法：①前工业化时期：11—14 世纪；②原工业时期：14—18 世纪；③工业时期：18—20 世纪。更鲜明地突出了工业时期到来之前制造业的兴起及其对社会与经济的重组。

作者始终将城市视为"体系"的一部分，秉持双重分析方法，即结合区域内的中心地等级和"按距离分析关系"的城市网络的观察方法。前者以地方首府为中心点实现地域共同体，选择更少但更大的城市发展模式；后者是一些群聚的高度专业化的城市，比如建基于煤炭和初级冶炼工业之上的集合城市。两种体系的空间所有权有很大不同，而城市作为网络的各个衔接点发挥着灵活的作用。具体结合威尼斯、伦敦、波尔多等城市发展加以说明。

该书纵横千年，囊括从爱尔兰到君士坦丁堡、从直布罗陀海峡到乌拉尔山的广袤之地，致力于厘清这块区域如何随着城市网络的推进而演变。该书较少涉及欧洲城市自治、文化与设计领域，体现年鉴学派的风格，强调研究的结构和情势，以及研究视角的多学科性。

19. 涂文学《20世纪前半叶中国城市化研究》，生活·读书·新知三联书店2022年5月

本书以20世纪前半叶中国城市化与城市现代化为主线，以历史学、城市学、城市地理学、城市社会学、人口学、地理学、社会学、政治学、生态学、管理学等学科的知识和理论方法，对20世纪前半叶中国城市化与城市现代化进行了较为系统、全面、综合研究。针对此领域研究碎片化的问题，力图从宏观上对中国20世纪前半叶城市化与城市现代化进行整体考察，使人们对20世纪前半叶中国城市化与城市现代化的发展水平、成就与问题、经验与教训有一个整体而清晰的认识，由此赋予了本书较高的学术意义和较强的现实价值。

20. 史敏《大城市农民工的阶层与社会融入研究》，中国社会科学出版社2022年5月

农民工在大城市的规模庞大，已进入社会融入阶段。在经历了多年的流动后，农民工群体形成了大城市特殊的阶层，他们流动的生命历程有诸多相似之处，在新的社会背景下，产生了阶层分化趋势。本书系统梳理了阶层理论和农民工阶层分化相关研究后，从就业场域、私人生活场域、公民参与三个方面研究了大城市农民工的阶层分化，并考察了阶层分化对社会融入的影响机制。就业场域中，由于劳动力市场分割，农民工的就业以次属劳动力就业和非正规就业为主。生活场域中，农村传统文化和生活习性在农民工的个人生活史上占据了重要位置，这种习惯使他们面临大城市现代化的生活生产方式时，处于相对劣势状态。公共场域中，鉴于农民工在目前的城市户籍管理体制下城市身份和资格的问题仍然存在，农民工进入城市后将面临"外地""农村"双重劣势，公共参与受到一定限制。不同场域中的阶层分化对社会融入都产生了不同的影响机制，形成了大城市农民工的"半融入"现象。

21. ［爱尔兰］尼古拉斯·戴利《人口想象与十九世纪城市：巴黎、伦敦、纽约》，汪精玲译，译林出版社 2022 年 5 月

本书作者尼古拉斯·戴利是都柏林大学英语、戏剧和电影学院现代英美文学教授，其主要著作包括《现代主义、浪漫与世纪末》（1999）、《文学、技术与现代性》（2004）、《19 世纪 60 年代的感性与现代性》（2009）等。

尼古拉斯·戴利从多个角度展开论证了 19 世纪的人口爆炸、革命与想象。作者追踪了 19 世纪人口大爆炸的文化影响。随着拥挤的巴黎、伦敦、纽约等城市相继经历了类似的转变，一套针对城市生活的、共享的叙事图景在城市居民之间广为流传，作者称之为"人口想象"，包括对城市灾难的幻想、关于犯罪的影视剧以及匪夷所思的公共交通故事，这一切都折射出一种所谓"他人即地狱"的想象情景。在视觉艺术中，偏向于感性的图片开始大量出现，将城市大众浓缩成了少数弱势角色：报童和花童。在 19 世纪末，甚至出现了认为这座庞大的城市本身就是一个破坏者的原生态故事。本书带领读者走进英国、法国、美国的核心都市，切身体验 19 世纪人口大爆炸对城市文化产生的巨大影响。

本书前三章讨论流传甚广的有关人口的三种文学新类型：灾难叙事、犯罪故事、幽灵故事。灾难叙事将人口革命想象成一种破坏城市的自然灾害；犯罪故事提供了一种带有意识形态的思考方式，去思考人满为患的街道，并幻想出一位可以分散人群、化解矛盾的英雄；幽灵故事则不那么乐观，呈现出的现代城市生活永远处在不安的状态中。第四章展示了一种现有的艺术形式，即城市风俗画，看它如何通过对大众城市生活的吸收和变形，来改变自身。这四种文化形式都将人口革命的最初爆发阶段当作它们自己的"政治无意识"，并将这种变化变成了审美愉悦：城市破坏和街头犯罪，让读者和观众兴奋不已；森森鬼气，让他们惊悚过瘾；他们甚至学会了在审美化的街道混乱图景中找到乐趣。最后一章再次回到灾难这个概念上，在对大众国际时尚的反应中，发现一种新的世界末日叙事的根源，以及一种生态意识形式的种子。人们从伦理的角度，要求反时尚的小册子、文学作品和散文随笔的读者放弃一定的审美乐趣。

上述题材受到欢迎，很重要的一个背景信息在于，身处一个人口众多，而又主要以陌生人为主，人居拥挤的环境中，19 世纪的人们无论什么阶层，都难以祛除内心的不安全感。人们深感人口爆炸带来的压力，将人口本身视为一种雷同于

自然灾害的破坏方式，幻想出人群中可以涌现出拯救大家、化解危机的英雄。书中提到，"19 世纪的城市居民似乎特别愿意想象自己的家园被各种灾难破坏"，包括洪水、火灾和地震，叙事小说、诗歌、戏剧和美术作品皆是如此。

戴利表示，本书并不是一部（从政治和审美角度）描述作为集体主体的群众的书，不是有关文学、有关 19 世纪公共领域的书，也不是分析人与城市主体关系的书。"这些领域别人讨论过，在某种程度上，我甚至也讨论过。我在此想探讨的是，人口想象如何通过文化形式来运作，而并不总是强调群众。瓦尔特·本雅明在《论波德莱尔的几个母题》一文中认为，巴黎群众是波德莱尔城市抒情诗的必要历史条件：无须在诗里明确提及，巴黎群众是他所描述的城市经验的决定性力量。在某种程度上，我的想法是：人口爆炸并不总是直接引发一整套文化形式，却是其发展的基础。"

22.［美］雷·哈奇森主编《城市研究关键词》，陈恒、王旭、李文硕等译，生活·读书·新知三联书店 2022 年 9 月

本书是一部名副其实的巨著，达 1073 页，涉及领域的广泛性是本书最为突出的优点。中国科学院院士、中国工程院院士吴良镛推荐本书，称赞本书打破了学科间的壁垒，其词条类目涵盖了城市人类学、城市经济学、城市地理学、城市史、城市规划、城市政治学、城市心理学、城市社会学等，这种学科跨度是十分大的，具有整体性的视野和布局。

城市研究是一个范围宽广的领域，并且仍在扩张中，涵盖了众多学科和专业范畴。《城市研究关键词》邀请了来自不同国家和地区的学者以体现城市研究领域的跨国性和跨学科性，包含了古代、现代以及对城市研究领域的发展至关重要的多个城市，涉及的理论、研究动态和关键人物，既对其所在学科有重要价值，同时对城市研究这一领域有巨大影响，旨在展示该领域的当代图景，并为研究者提供进一步的指南。

即使是城市问题专家，也很难为"城市研究"树立一个明确的定义，这是因为它包含众多研究领域，而每个领域又包含许多分支学科，这些领域与学科还存在广泛的交叉。城市政治学、城市地理学、城市心理学、城市人类学、城市史都是城市研究的组成部分，各有其理论体系和学术系谱，它们相互之间又有明显重叠：政治机器是城市政治学的话题，但在城市历史上也发挥重要作用；城市蔓延

是城市地理学者关注的话题，也会对城市人的心理产生影响。如此众多的专业领域和交叉学科，生产出无可计量的关于城市的知识，编纂一部以城市为主题的百科全书，确乎是一件费力却不讨好的差事。对于这种复杂性，《城市研究关键词》有清醒的认识。本书包含近三百五十个辞条，涵盖城市研究的学科路径（如城市经济学、城市社会学），城市主题（如建筑、性别），城市社会问题（如犯罪、毒品），城市规划议题（如社区发展、区划），城市理论（如非均衡发展、全球化），城市交通（如机场、地铁），城市文化（如波希米亚、涂鸦），城市区域（如郊区、修道院）等类别。除此之外，哈奇森教授也选择了不同时代、不同区域和不同类型的城市列入辞条，以及诸如刘易斯·芒福德、大卫·哈维（David Harvey）、萨森（Saskia Sassen）等在城市研究中不可回避的重要人物。

城市研究亟需走出西方中心论的阴影，将更多的东方城市和发展中国家的城市纳入研究视野，并在此基础上建构不同于西方城市发展道路和特征的理论体系。《城市研究关键词》对此进行了探索和尝试，体现出国际化的研究导向。一方面，哈奇森教授在辞条选择时注意到欧美国家之外的大城市，比如香港、孟买、大马士革和圣保罗，它们在当代国际经济中扮演着重要角色；更重要的是，本书在探讨重要城市现象时，也不忘分析发展中国家的城市，比如在关于城市空间生产的辞条中，扎迦利·尼尔既介绍了纽约和伦敦，也涉及孟买和雅加达。这种国际化视野虽未完全突破西方中心论的藩篱，但无论对城市研究还是城市开发实践，都有重要的学术价值和现实意义。尤其对于中国，作为世界上最大的发展中国家，以及历史悠久的亚洲国家，在借鉴西方城市发展经验的基础上，同样有必要关注其他发展中国家的城市化。

23. 林峥《公园北京：文化生产与文学想象（1860—1937）》，北京大学出版社 2022 年 10 月

本书作者林峥，中山大学中文系现当代文学教研室副教授，2004—2015 年就读于北京大学中文系，师从陈平原教授。博士论文《北京公园：现代性的空间投射（1860—1937）》获评 2015 年北京大学优秀博士学位论文，本书是其修改完善后的成果。

本书在全球化的背景下，考察"公园"作为一个新兴的西方文明装置，如何进入晚清及民国北京，在这个过程中又如何实现了传统与现代、本土文化与外来

文明的对接与转化。旨在从公园入手，以小见大，呈现晚清至民国北京政治、社会、历史、文学、文化诸方面纷繁复杂的变革。

《公园北京》将公园视为北京现代化的隐喻，并由此入手来讨论清末民初到北平沦陷前，再到新中国成立初期，公园的发展如何折射出北京在政治、社会、历史、文化方面的转型过程。在研究中，作者特别关注不同历史时期公园所承载的政治及文化隐喻。通过对这些隐喻的解读，"公园"的内涵也被不断拓展。全书对于公园这个有形的城市空间和文人交谊这个无形的文学空间之间同构关系的考察颇为精致，值得细读。

本书研究的北京公园，既包括清末民初政府正式建造、开放的公园，也包括具有公园性质的公共游览空间。采取个案研究的方式，选取若干最有代表性的公园，借此折射清末民初北京的现代性转型。近代北京各大公园多由清代的皇家禁苑改造开放而成，其等级和风格有着明显的分野，地处不同的城市区域，吸引了阶级、政治、文化背景各异的人群，并形成具有不同功能与审美风格的公共空间。本书以万牲园、中央公园、北海公园、城南游艺园与陶然亭为个案，借以一一对应传统士绅、新文化人、新青年、普通市民、政治团体这五种人群的生活及表现，同时也分别反映公园所承担的启蒙、文化、文学、娱乐、政治等功能。

导师评语： 论文以"公园"来讨论"城市"，兼及政治史、社会史、文化史、文学史等多重维度，视野开阔，气魄宏大。尤为难得的是，作者在空间与时间、政治与文学、古代与现代的转化与驰骋中，显得既自信，又有度，节奏控制得很不错。在全球化的背景下，考察"公园"作为一个新兴的西方文明装置，如何进入晚清及民国北京，在这个过程中又如何实现了传统与现代、本土文化与外来文明的对接与转化，此乃本书论述的中心。走出纯粹的文学研究，兼及城与人、文与史、图与文、物质空间与文化实践，揭示"公园"在近现代北京的文化生产与文学想象中所发挥的独特作用，这方面，林峥博士做了很多尝试，也取得了不俗的成绩。

24. 张鸿声等《北京叙述：帝都、家园与现代性——中国现当代文学中的北京城市形象》，北京大学出版社 2022 年 10 月

本书是中国传媒大学张鸿声教授在《文学中的上海想象》（人民出版社 2012 年）之后所编选的又一部研究文学中的城市形象的著作。本书研究的是中国现当

代文学中的北京想象，即"北京想象"是怎么在文学中被叙述出来的，文学中的北京有哪些想象，是从什么样的诉求出发塑造北京城市想象的，为什么这样塑造，表现了什么样的价值诉求等等问题。作者认为，中国现当代文学中的北京想象，大致存在着现代启蒙、文人传统情怀、本地文人、社会主义价值体系的诉求与反思、全球化诉求、本地性的帝都情节、外乡人（北漂）的等几种大的叙述立场。

25. 陈建华《爱与真的启示：张爱玲的晚期风格》，广西师范大学出版社 2022 年 10 月

本书辑录复旦大学教授陈建华 30 年张爱玲研究之心得，重新解读作家张爱玲一生的创作，呈现天才女作家的晚期风格。

借助萨义德"晚期风格"的概念，作者着重剖析张爱玲移居洛杉矶之后的二十余年里那种极其复杂而困难的书写：在与二十世纪文学现代性的双重语境中，她扮演了多重角色，所谓"文本"也产生多重含义——不单包括她的作品，也包括她的行事，或许尤为奇特的——包括她的沉默。此外，作者还具体分析了其"晚期风格"特有的质地——金石风格，诸如时空交叠、穿插藏闪、人物造型、戏剧性情节、诗性语言、电影典故、震惊效果等。她的写作尊崇真实，徘徊于写实与超现实之间，既从我国古老记忆中汲取含蓄的诗学传统，也从西方现代主义中师法叙事手法，最终形成对现代精神的中式理解以及其华丽为表、苍凉为里的书写范式。

借助近些年陆续整理出版的张爱玲遗作及大量书信和研究资料，对张爱玲后半生际遇和"晚期风格"（包括《小团圆》《对照记》以及她对《红楼梦》《海上花》的翻译与研究，）作了一次整体性考察，在各种文本的互文关联中理清头绪：《小团圆》跟她"含蓄的中式写实小说传统"有何关系？她为《红楼梦》《海上花》费心竭力难道是浪掷时光？怎么看晚期那些为数不多的短篇小说？现代文学研究学者陈建华教授的五篇论文，集三十年"张学"研究之心得，在我国传统美学与西方现代主义的发展系谱中探讨张氏晚期写作的叙事形式与语言美学，系统地揭示其"现代性"与"先锋性"特征。

26. 范小青《家在古城》，江苏凤凰文艺出版社 2022 年 10 月

本书系范小青的首部长篇非虚构作品，是一本关于苏州的城市传记，分为

"家在古城""前世今生""姑苏图卷"三个部分。书中生动记录了苏州老城区这些年来的历史变迁，尤其是近些年来在城市化进程中各级政府对于苏州古城的保护措施。写出了苏州古城的前世今生，写出了古城内在的肌理。范小青在写作中注入文化情怀，表达了对古城文化的热爱、对古城历史的自豪、对古城现状的担忧、对古城未来的憧憬。

全书以"我"的视角，通过大量的场面与细节呈现出基于非虚构性的亲历性与现场感，以时空交错的全景式叙述，对苏州古城的地理、历史、经济、文化、城建、生态等和盘托出，同时以"我"为发散点，从自己童年生活的同德里、五卅路开始，逐渐拓展勾画出苏州古城的世纪变迁发展史。范小青既写出当代苏州人的清醒与自信，像爱护眼睛一样爱护古城，同时回溯并尊重历史，写出千百年来历代苏州人对家园的热爱、对古城的保护。

27. ［美］阿兰·贝尔托《城市的隐秩序——市场如何塑造城市》，王伟、吴培培、朱小川等译，中国建筑工业出版社 2022 年 12 月

书名英文为《Order without Design：How Markets Shape Cities》，直译过来为《非设计的秩序：市场如何塑造城市》。中译版书名作了调整，改为了《城市的隐秩序——市场如何塑造城市》，由赵燕菁作序。序者认为，一些城市经济学教科书与规划实践相距甚远。在这些充斥着公式、模型、数表的教科书中，不仅无法解释城市规划的具体问题，比如容积率规划、城市审批制度、建设指标编制等；有些甚至是根本性的误导，比如政府角色、土地制度、公共产品等；还有些直接回避讨论重要问题，比如城市竞争、城市形成和城市分工等——而这些问题几乎是规划师们天天都会遇到的。城市经济学知识的贫乏导致城市规划在处理城市经济问题时完全处于自由漂流的状态。《城市的隐秩序》正好是系统性填补城市规划经济问题的一本书，完全是站在规划师的立场上，思考城市规划问题背后的经济含义。《城市的隐秩序》代表了西方国家城市规划研究经济问题的最新进展，这也为中国规划的理论提供了一个可供超越的标杆。

本书引用了改革前的中国和俄罗斯城市中没有土地市场或劳动力市场的情况，说明"城市规划者的臆断"所造成的低效率和浪费。作者凭借其在世界 40 个城市 50 年的城市规划经验，将城市生产力与劳动力市场规模联系起来。通过大量实证检验和案例分析，说明了基础设施的规划设计和市场机制可以相互补充，研究

了城市土地价格和密度的空间分布，强调了流动性和可承受性的重要性，并批评了一些旨在重新规划设计现有城市而不试图缓解明显的负面外部性的土地使用条例。最后，作者向我们描述了由城市规划者和经济学家组成的合作团队在改善城市管理方式方面可以发挥的新作用。

图书在版编目(CIP)数据

城市文化评论. 第 18 卷/田根胜, 叶永胜主编. —
上海:上海三联书店,2023.9
ISBN 978 - 7 - 5426 - 8195 - 9

Ⅰ. ①城… Ⅱ. ①田… ②叶… Ⅲ. ①城市文化-中
国-文集 Ⅳ. ①C912.81 - 53

中国国家版本馆 CIP 数据核字(2023)第 152995 号

城市文化评论(第 18 卷)

主　　编／田根胜　叶永胜
责任编辑／殷亚平
特约编辑／张静乔
装帧设计／徐　徐
监　　制／姚　军
责任校对／王凌霄

出版发行／上海三联书店
　　　　　(200030)中国上海市漕溪北路 331 号 A 座 6 楼
邮　　箱／sdxsanlian@sina.com
邮购电话／021 - 22895540
印　　刷／上海惠敦印务科技有限公司

版　　次／2023 年 9 月第 1 版
印　　次／2023 年 9 月第 1 次印刷
开　　本／787mm×1092mm　1/16
字　　数／330 千字
印　　张／19.75
书　　号／ISBN 978 - 7 - 5426 - 8195 - 9/C・634
定　　价／88.00 元

敬启读者,如发现本书有印装质量问题,请与印刷厂联系 021 - 63779028